POSTMODERNITY'S
HISTORIES

포스트모더니티의
역사들

POSTMODERNITY'S
HISTORIES

포스트모더니티의
역사들

유산과 프로젝트로서의 과거

아리프 딜릭 지음 | 황동연 옮김

창비

   지난 수십여 년간, 역사가들은 과거의 진실에 대한 자신들의 주장이 신용을 잃어가는 상황을 감내해야 했다. 사람들은 직업정치학이나 공공정치학적 이유로 이러한 추세에 불안해 했다. 그래서 인간의 오류가능성과 역사적 증거의 한계에만 관계하는 투명한 현실을 희생시키면서, 재현의 역학에만 빠져 있는 포스트모더니즘적 경향에서 자신들의 곤경에 대한 손쉬운 설명을 찾아냈다. 포스트모더니즘은 역사를 침해하고, 심지어 '죽이기'까지 한다는 혐의를 받게 된 것이다.

   그런 혐의는 대단히 잘못된 것이다. 그 혐의는 포스트모더니즘과 포스트모더니즘의 가장 천박한 형식을 동일시한 것이다. 더욱 중요하게는, 포스트모더니티의 사회적·정치적 조건을 무시하고 역사학의 근대적 실천이 역사적 지식에 대한 포스트모더니즘적 의구심을 만들어내는 데 공헌해온 방식을 간과한다는 점에서, 그런 혐의는 상당히 '비역사적'(unhistorical)이다. 역사가들은 포스트모더니티의 방식들을 둘러싼 논쟁에 도움을 주고 과도한 논점을 교정할 수 있어야 한다. 그러기 위해서는 포스트모더니즘이 제기한 방법론적 쟁점들에 잘못된 (그리고 방어적인) 공격을 하기보다는, 역사학이 과거를 생산하는 과정에서 드러난 사회적, 정치적, 지적 모순들에 더 세심한 주의를 기울일 필요가 있다. 포스트모더니즘의 주장에 대한 역사적 비판이 설득력을 가지려면, 역사학의 근대적 실천을 자기성찰적으로 비판하는 작업에 근거해야 한다.

따라서 포스트모더니티는 역사를 '죽인' 상황을 의미하는 표현이라기보다는, 반대로 **역사**(History)라는 이름으로 과거를 이해했던 방식이 권위를 잃어버린 현재 상황의 표현이다. 그리고 근대성(modernity)의 산물이자 부정인 포스트모더니티를 근대성과 구별해주는 것이 바로 그러한 믿음의 상실이라고 주장할 수도 있다. 포스트모더니즘은 과거로의 편향으로 특징지어진다. 하지만 그 과거는 근대성이 정의한 역사에 포함된 것과는 다른 과거다. 어쨌든 이것이 이 책에 실린 글들을 이끌어가는 기본 전제다.

이 책의 글들은 현재를 이해하는 데 과거가 얼마나 중요한지와 관련된 이런저런 의문들을 제기한다. 그리고 현재의 목적을 위해 전례없이 공공연하게 과거를 조종하는 모습에서, 우리는 역사가 부적절하다기보다는 오히려 역사의 유효성이 증대되었다는 사실을 알 수 있다. 역사학적 관점에서 포스트모더니티를 비판하는 사람들은 역사가 쇠퇴한 이유를 두 가지로 환원해서 설명해왔다. 하나는 이른바 '언어적' 또는 '문화적' 전환─모든 현실을 부정해버리는 결과를 초래할 수도 있는, 현실과 재현의 언어적 또는 문화적 화해─이며, 다른 하나는 과거에 대한 구성주의(constructivism)적 접근이다. 그들은 그런 상황을 야기한 전지구적 사회변화, 정치변화를 거의 무시했다. 예를 들어 콜링우드(E. G. Collingwood)로 대표되는 역사에서의 구성주의는 새로운 것이 아니다. 역사학에서의 구성주의는 비실증주의적 맑스주의 역사기술과 자유주의적 이상주의 역사기술 모두가 공유하는 것이다. 미국 내에서는 모든 개인과 세대가 자신의 역사를 쓴다는 칼 베커(Carl Becker)의 견해가 역사적 진리에 대한 상대주의를 대표하고 있다. 이러한 상대주의를 기초로 '역사적 진실은 필연적으로 우연적 진리다'라는 역사가들의 전제가 성립된다. 포스트모더니티의 도전은 다른 곳에 존재한다.

그 도전은 사회적이면서 정치적이다. 근대성의 역사적 요구에 직면하여 역사를 필요로 하는 사람들, 근대 역사기술의 체제하에서 억압되고 제외되고 주변화된 사람들이 역사를 요구한다는 점에서 그러하다. 이런 시각에서 보면 포스트모더니티는 역사의 쇠퇴가 아니다. 오히려 그와 반대로 역사의 유효성이 증대되었음을 나타내는 것이다. 역설적이게도, 이 때문에 자신의 궤적을 갖는 특수한 과거들이라고 명명된 역사들이 번성하여 근대성의 목적론에 도전하게 되었다. 오늘날 역사는 그 어느 때보다도 더 중요할 수 있다. 왜냐하면 과거에 대한 요구들은 번성해가고, 그 요구들을 표현해주는 매개체는 바로 역사이기 때문이다. 게다가 새로운 과학기술은 그 요구들을 재현하는 작업에 대안을 제공한다. 또한 이론에 치중한 역사학 내에 존재하는 과거의 수호자들을 뛰어넘고, '이데올로기적 국가기구'를 때로는 침해하고 때로는 보호하기도 한다. 다시 말하면, 역사의 문제는 지적으로나 방법론적으로 방향을 다시 설정하는 것보다 훨씬 근원적인 문제다. 그리고 가장 근본적으로는, 역사에 등장한 새로운 사회적·정치적 존재들의 문제다. 이 새로운 존재들은 근대성의 체제하에서 언어와 문화를 이용해 헤게모니와 이데올로기를 삭제하려 한다. 이런 목적에 대한 방법론으로 창안된 것이 언어적 전환 또는 문화적 전환이다.

만약 포스트모더니즘이 근본적인 인식론 차원에서 비판될 여지가 있다면, 그것은 포스트모더니즘이 현실의 언어적·문화적 매개와 관련된 문제를 제기했기 때문이 아니다. 그것은 비교적 편협하고 보수적인 실천가들이 언어와 표상 차원의 비평적 실천에만 매달리는 경향을 바로 포스트모더니즘이 조장했기 때문이다. 포스트모더니즘은 불평등한 권력관계에 이데올로기적인 구실을 제공함으로써 현재 상태가 유지되는 데 기여한다. 그리고 사회적 실천에 대한 관심을 딴 데로 돌려버림으로써 문화적·언어적 분석이 애초에 의도했던 그 사회적 실천을 무산시킨다. 포스트모더니즘 비평가들이 포스트모더니즘과 동일시한 것, 그리고 포스트모더니즘 실천가들에게 자신들이 비판적 행위자라는 잘못된 인식을 심어준 것이 바로 이러한 이론적 실천이라는 개념이다. 비록 포스트모더니티는 근대성이라는 구미(Euro/America)의 문제설정 속에서 표현되지만, 궁극적으로는 전지구적으로 펼쳐진 새로운 정치적·사회적 상황을 표현한 것이다. 그와 짝을 이루는 것이 탈식민성이라는 개념이다. 탈식민성은 식민지, 그중에서도 가장 중요하게는 아프리카와 아시아에서 식민주의가 남긴 유산에 근거한다.

그렇다면 쟁점은 역사의 쇠퇴 그 자체가 아니다. 진정한 쟁점은 구미 근대성의 논리에 따라 과거를 배치했던 역사를 더 이상 신뢰할 수 없다는 것이다. 즉, 시간적으로는 구미 근대성을 역사의 끝으로 간주하고, 공간적으로는 민족을 역사의 목적을 이루기 위한 매개체로 삼아온 그런 역사에 대한 믿음을 상실했다는 것이 문제다. 두 가정 모두 아직 사라지지 않았지만, 그것들은 지금 그 어느 때보다도 강력하게 도전받고 있다. 그리고 그 도전은 이전과는 다르게 정당성을 부여받았다. 이 도전들은 모든 차원에서 일어나고 있다. 그 차원은 지역의 역사에서 (성, 종족성 등으로 명명된) 상이한 사회집단들의 민족적 또는 초민족적 역사에 이르기까지, 아직 명명되지 않은 민족과 문명에 이르기까지, 그리고 개인적 기억으로 되돌아가기까지 광범위하다. 과거는 실로 우후죽순처럼 생겨나고, 역사는 서로 다른 역사들이 과거를 둘러싸고 치열하게 자신의 권리를 주장하는 각축장이 되어버렸다. 비록 민족의 역사들이 여전히 국가의 도움을 받아서 우월권을 주장하긴 하지만, 그 어떤 역사도 경쟁하는 다른 역사에 대해 헤게모니적 우월권을 주장할 수 없다.

전지구화를 단순하게 독해하는 몇몇 학자들은 민족이 죽었다고 주장하지만, 민족은 죽지 않았다. 하지만 민족은 이제 많은 역사들 중 하나일 뿐이며, 전지구적 역사(global history)와 세계의 역사(world history)도 마찬가지다. 특히 전지구적 차이들을 고려한다면, 현재와 과거의 단절성을 과장하기 십상이다. 과거와 크게 다른 점은, 사람들이 목적론적 근대성의 권위를 더 이상 믿지 않는다는 사실이다. 이로 인해 이제 우리는 복수의 역사들(histories)을 인식할 수 있게 되었다. 복수의 역사들은 민족의 목적론이나 하나의 근대성이란 목적론에 의해 정의되고 강제되는 하나의 역사(History)에 대항하며, 계급·인종·성에 관한 뿌리 깊은 전제들을 가지고 있다. 역설적인 것은, 이러한 목적론이나 그 목적론을 형성하는 전제들의 이데올로기적 성질을 폭로하는 데 역사의 실천이 중요한 역할을 해왔다는 것이다.

이 책에 실린 글들은 이 문제들의 몇몇 측면을 다룬다. 제6장 「포스트모더니즘과 중국역사」만이 전적으로 이 쟁점들을 다루고 있으며, 다른 글들은 그 문제의 다른 양상을 보여준다. 물론 이 책에서 다루지 않은 문제 중에서도 체계적인 분석을 요구하는 중요한 사항이 많을 것이다. 현재의 탈근대적 또는 전지구적 상황에 의해 제시된 도전에서, 분명한 것은 아무것도 없다. 포스트모더니티는 근대성의 역사적 전제 등 우리가 소중히 지켜온 근대성에 관한 가정들을 문제시하는 상황이다. 이런 상황으로 인해 불확실성이 생겨났다. 그리고 정치적·이데올로기적 권력을 둘러싼 투쟁 과정에서 과거가 기회주의적으로 조작됨으로써 불확실성은 더욱 심화된다——불확실성은 역사에 대한 믿음을 침해하지만, 그런 불확실성 때문에 서로 갈등하는 정치적·문화적 주장들이 정박하는 터전으로는 유일하게 역사만이 남게 되었다. 역설적으로, 우리가 인간의 미래를 생각할 때 준거로 삼을 만한 것 중 현존하는 유일한 것이 역사다. 따라서 우리는 역사에 대해 의문을 제기할 필요가 있다. 그리고 포스트모더니티의 사회적·정치적 조건을 비판적으로 이해하는 데에도 역사가 여전히 중요하다. 여기 실린 글들이 이 두 가지 사실을 보여주는 데 조금이나마 공헌하기를 희망한다.

이 책을 한국 독자들이 접할 수 있도록 노력한, 과거의 내 제자였고 이제는 내 동료인 황동연 교수에게 감사한다.

아리프 딜릭
유진(Eugene), 오리건(Oregon)

이 책에 실린 글들은 『탈식민의 분위기: 전지구적 자본주의 시대의 제3세계 비평』(*The Postcolonial Aura: Third World Criticism in the Age of Global Capitalism*)에서 제기한 프로젝트의 연장선상에 있다. 즉 포스트모더니즘과 탈식민주의를 둘러싼 작금의 논의에 두 사상의 역사성에 대한 감각을 복원하고, 그럼으로써 인식론으로서 역사가 얼마나 중요한지를 재확인하는 작업의 일환이다. 그렇다고 탈근대적인 것이나 탈식민적인 것을 역사화하는 것이 본질적인 목적은 아니다. 역사화 작업은 비판적 학문에 급진적이고 정치적인 전망을 다시금 상기시키는 아주 중요한 수단일 뿐이다. 급진적이고 정치적인 전망은 애초부터 비판적 학문을 고무했다. 그리고 비판적 학문이 교묘한 지적 사기나 운명론적 허무주의로 타락하는 것을 막으려면, 그리고 최악의 경우 급진적이라고 추정되는 비판적 학문이 보수적·반동적 행보를 위해 전유되는 것을 막으려면, 우리는 역사화 작업에서 변함없는 영감을 얻어야 할 것이다. 역사화 작업을 수행하려면, 우리는 어느 정도 과거의 현실을 인식—단지 우리가 원하는 대로 과거를 구성한다는 인식이 아니라, 비록 과거의 의미가 계속 변화한다 하더라도 우리는 사실상 그 과거에 묶여 있고 그 과거의 의해 형성된다는 인식—해야만 한다.

역사에 대한 시각은 우리가 과거에 대해 무엇을 기억하고 무엇을 잊고 있는지를 비판적으로 파악하는 데 매우 중요하다.

이 경우에 현재의 인식, 즉 포스트모더니티와 탈식민성에 대한 인식을 통해 과거를 식민화하고 그에 따라 미래를 식민화한다면, 비평과 이데올로기를 구별하는 것은 불가능하다. 미래에 대한 희망은 비평을 정당화하기 위해 현재를 다가올 미래의 시험장으로 간주했다. 그리고 이런 희망이 오랫동안 급진적 주장을 형성해왔다. 현재의 담론에 '포스트'가 난무하는 상황에서 우리는 지적 방기의 증거들을 발견한다. '포스트'의 번성은 현재를 비판적으로 바라보는 지점을 제공하기도 하지만, 상상된 미래가 파괴적 유토피아임을 나타내기도 한다. 왜냐하면 그러한 언명에서는 미래가 단지 잔여(residuality)로만 지속되기 때문이다. 따라서 현대에 대한 비판적 시각의 보고(寶庫)로는 오직 과거만이 남겨진 듯하다. 물론 문제는, 과거가 현재에 대한 비판적 시각의 거점이라는 견해가 지난 2세기 동안 보수적 주장들과 결부되었다는 사실이다. 그런 전통에서 본다면 급진적 상상을 위한 영감으로 과거를 불러내는 것이 이상하게 보일 수도 있다.

분명 여기에는 딜레마가 존재한다. 하지만 그 딜레마는, 과거가 현재를 비판적으로 이해하는 데 어떤 식으로 도움을 주는지를 재고하도록 강제할 수도 있다. 여기에 실린 나의 글들은 탈근대적이고 탈식민적으로 과거를 전유하는 데 비판적이다. 그러나 그같은 과거의 전유는 상당한 가치가 있다. 그것이 자유주의적 근대성이건 맑스주의적 근대성이건, 근대성의 목적론적 성격에 급진적 방식으로 의문을 제기했고 그런 재고의 필요성을 지적 의제로 삼았다는 점에서 그러하다. 현재와 미래에 대해 자신의 정당한 권리를 주장하기 위해, 근대성의 체제에서 억압되거나 낙후성으로 치부되던 과거들이 다시 표면에 등장했다. 여기에서 미래의 가능성들을 다시금 생각함으로써 과거의 유산목록이 풍부해지는 측면도 있지만, 이 풍부해진 목록이 진보적 주장들에 복무할 것인지는 여전히 상당 부분 논란거리다. 과거의 부흥은 자유주의적인 정체성 정치(identity politics)를 조장하며, 더 나쁜 경우에는 반동적 본토주의(nativism)를 확산시키는 데 공헌할 수도 있다. 당연하게도, 급진주의자들이 과거를 통해 현재를 다시 생각할 수 있는지 여부가 시험대에 오를 것이다. 그들이 현재의 도전을 통해 과거의 유산들을 직면할 수 있는지 여부도 마찬가지다. 그 결과에 따라, 과거의 유산은 미래의 프로젝트를 위한 원천으로 복무할 수도 있고, 별 생각 없이 본토적 정체성이 상속된 억압과 불평등으로 짜여 있음을 재확인하며 그것을 정당화하는 데 그칠 수도 있다. 어느 경우든, 과거는 갑작스럽게 아주 중요한 현재의 지적·정치적 의제가 되었다. 따라서 진보적 급진주의자들이 과거가 제시하는 가능성과 문제들을 무시한다면, 그것은 오늘의 가장 중대한 이슈일지도 모를 것에 등을 돌리는 일이 될 것이다.

여기에 실린 글 대부분은 이런 가능성을 탐구한다. 이런 탐구가 가능하려면 사전 정지작업을 할 필요가 있다. 우선 현재의 학문이 어떻게 요즘 유행하는 급진주의를 가장하는지 그리고 이를 통해 어떻게 자신의 존재 조건들에 대한 기억을 지우려는지를 지적해야 한다. 그 존재 조건이란 1960년대의 유산 아래 일어난 급진적 학문 그리고 급진적으로 비판적인 학문을 의미하며, 그것은 민족해방과 혁명의 이념을 핵심으로 한다. 역사적으로 되돌아오건대, 흥미로운 사실이 하나 있다. 어떤 학문이 자신의 전망들이 배반당하는 것을 목격하고 스스로에게 비판을 가한다면, 그리고 그 조건들이 옳다면, 그런 학문은 자신의 전망마저 부정할 근거를 가지고 있다는 사실이다. 가장 중요한 문제는 말할 필요도 없이 혁명에 대한 문제였다. 지난 20여 년간 혁명은 역사에서 떨어져나왔다. 더 정확히 말한다면, 기존의 질서를 긍정하거나 심지어는 과거의 불평등과 부정으로의 후퇴를 의미하는 혁명들이 좀더 정의로운 미래로 충만한 혁명을 대체해왔다.

이 책의 처음 두 글은 이 문제를 다룬다. 즉 혁명에의 열망을 그 실제적 성취에 비추어 판단하여 과거에 대해 비판적으로 재접근하는 것과 혁명의 역사를 잊고자 하는 자별적인 노력 사이의 차이점을 다룬다. 두 글에서 문제가 되는 것은 단지 혁명만이 아니다. 더욱 중요하게는, 혁명을 정당화하면서 동시에 혁명에서 영감을 받은 역사적 서사다. 진보에 대한 그리고 민족에 대한 유럽중심적 서사가 우리의 역사 개념을 형성해왔다. 그리고 그 역사 개념이, 과거를 서술하는 다른 가능한 방법들과 과거-현재-미래의 관계를 서술하는 다른 가능한 방법들을 억압해왔다. 민족주의에서 영광스러운 사회주의적 전망에 이르기까지, 혁명의 서사는 유럽중심적 진보 개념에 의해 형성되어왔다. 그래서 우리가 알고 있는 혁명은 유럽중심주의에 밀접하게 결부되어 있다. 다음에 이어지는 글들은 유럽중심주의의 문제, 특히 유럽중심적 역사 쓰기와 역사에서 유럽을 제거하려는 충동 사이의 관계를 다룬다.

(근대성의 모순에 확고하게 자리잡은) 포스트모더니티의 주요 업적 가운데 하나는 대안적 근대성과 근대성에 대한 대안적 주장을 위한 공간을 만들었다는 것이다. 한편 역사가 구미적으로 보편화됨으로써 대안적 근대성들(따라서 대안적 과거들)에 대한 주장들이 가능해졌음을 기억하는 것은 중요하다. 구미적으로 보편화된 역사는 현재의 정치뿐 아니라 과거, 현재, 미래를 생각하는 방식의 전제조건이기도 하다. 구미적 근대성의 역학, 특히 역사에서 자본주의의 문제를 무시하면서 유럽중심주의를 비판하는 것은, 유럽중심주의에 분노하면서 사실상 뒷문으로는 그것을 소개하는 것에 불과하다. 여기서 중요한 작업은, 말하자면 계몽주의로 대표되는 구미적 근대성과 자본주의 간의 모든 구별을 뒤섞음으로써 구미가 남긴 역사적 유산들을 탈역사화하는 일이다. 양자 간의 관계가 밀접하다는 점은 의심할 여지가 없다. 그러나 그 관계는 균열이 없는 통일적 관계가 아니라 모순관계다. 두 세기가 지난 후 자본주의적 근대성은 더 이상 구미적이지만은 않으며, 가장 반동적인 정치·문화 체제와 공존할 수도 있음이 증명되었다. 동시에 자본주의의 등장과 구미의 세계정복 없는 계몽주의는 상상조차 할

수 없겠지만, 계몽주의 그 자체가 자본주의의 산물이면서도 바로 그 자본주의에 의해 왜곡되었을 가능성도 있다. 이 가능성은 아직도 남아 있고, 유행을 좇아 계몽주의적 서사 등을 거부하는 사람들조차 이런 가능성을 근거로 인간해방에 관한 담론을 만들어내고 있다. 심지어 계급적, 인종적, 성적 불평등을 말할 때조차, 우리는 역사에서 계몽주의를 끄집어낸다는 것이 어떤 의미인지 생각할 필요가 있다. 왜냐하면 그 모든 것은 인류의 미래에 대한 계몽주의적 희망으로 거슬러올라갈 수 있기 때문이다. 그에 대한 대답은 역사에서 계몽주의를 끄집어내는 것이 아니라, 진보라는 계몽주의적 개념에 의해 억압된 다른 과거들의 도움을 받아 그런 이상들을 실현하는 일일 것이다. 이런 점들이 다음에 이어지는 세 글에서 다루는 문제다. 아시스 난디(Ashis Nandy)의 글은 특히 중요하다. 왜냐하면 난디는 유럽중심주의적 역사를 부정할 뿐 아니라 유럽중심적 사고방식으로서의 역사까지도 강력하게 부정하기 때문이다.

뒤의 세 글*은 전지구적 상황하의 급진적 정치학에 관한 문제들을 제기하기 따문에 훨씬 '실천적'인 글이다. 이 글들은 전지구화와 그에 대한 저항을 다룬다. 전지구화는 실제로 작동하고 있다. 그런 의미에서 그것이 새로운 패러다임을 제공해왔음은 이제 꽤나 명백한 듯하다. 1980년대와 1990년대는 근대성에 대한 부르주아적 담론과 맑스주의적 담론 모두에 대해 의문을 제기해야만 하던 시기였다. 당시 포스트모더니즘과 탈식민주의는 잔여적 담론을 제공했다. 그러나 포스트모더니즘과 탈식민주의는 잔여적 반대에 불과했기 때문에, 패러다임의 지위 같은 것을 주장할 수 없었다. 필요한 패러다임을 실제로 제공한 것은 바로 전지구화담론이었다. 그런 관점에서 보면 포스트모더니티와 탈식민성은 새로운 세계 상황에 대처할 수 있는 새로운 언어를 찾고자 하는 담론, 초민족적 시기에 관한 담론으로서 상당한

---

* 본서역 7, 8, 9장을 의미한다. 6장은 한국어판을 위해 특별히 추가한 것이다. — 옮긴이

의미가 있었다.

　다른 글에서 이미 그 이유를 상세하게 설명한 적 있지만, '지역적인 것'이라는 관념은 전지구적인 것에 대한 저항을 불러일으켰다. 지역적(local) 또는 지역기반적(place-based)이라는 말을 오늘날 빈번하게 들을 수 있다. 이 개념은 '저항'이란 언어에 내재해 있으며, 자본의 침투에 저항하는 최후의 노력처럼 보인다. 즉 이 개념은 자본주의와 민족국가의 역사만큼 오래되었고, 좀더 '선행 경험적인'(proactive) 정치의 원천으로 간주된다. 하지만 우리 시대에 기업들은 공간적 확산을 거듭하며 자신들의 권력을 확장하고 있고, 지역적 자본과 전지구적 자본 사이의 모순은 당면한 문제가 되었다. 또한 자본이 지역적 동의에 의해서만 존재할 수 있고, 지역성이 기업들의 활동에 어느 정도의 발언권을 가지게 되었다. 이런 시대에 이르러, 지역적 또는 지역기반적이라는 개념은 더 그럴듯해 보인다. 토착민족들의 경우만큼 이런 모순이 분명하게 드러나는 경우도 없다. 그들은 자본주의 경제에 통합됨으로써 이리저리 찢겨나갔다. 하지만 그들은 그렇게 통합됨으로써, 통치 방식에 대한 자신들의 정치적 요구를 할 수 있게 되었다. 즉 자본주의 구조 본연의 깊은 모순이 드러난 것이다.

　마지막 글들은 토착주의(indigenism)와 '신사회운동' 사이의 연계를 제안한다. 둘의 공통점은 일상생활과 문화, 그리고 궁극적으로는 역사의 거점인 지역을 옹호한다는 것이다. 그렇다고 토착주의나 지역기반 정치를 특권화·낭만화하려는 것이 나의 의도는 아니다. 요즘 유행하는 신시대적(New Age) 본토주의나 보수적 본토주의는 이런저런 종류의 토착적 전통을 옹호한다. 하지만 내 진정한 의도는 이와는 다르다. 내가 이해하는 토착주의는 급진적인 토착 프로젝트의 일환이다. 계속되는 토착민들의 식민화를 극복하고, 과거를 활용해 계급적·성적 불평등에 대한 현재의 도전과 토착적 과거들을 접합하는 토착 프로젝트 말이다.

　1960년대의 억압되었던 유산인 지역기반적 정치는 자신이 가진 문제들

14

을 보여준다. 지역들 역시 불평등과 억압을 물려받은 장소다. 그래서 단순히 국가와 자본에 의한 식민화를 극복하기 위해서만이 아니라 그러한 과거의 유산들을 지적하기 위해서, 지역들은 새로운 정치 속에서 형성될 필요가 있다. 따라서 지역들도 마찬가지로 프로젝트의 일환이다 — 이것이 내가 '공동체'(community)보다 '지역'이라는 용어를 선호하는 이유인데, '공동체'라는 용어는 호소력을 가지기는 하지만 과거의 방식을 유지하는 구실이 되기도 하며, 그러한 유지가 항상 바람직한 것만은 아니다. 같은 이유로 나는 중앙집권적 권력에 대해 아나키스트적 의심을 가지고 있지만, 그렇다고 민족국가 등 초지역적 연합의 중요성을 손쉽게 무시해버리지는 않는다. 왜냐하면 초지역적 연합이, 지역에 새겨진 불평등을 들춰내려면 외적 동인이 필요하다는 사실, 그리고 자본의 손에 놀아나지 않으려면 일종의 방어전략으로 지역이 필요하다는 사실을 일깨워주기 때문이다. 현재의 국면에서 정치적 거점으로 지역이 특히 중요한 것은 두 가지 이유에서다. 첫째, 일상생활과 문화의 거점이 바로 지역이고, 지역에서의 복지가 인류의 발전과 해방의 궁극적인 시험대이기 때문이다. 둘째, 급진적 변혁 — 전체성과 차이 양자- 모두를 인정하는 변혁 — 을 가능케 하는 유일한 희망이 밑으로부터 민주적 공간을 만드는 것이기 때문이다. 자본의 구조 등 존재의 체계성은 가장 추상적 차원에서만 이해될 수 있고, (전지구적이건 국가적이건) 체제의 변혁을 포착하기가 더욱 힘들어진 오늘날에는 더욱 그러하다. 이 책의 마지막 글은 이 문제를 다룬다.

이 책에 실린 글 대부분은 1998년부터 1999년까지 네덜란드 인문사회과학 고등학문연구소(the Netherlands Institute for Advanced Studies in the Humanities and Social Sciences) 특별연구원 시절에 쓴 것이다. 그곳에서 나는 아주 즐거우면서도 생산적인 시간을 보냈다. 좋은 시간을 보내도록 도와준 연구소 직원들과, 내가 이 책에서 다루는 문제들을 함께 토론한 동료학자들, 특히 윔 반 더 도엘(Wim van der Doel), 로저스 홀링스워스

(Rogers Hollingsworth), 프레드 잉글리스(Fred Inglis), 에릭 존슨(Eric Johnson), 구해근(具海根), 라인하르트 코쎌렉(Reinhardt Koselleck), 그리고 연구소 소장인 헹크 웨쎌링(Henk Wesseling) 등에게 감사의 마음을 전하고 싶다. 지난 십여 년 동안 내가 써온 거의 모든 것을—한 경우를 제외하고—읽고 함께한 록샌 프라즈니악(Roxann Prazniak)에게는 특히 감사한다. 이 책의 글을 읽고 평가해준 다른 친구나 동료로는 비나이 발(Vinay Bahl), 엘리자베스 보이(Elizabeth Boyi), 듀안 샘페인(Duane Champagne), 존 브라운 차일즈(John Brown Childs), 리오 징(Leo Ching), 앨런 춘(Allen Chun), 워드 처칠(Ward Churchill), 브루스 커밍스(Bruce Cumings), 게오르기 덜루기안(Georgi Derluguian), 시오 다엔(Theo D'haen), 마이클 더튼(Michael Dutton), 테리 이글튼(Terry Eagleton), 알리-리파트 아보우 엘-하지(Ali-Rifaat Abou El-Haj), 아르뚜로 에스꼬바르(Arturo Escobar), 조너선 프리드먼(Jonathan Friedman), 앙리 지루(Henry Giroux), 피터 그랜(Peter Gran), 웬디 하코트(Wendy Harcourt), 마이클 하트(Michael Hardt), 해리 하루투니언(Harry Harootunian), 레인 히라바야시(Lane Hirabayashi), 유지 이치오카(Yuji Ichioka), 트로이 존슨(Troy Johnson), 두브라브카 위라가(Dubravka Juraga), 비나이 랄(Vinay Lal), 러쎌 리옹(Russell Leong), 찰스 로크(Charles Locke), 빅터 메이어(Victor Mair), 모리스 마이스너(Maurice Meisner), 마틴 밀러(Martin Miller), 존 모윗(John Mowitt), 하반스 무키아(Harbans Mukhia), 다이언 뉴얼(Dianne Newell), 데이비드 팔룸보-류(David Palumbo-Liu), 베니타 패리(Benita Parry), 마이클 스프링커(Michael Sprinker), 에피파니오 싼 후앙 2세(Epifanio San Juan Jr.), 오린 스탄(Orin Starn), 메티 서노(Mette Thunoe), 이매뉴얼 월러스틴(Immanuel Wallerstein), 링치 왕(Ling-chi Wang), 랍 윌슨(Rob Wilson), 로버트 영(Robert Young), 쟝 쉬뚱(Zhang Xudong) 등이다. 그들이 내가 주장한 것들에 동의할 의무가 있는 것은 아니다.

16

이 책의 글들은 다음과 같은 포럼에서 제출되었다. '식민주의와 그 불평 자들'(Colonialism and Its Discontents, 中央研究院民族學研究所, 臺北, 1997. 7.) '권위주의의 유산들'(Legacies of Authoritarianism, University of Wisconsin, 1998. 3.) 인문학쎄미나(Humanities Seminar, 香港科技大學, 1998. 3.) '전지구화와 인문학의 미래'(Globalization and the Future of the Humanities, 北京語言大學, 1998. 7.) '세계체제의 정치경제학 연례학술회 의'(Political Economy of World Systems Annual Conference, Northwestern University, 1998. 5.) '이분법을 넘어서'(Beyond Dichotomies, Stanford University, 1998. 3.) 중국포럼(The China Forum, University of Vienna, 1998. 12.) '코펜하겐 식민주의와 탈식민주의 학회 창립학술회의'(Inaugural Conference of Copenhagen Colonial and Postcolonial Studies, Department of English, University of Copenhagen, 1999. 4.) '잃어버린 장(章): 동아시아 역사기술의 주변화' (Missing Chapter: The Historiographic Marginalization of East Asia, University of Lyons, 1999. 5.) '유럽중심주의의 와중에서'(In the Wake of Eurocentrism, McArthur Consortium, University of Minnesota, 1999. 5.) '역사적 사고의 전환점: 비교학적 관점'(Turning Points in Historical Thinking: A Comparative Perspective, East Asian Studies, SUNY-Buffalo, 1999. 8.) '전지구화와 중 국문화의 구성'(Globalization and the Construction of Chinese Culture, 北京語言大學, 1999. 9.) '전지구화와 문화적 안전: 이주와 정체성의 타협' (Globalization and Cultural Security: Migration and Negotiation of Identity, House of World Cultures and Toda Institute, Berlin, 1999. 10.) '생태와 문화에 관한 국제학술회의'(International Conference on Ecology and Literature, 海南省作家協會, 海南省, 中華人民共和國, 1999. 10.) '아시 아계 미국인 연구: 과거, 현재 그리고 미래: 30주년 쎄미나'(Asian American Studies: Past, Present and Future: The Thirtieth Anniversary Colloquium,

Department of Ethnic Studies, University of California-Berkeley, 1999. 10.)
'탈식민주의 이후: 소수민족 담론을 넘어서'(After Postcolonialism: Beyond Minority Discourse, Department of English, Cornell University, 1999. 11.)
'20세기 중국과 세계'(China and the World in the Twentieth Century, 中央研究院近代史研究所, 臺北, 2000. 1.). 이 쎄미나, 워크샵, 학술회의 참석자들의 평과 격려에 감사한다.

마지막으로 중요한 사람들로는, 지난 몇 년간 내가 만난 편집자 중 가장 감각적인 편집자, 로우만앤리틀필드 출판사(Rowman & Littlefield)의 쑤전 매커천(Susan McEachern)과 딘 버켄캠프(Dean Birkenkamp)에게 감사의 뜻을 표하고 싶다. 그리고 이 글을 묶어서 한 권의 책으로 만들 것을 제안한 앙리 지루에게 감사한다.

이 책을 1999년 너무 빨리 세상을 떠난 마이클 스프링커에게 바친다. 그의 지적 열정, 비판적 지혜, 정치적 헌신을 그의 동료이자 친구였던 모든 이들이 그리워할 것이다.

차례

제1장

그린치는 어떻게 급진주의를 납치했나

___ 탈혁명의 역사

그린치*는 어떻게 급진주의를 납치했나

탈혁명의 역사

이 장에서는 지난 십여 년 동안, 특히 미국 내의 지적 작업에서 탈식민적 (postcolonial) 영역의 급속한 팽창을 목격한 이들이 회피하기 힘든 두 가지 문제를 다룰 것이다. 첫째는 탈식민주의적 지식인들의 정체성에 대한 문제다.[1] 탈식민주의 비평(postcolonial criticism)은 정체성의 문제를 줄기차게 지적 작업의 전면에 내세워왔다. 그것을 제외하면 어떤 것에 대해서도 말하거나 글을 쓰는 것이 가치없게 여겨질 정도다. 하지만 탈식민주의 비평은 잡종성(hybridity)과 중간성(in-betweenness)에 대한 설교 외에는 탈식민적 정체성에 대해 대개 침묵을 지켜왔다. 오늘날 모든 이들이 어느 정도는 탈식민적이고 또한 이런저런 형태의 잡종성을 즐기고 (또는 이것에 고통받고) 있기 때문에 역사적인 의미에서 탈식민적 정체성이란 개념은 사소한 것이다. 탈식민성(postcoloniality)에 대한 논의들은 탈식민적 지식인

---

* 그린치(Grinch)는 시어도어 가이젤(Theodore Seuss Geisel, 1904~1991)이 1957년 출간한 『그린치는 어떻게 크리스마스를 훔쳤는가』(How the Grinch Stole Christmas)라는 동화에 등장하는 인물로, 다른 사람들의 즐거움을 방해하고 훼방 놓는 사람을 의미한다. 이 글에서 저자는 탈식민주의자들을 급진주의의 확산을 훼방 놓는 사람들로 빗대어 표현하고 있다.

* 이 장은 본래 "How the Grinch Hijacked Radicalism: Further Thoughts on the Postcolonial," *Postcolonial Studies 2*, no. 2 (1999), 149~63면에 실렸던 것이다. 이 글을 여기에 다시 실을 수 있도록 허락해준 데 대해 감사의 마음을 표한다.

들이 탈식민적이라고 말할 뿐, 그들이 어떤 사람들인가라는 사회적·정치적으로 중요한 문제에 대해 그리 많은 것을 말해주지는 않는다. 탈식민주의자들이 주장하듯이 정체성이 복잡한 관계의 산물이라면(나로서는 이 점이 그다지 새롭거나 특별히 논쟁적이라고 생각되지 않는다), 이러한 문제에 무관심한 것은 꽤 주목할 만하다. 왜냐하면 서로 다른 탈식민성들을 구성하는 관계들이 그 사회적·정치적 입장을 자리매김하는 데 굉장히 중요한 의미를 지니기 때문이다. 자기지시적 용어로서의 탈식민성은 그 자체로는 그런 입장들에 대해서 말해주는 바가 거의 없다. 종족적인 것 그리고/또는 인종적인 것은 모든 정체성의 구성요소이고 따라서 그것은 정치적이라는 한 가지 사실만을 말해줄 뿐이다.

둘째는 그와 관련된 문제로서, 지적 탐구와 설명의 방식으로서 탈식민주의 비평 자체의 정체성 문제다. 지금 우리가 알고 있는 탈식민주의 비평은 상당히 주목할 만한 전지구적인 변혁과 그 변혁에 동반된 지적 격변의 시기 내내 인기를 누려왔다. 탈식민의 영역이 팽창하면서 탈식민주의 비평은 탈식민주의와는 사뭇 동떨어진 기원을 가진 담론에 침투했고, 다시 그런 담론에 의해 침투되어왔기 때문에, 오늘날 탈식민주의의 특질이 무엇인지를 정확히 말한다는 것은 상당히 어렵다. 이에 자극받아 탈식민주의가 새로운 학문적 정설로 팽창했지만, 그런 성공은 담론으로서 그 정체성의 상실이라는 중대한 댓가를 치르고 얻어진 성공이었다. 이는 한편으로 탈식민주의 비평에 대한 과장된 주장들로 귀결되었고, 또 한편으로는 중요한 사회적·역사적 문제들이 문화적 정체성의 문제를 위해 전유되거나 심지어는 그 명목하에 삭제됨으로써, 사회적·역사적 문제들을 사소한 것으로 만들어버렸다. 탈식민이 점점 확산되는 것이 그것에 대한 열망을 공유하지 않는 사람들에게는 문제가 되지 않겠지만, 현재의 변화들에 대응하며 생겨난 다양한 담론들이 탈식민을 전유하는 것은, 탈식민주의에 대한 비판적 이해뿐만 아니라 더욱 중요하게는 우리 시대의 권력이라는 중요한 문제들에 비판적으로 대응할 가능성을 없애버린다.

　이런 문제들에 대응하려는 모든 노력은 우리가 '탈식민'이란 말을 어떻게 이해하는가에 대한 고려뿐만 아니라, 그것이 어떻게 대두되고 받아들여졌는지에 대한 역사적 상황에 대한 고려에서 시작되어야 한다. 아이자즈 아마드(Aijaz Ahmad)가 지적했듯이, 탈식민이란 개념은 그 자신의 역사를 갖는다.[2] 문자 그대로 시간적 의미에서 볼 때 최초의 탈식민 개념은 새로 해방된 식민지들을 지칭하는 것으로서 그 사회적·경제적·정치적 함의상 매우 급진적이었다. 즉 식민적 과거와 단절하고 경제적·정치적·문화적으로 새로운 사회들을 창조하는 것을 의미했던 것이다. (1960년대에 정점을 이루었던) 이러한 초기의 탈식민적 전망에서, 신식민적(neocolonial) 현재뿐만 아니라 식민적 과거에서도 벗어나 모든 영역에서 민족자주를 추구했던 민족해방의 이데올로기들은 필수불가결했다. 이같은 초기 민족해방운동들은 대부분 이런저런 사회주의프로그램에 의해 형성되었다. 중국의 사례에서 볼 수 있듯이, 이 사실은 민족해방의 이데올로기들과 제3세계 사회주의 사이의 친연성도 설명해준다.

　이러한 애초의 사정들이 현재의 탈식민 개념들 속에서는 대개 잊혀진 상태다. 그 개념들은 이러한 기원에 등을 돌렸을 뿐만 아니라, 사실 그 개념들을 만들어낸 탈식민의 본래적 의미도 부정하는 것으로 여겨진다. 이같은 논리적 형세로 인해 생겨나는 이중성은 오늘날 우리가 탈식민주의 비평의 창시자들로 환대하는 스튜어트 홀(Stuart Hall), 가야트리 스피박(Gayatri Spivak), 에드워드 싸이드(Edward Said) 등의 저작에서도 여전히 보인다. 그러나 사실상 그들의 저작 속에서는 급진적인 사회적 프로그램과 연결되어 있던 초기 탈식민의 의미에서 떨어져나온 지점이 분명히 존재하기 때문에, 그들이 문화라는 새로운 담론을 표명한다면 그것은 궁극적으로 자신들의 기원을 부정하는 셈이다. 초기 탈식민성의 논의에서 문화가 존재하지 않았다는 말이 아니라, 문화가 광범위한 정치프로그램의 한 부분으로 나타 났던 민족해방운동의 '문화혁명들'(cultural revolutions)과, 급진적인 사회 적·경제적·정치적 프로그램들이 문화담론이라는 문제틀 속으로 사라져버 린 현재의 담론은 달라도 한참 다르다는 말이다.

현재 탈식민의 모습은 1980년대 전지구적 관계의 재배치와 함께 진행되 었던 혁명으로부터의 후퇴에 의해 형성된 것이다. 이 후퇴는 초기 혁명적 담론에서 근본적이었던 두 범주, 즉 민족(nation)과 계급을 탈식민주의 비 평이 포기한 데서 가장 쉽게 찾아 볼 수 있다. 다른 글에서 어느 정도 논의 했지만, 두 범주의 성격이 오늘날 점점 문제시되는 데는 복잡한 이유가 있 다. 여기서는 이 글에서 다루는 논점들과 직접 관계되는 몇 가지 쟁점들에 대해서 간략히 언급하겠다.

형식적인 정치적 식민주의가 거의 사라진 오늘날, 역설적이게도 동질적 문화 정체성을 주장하는 민족과 민족주의야말로 개인과 집단의 정체성— 식민주의의 유산이기도 한 것들을 포함하여—의 자유로운 발현이나 문화 적·역사적 다양성의 가장 중대한 적으로 등장했다. 초기 세대들은 실재건 상상된 것이건 고유한 정체성을 말소하는 것으로 식민주의를 경험했고, 따 라서 민족이란 동인을 통하여 그 정체성들을 회복하고자 했다. 반면 잡종 성과 중간성, 주변성(marginality), 경계영역(borderlands) 등을 통한 탈식 민적 자아규정은 근본적으로 진정한 민족 정체성을 주장하는 데 대해 반발 함을 의미하는데, 사실 이것들이 사회적으로 형성된 것은 국내외에서 식민 주의와 조우한 결과였다. 탈식민주의 비평은 식민지배라는 이데올로기(그 중 가장 주요한 이데올로기는 유럽중심주의였다) 비판에 많은 노력을 들이 지만, 역설적으로 식민적 과거—적어도 탈식민 시대의 식민적 과거—를 긍정하기도 한다. 잡종성과 중간성에 대한 탈식민적 찬양은 민족주의적인 문화적 주장에 대항하여 식민통치자의 문화도 구성의 계기로 포함시키는 문화를 찬양하는 것이며, 또한 식민적 조우에 의해 형성된 사회 내부 집단들의 문화적 우월권을 주장하는 것이다.

 탈식민적 민족해방정권들이 자체의 정치적·경제적·문화적 약속들을 이행하는 데 실패한 것이 분명히 이와 같은 방향전환을 초래한 중요한 요소다. 그러나 경제적·정치적 전지구화에 동반된 이산적(diasporic) 인구의 번성도 한 요소다. 이산민들이 세계 각지로 흩어지자 더 이상 문화를 민족적 경계와 동일시할 수 없는 상황이 생겨났다. 이 상황 ── 전지구주의라는 구호에 의해 포위된 상황 ── 의 부산물 중에서 일찍이 식민통치자들과 식민지 사람들을 구분했던 경계가 갈수록 허술해져가는 현상은 중요하다. 이것이 (말하자면 제3세계주의적 분리주의에 대한 초기의 대체로 부정적이었던 반응과는 다르게) 세계 중심부의 학회나 기관, 지식인들이 탈식민주의를 쉽게 받아들이는 사정을 설명해준다.

 그러나 이는 탈식민의 경험을 일반화하는 것을 경계해야 함을 일깨워주기도 하는데, 탈식민의 경험이란 변혁을 가져오는 문화적 힘으로서 식민주의를 경험한 사람들에게 역사적으로 가장 중요한 것이다. 그러한 경우에도 문제가 되는 것은 꽤 많다. 민족주의적 주장의 진정성에 의문을 제기하는 것은 자신의 문화에 식민주의 문화를 가지고 있는 사람들, 식민적 '경계영역'의 산물인 사람들에게도 똑같은 진정성을 요구해야 한다는 점을 전제로 하고 있다. 그러나 무분별한 경계영역의 장려로 인해, 경계영역의 대안 그리고 비식민적인 것과의 조우로 생겨나는 '경계영역'들이 지워져버리게 되었다. 종족적 진정성에 대한 주장이 번성하는 시기에 경계영역에만 몰두하게 되면, 이산적 지식인들과 이산민들의 다른 방식의 문화적 자아규정을 인식하지 못하게 된다. 문화적 자아규정은 그만큼의 권리를 갖는다. 사실, 이산민들은 동질적이지 않고 사회적으로 철저히 나뉘어 있다. 이산적 엘리뜨들의 문화적 잡종성에 대한 주장과는 달리, 많은 이산민들이 자신들이 떠나온 지역에 사는 사람들보다 문화적 진정성 ── 전통 ── 에 대해 훨씬 단호한 것으로 보인다. 탈식민주의가 주장하는 '경계'가 제3세계보다 제1세계에서 더욱 진지하게 다루어지는 것도 문화에 대한 현재의 논쟁이 지니는 권력관계의 맥락을 지적한다. 세계주의적 문화들이 식민지 사람들의 불가피한 구성요소가 되었음을 고려하면, 탈식민적 주장이 세계의 중심부에서 경계의 문화를 선호하는 주장으로 쉽게 받아들여지리라는 것은 그다지 놀라운 일이 아니다.

계급으로부터의 후퇴가 전지구화의 맥락에서 본연의 문제를 드러내지만, 그것은 민족문제와 전혀 관계가 없지는 않다. 초기 민족해방운동을 다른 형태의 제3세계 민족주의와 구별할 수 있는 기본적 전제들 중 하나는 사회혁명이 민족 해방과 자주의 전제조건으로 꼭 필요하다는 확신이었다. 그 이유는 제국주의의 모순에 대한 레닌주의적(단순한 레닌주의자가 아니라면) 관점에서 보자면 아주 분명한 것이었다. 즉 식민주의적 또는 제국주의적 지배는 효율성과 영속성을 위해 토착계급—새로운 민족주의적 힘에 대항하여 그들의 권력을 보존하는 데 힘을 쏟는 '봉건'계급이나 식민주의라는 매개를 통해 수입된 자본주의의 산물인 제국주의적 지배에 분개함에도 불구하고 제국주의 지배와 이해를 함께하는 '부르주아지'—의 협력이 필요했다. 이 집단들은 제국주의와 연결되어 있기 때문에 그들이 권력을 유지하는 한 민족해방은 실패할 수밖에 없다. 문화적 프로젝트로서의 민족 건설도 사정은 마찬가지다. 즉, 진정한 민족적 전통을 회복하기 위해서는 식민적 문화의 주도권 아래 있었던 사람들의 '재민족화'가 요구되었던 것이다. 문화적으로 '오염된' 계급들을 숙청할 필요성이 주요한 과업으로 등장했던 1960년대 중국의 문화대혁명은, 민족자주에 대한 강박적 우려의 상황 속에서 경제적·정치적·문화적 프로젝트들이 동시에 펼쳐진 설득력 있는 증거다. 그런 극단적 본토주의(nativism)는 말할 필요도 없이 중국에만 한정된 것이 아니었고, 모든 민족해방운동에서 민족문화의 미래에 대한 고찰에 다양한 형태로 포함되었다. 본토주의에 의해 문화적으로 특권을 박탈당한 사람들 입장에서는, 민족의 문화적 진정성 요구들에 대한 반발이 왜 '계급' 그 자체를 바람직하지 않은 범주로 만들었는지 이해하는 것은 어렵지 않다.[3] 한편, 계급문제를 포기하는 것은 분석작업을 하는 데 있어서 종족의 통일성과 동질성이라는 가면을 조장함으로써, 주변성에 대한 주장들 간의 차이를 평가할 수 있는 주요한 지적 도구를 빼앗는다.

식민지 시대에서 탈식민의 기원을 추적하는 것은 인종과 종족의 문제에 대한 집착에서도 뚜렷하게 지속된다. 그리고 그 이데올로기적 결과로, 탈식민성은 또한 종족과 인종이라는 문제틀을 다른 모든 문제에 우선하여 일반화했다. 탈식민주의 비평이 애초에 탈식민의 개념을 구성했던 중요한 요소들을 억압함에 따라, 탈식민성의 의미와 그 정치는 변형되어왔다. 종족성과 인종은 민족과 계급으로부터의 후퇴라는 현상이 낳은 주된 수혜자였다─세계적 연구소가 새로운 버전의 탈식민성을 생산한 본고장이었다. 1980년대 초에서 중반까지의 학문적 담론에서, 종족성과 인종은 주로 계급이나 성과 결부되어 등장했는데, 이는 정치경제학적 구조들에서뿐만 아니라 문화와 종족성에서도 페미니즘과 본래적 의미의 탈식민주의가 결합되었음을 나타낸다. 탈식민성이 스스로를 전개해나가면서 정치경제학의 구조들에 등을 돌렸을 때, 계급은 최초의 피해자였다. 성의 쟁점 또한 금세 인종과 종족의 쟁점들에 의해 침투되었다. 탈식민주의가 현재의 모습으로 1990년대에 등장했을 즈음, 종족과 인종은 담론의 중심부로 옮겨왔다. 탈식민주의 담론은 종족중심주의나 인종주의와 싸우는 것으로 인식되었지만, 역설적이게도 비판적인 지적 작업이나 정치 모두의 언어를 종족화하고 인종화하는 데 공헌했다. 이는 의심할 여지 없이 자유주의적 의도에 따른 것이지만, 한편으로 다른 곳에 그 기원을 두고 있는 사회적 억압과 불평등에 관한 만연한 문제들을 가릴 위험이 있고, 또 한편으로는 서로 가로지를 수 있도록 허술하게 만들고자 했던 바로 그 종족적·민족적·인종적 경계들을 공고화할 위험성을 지닌다는 것이다. 새로이 대두하는 슬로건이자 다종족적(multiethnic)이고 전지구주의적인 기존 권력 입장에서는 그렇게 사랑스러울 수밖에 없는 슬로건인 다문화주의(multiculturalism)에서도, 이러한 두 가지 위험성이 명백히 보인다.

구 영연방국가 출신의 지식인들은 탈식민주의를 정치경제학의 용어들이 주입된 혁명의 언어에서 정체성 정치라는 문화주의적 언어로 바꾸어말하는 데 중요한 역할을 해왔다. 이 문제와 관련하여 가장 중요한 것은, 이런 잘 알려진 탈식민주의 비평의 재정식화—호미 바바(Homi Bhabha)가 아마도 가장 영향력 있으면서 대표적인 인물일 것이다—가 아니라, 완전히 변형된 전지구적 환경에서 그것이 어떻게 수용되고 전파되었는가라는 점이다. 이것은 싸이드나 스피박의 경우에서처럼 애초의 탈식민 개념들을 상세화하고 정교화하는 것이 아니라, 그것들을 부정하는 것이었다—즉, 새로이 나타난 반혁명적 합의에 의해 이렇게 재정식화된 탈식민성이 전유된 것이었다. 영연방 출신 지식인들이 왜 탈식민성과 연관된 문화적·정치적 경향으로 이끌리는지에 대한 역사적 실마리를 영연방사회에서의 식민주의에 대한 특정한 경험에서 찾을 수 있다고 주장할 수도 있다. 그러나 그런 경향들이 그 사회의 대다수 사람들을 대표하는 것은 아니고, 그런 경향들이 오늘날처럼 주의와 관심을 계속 받아온 것도 아니며, 또 그것들의 호소력이 단지 영연방의 지식인들에게만 국한된 것도 결코 아니라는 점 역시 분명한 사실이다. 다시 말해, 오늘날 우리가 아는 탈식민주의는 작금의 역사적 정황에 대해 우리에게 말해주는 바가 있을지 모른다. 그리고 그것이 미국에서 특히 두드러지게 성장하는 산업이라면, 그 이데올로기적 영향력은 그 강렬함이나 수용의 정도가 모든 지역에서 동일하지는 않더라도 전지구적 범위에 미친다.

여기서 나는 이미 여러 글에서 상세하게 논의했던 전지구주의와 탈식민주의의 관계 문제를 깊게 다룰 생각은 없다. 진짜든 상상된 것이든, 전지구화의 과정이 많은 사람들의 상상력을 사로잡아버린 세계에서, 민족국가의 지위, 계급, 정체성 등과 관련된 문제들에 탈식민적 관심이 공명하고 있다는 사실을 말하는 것으로 충분하다. 그리고 전지구주의와 탈식민주의가 나란히 ʒ적인 대중성을 얻어왔다는 것은 그리 우연한 일은 아니다. 전지구화가 그 주창자들에게 과거를 다시 쓸 것을 요구하며 식민주의, 민족주의, 혁명이라는 구 세계와의 단절을 대표한다면, 탈식민주의는 현 세계에 대해 중요한 무언가를 말해주기 때문에 광범위한 호소력을 얻고 있다. 이는 또한 비판적 담론으로서는 곤란한 문제기도 하다. 비평작업이고자 했던 것이 전지구화에 동원되면, 그것은 전지구화라는 새로운 이데올로기의 합법화로 변질된다. 이른바 탈식민주의 비평가들 대부분이 전지구화 이데올로기에 대항하여 스스로 비판적인 입지를 확보하는 데 실패—이는 주로 구조와 전체성에 대한 문제들을 언급하길 거부한 결과다—했다는 사실이 탈식민주의가 그렇게 이데올로기적으로 이용되는 것을 용이하게 했다. 그러한 구조의 문제들은 전지구성의 외피 아래 지속되면서, 권력과 정치경제학의 형태뿐 아니라 이산적 이동과 문화적 형성을 계속해서 만들어내는 식민적 공간의 유산을 포함한다. 자유롭게 떠돌아다니는 세계주의자에 대한 지나친 관심은, 사실 대부분의 이산적 이동들이 정치경제학의 조건에 따라 조정되고 옛 식민지들로부터 이주한 경우 '조국'에서 끝마치는 길을 따른다는 사실을 은폐한다.

한편 탈식민적 주장이 과거로 투사되면서, 항상 실패하면서도 자본주의적 전지구성의 대안들을 상상했던 혁명적 과거는 지워졌다. 그 결과 식민적 과거는 전지구화로 가는 과정 중의 그저 한 단계가 되어버렸다. 상이한 종류의 민족주의 간의 차이를 구별하지 않는 민족에 대한 비판 또한 민족을 전제조건으로 삼았던 혁명운동들에 복무하기도 한다. 계급문제들에 대한 망각 역시 그러하다. 내가 앞에서 초기 민족해방운동에서의 계급형성을 재평가하면서 논의한 것에 비추어보면, 구 식민사회 출신의 탈식민주의 비평가들이 왜 계급문제를 말하기를 꺼리는지 이해할 수 있을 텐데, 그들 대부분이 원주민들의 눈에는 미심쩍었던 (그리고 여전히 미심쩍은) 계급 출신이었던 것이다. 그러나 그럴수록 계급적 쟁점을 언급하는 일이 더욱 절박해지는데, 왜냐하면 탈식민적 엘리뜨들이 전지구적 재편에 의해 생산되는 초민족적 계급형성에 점점 연루되기 때문이다. 그 과정에서, 탈식민적 주장은 문화식민주의를 위한 하나의 알리바이로 복무하도록 동원되며, 문화식민주의는 너무나 철저해서 그것에 대해서 말하는 것조차 거의 불가능하게 된다. 사실 식민주의란 식민지 사람들의 동의하에 진행되는 경우 그 의미를 상실한다. 사회적 차이들은 주변성이나 하위계층성(subalternity)으로 일반화되어 녹아버림으로써 약화되기는 했지만, 탈식민주의 비평가들이 하위계층적 역사가들에 대해 보였던 친연성이 증명하듯이, 탈식민적 주장은 후기 단계에서도 처음에는 사회적 약자들에 대한 관심을 지니고 있었다. 그러나 이제 탈식민주의 비평은 권력을 가진 제도권으로 흡수되었고, 그 주장은 어떤 면에서는 소외되었다고 느낄 수 있지만 다른 면에서는 새로운 권력의 형태를 대표하는 사람들에 의해 전유되었다. 지적·정치적으로 비판적인 전략으로서의 탈식민주의가 새로운 권력구조에 봉사하지 못하도록 구해내야한다는 주장이 '좌파 보수주의', 인종주의, 그리고 더욱 생생하게는 정치국 인민위원들을 떠올리게 하는 표현으로 지하세계에서 나타난 괴물들 등의 검열적 비난을 야기한다는 사실은, 초민족적 권력에의 이런 동화를 나타내는 것일지도 모른다.[4] 이는 더구나 왜 제1세계 무차초(muchacho, 본래 소년이란 뜻의 스페인어이나, 여기서는 '함께 여행하는 사람들'을 의미한다—옮긴이) 탈식민주의자들이 제3세계 탈식민적 지식인들보다 탈식민성 옹호에 좀더 단호한지를 설명하기도 한다. 탈식민성이라는 것이 '방법'으로서 추상화되고, 식민지 그 자체와는 거의 아무 상관도 없는 제1세계의 관심을 위해 전유됨에 따라, 탈식민성에 대한 담론 내에서 문자 그대로 탈식민적인 것은 점차 주변화되어간다고 주장할 수도 있다.

탈식민적 내용의 점진적 확산은 팽창하는 그 호소력에 또 다른 실마리를 제공할 것이다. 1980년대 후반 이후 출간된 많은 저서들이 제목에 '탈식민주의 이론'이라는 용어를 써왔다. 적어도 내게는 현재 대다수의 탈식민성에 대한 논의에서 무엇이 '이론적'일 수 있는지는 의문이다. 왜냐하면 탈식민성에 대한 현재의 논의는 모든 전체성들과 토대적 범주들을 부정함으로써 이론화에 저항하기 때문이다. 많은 이론이 탈식민적 개념들과 주장들을 정당화하기 위해 끌어들여진다. 그러나 이런 이론의 사용이 탈식민주의 그 자체의 이론과는 구별되어야 한다. 오늘날 '탈식민'은 종종 포스트모더니즘과 탈구조주의(poststructuralism)의 언어로 표현되어, 모든 종류의 사회적·문화적 열망들을 망라하는 포괄적 용어로 매우 중요한 듯한데, 대부분 탈식민성의 본래 의미 또는 탈식민성이 식민주의의 개념에 기원을 둔다는 점과는 거의 관련이 없다. 나는 여기서 그람씨식 맑스주의에서 자유론에 걸친 이론적·정치적 입장들과, 성과 동성애에서 종족성, 인종주의, 민족주의, 전지구주의 등에 걸친 쟁점 등을 말하는 것이다. 계급이나 성 또는 인종에 대한 초기의 단일한 관심들을 넘어서, 문화적·정치적 비평에서 쟁점들의 영역을 넓히는 데 탈식민주의 비평이 공헌해온 점은 기꺼이 받아들일 수 있을 것이다. 그러나 이론으로서의 자격을 갖추려면 적어도 이 쟁점들 사이의 어떤 가설적 관계라도 세울 필요가 있는데, 이는 보이지 않았다. 오히려 탈식민성은 오늘날 자신의 정치적·지적 성향들에 따라 아무 쟁점이나 골라잡을 수 있는 잡동사니 저장소가 되었고, 그 범위가 너무 넓어서 탈식민성을 근거로 문화적이고 정치적인 입장들을 말하는 것조차 의미없게 되어버렸다. 더 이상 좌우나 옳고그름을 말할 수 없게 되었다는 것은 놀라운 일이 아니다.

이렇게 용어의 범주가 확장됨으로써 확신에 찬 탈식민주의자들조차 절망하는데, 이들은 갈수록 그 용어가 무의미해진다고 불평한다.[5] '탈식민성'이 새로운 학술적·지적 제도의 중요한 부분이 된 것은 이런 일반화된 의미로서이다. 탈식민성은 탈식민적 지식인들이 하는 일이고, 오늘날 탈식민적 지식인들은 문화적 정체성의 정치라는 공통의 이익에 의해서만 통일되며, 탈식민성은 이런 광범위한 지적·정치적 입장을 대변한다고 말하고 싶은데, 사실 이는 전적으로 틀린 말은 아니다. 반대로 탈식민적 비평의 언어를 사용하는 것 자체가 탈식민적 정체성의 충분한 자격인 듯도 하지만, 이는 탈식민성의 정치를 더욱 복잡하게 만든다. 이것이 경계들과 이원주의들을 극복하자는 정신과 상당히 합치하는 것일지 모르나, 그것이 만들어낼 지적·정치적 혼란은 불 보듯 뻔하다. 말하자면, '탈식민'은 처음에 그 의미를 이루었던 '탈'(post)과 '식민'(colonial) 그 어느 것과도 명백한 관계를 갖지 못하는 자유롭게 떠다니는 기표가 되었다—우리가 식민을 모든 불평등과 억압의 패러다임으로 삼지 않는 한 말이다. 탈식민주의의 용어가 정치적, 제도적 언어, 그리고 대기업 권력의 언어 속에서 편안한 거처를 찾게 되면서, 그 패러다임조차 논의될 필요가 있게 되었다.

수많은 문제의 영역을 포괄하기 위해 이렇게 용어를 확장함에 따라 수반된 현상이 용어 적용에 있어서의 시간적·공간적 일반화이다. 그래서 이제 탈식민성은 시간과 공간에 상관없이, 모든 역사에서 찾아볼 수 있는 중요한 것이 되었다. 물론 하나의 사회적 상황으로부터 나온 분석방법이 다른 상황에 적용되어서는 안될 이유는 없지만(이는 맑스주의를 포함한 모든 사회과학에서도 그러하다), 그런 적용성은 적어도 새로운 맥락의 증거를 지우는 것이 아니라 새로운 맥락에 비추어 방법론을 시험할 것을 요구한다. 탈식민 담론은 식민적 역사기술과 민족주의 역사기술에서 억압되었던 역사를 회복하는 데 공헌할 수도 있다. 그러나 메타역사적 방법론으로 전환하면서 탈식민성은 새로운 종류의 역사 지우기에 공헌한다.

탈식민성에 의해 지워진 과거들 중에는 혁명적 과거들이 있다. 탈식민주의 비평이 이런 지우기에 책임이 있다는 것이 아니다. 탈식민성의 의미를 고려할 때, 시대의 산물과 지적 성향의 결과 사이의 차이에 주목하는 것 또한 중요하다. 왜냐하면 그 차이를 혼동하면 더 큰 혼동을 초래하기 때문이다. 탈식민적 영역을 확장한 결과 중 하나는, 다양한 지적 기원을 가지면서 탈식긴주의 비평과 공유하는 것이라고는 현재의 삶과 정치에 나타난 변화들에 대응하는 노력 정도밖에는 없는 관심사나 문제들이 탈식민을 위해 전유되는 현상일 것이다. 탈식민성은 전지구적 재편――전지구화, 이산, 종족성의 대두, 국가 경계선의 약화 그리고 이런 발전들과 연관된 모든 문화적 문제와 정체성의 문제들――과 함께 생겨난 문제들을 명명하고 봉쇄하는 편리한 방법이 되었다. 동시에 탈식민성은 1980년대 사회주의적 대안의 전지구적 쇠퇴나 포기에 직면하여, 맑스주의와 사회주의로부터 후퇴한 급진주의자들에게 피난처를 제공했는데, 급진주의자들은 사회적·정치적 급진주의를 문화의 영역으로 환치함으로써 심리적 안도감을 얻었다. 앞에서 내가 제시한 바를 반복한다면, 평범한 의미에서 우리는 모두 탈식민적이다. 그 이면에는 탈식민성의 우산 아래 다양한 지적 성향을 모아놓음으로써, 무엇이 칼식민주의 비평에 의한 것인지를 이론화하고 정의하는 일이 불가능하다는 사실이 존재한다. 탈식민주의는 (의심할 여지 없이 학계와 출판업계 내의 시장성의 도움을 받아서) 자기영속적인 담론의 권력과도 같은 것을 취해왔다. 탈식민주의에 대한 비판조차 즉각 탈식민주의를 보급하는 매개물로 환원된다.[6]

내가 다른 글에서 제시했듯이, 탈식민주의 비평에 대한 평가에 역사적 시각을 끌어들이는 것은, 탈식민주의 비평이 지적 경향이자 비평적 실천으로서 제기하는 문제들을 풀어내는 데 몹시 중요할 것이다.[7] 탈식민주의 비평을 역사화하는 것은 지난 30여 년간 그것의 전개과정을 파악하는 데만이 아니라 변화하는 이데올로기적 맥락에서 그것을 위치시키는 데도 중요하다. 게다가 이는 또한 탈식민주의 비평하에서의 역사를 평가하는 것을 가능하게 하는데, 이를 통해 탈식민주의 비평를 실천하는 자들이 어떤 방식으로 현재뿐 아니라 그 자체의 기원이 얽혀 있는 과거의 급진적인 비판적 실천들에 대해 자신들을 자리매김하는지가 드러난다.

그러나 탈식민적 글쓰기는 자기반성적으로 역사의 문제와 대면하지 않는다. 대신, 과거를 파악하는 데 역사가 도움이 되기보다는 오히려 방해가 된다는 인상을 강하게 안겨준다. 여기서 나는 근대중국의 역사기술상 문제들을 다룬 최근의 저서에 대해 간략히 평을 하고 싶다. 그 저서가 내가 앞에서 탈식민주의 비평의 확산이나 산만함과 관련하여 지적한 많은 문제들을 예시하고 있고, 특히 민족문제와 관련된 역사의 문제들에도 초점을 맞추고 있기 때문이다.

프라쎈지트 두아라(Prasenjit Duara)의 『국가로부터 역사 구출하기』(*Rescuing History from the Nation*)는 탈식민주의에 감화를 받았음을 분명하게 주장하고, 그에 근거하여 초기의 역사기술에 대해 비판할 뿐 아니라 자체의 대안적 역사기술을 제공하려 한다.[8] 그의 말에 따르면, "나는 인도와 다른 곳에서 이런 새로운 학문의 많은 부분을 형성해온, 그 정의가 여전히 모호한 '탈식민주의'의 일반적 틀에 영향을 받아왔다. 나는 탈식민주의가 독립한 근대 민족국가들이 예전의 (식민적 / 계몽주의적) 역사(History)의 문제들 속에서, 서로 다른 삶의 방식과 시간의 위계질서 내에서 여전히 계속 작용하는 방식들에 대한 비판이라고 생각한다."[9] 이어 그는 근대중국의 역사기술이 국가 건설이라는 프로젝트에 매여 있고, 계몽주의 '역사'(History)에서 유래된 단선적 시간의 서사에 빠져, '역사'(history)를 바라보는 대안적 방법들을 억압해왔다고 주장한다. 그는 '단선적' 역사 대신에 직선적 시간과 그 시간 속의 '분산' 모두를 설명하고, 따라서 '대항 기억'을 회복할 수 있게 하는 역사, 두아라 자신이 '분기된'(bifurcated) 역사라고 묘사하는 역사를 제시한다. 그는 저서의 후반부에서 국가와 계몽주의에 의해 지배된 역사에 대한 대안들을 제공하는 근대중국 역사기술 내의 수많은 주제들로 빠져나감으로써 그러한 분기된 역사의 예를 보여준다.

근대중국의 역사기술에 친숙한 사람들에게 너무나 명백한 사건부터 말하자면, '탈식민적' 식견이나 역사의 '분기'로 여겨질 수 있다고 저자가 거론하는 주제들에 전혀 새로운 것은 없다. 저자의 자료들이 충분히 보여주듯이, 국가(그리고 그와 함께하는 역사)를 건설하기 위한 혁명적 시도, 비밀결사들 그리고 그들과 근대혁명분자들의 대립, 대중적 믿음에 대한 근대화론자의 공격, 지방/국가의 갈등, 시민사회에 대한 쟁점 등의 문제는 중국학자나 외국학자들이 광범위하게 연구한 근대중국 연구의 주제였다. 두아라의 글들이 (두아라에게서 기대할 수 있는) 기존 연구들에 대한 날카로운 식견을 이따금 보여주는 논평으로는 의미있는 성과겠지만, 새로운 이론적 입장에서 나오는 새로운 것이라는 주장은 거의 무의미하다. 그가 자신의 주장을 뒷받침하는 방식이란, 민족주의적 또는 계몽주의적 편견들에 결부되어 있다고 여겨지는 역사가들이나 그밖의 다른 이들에 대해 모호하게 언급하는 식으로 가상의 공격목표를 만들어놓고, 그와 다른 방향을 지적하는 역사 또는 역사기술의 수많은 증거들을 무시하는 것이다. 한 중국인이 서평에서 말했듯이, 이 비난의 대부분은 대상이 없기 때문에 저자의 주장을 정확히 짚어내는 것이 불가능하다.[10] 여기서 '탈식민적' 주장이 여러 자료들을 다루는 역사적 작업에 새로운 이름표를 붙이는 것과 마찬가지라면, 그것은 또한 불가피하게 여러 자료들을 탈식민주의를 위해 전유한다.

민족적이고 계몽적인 서사들에 대한 그의 문제제기는 대부분 정당하다고도 할 수 있다. 그러나 여기서도 역시 두아라는 계몽주의적이고 민족주의적인 역사기술에 의해 생겨나는 쟁점들의 복잡성을 그저 무시함으로써, 유행하는 탈식민주 속으로 자신의 저술을 집어넣는다. 시간에 대한 단선적 개념이 민족주의적 서사들을 형성했을지도 모르나, 여기에는 말하자면 헤겔(F. Hegel)과 폰 헤르더(J. G. von Herder)로 대표되는 서로 다른 역사철학들에서 처음부터 찾아볼 수 있는 뿌리 깊은 모순, 즉 계몽주의적 시간성의 보편성에 대한 주장과 민족주의적 역사의 특수한 문화적 주장 사이의 모순 또한 존재한다. 그 주장은 시간에 대한 진화적 개념들과 단선적인 것을 줄곧 혼동한다. 이런 것들은 (이미 오래전부터 구조적 전체성이란 견지에서 역사를 재현한 헤겔주의적 역사나 맑스주의적 역사의 전통 모두에서 나타나는) 진화주의에 대한 변증법적 문제제기에 의해 도전받아왔는데, 여기서 구조적 전체성은 시간적인 순서를 따르지만 그렇다고 단선적이거나 진화적이라고 할 수는 없다.

역사에 대한 구조주의적 개념들과 구조적 모순들을 무시한다는 점은, 민족, 그리고 민족과 역사 사이의 관계를 다루는 두아라의 방식에서 가장 분명하게 드러난다. 두아라는 중국의 민족성을 먼 과거로 투사하려는 근대 중국 역사가들의 시도에 대해 비판적이지만, 중국이나 인도와 같이 오랜 과거를 가진 사회에서 '정치적 자각'을 발견하는 것이 가능하다고 주장하면서, 민족적 의식이 근대적 현상의 하나로서 새로운 현상이라는 것에 의문을 제기한다.[11] 전근대적인 '정치적 자각'이 가능하다는 사실이 어떻게 민족적 자각이 새로운 현상이라는 점을 반박하는지는 의아한 일이지만, 더 중요한 쟁점은 민족적 의식이 무에서 등장한 것이 아니라 그 자체가 과거의 재구성이고 근대적 형식의 의식 속으로의 통합을 나타낸다는 것이다. 이것 역시 공백의 상태에서 일어나는 것이 아니다. 두아라는 "근대 민족주의에서 새로운 것은 정치적 자의식이 아니라 민족국가의 세계체제다"[12]라는 주장을, 그 진부함에도 불구하고, 새로운 돌파구적 발견이라고 보는 듯한데, 그런 태도가 중국 민족주의를 문화적 현상으로뿐 아니라 경제적이고 정치적인 현상으로도 궁구하려는 목적에서 나온 것으로는 보이지 않는다. 또한 두아라는 중국 민족주의가 복잡한 형태를 띠고 있었다는 자신의 의견의 함의를 더 좇으려고 하지도 않는다. 민족주의라는 개념 자체가 다양한 지역적·사회적 이해관계를 표현하는 담론적 영역을 제공해왔기 때문에, 중국의 (또는 그와 관련하여 다른 국가의) 민족주의의 복잡성이란 그 자체가 억제된 표현이다. 가장 중요하다고 할 수 있는 것은 민족주의 그리고 민족국가라는 개념이 스스로 생성해낸 정치적·문화적 공간이라는 새로운 개념에서 사회적·정치적 모순들──국가와 사회 사이의 관계와 국가가 인종,

종족성과 갖는 관계에 대한 새로운 개념들을 포함하여—의 원천이 되어왔다는 것이다. 민족주의에서 파생된 것 중에는 시민권이라는 개념이 있는데, 이것은 일찍이 역사에서 제외되었던 사람들—여자들을 포함한 인구의 대다수—을 역사에서 눈에 띄게 하는 기폭제 역할을 했다.

20세기의 민족과 민족주의에 대한 두아라의 접근방식이 역사와 민족의 관계에 대한 그의 개념화도 모양지었다. 두아라가 "우리의 역사적 개념들은 민족에 대한 직선적 역사(History)와 너무 많은 것을 공유했기 때문에, (역사가들을 포함한) 역사적 배우들로 하여금 역사자료들을 알맞게 사용하여, 과거 따라서 현재와 미래를 묘사하는 다른 방식들을 차단하고 억누르고 전유하고 때로는 그 방식들과 타협할 수 있도록 하는 담론으로 역사(History)를 보기보다는, 오히려 이해를 돕는 투명한 매개체로 보는 경향이 우리에게 있다"[13]고 말했을 때, 중국 역사가들 대부분은 '우리'가 누구인지에 대해 궁금해할 것 같다. 량 치챠오(梁啓超)와 같은 중국 민족주의자들은 국가건설, 정치, 그리고 역사 사이의 관계를 잘 알고 있었고, 분명히 그들은 전습된 정치형태를 민족으로 재구성하는 데 도움이 되는 역사들을 만드는 데 헌신하고 있었다. 물론 그 이후 역사 쓰기와, 과거를 쓰는 다른 차단, 억압, 그리고 전유 사이의 관계는, 사회적·정치적 함의에도 불구하고 계속되는 논쟁과 지속적인 과거 다시 쓰기를 초래했다. 심지어 과거에 대한 근대적 개념들에서 가정된 시간성에 대항하는 대안적 시간성들은 한 세기에 걸친 민족주의적 역사 쓰기에 의해서도 지워지지 않았고, 민족에 대한 서사들과 공존하는 다양한 이야기들과 역사들 속에서 지속되었다. 여기서도 두아라의 분석은 민족이나 역사에 있어서 민족의 함의에 대한 일면적 이해를 보여준다. 적어도 나는, 식민주의 패러다임을 민족주의와 민족국가에 적용하는 것이 지적·정치적으로 대단히 중요하다는 생각에 거의 의문이 없다. 이는 근대국가가 정치권력을 요구하는 현실이 갖는 함축적 의미뿐만 아니라, 근대국가들이 자신의 구성원이라고 주장하는 사람들을 문화적으로 동질화하려는 노력들 역시 충분히 파악할 수 있게 해주기 때문이다. 이런 의미에서 보면, 민족주의는 전지구적으로 보편주의적 계몽주의 이데올로기들이 전지구적으로 행한 역할과 유사한 역할을 내부적으로 담당해왔다. 한편, 동일한 식민주의 이데올로기들은 스스로 모순을 초래해왔을 뿐만 아니라, 일찍이 억압되었던 많은 부분을 역사의 표면으로 불러내었다. 흥미롭게도, 봉건주의와 시민사회의 문제들에서 억압된 자들의 목소리를 인식하는 것에 이르기까지, 두아라가 그 책에서 다루는 주제 대부분은, 민족을 공고히하고 정당화할 새로운 구성원을 창조하려는 민족주의적 노력들을 통해 작용하는 '계몽주의적 보편주의'의 산물이다. 여기서 이 구성원들이 민족주의적 역사기술이란 거울을 통해서 스스로를 인식할지 아니면 인식하지 못할지 불확실하지만, 그러한 인식이 마찬가지로 역사의 산물이기도 한 자아에 대한 인식을 내면화함으로써가 아니라 위협과 억압으로써 이루어진다는 주장은 역사상 현싯점에서는 가능하지 않다. 여기서 나의 요점은 단순히 빈대를 잡으려다 초가삼간을 태우는 우를 범하지 말아야 한다는 것이 아니다. 오히려 우리가 과거와 현재 모두를 생각하는 방식에 우리 자신의 역사가 가장 근본적인 의미에서 개입한다는 사실을 우선 받아들이자는 것이다.[14]

앞에서 탈식민주의 비평의 일부 맹점들과 관련하여 내가 지적한 점들을 두아라의 책이 예시하기 때문에 조금 자세하게 이 책을 검토했다. 여기서 요점은 비판적 방법론이 불분명하게 사용되었음을 지적함으로써 그것을 비난하고자 함이 아니다. 그러나 탈식민주의 비평이 인기를 누림에 따라 그것의 책임이 아닐 수도 있는 학문적 실천들을 정당화하고, 또한 작금의 상황이 지난 30여 년간 다양한 원천으로부터 등장해온 학문적 접근들을 탈식민주의 비평을 위해 전유함으로써 더욱 혼동을 일으키는 와중이라는 점 역시 무시할 수 없다. 계몽주의, 민족주의, 그리고 역사는 이 과정 속에서, 아무리 방향이 잘못된 주장이라도 그것들을 공격목표로 불러내기만 하면 당연히 큰 관심을 일으키는 하나의 상투어가 되어버렸다. 지금의 맥락에서 가장 중요한 결과는 역사 지우기로서, 이것은 그런 주장들로부터 자기반성을 위한 기본적 원천을 빼앗아버리는 것이다.

앞에서 언급한 두아라의 저작에서 민족을 다루는 방식이 그같은 특징을 잘 보여주는 경우다. 민족을 비판하는 것이나 민족이 창안된 것임을 인식하는 데서 문제가 될 만한 것은 거의 없지만, 그럼에도 불구하고 오늘날처럼 그런 이유로 민족을 역사에서 떼어내버릴 수 있다고 너무나도 당연하게 가정하는 데는 지적으로나 정치적으로 몹시 껄끄러운 점이 있다. 민족은 역사 속으로 들어가면서 자아규정을 위한 하나의 이데올로기적 근거를 제공해왔고, 창안되었건 아니건, 하나의 역사적 동력으로 작용해왔으며 계속해서 그럴 것이다. 더구나 역사와 민족이 결부되어 있음을 부인할 사람은 거의 없지만, 그 관계가 과거의 대안적 개념화들을 지워버렸던 것도 아니고, 훨씬 더 복잡한 역사에서 나타난 그 관계가 만들어낸 모순들—아마도 스스로의 부정까지 포함하여—을 봉쇄할 수 있었던 것도 아니다. 이러한 과정들을 제대로 이해하기 위해서는 '국가로부터 역사를 구출해내는' 것이 아니라, 그 모든 복잡성 아래 민족을 역사 속에서 그리고 역사를 민족 속에서 보는 것이 중요하다.

탈식민주의 비평와 관련한 중국 민족주의의 문제는 20세기 민족주의와 혁명이 갖는 복잡한 관계 때문에 특히 중요하다. 근대 중국역사 속에서 제국주의의 역할을 어떻게 평가하든, 현재의 중국은 단순히 탈식민사회가 아니라 혁명 이후의 사회인 것은 명백하며, 이 사실은 탈식민주의 비평의 주장들을 비판적으로 평가하는 하나의 역사적 맥락—탈식민주의 비평이 생겨난 역사적 맥락과는 다른 맥락에서 후자의 인식론적 주장들에 대면할 수 있는 역사적 맥락—을 제공한다. 그런 상이한 역사적 맥락에 탈식민주의의 통찰력을 적용하는 것은 그 주장들의 보편화에 도움이 될지 모르나, 결과적으로 역사적 맥락의 특수성과 그러한 대면이 탈식민적인 지적·정치적 주장들을 평가하는 데 도움이 될 수도 있는 방법들을 없애버리게 된다. 혁명(또는 민족주의)을 탈중심화하는 것은 그것을 없애버리는 것과는 아주 다르다. 탈중심화는 현재의 통찰력에 따라 더 새롭고 더 복잡한 방식으로 과거를 볼 수 있도록 돕는다. 없애버리는 것은 과거에서 얻을 수도 있는 몹시 필요한 비판적 시각들을 현재로부터 제거함으로써 과거에 대한 새로운 지배관계를 확립한다.

만약 혁명의 포기로 인해 탈식민주의 비평을 혁명적 사회들에 적용하는 것이 가능해졌다면, 역으로 탈식민주의 비평은 혁명을 지우는 데 공헌해왔거나 최소한 혁명을 불신케 하는 데 공헌해왔다. 그러나 같은 이유로, 혁명을 다시 환기하는 일은 역사적으로 탈식민주의를 자리매김하는 데, 단지 '식민적'이란 용어만을 언급하는 경우보다 훨씬 더 도움이 된다. 그러나 그것은 탈식민주의 비평을 역사화하려는 것만이 목적은 아니다. 훨씬 더 중요한 것은 탈식민적 분석과 탈식민적 정치를 비판적으로 평가하기 위해서는 혁명적 역사의 시각이 필요하다는 점이다.

우리 시대는 (정치적으로 구성된) 좌와 우를, (문화적으로 구성된) 옳은 것과 옳지 않은 것을, (모두 재현으로 존재하는) 환상과 실재를 구별하고 싶어할 정도로 어리석은 이들에게는 혼란스러운 시대다. 1980년대 이래로 예전의 좌파들이 보수주의자들로 (심지어 우익으로) 변모하기도 하고 예전의 우파들이 진보적인 개혁가들로 환생하기도 하는 상황에서 좌우의 구별은 중국 역사가들에게 그 의미를 잃었다. 같은 시기, 인권의 문화적 구성성(역시 중국과 관련하여)과 관련한 논쟁에서 옳고그름에 대한 판단이 현저히 희박해졌기 때문에, 인간에 대한 학대를 비판하면 거의 언제나 문화제국주의라는 비난을 감수해야만 했다. 모든 것이 사회적, 정치적, 문화적 구성물이 되어감에 따라, 조만간 불가피하게 현실 자체도 의문시될 처지였는데, 이런 상황이 처음은 아니지만, 이번에는 치명적인 전쟁을 닌텐도(Nintendo)

게임으로 만들어버릴 수 있는 미디어의 도움을 받아 그렇게 될 수도 있다.

밀레니엄 상황으로 인해 인간들이 방향감각을 잃도록 프로그램되었다고 제안하고 싶은 마음이 들기도 할 것이다. 유럽의 밀레니엄을 만인의 밀레니엄으로 만드는 것은 정치적 정확성을 주장하는 입장에서 보면 야유를 불러올 법하지만, 이 특별한 밀레니엄의 상황에서 생겨난 방향상실은 대부분 '전지구화'라고 불리는 것과 관계가 있을 때 상대적으로 쉽게 무시될 수 있다. 그리고 전지구화라는 것이, 가장 퇴행적이고 반동적인 종류까지 포함하여, 많은 대안적 근대성들의 분노를 불러일으킨 구미적 근대성 속에 궁극적으로 세계를 가두어두는 것이 아니라면 무엇이란 말인가? 더욱 무시할 수 없는 것은 진보적이라고 추정되는 지식인들의 역할이다. 차이 또는 불평에 대한 모든 주장들을 구별조차 않은 채 이것들을 귀찮아지만 포용하는 듯한 태도를 취하는 진보적 지식인들은, 자신들이 처한 역사적 환경이면서 또한 바로 그런 주장들이 생산되고 도입된 환경을 무시하면서, 현재의 삶의 방향상실에 일정한 역할을 수행한다. 과거 헤게모니들은 지적·윤리적 복잡성을 은폐해왔다. 이런 헤게모니들의 부정과 함께 전면에 등장한 그러한 복잡성을 대면하려는 노력에 정치적 정확성의 책임이 있는 것은 아니다. 최근 종족을 말살시킨 어느 독재자가 과거의 잘못을 용서하고 잊자며 '진실과 화해의 임무'라는 것을 세계에 공표했다. 그리고 자신은 그 가면 뒤에 숨어 궁지에서 벗어나고자 했다. 이 놀라운 예에서 알 수 있듯이, 의도하지 않았던 명분에 이용되기 쉽다고 해서 숭고한 이상들을 완전히 지워버리는 것도 공평한 일은 아니다.

그럼에도 불구하고, 현재의 어떤 지적 경향들이 이러한 이기적 표리부동을 용인하는 윤리적·지적 방향상실을 조장하는 데 일익을 담당하는 건 아닌지 의문을 제기할 필요가 있다. 다시 말하면, 관용의 한 조건으로서 이중성을 찬양하는 일이 결과적으로 편협과 표리부동에 무기력해진 현실을 가져온 책임은 없는지 물을 필요가 있다는 것이다. 더구나 애매모호함은 구성된 것이란 점에서, 그것은 지난 20년간 문제시되었던 과거 확실성의 개념과 마찬가지다. 이 경우에는 이런 애매모호함을 자기정체성의 바람직한 대상으로 만드는 현재의 역사적 환경이 무엇인지 알아보는 것이 중요하다. 밀레니엄적 사고가 역사를 지워버릴지 모르나, 과거를 벗어나고 극복하려는 욕망 자체에도 역사적 맥락은 있다.

급진적이라고 하는 사람들에 의한 현재의 비판적 작업들이 방향을 상실한 것도 그 자체의 의미 외에는 아무 의미가 없다고도 할 수 있다. 즉 과거에 대한 불만과 '약자의 목소리'를 알리는 일을 넘어서는 의미있는 변화가 없다는 말이다. 좀더 극단적인 형태의 전지구화 이데올로기들에는 밀레니엄적인 무언가가 있는데, 그것은 우리가 역사에서 해방되기 직전이라고 암시하는 듯하다. 그러나 종종 우리가 맞은 밀레니엄은 역사를 문화적 바자회로 만드는 듯하다. 마치 그런 불평들을 생산한 상황들을 근원적으로 없애버리기라도 할 것처럼, 역사의 시장에 들어설 모두에게 과거의 불평에 대한 보상으로 상품 진열대를 하나씩 안겨주면서 말이다. 그 '문화들'이 시간을 거슬러 영속성을 주장하면서도 여전히 바자회에서의 한 자리를 주장하거나, 반대로 영원한 교환가치를 갖는 문화적 생산물로 스스로를 재창안함으로써 역사 자체가 무의미해지는 경우, 역사에서의 해방이란 사변적인 논쟁거리가 될 뿐이다. 이 바자회가 북적거린다는 사실은 예전의 불만에 새로운 불만거리를 덧붙일 뿐이며, 그 해결책은 그 안에서 자리를 차지하는 데 있는 것이 아니라 거기서 빠져나오는 출구를 발견하는 데 있다는 점을 보여주는 괜찮은 증거들도 많다. 현재의 비판적 저작에서 억압되지는 않는다 해도 체계적으로 무시되는 것은, 그 바자회 바깥의 가능성들 그리고 그런 바깥에 상응하는 미래들이다. 이러한 밀레니엄이 천년의 과업을 결산한다.

나는 다른 논의에서 제기했던 문제를 다시 언급함으로써 결론을 내리고 싶다. 즉, 탈식민성을 혁명적 과거와의 관계에서 어떻게 자리매김할 것인가라는 문제를 다시 언급할 것이다. 이에 대해 나는 1980년대 말 이후 등장했던 탈식민주의 비평은 탈식민적일 뿐 아니라 두 가지 의미에서 탈혁명적이라고 주장했다. 첫 번째는 시간적 의미에서 그러하다. 이때 '탈'이란 단지 '이후'를 의미하지 않고 혁명의 시대의 종말을 가리키는데, 그 시기엔 전지구적으로 혁명적 변화가 현재의 대안으로 가능한 듯 보였다. 이제 상황은 달라져서, 탈식민주의가 쇄도하여 급진주의에 대해 권리를 주장하는 상황은 이런 혁명적 과거와의 단절을 가리킨다. 두 번째 의미는 탈식민성의 실제 내용과 관련이 있다. 전체성과 토대적 범주들—이것이 없으면 체계적 변화로 이해되는 혁명은 적합성을 모두 상실한다—이라는 문제를 회피하는 사회분석적 전략의 측면에서도, 그리고 혁명적 행위란 개념 자체를 전복하는 사회적·정치적 주체성들의 거부—다시 말하면, 본질주의란 혐의로 인해 훼손된 집단적 정체성들에서 지역화된 정체성 정치에 대한 강조로의 움직임—라는 점에서도 탈식민성은 본래부터 반혁명적이다.

(탈식민주의 비평에 대한 다른 글들뿐만 아니라) 이 장에서 나의 주장은 상당 정도 중국혁명의 역사에 대한 작업에서 형성된 것이다. 특정한 역사, 이 경우 혁명적 역사와 탈식민주의 비평 사이의 관계는 역사에서 혁명의 실패—그 실패에 대한 인식이 현재의 사상과 정치를 형성하는 데 중대한 역할을 해왔다—만이 아니라 과거와 단절한 척하는 현재의 오만을 파악하는 데 중요하다. 혁명을 지우는 현재의 상황에 반하여 혁명을 다시 불러내는 일은 혁명의 귀환을 바라는 것이 아니다. 오히려 과거의 정치적 해결과 전망이 더 이상 적절치 않을 수 있지만, 그것을 존재하게 했던 그 상황들이 아직도 대부분 우리와 함께하고 있음을 기억할 필요가 있다는 점을 강조하기 위한 것이다. 궁극적으로 탈식민주의 비평의 문제는 그것이 급진적 기원들에 등을 돌렸다는 것이 아니라, 그렇게 함으로써 이러한 상황과 현재를 넘어서는 세계를 상상할 가능성을 망각해왔다는 점이다. 이런 근본적인 의미에서 탈식민주의 비평은 그 주창자들이 믿는 것처럼 단지 새로운 기억의 방식이 아니라 새로운 망각의 방식을 의미한다.

주(註)

1 이 논의는 내가 다른 글에서 상세히 서술한 쟁점들을 재조명한다. 원저자의 독자적인 개념이나 인용의 경우를 제외하고는 내 입장에 대한 자료 제시를 삼가할 것이다. 구체적인 자료에 관심있는 독자들은 Arif Dirlik, *The Postcolonial Aura: Third World Criticism in the Age of Global Capitalism* (Boulder, Colo.: Westview Press 1997)을 참조하기 바란다.

2 Ahmad, "The Politics of Literary Postcoloniality," *Race and Class* 36, no. 3 (1995), 1면.

3 이런 전개과정은 민족해방국가들이 자신들의 과거를 포기한 역사적 상황을 배경으로 하고 있다. 그럼에도 불구하고, 이로 인해 과거의 유산에 의해 조성된 모순들이 제거되지는 않는다. 그러므로 중국 같은 국가는 경제영역에서는 민족자주에 대한 애초의 약속을 포기하면서도, 문화적 경계는 단속할 수 있고 또 단속해야만 한다고 지속적으로 가정한다. 이는 그 정권의 경제정책들과 모순된다는 점에서 그 어느 때보다도 설득력이 떨어진다. 경계영역 문화에 호의적인 주장들은 그런 정책을 비판할 때 분명히 중요한 비판적 의미를 갖는다. 한편 그런 국가의 정책들과 탈식민주의 비평은 특히 삶의 다양한 영역을 서로 구획하여 고립시킨다는 점에서 현재적이다. 중국정부가 경제적 영역에 집중하면서 문화적(또는 정치적) 쟁점까지 거론하기를 꺼리듯이, 탈식민주의 비평은 문화적 쟁점에 집중하면서 정치경제학의 문제들을 배경 정도로 강등시킨다. 그런 구획은 기능주의의 유산을 드러내는 것으로, 이는 문화적인 것이 곧 사회적·정치적·경제적인 것이듯, 경제적인 것은 또한 사회적·정치적·문화적이기도 하다는 점을 무시한다.

4 나는 여기서 탈식민주의에 대한 나의 초기 비판과 관련한 스튜어트 홀의 성마른 발언을 언급하는 것이다. "식민적 패러다임의 해체가 저 깊은 곳으로부터 괴상한 악마들을 풀어놓으리라는 것, 그리고 이 괴물들이 깊이 파묻혀 있던 온갖 종류의 자료들을 끌고오리라는 것을 우리는 항상 알고 있었다." Stuart Hall, "When Was the Post-Colonial? Thinking at the Limit," in *The Post-Colonial Question: Common Skies, Divided Horizons*, ed. I. Chambers and L. Curti (London: Routledge 1996), 259면. "우리는 항상 알고 있었다"는 부분은 탈식민주의 비평이 이름없는 집단에 의해 고안된 어떤 계획적인 전략으로서 등장했음을 암시하지만, 홀은 그 '음모'가 무엇을 위한 것인지 우리에게 말해주지 않는다. 저명한 지식인이 탈식민주의 비

46

평에서의 역사에 그렇게 무지하다는 것은 탈식민주의적 사고의 위험을 지적하는 것이다. 나로서는 홀이 즉각 그의 동료 '음모자들'을 옹호하기 위해 뛰어든 점을 감사하게 생각하지만, 그런 식의 매도는 관련 쟁점을 회피하는 것이다――이 점에 그는 동의하는 듯하고, 그것은 그가 다른 데서 취해온 이론적이고 정치적인 입장과 일치한다.

5 Bill Ashcroft, Gareth Griffiths, and Helen Tiffin, eds., *The Post-Colonial Studies Reader* (London: Routledge 1995), 2면.

6 나는 여기서 Padmini Mongia, ed., *Contemporary Postcolonial Theory: A Reader* (London: Arnold 1996)와 같은 책을 생각한다. 이 책에 수록된 (저자 자신의 글을 포함한) 글의 거의 반이 탈식민주의 비평에 비판적이지만, 이 책은 바로 그 제목에 의해 그 글들을 탈식민적 영역 내로 '한정시킨다'.

7 Arif Dirlik, "Postcolonial Criticism and the Perspective of History," introduction to *Postcolonial Aura*, 1~22면.

8 Prasenjit Duara, *Rescuing History from the Nation: Questioning Narratives of Modern China* (Chicago: University of Chicago Press 1995).

9 Duara, 같은 책 6면.

10 李猛「夺取誰的歷史」, 『二十一世紀』 49期 (1998년 10월호), 128~33면, 129면.

11 Duara, *Rescuing History*, 54면.

12 Duara, 같은 책 69면.

13 Duara, 같은 책 5면.

14 여기서는 제한된 논의밖에 할 수 없기 때문에 계몽주의, 민족, 그리고 역사 사이의 관계에서 생겨나는 복잡한 문제들을 좀더 세밀하게 설명할 수가 없다. 관심있는 독자들은 근간 Arif Dirlik, "History without a Center? Reflections on Eurocentrism," in *Historiographical Traditions and Cultural Identities in the Nineteenth and Twentieth Centuries*, ed. E. Fuchs and B. Stuchtey (Washington, D.C.: German Historical Institute)와 본서 5장 참조.

제2장

역사와 기억 속의 혁명들

___ 역사적 관점에서 본 문화혁명의 정치

역사와 기억 속의 혁명들

역사적 관점에서 본 문화혁명의 정치

이 장에서는 1960년대 중국 문화대혁명에 대한 최근의 평가에서 드러난 문제들을 고찰해본다. 문화대혁명은 그 자체로 흥미롭고도 중대한 역사적 사건이었다. 현재의 맥락에서 문화대혁명이 특히 중요한 이유는 그것이 중국혁명의 완결성에 대한 문제, 나아가 근대의 현상으로서 혁명 일반의 문제를 불러일으키기 때문이다. 궁극적으로 이는 탈혁명(postrevolutionary)의 시대에 혁명으로 무엇을 할 것인가와 관련된 문제다. 탈혁명의 시대는 혁명의 역사와 단절할 것을 요구할 뿐 아니라, 혁명의 산물이자 생산자였던 근대성과 단절할 것마저 요구했기 때문이다.

나는 이 글에서 문화대혁명의 문제를 그것이 현재 재현되는 방식에서 떼어내기 위해 어느 정도의 노력은 하겠지만, 여기서 나의 주요한 관심은 그것이 현재 재현되는 방식에 있다. 이 재현 방식에 대한 나의 관심에는 두 가지 측면이 있다. 첫째는 혁명이 관련된 기억과 역사의 문제다. 어떻게 역사와 기억을 화해시킬 것인가라는 문제는 지난 이십여 년 동안 가장 중요한 관심사로 떠올랐다. 그 문제는 제2차 세계대전과 유태인 학살 사건에서 가장 중요한 문제였지만, 혁명의 유산과 관련해서도 중요한 것이었다. 역사에서 기억이 차지하는 위치에 대해서는 논란이 분분했지만 내가 아는 한, **역사가들의** 기억이라는 문제를 직접 다룬 논의는 상대적으로 적었다. 이와 관련하여 문화대혁명은 동세대의 역사가들에게 흥미로운 문제를 제시한다. 이 역사가들은 (1960년대의 수많은 사건들 중에서도) 문화대혁명에 영향을 받아 급진주의로 이끌렸지만, 최근에는 지적으로 자신들을 형성시킨 이 사건을 '망각'하는 듯했다. 내가 이 장에서 제시하겠지만, 이러한 '망각'으로 인해 생긴 문제는 자료수집이나 역사수정주의 같은 전문적인 역사 기술상의 문제로 포괄되지 않고, 문화대혁명뿐 아니라 사상으로서의 혁명 자체를 문제시해온 현재의 여러 중요한 변화들과 얽혀 있다. 내 생각에 '과거의 청산'이 꽤나 광범위하게 퍼져 있는 듯한 우리 시대에는 역사가들이 자신들의 잊혀진 과거를 청산하는 일도 중요하다. 이러한 대면은 역사가들의 기억과 자신들의 역사적 평가나 설명 사이의 관계를 분명히할 것을 요구하기 때문에, 역사 작업 자체를 위해서도 중요하다. 결국 역사가들이 자신을 역사가로 형성했던 경험이나 변화된 시각에 대한 향수 어린 저항을 초래할 수도 있는 경험을 너무 많이 기억하고 있을지도 모른다. 그 반대의 극단에서, 어떤 '객관적인' 근거 때문이 아니라 역사가들의 환경과 의식의 변화로 인해 불편해진 과거의 시각들을 잊고 싶은 욕망 때문에, 역사가들이 과거의 시각들을 부적절한 것으로 치부하여 무시하는 것도 가능하다. 여기서 문제가 되는 것은 단지 역사가의 현재와 과거의 구성 사이의 관계—이는 항시 존재하는 문제다—만이 아니라, 과거와 현재 사이에 명백한 불연속성이 존재하는 시기에 역사가의 현재와 역사가인 그들 자신의 과거 사이의 관계이기도 하다.

말할 필요도 없이 역사적 기억과 망각이라는 문제는 단순히 학문적 문제만이 아니다. 그 문제는 우리의 현재를 이해하고 그에 따라 행동하는 방식에 있어 상당히 중요한 문제다. 찰스 매이어(Charles Maier)는 "기억에 걸려 있는 이해관계—심리적, 실존적, 정치적 이해관계—에 대해서" 물어야 한다고 역사가들에게 충고했다. "왜냐하면 기억은 사회적 또는 정치적 공백상태에서 연유하는 것이 아니기 때문이다."[1] 기억이나 망각 모두 온전히 순수한 것은 아니고, 따라서 그것이 형성하는 기억과 망각이 알려주는 역사인식 또한 순수하지 않다. 내 생각에 현재 가장 핵심적인 문제는, 현재에 대한 비판마저 고려하는 과거에 관한 비판적 기억과 현재의 경향에 영합하여 현 세계의 권력지형을 합법화하는 기억들을 어떻게 구별하는가다. 혁명은 특히 이러한 점에서 중요하다. 왜냐하면 비타협적인 미래지향적 진보주의와 오랫동안 결부되어왔던 현상을 과거의 일로 치부하는 것은, 불가피하게도 과거와 현재의 관계에서 현재가 갖는 의미에 대해 의문을 불러일으키기 때문이다. 바라건대, 그것은 또한 그 자아상에서 이미 뒤로 제쳐놓았던 과거에 대한 현재의 자기만족감을 어느 정도 흐트러뜨릴 수 있을 것이다.

결론적으로, 나는 혁명적 과거에 대한 태도에서 보이는 최근의 급격한 전환, 즉 사회변혁과 해방의 힘으로서의 혁명에서 퇴보, 억압, 테러의 생산자로서의 혁명으로의 전환을 설명해줄 수 있는 현재의 변화에 대해 생각해볼 것이다. 내 주장은 중국사학자라는 내 개인적 경험에서 비롯하지만, 그것이 좀더 넓은 함의를 가졌으면 한다. 즉 단지 몇십 년 전만 해도 누가 봐도 이치에 맞는 듯했던 혁명이 왜 이제는 전혀 무의미한 것처럼 보이는가? 이 질문은 역사와 역사가 모두와 관련된 다른 질문을 제기한다. 혁명이 완전히 무의미해진 것은 조건들이 근본적으로 변해서인가, 아니면 우리가 변해서 두 세기 동안 많은 사람들에게 대단히 이치에 맞던 현상이 이젠 무의미해진 것인가? 둘 중 어느 쪽으로도 설득력 있는 주장을 펼칠 수 있겠지만, 나는 어떤 식으로 논증을 하는가라는 문제가 현재적 의미에서 보면 꽤나 의미심장하다고 주장할 것이다. 혁명은 여러 다른 방법으로 역사화될 수도 있고 잊혀질 수도 있다. 앞으로의 논의에서 나는 혁명이 오늘날 '잊혀지는' 방식—이는 또한 우리가 현재에 대해 많은 것을 '잊'도록 요구한다—이 현재에 갖는 함의를 물을 것이다. 여기서 나의 관심사 중 하나는 과거의 복잡한 현상을 봉쇄하는 데 현재적으로 사용되고 있는 범주들—그 중에서도 '권위주의'—을 깨뜨리려는 것이다. 나는 무엇보다도 과거뿐 아니라 현재의 급진적 가능성마저 '봉쇄'하는 현재의 '봉쇄전략'을 재고하기 위해 혁명을 상기시키려고 한다.

　나는 현재가 제공하는 역사적 시각은 과거에 대한 새로운 비판을 가능하게 하지만, 과거에 대한 비판이 궁극적으로 현재를 비판하기 위해 되돌아올 때에만 진정으로 비판적인 역사기술로서의 주장이 유지될 수 있다고 생각한다. 이런 진부한 듯한 전제를 통해 내가 바라는 것은, 대부분 망각을 통해 행사되는 현재의 '불연속성의 체제'(regime of discontinuity)[2]에서 과거에 대한 비판이 얼마나 중요한지를 강조하는 것이다. 혁명적 과거가 문제될 때는 특히 그러하다. 역사가가 역사를 만든다는 사실은 전혀 새로운 이야기가 아니다. 포스트모더니즘은 과거를 담론적 구성물로만 여기며 거기에 어떤 현실성도 부여하지 않는다. 즉 역사를 굳건히 현재—그것이 아무리 파악하기 힘들더라도—에 묶어두기만 하고 저자를 지나치게 강조하는 포스트모더니즘을 염두에 두면 특히 그러하다. 그렇게 본다면 과거를 해체하려는 사람들이 그 해체 작업을 자신의 실천에까지 확장하여 적용하지 않는다는 사실은 아주 주목할 만하다. 우리 시대에 비판적 자기반성의 한계를 나타내는 듯한 자기도취적 의미에서의 저자의 자기해체가 아니라, 담론을 생산하기도 하고 동시에 담론에 의해 생산되기도 하는 권력구조와 담론 간의 관계라는 좀더 중요한 의미에서의 자기해체 말이다. 혁명에 관한 논의에서 어떤 비판적인 결과에 상기될 수 있는 또 하나의 진부함은 권력과 재현 간의 관계가 존재한다는 점이다. 특히 혁명의 현재적 재현이 현재의 권력지형에 대한 자기이미지와 반향할 뿐 아니라, 같은 지형의 권력이 과거와 현재에 대한 명확한 표현을 대표하는 방식이 존재한다. 과거와의 단절에 대한 인식이 그 어느 때보다도 과거보다 현재를 특권화하지만, 그것은 또한 편리하게도 과거에 대한 비판에서 얻을 수 있는 그 어떤 비판적인 통찰력이 미칠 수 없는 곳에 현재를 위치시킨다. 그 모든 모순에도 불구하고, 혁명을 절실히 요구되는 비판적 목적에 사용하기 위해서, 그리고 상당히 정당하면서도 필요한 과거에 대한 비판과 현재 권력구조들을 정당화─혹은 그 근거를 마련하기까지 하면서─하는 일에 의도적이든 아니든 공모하는 것을 구분해내기 위해, 혁명은 여전히 상기되어야 한다.

그러나 혁명의 문제는 비판적 학문, 즉 현존하는 권력형태에 대한 비판 이상을 포함한다. 그 모든 결점과 단점, 실패 그리고 이따금 있던 참사에도 불구하고, 혁명은 근본적인 사회적, 정치적, 문화적 변혁의 가능성에 알리바이─그리고 사회주의혁명의 경우, 자본주의 근대성에 대한 대안의 가능성─가 되었다. 이것이 현재 혁명이 테러행위뿐만 아니라 테러행위에 대한 책임이 있다고 여겨지는 급진적 담론 때문에 비난의 대상이 되는 근본적 이유일 것이다. 테러는 서로 다른 역사적 사건들로서 역사 속에 존재하는 혁명만이 아니라 계급에서 평등과 민주주의로 나아가는 급진적 변화를 표현하는 사회적, 정치적 어법을 포함한 급진적인 구조적 변혁이란 생각 자체를 불신하게 만들었다. 이 자체가 특별히 새로운 것은 아니다. 혁명을 말하거나 급진적 변혁의 용어를 환기함으로써 혁명이 실재한다는 사실을 드러내는 데 사회과학에서의 '언어적 전환'이 필요하지는 않았다. 1930년대 중국의 국민당정권은 공산당의 성공이 사회현상에 대한 마구잡이식 얘기들 탓이라고 비난했다. 최근 적잖은 미국 정치가들은 계급에 대한 얘기 자체가 계급을 다시 불러낼 수도 있으니까 계급에 대해 너무 많이 얘기해서는 안된다고 경고했다. 혁명적 담론이 혁명을 불러내어 존재하게 할 수도 있다는 언어적 전환의 진단은 새로운 것이 아니다. 그러나 혁명의 중요한 사회적, 정치적 기초 모두를 부정하며 언어적 전환에 순응하는 지배적 경향은 포스트모더니즘적/탈식민주의적 사회과학의 보수적 방향성을 드러내는 것일지도 모른다.[3]

이와 유사하게 혁명을 기억해내는 것은 단순히 한두 혁명이 가졌던 좋은 점들이나 결점들을 뽑아내는 것이 아니라, 사회적 존재나 조직의 대안적 형태에 대한 가능성을 계속 열어놓으려는 것이다. 급진적 관점에서 보면, 국가사회주의의 몰락은 자본주의만큼이나 근대화주의적 사회주의(modernizationist socialism)에도 바람직하지 않은 것으로 간주되어, 일상생활에 근거한 급진적 사회 전망들을 다시 한번 인식하는 계기가 되었다고 주장할 만하다. 또한 과거의 국가사회주의적 프로젝트가 자신들의 약속 중 가장 근본적인 것들을 성취하는 데는 실패했을지 모르나, 그렇다고 그들의 혁명적 유산들이 과거의 골동품에 불과하다고 쉽게 단정할 수는 없다. 나는 과거의 실패들을 다른 방식으로 설명하겠다. 나는 혁명의 유산들과 혁명을 불러일으킨 대안에 대한 탐색이, 국가사회주의가 관료국가라는 동인을 통해 실현하려 했던 것을 아래로부터 이룩하자는 운동들 속에 오늘날에도 살아있다고 말하고 싶다. 그 운동들은 과거 권위주의에 대한 비판뿐 아니라, (무엇보다도) 현재의 자본주의 구조 자체에 뿌리박은 권위주의에 대한 비판을 표현하는데, 현재의 자본주의에서 민주주의란 종종 시장민주주의와 다를 바 없으며 이때 시장은 동시에 전례없이 강력한 감독과 통제의 수단을 제공한다. 과거의 결점에 집착하게 되면 우리는 현재의 사회운동들 속에서 이제 다른 형식으로 표현되고 있는 혁명에서의 민주주의적 충동을 인식할 수 없게 된다. 이런 운동들은 민주주의와 사회정의에 대한 예전의 전망을 현재적 방식으로 구현하면서, 그 목적을 이루기 위해 예전에 동원했던 수단은 거부하기 때문에, 보수적이거나 반동적인 과거에 대한 재확인으로 빠지지 않으면서 과거를 하나의 자원으로 다시 기억할 수 있는 것이다. 이 운동들은 역사의 비연속성을 찬양하기보다는 권력구조에 반대한다는 점에서 현재와 과거가 상당히 밀접하게 연결되어 있음을 상기시킨다. 대항적인 사회적, 정치적 운동들에서만 혁명적 과거의 유산을 찾아볼 수 있는 것은 아니다. 현재의 정치와 권력의 정점에 있는 발전에 관한 담론은 혁명적 정권들의 직접적 산물이 아닐 수도 있고, 심지어는 그 정권들에 의해 억압되어왔을지라도 혁명적 변화에의 요구에서 가장 강력한 표현을 찾았던 자본주의의 대안들을 받아들이게 됨에 따라 서서히 해체되었다.[4]

우리가 아는 혁명들은 어느 정도는 과거의 현상들이라 할 만하다. 혁명을 가능하게 했던 사회의 힘들은 대체로 해체되었고, 혁명적 담론이 아무리 충분할지라도 혁명을 가능하게 했던 정치적 정체성들——계급적 정체성과 민족적 정체성까지 포함해서——을 다시 불러낼 수 있을 것 같지는 않다. 구조적 조건에서나 자본주의적 근대의 힘에 의한 삶의 교란이라는 측면에서나 과거에 혁명을 유발했던 조건은 거의 사라지지 않았는데, 자본주의적 근대의 힘은 오히려 예전보다 더 강력하고 예측 불가능하게 되었다. 이러한 교란은 이제 다른 종류의 정체성을 만들어냈다. 가장 가시적인 현상으로 그 정체성들이 기존의 권력형태에 대한 대항을 다른 지형들로 옮겨버린 현상을 들 수 있는데, 그 가운데 오늘날 가장 강력한 것이 바로 종교와 종족성의 지형일 것이다. 서로 매우 다르고, 적어도 내가 보기에는 새로운 형태의 억압적 추상성을 생산하는 이러한 대항적 움직임들과 함께, 변화된 형식으로 오랫동안 지속된 공동체의 이상들을 유지하고 새로이 꽃피우려는 일상생활에 근거한 운동들이 존재한다. 너도나도 혁명을 빨리 잊으려는 경향 속에서 너무나도 쉽사리 버려진 정치적 언어를 쓰자면, 혁명은 우파세력에 의해 최근에 납치되었다. 우리가 과거의 혁명들을 떠올리는 근본적 이유는 민주주의와 사회정의의 전망에 대한 헌신을 담고 있는 그런 좌파운동들에 다시 한번 힘을 실어주기 위해서다.

중국의 문화대혁명은 이러한 문제를 살펴보는 데 매우 중요한 예가 된다. 그것은 문화대혁명이 아직 우리의 기억에 살아있기 때문이기도 하지만, 여전히 현재의 적합성을 지니는 문화대혁명의 복잡성 때문이기도 하다. 중국혁명은 사회주의혁명이자 동시에 제3세계혁명이었는데, 민족주의자와 사회주의자의 목표들이 서로에게 힘이 되다가 서로 모순되기도 하고, 계급문제가 국가의 과제들과 충돌하며, 발전지상주의가 게릴라혁명의 농업에 대한 충성심과 갈등하기도 했다. 중국혁명은 결국 자본주의와 쏘비에뜨사회주의로 대표되는 사회주의적 근대화주의 모두에 대한 대안으로 나타났다. 혁명의 마지막 단계에서 선언된 문화대혁명—이는 소급해서 중국혁명 전체를 이해하는 틀을 형성했다— 은, 레지 드브레이(Régis Debray)의 날카로운 표현을 따르자면, 모든 혁명적 정권을 괴롭혔던 모순들을 드러낸 '혁명 속의 혁명'이었다. 더구나 문화대혁명이 보여준 재난과 궁극적인 테러에도 불구하고, 공산당 지도부는 중국을 그 어느 때보다도 더 근본적으로 자본주의에 개방하면서도 사회주의에 대한 신념을 포기하지 않았다. 내가 다른 글에서 탈사회주의(postsocialism)라고 명명한 이 사회주의를 어떻게 받아들이든, 흥미롭게도 그것은 정책과 실험에서 어느 정도의 여지를 주었고, 이러한 점이 적어도 당분간은 그 정권이 살아남아서 번성할 수 있었던 놀랄 만한 능력을 설명해준다. 이런 여지 중에서 가장 의미있는 측면은 정권과 국민들 모두가 혁명적 과거에 대해 유연한 태도를 가지고 있다는 다소 흥미로운 사실이다. 이는 대부분의 중국학자들과 몇몇 중국 지식인들이 혁명의 기억들을 지우자고 촉구하는 것과는 몹시 상반되는 것이며, 나아가 중국의 미래와 관련하여 계속되는 우려를 설명해주기도 한다.

이후 내가 다루는 쟁점들은, 역사적으로 되돌아볼 때 문화대혁명이 제시하는 역설에서 가장 잘 나타난다. 마오 쩌뚱(毛澤東)과 그의 지지자들은 사회주의에서 자본주의로의 변질이 임박했다고 인식했으며 이를 막기 위해 문화대혁명을 시작했다. 그런데 문화대혁명 종결 이후 바로 그러한 일이 일어났다. (문화대혁명의 주요 공격대상의 하나였던) 떵 샤오핑(鄧小平)이 집권하자 중국사회는 자본주의 세계체제로 편입되었고, 이제는 명목상으로만 사회주의일 뿐 공산당의 지속적 독재체제가 되었다. 다시 말하면 문화대혁명의 착수를 정당화했던 예상이 이후 역사에 의해 실증된 것이다. 그렇다면 중국 내외의 대부분 지역에 퍼져 있는 문화대혁명의 이미지가 권력에의 갈망이나 지도자와 그 주창자들의 뒤틀린 이념적 집착을 만족시키는 것에 불과한, 즉 역사적으로 무의미하고 비정상적인 시도로 자리잡은 이유는 무엇인가?

이에 대해서는 여러 가지 대답이 가능하겠지만, 그 대답 또는 대답들이 무엇이건, 두 묶음의 문제들을 설명할 필요가 있다고 생각한다. 하나는 문화대혁명 자체의 결점과 관련된 것이다. 혁명이란 그 목적을 성취하여 성공했을 때조차도 비극적인 사건이다. 따라서 실패한 혁명은 혁명이 어쩔 수 없이 풀어놓는 적나라한 억압과 잔인함에 관한 기억만을 남기게 된다. 이같은 특수한 경우에는, 중국사회가 문화대혁명 이후 자본주의로 전환했다는 점이 문화대혁명을 역사적으로 정당화하는 데 복무하지 않을 뿐 아니라, 문화대혁명의 부질없음을 강조할 뿐이다. 역사적 기억에서 두드러지는 것은 수백만 인민에게 쏟아졌던 소모적이고 자의적인 잔인성이다.

오늘날에는 대개 이 문제를 여기서 끝내버렸다. 하지만 이렇게 끝낸다면, 실제로 일어났던 결과와는 다른 역사적 결과를 꿈꾸었던 과거의 대안들을 현재를 종착점으로 하는 목적론적 사고 속에서 지움으로써 현재 중심의 이데올로기의 함정에 빠지게 되는 것이다. 문화대혁명을 진정 비판적으로 이해하려면 그 자체의 주장과 행위들에 비추어 비판적으로 이해하면서 현재 중심의 이데올로기에 빠지지 말아야 한다. 여기서 두 번째 묶음의 문제를 설명할 필요가 있는데, 그것은 인식론적인 문제로서, 중국 자체와 지난 두 세기에 걸친 혁명(사회주의혁명이든 아니든)을 이해하는 방식들, 그리고 마찬가지로 중요한 마지막 문제로, 과거에 대한 이해를 형성하는 미래와 현재에 대한 개념들이다. 이 과제는 지난 십 년간의 세계정세 변화에 비추어보면 더욱 중요하다. 전세계 사회주의의 몰락과 논란의 여지 없이 분명해 보이는 자본주의의 전지구적 헤게모니가 우리의 세계를 문화대혁명의 세계와 구분지었기 때문에, 이젠 현재의 세계와는 다른 세계를 그려 보일 만큼 대담한 때가 있었다는 것을 상상하기가 힘들어 보일 정도다. 이 새로운 이념적 경향으로 인해 문화대혁명의 실패가 남겨놓은 소모적이고 자의적이란 이미지만 강화되면서, 그것을 하나의 역사적 사건으로 비판하는 것이 거의 불가능해졌다.

이 글에서 내가 다루는 것은 바로 이 두 묶음의 문제들이다. 그 과정에서 나는 두 가지 목표를 갖고 있다. 첫째, 혁명을 떼어낼 수 없이 긴밀한 부분으로 포함했던 전지구적 역사와 근대 중국혁명의 문맥 속에서 문화대혁명을 역사적으로 평가할 것이다. 둘째, 내가 앞에서 언급한 단절을 가로질러 개별 지도자들의 이념적 경향들과 변덕뿐 아니라, 중국 자체의 경계를 넘어서까지 의미를 지니는 문화대혁명의 열망이나 정치적 문제가 현재의 맥락에서 갖는 적합성을 살펴볼 것이다.

애매함의 미덕 또는 문화대혁명의 깊은 애매함

애매함은 주로 도덕적, 지적 불확실성을 의미하거나, 더 심하게는 논란이 되는 문제에 대해 아무런 입장도 취하지 않으려는 비겁함을 의미한다. 그러나 그것은 그렇게까지 비열하지는 않은 다른 목적에도 복무한다. 즉 다른 도덕적, 지적 입장에의 가능성을 열어놓기 위해 이념적으로 형성된 도덕성이나 지적 입장에 빠지는 것을 피하는 것이다.[5] 문화대혁명에 관한 과거와 현재의 해석들에 존재하는 많은 문제들은 이 복잡한 역사적 사건의 이런저런 면을 이념적으로 억압하면서 칼로 자른 듯 분명한 입장들을 위해 애매함을 거부한 데 있다.

지난 30여 년 동안, 미국에서 문화대혁명에 관한 해석들은 대체로 네 단계를 거쳐왔는데, 각 단계는 이전 단계의 판단을 철저히 수정하거나 반전시켰다. 현재 지배적인 해석은 역설적이게도 1966년 당시에 있었던 문화대혁명에 대한 최초의 반응에 가장 가깝다. 1966년 늦여름 문화대혁명의 소식이 바깥 세계에 알려졌을 때, 즉각 내려진 해석은 공산당 지도부의 권력투쟁이라는 것이었고 이는 극단적이고 전례없는 방식으로 중국혁명이라는 전체 프로젝트의 광기를 확인시켰다.[6] 1960년대 후반의 급진적 분위기 속에서, 새로운 세대의 급진적 중국학자 등의 급진주의자들은 소련에서 배반당한 혁명적 사회주의의 약속이 문화대혁명을 통해 제3세계에서 부활한 것이라며 즉각 반박했다. 문화대혁명에 대한 보수주의자들의 비판이 결코 사라진 것은 아니지만, 이 급진적 견해는 1970년대 초반까지 우세했다. 리처드 닉슨(Richard Nixon) 대통령의 중국방문 이후, 문화대혁명에 대한 이같은 의심할 여지 없이 긍정적인 평가는 급진주의자들만이 아니라 보수주의자들에게까지 퍼져나갔고, 보수주의자들은 문화대혁명을 찬양함에 있어 급진주의자들보다 한걸음 더 나아갔다. 닉슨 자신은 '마오 주석'하의 문화대혁명이 미국의 초기 프로테스탄트들 사이에서는 사라진 헌신과 근면이라는 프로테스탄트 정신을 중국인민들에게 가르치는 것이라고 추켜세웠다.

이러한 두 번째 단계의 열정은 1978년 이후 거의 하룻밤 만에 사라지게 된다. 덩 샤오핑의 개혁정책들로 지지가 옮겨감에 따라, 학계와 언론계 모두에 있어서 문화대혁명의 이미지는 중국 내에서의 평가를 따라 인민의 희생이나 중국의 경제발전이라는 면에서 큰 댓가를 치른 '10년의 재난'으로 바뀌었다. 이제 중국에서 보도하는 미국 기자들은 볼이 불그레한 홍위병의 이미지 아래 인민들의 삶이란 측면에서 훨씬 가혹한 현실이 놓여 있음을 보여주는 책들을 쓴다. 학자들은 문화대혁명의 발전지상주의적 주장들이 허위였다는 증거를 들춰내기 시작했다. 그리고는 1970년대 방문자들을 매우 감동시켰던 새로운 사회주의 윤리는 지도층의 정치적 갈등과 일관성 없는 태도로 인해 생기없고 정체된 집단의 윤리란 이미지로 바뀌었다. 초기 마오와 문화대혁명에 대한 열정은 덩 샤오핑과 그의 '민주적' 정책에 대한 훨씬 과장된 열정에 자리를 내주었다.

문화대혁명에 대한 톈안먼(天安門)사태 이후의 평가들이 네 번째 단계로 서술될 만한 것인지 여부는 의문의 여지가 있다. 왜냐하면 여러 면에서 그 평가들은 1980년대의 평가와 달라졌다기보다는 정교화된 것에 불과하기 때문이다. 톈안먼의 비극 이후, 특히 1992년 이후 중국이 거의 무제한으로 자본주의에 개방되면서 변화한 것은 문화대혁명의 이미지라기보다는 중국 혁명 전체의 이미지였다. 이제 문화대혁명은 혁명 전체의 파산(이것은 이미 1980년대 말에 등장하기 시작했다)을 상징하게 된 것이다. 톈안먼의 비극 은 이제 떵 샤오핑에 대한 환상을 깨버렸고, 그는 이제 '중국의 새로운 황제 들'이란 신전에 마오와 함께 있게 되었다. 문화대혁명하에서 고통을 겪었던 중국인들이 쓴 회고록이 쌓여가면서, 1949년 이후—그 이전은 아니더라 도—중국의 전체 역사는 부패와 어리석음, 그리고 소모라는 하나의 유감 스러운 이야기가 되었으며, 그렇게 톈안먼의 비극의 영향들을 확고히했다. 현재 미국의 의심과 적대감의 대상은 문화대혁명만이 아니라, 문화대혁명 이 상징하는 혁명 자체와 그 혁명의 유산을 주장하는 정권이다. 반면 최근 의 경제발전 같은 부분에서는 마오 시대의 경제적 업적과 관련하여 1980년 대를 하나같이 부정적으로만 평가하던 경향이 완화되기 시작했다.[7] 그러나 이는 다른 영역에서 문화대혁명에 대한 평가에 영향을 주지는 못했다.

문화대혁명에 대한 재현의 역사는 씌어져야 할 부분이 남아 있지만, 한 가지 확인할 수 있는 것은 서로 다른 해석에도 불구하고 앞서 말한 네 단계 는 역사적 사건으로서 문화대혁명의 애매함을 인정하면서 그 애매함을 분 석에 포함시키려 하지 않으려는 점을 공유한다는 사실이다. 문화대혁명에 대한 새로운 해석을 요구하는 증거들이 계속 쌓여가는 것은 의심의 여지가 없지만, 이러한 해석상의 전환은 증거로만은 설명될 수 없다. 우리가 문화 대혁명을 어떻게 이해할지는 우리가 그것을 어떻게 바라보는가에 달려 있 고, 이는 중국과 세계에 대한 인식과 관련되어 있기 때문에, 단지 증거의 문 제만은 아니다. 문화대혁명에 관해서라면 어리석음과 잔인함을 나타내는 증거가 항상 충분했지만, 긍정적인 평가가 지배적인 동안에 이는 무시되었다. 반면 이제 어리석음과 잔인함에 대한 증거는 초기의 긍정적 평가들을 정당화했던 관심사들을 무시하며 이제 유일하게 중요한 증거가 된 듯하다. 애매함에 대한 현재의 부정은 그 결과라는 측면에서 이전보다 더욱 심각하다. 문화대혁명에 대한 긍정적 평가들이 맹위를 떨칠 때에도 대안적 평가를 주장하며 다양한 해석을 마련했던 보수적 목소리는 항상 있었다. 이와 대조적으로 현재 널리 퍼져 있는 문화대혁명에 관한 기억들은 역사적 사건으로서의 문화대혁명을 비난한다는 점에서 한결같다. 사정이 이러하므로, 내가 애매함을 주장하는 것은 이같은 상황에 반대하기 위함이다. 나는 이런 주장이 어떻게 문화대혁명에 대한 덜 이념적이면서 더욱 비판적인 역사적 평가를 가능하게 할지를 예시하기 위해, 그 정당성을 간략히 옹호할 것이다.

시간성이란 면에서 문화대혁명의 경계선을 어느 지점에 그어야 하는가라는 문제를 수반하기 때문에, 문화대혁명이 무엇을 의미하는지는 그 자체가 논쟁거리다. 문화대혁명에 대한 여러 종류의 시기 구분은 또 다른 종류의 문제를 만들어낸다. 가장 제한적이며 공식적인 의미에서 문화대혁명은 1966~69년의 기간을 지칭하고, 거기서 생겨나는 이미지는 혼란, 무지한 우상숭배, 상층에서의 정치적 파벌주의와 하층에서의 사회적 갈등, 이유없는 폭력, 그리고 세계 전체로부터의 도피다. 만일 마오 이후의 공식적 시기 구분에 따라서 문화대혁명을 1966년부터 1976년까지의 '10년의 재앙'으로 본다면, 그 이미지는 상층에서의 정치적 파벌주의와 하층에서의 반대자에 대한 체계적 억압이란 이미지가 될 테지만, 그것은 당-사회의 관계, 발전정책, 세계와의 관계 등이라는 면에서 1966~69년의 시기와는 상당히 다른 성격을 갖게 될 것이다.

그러나 후자의 시기 구분은 '공식적 문화대혁명'의 결과들을 설명해주는 반면, 문화대혁명 발생의 원인이 되었던 문제들과 중요한 사안들을 무시한다. 그 발생과 관련해서는, 중국이 '사회주의로의 이행'을 성공적으로 이루었다고 선언한 제8차 당대회가 열린 1956년이란 결정적인 해로 돌아가보아야 할 것이다. 그것은 전지구적 맥락에서 일어났던 중대한 변화에 대한 관심과 더불어 다음으로 무엇을 해야 할 것인가라는 문제를 둘러싼 갈등이었다. 이 갈등이 문화대혁명으로 정점에 이르렀는데, 이러한 과정이 필연적이었던 것은 아니며, 일부 정책들과 그 정책을 둘러싼 갈등으로 인해 1960년대 중반 격변이 일어남에 따라 그 과정은 단계적으로 진행되었다. 첫 번째 두 시기의 구분을 강조하는 것이 인물과 권력이라는 문제를 전면에 내세우는 것이라면, 이러한 좀더 넓은 시기 구분을 따를 때 우리는 정책이란 문제를 다루어야만 한다. 또한 이 시기 구분을 따를 때, 문화대혁명으로 우리가 무엇을 알 수 있는지는 우리가 중국혁명의 '사회주의 단계'를 어떻게 이해할 것인가라는 문제와 관련있음을 지적할 필요가 있다. 왜냐하면 정권 스스로의 계산에 의하면, 1956년 이전의 시기는 여전히 '사회주의로의 이행'—나는 '신민주주의'라고 제안하고 싶다—의 시기였고, 1976년 이후의 시기는 '중국식 사회주의'라는 주장과는 반대로 사실상 단계적인 사회주의의 포기를 보여준 시기였기 때문이다. 마지막으로 이 폭넓은 시기 구분은 문화대혁명(또는 혁명의 사회주의 단계)과 전체로서의 혁명 사이의 관계라는 문제를 제기한다.[8]

문화대혁명의 뿌리깊은 애매함은 문화대혁명이 공언하고 촉진했던 정책들과 이 정책들이 만들어낸 기본적인 수준의 결과들 사이에 존재하는 깊은 모순에서 유래한다. 그 정책들은 문화대혁명의 비판자들이 주장하듯이 정말로 문제가 있었다. 한때 중국과 해외에서 문화대혁명을 추종한 이유였던 그 정책들의 특징을 간략히 열거하자면, 첫째, 그 정책들이 자본주의 세계체제와 어떻게든 심각하게 연루된다면 필연적으로 자본주의의 덫에 빠질 것이란 이해에 근거하여, 그 정책들은 사회주의로의 진전을 보증하기 위해 무엇보다 중국을 자본주의 세계체제로부터 단절시키려고 했다.[9]

둘째, 그 정책들은 소련의 사회주의와 결별하는 방향으로 중국을 이끌고자 했다. 마오 자신이 쏘비에뜨경제에 대한 글들을 읽고 지적하였듯이, 사회주의 발전의 과정은 생산력뿐 아니라 더욱 근본적으로는 생산관계들에 깊은 관심을 기울일 것을 요구한다.[10] 이 점을 무시했기 때문에 소련에서 관료와 전문성의 위계에 근거한 새로운 계급구조가 생겨난 것이다. 그와 같은 경향을 막기 위해서, 그리고 정책결정 과정에서 민중의 참여가 요구되는 농업과 공업 모두에서 좀더 민주적인 경영 형태를 발전시키기 위해서 생산관계에 관심을 가져야 한다. 더욱이 민중의 참여를 위해서는 과학기술과 전문기술보다 민중의 동원에 더 많은 관심을 기울일 필요가 있었다. 중국의 상황에서 보면 이는 또한 발전과정에서 농민에 대한 지속적 강조를 의미했다. 마오의 「10대 관계를 논함(論十大關係)」에서 매우 적절히 표현되었듯이, 공간적으로 평준화된 발전이 필요하다는 마오의 확신에 따라 농민과 농촌을 강조하며, 도시/공업 대 농촌/농업이라는 이분법을 미리 방지하기 위해 농촌의 마을로 공업을 끌어들이려고 했다. 중앙으로부터의 관료적 명령보다는 지역상황에 대한 깊은 관심이 이 모든 정책들을 형성했던 근간이었다.

셋째, 어떤 정책에서건 중요했던 사항은, 국가적 차원에서 물질적·지적으로 선진국가에 최소한으로 의존하고 개인적 차원에서는 공공의 목적에 봉사하기 위해 개인의 창의성 배양을 장려하는 등, 모든 차원에서 자급자족을 강조하는 것이었다. 하나의 사상으로서 자급자족은 개인의 이익보다 공공의 이익을 앞세우려는 노력과 불가분의 관계다. 자급자족에 대한 강조는 초기 혁명적 경험, 특히 옌안(延安)에서 싹트기 시작했으며, 그 구호가 처음으로 등장한 곳도 옌안이었다. 자급자족이라는 개념은 자본주의와 사회주의 진영에 줄곧 재정적, 과학기술적으로 의존하면서 그 정치적 주권이 침해되었던 모든 제3세계 사회들의 근본적인 문제 또한 다루고 있다. 내적으로 이는 발전과정에 대한 공적 의식의 창조라는 어려운 문제와 결부된다.

마지막으로, 문화혁명이란 개념 자체는 새로운 사회주의 생산양식에 적절한 새로운 문화를 창출하는 문제를 표현한다. 그런 문화는 하룻밤 사이에 생겨나는 것이 아니라 자본주의나 소련의 위계적 관료사회주의를 향해 이동하지 않고 진정한 사회주의 과정을 따라 발전할 수 있도록 지속적인 혁명을 필요로 하는 것이었다. 문화혁명이란 단지 '상위' 문화의 차원에서의 변혁만이 아니라, 더 중요하게는 일상문화의 변혁을 일컫는 것이다. 이는 또한 좀더 평등하고 정의로운 사회로 발전하는 데 방해가 되는 제도적 요소들(관료주의에서 전문가에 대한 과도한 강조, 경제적 보상이라는 측면에서의 '부르주아지의 권리'에 이르기까지)을 없앨 것을 요구한다.

이 정책들은 1950년대 말부터 1960년대에 이르기까지 이런저런 공식문건에 나열되어 있다.[11] 모두 합쳐서 그것은 발전의 대안적 방식, 즉 자본주의와 쏘비에뜨형 사회주의 모두에 대한 대안을 약속했다. 당시 상황에서 이 정책들은 대단히 이해할 만한 것이었고, 특히 마오의 후계자들이 집권한 시기에 중국 '사회주의'에 일어난 일들을 생각한다면 여전히 이해할 만한 것이다. 즉 중국 '사회주의'가 자본주의로 전환되면서 새로운 계급이 형성되고 향락적인 소비문화가 출현했는데, 이는 당시 가장 무시무시했던 예언을 확인시켜준다. 중국과 중국인들은 대체로 더 부유해졌고 이런 상황을 모든 이들이 엄청나게 즐긴다는 한 가지 사실만은 그 예언에 없었지만 말이다. 그러나 지금 이 정책을 돌아보는 것은, 많은 이들이 일찍이 문화대혁명의 이념적 주장에 동조한 것같이 그 이념적 주장을 옹호하기 위한 것은 아니다. 문화대혁명이 갖는 몇 가지 문제점들은 문화대혁명이 무비판적 찬양의 대상이 되었을 때조차도 명백했다. 우상숭배, 기이한 언어, 무차별적 폭력은 모두 문화대혁명에 혁명적 구호들 이상(또는, 이렇게 말하고 싶다면, 이하)이 존재했음을 관찰자들에게 경고하는 것이었다. 증거가 없었다는 것이 아니다. 혁명이 시대의 지령처럼 보였을 때, 손에 넣을 수 있는 증거는 혁명이란 주요 사업에 있어 부차적인 것, 어리석은 것으로 쉽게 무시되었다. 이제 근본적인 차원에서 일어났던 일을 더욱 잘 이해할 수 있게 되었으므로, 결과들보다는 그 의도가 무엇이었는지를 판단하는 것이 가능하며 또한 필요하다.

자본주의 세계경제로부터의 '단절'은 결코 완결되지 않았고, 그 어떤 중요한 결과들을 낳기에는 지속기간이 너무 짧았다. 만약 그 목적이 세계경제에 포함되기 위한 왜곡된 필수조건들을 만들어내는 것이 아니라 중국인민들의 필요에 답하는 균형잡힌 경제를 만들어내는 것이었다면, 그같이 짧은 기간 동안 그 목적을 이루기 위해 너무나 많은—과학기술적이고 정치적인—다른 요소들이 연루되어 있었다. 그 정책은 또한 경제적, 과학기술적 발전을 위해서는 외부로부터의 도움이 필요하다고 믿었던 중국인들의 기를 죽이려고 했다. 이런 면에서 그것은 짧은 기간 동안 성공적이었을지도 모르지만, 1970년대에 이미 이 문제는 논란의 여지가 있었다. 중국인이 홀로 해낼 수 있다는 생각이 짧은 기간 동안 열정을 불태우도록 했고 기술적 창의성을 북돋았다면, 그 생각의 또 다른 측면은 중국인들을 세계—단지 자본주의 세계만이 아닌 맑스주의와 혁명에 대한 새로운 방식의 생각까지도—로부터 지적, 문화적으로 단절시켜 국수주의, 외국인 혐오, 독선을 장려했다. 가장 심각한 문제는 결코 중국은 자본주의 세계체제와 이념적으로 단절하지 않았다는 것이다. 자본주의에서 유래한 (생산의 측면에서 자본주의국가들을 능가하기 위한 열망에서도 분명히 나타났던) 발전지상주의적 전제들은, 내가 앞으로 제시하겠지만, 대안적 형태의 사회주의에 대한 약속을 침식한 중요한 요소였다.

사회관계들(또는 생산관계들)에 대한 문제는 더욱 문제투성이였음이 드러났다. 사회관계들에 좀더 세밀한 주의를 기울일 필요가 있음을 계속 주장하는 것은 이론적으로나 정치적으로 정당화될 수 있었지만, 문화대혁명의 지도부는 일반적 사회주의의 사회관계나 중국 사회주의의 특수한 사회관계 모두에 대해서 어떤 정교한 분석도 결코 내리지 못했다. 일반적 사회관계들 가운데 단지 하나의 표현방식에 불과한 계급관계로 모든 사회관계를 환원하려는 경향이 시종일관 존재했을 뿐이다. 설상가상으로 지도부는 주자파(走資派)와 주사파(走社派)의 상투적인 말 이외에는, 행동의 지침이 될 만한 중국사회에 대한 설득력 있는 계급분석을 내놓을 수 없었다. 중국에서 계급의 문제는 새로운 정권에서도 계속 남아 있는 혁명 이전의 사회적·이념적 관계들, 혁명과의 관련 정도에 따라 1949년 이후 중국인민들에게 부여된 새로운 서열의 계급제도, 그리고 공산당정권 자체에 의해 만들어진 권력구조 간의 상호작용으로 인해 복잡하게 얽혀 있었다. 이러한 사정으로 계급투쟁이 누구를 대상으로 진행되어야 하는지가 매우 불분명했다. 리처드 크라우스(Richard Kraus)가 이 문제에 대한 연구에서 지적했듯이, 계급 개념은 명확성의 결여로 인해 투쟁을 이끌어야 할 지침이 아니라 오히려 투쟁의 장이 되어버렸다. 이것이 실제로 어떻게 작용했는지는 문화대혁명에 관한 또다른 훌륭한 연구인 이홍영의 『중국 문화대혁명의 정치』 (The Politics of the Chinese Cultural Revolution)에 나와 있다. 변화의 바람에 따라 계급은 경제적·정치적·조직적·이념적으로 다르게 정의될 수 있다. 최악의 경우 계급은 그것을 혈통의 문제로 바꾸어놓은 이른바 혈통논리라는 생물학적 범주로 환원되었다.[12] 문화대혁명 기간의 다른 개념들과 마찬가지로, 계급은 일관된 투쟁을 지도하기보다는 부차적인 권력투쟁을 정당화하는 하나의 도구가 되었다. 이런 상황에서 새로운 경영모델 같은 다른 분야에서의 새로운 생산관계를 확립하려는 노력들은 무엇이 문자 그대로의 고유한 사회주의적 행동을 형성하는지가 불분명함으로 인해 혼란스러웠고, 또한 다음 단계가 무엇인지 불확실하기 때문에 좌절될 수밖에 없었다. 사회주의자나 자본주의자 같은 용어들도 역시 아무런 지침을 주지는 못했는데, 왜냐하면 그 용어들은 원래 개념에서 격하되어 편리한 꼬리표에 불과한 개념이 되어버렸고, 그것의 의미조차 거의 모르는 사람들까지도 권력투쟁에서 그것들을 조작하고 이용했기 때문이다.[13]

소유관계라는 문제—다시 말하면 집산화 문제—도 비판적인 시각으

68

로 돌아볼 필요가 있다. 1950년대 말 이후부터 도시지역에서의 생산과 거주 '단위'(danwei)와 농업에서의 집단생산 단위의 형성이 사회주의로 가기 위해 필요한 단계였지만, 중앙집권화된 권력하에서는 그 단위들의 역할 역시 애매했다. 최근 흥미로운 연구서인 『중국의 치안과 처벌』(Policing and Punishment in China)에서 마이클 더튼(Michael Dutton)은 그러한 단위에서 나타난 유토피아주의와 사회통제의 합치 — 우연의 일치 — 를 예리하게 지적했다.[14] 이는 모든 공동체의 문제겠지만, 공동체가 외부 권력의 감독 아래 있을 때 이 문제는 분명히 더 악화된다. 그리고 이는 문화대혁명 당시의 대안적 발전 양식에 대한 주장에 의문을 제기하는 것이다.

이 죽은 내가 앞에서 제시한 문화대혁명의 세 번째 측면, 즉 문화대혁명의 정치적·경제적·문화적 목표의 본질이었던 자급자족에서도 꽤나 분명하다. 국가 스스로 '공공'의 구현을 독점하고 생산주의적 이데올로기에 전념하고 있는 상황에서, 자급자족은 특히 사적 이익에 대한 공적 이익의 우선권을 주장한다는 점에서 하나의 생각으로서는 매력적이다. 하지만 그것은 또한 인민의 노동력을 착취하기 위한 구실로도 쓰일 수 있다. 이에 관한 증거는 문화대혁명에 대해 호의적인 연구서에서도 충분히 찾아볼 수 있다. "혁명을 장악하고 생산을 증진하자"는 슬로건은 문화대혁명 때 흔히 쓰던 슬로건인데, 이 역시 생산의 명분 아래 혁명을 도구화하는 현상을 암시한다. 그 이면은 공공에 대한 헌신이라는 명분 아래 소비를 최소화한다는 것이었다. 어느 경우건 공공의 이익을 사적인 이익보다 우선시한다는 것은 모든 개인과 지역의 이익을 '공공'의 이익을 위해 희생시켜야 한다는 것으로 쉽게 전환되었는데, 이때 '공공'은 국가와 당의 완곡한 표현이었다. 인민의 국가는 인민을 착취할 수 없다는 주장은 그것이 국가와 사회의 실제 관계보다는 오히려 국가라는 '사회적 상상계'에 기초해 있을 때 그다지 설득력이 있지는 않다.

문화혁명의 문제들이나 혁명의 지속이라는 사상과 관련하여 비슷한 비판이 제기될 수 있다. 즉 이론적으로는 설득력이 있지만, 실제로는 상당히 문제가 많다는 것이다. 위로부터 통제되는 문화혁명은 쉽게 문화적 전제주의로 타락했다. 그것은 상위문화 영역에서 모든 대안적인 문화적 활동을 침묵시켰던 것이다. 일상생활의 차원에서 생활습관의 변혁은 마오 숭배와 너무나 밀접하게 연결되어 있다. 자신과 사회의 발전에 대한 추구는 종교적 불관용성─반대자에 대한 너무나 잔인한 행위까지 정당화하는─의 모든 특징을 지닌 열광적인 편협성으로 변형되었다. 최고위층에서의 정책 전환은 처음에 널리 퍼져 있던 열정에 혼란을 일으키며 냉소주의를 낳았고, 문화대혁명의 막바지에는 혁명이란 이름하에 기회주의가 만연했다.

마지막으로 혁명의 지속이라는 문제가 있는데, 문화대혁명을 혁명으로 보는 주장이 이에 근거한다. 문화대혁명은 그 열망이라는 측면에서는 진정 혁명적이라고 평가할 만하지만, 지금까지의 나의 주장에 비추어보면, 실제로 그런지는 심각하게 따져봐야 한다. 자본주의와 관료주의에 대한 투쟁이란 이름 아래 시작된 문화대혁명이 대안적 사회─좀더 구체적으로는 당이 없는 사회, 말하자면 '프롤레타리아독재'가 없는 사회─에 대한 진지한 전망을 갖고 있었는가? 자본주의사회 이후에 대한 맑스의 전망에는 사회주의로 나아가는 두 가지의 경쟁적 모델이 있었다. 즉, '프롤레타리아독재' 모델과 1871년 빠리꼬뮌에서 영향을 받은 꼬뮌모델이 그것이다. 빠리꼬뮌은 프롤레타리아독재에 진정한 대안을 제공했을 수도 있다. 그러나 문화대혁명 기간에 꼬뮌에 대한 논의가 있었고, 1967년에는 꼬뮌적 재조직의 가능성도 나타났지만, 마오는 이 대안적 모델에서 벗어나서 프롤레타리아독재에 헌신하고 있음을 재확인했다. 그 결과로 이후 10년간에 걸쳐 당에 의한 지배가 부활하고 당에 반대 목소리를 낸 사람들은 처벌되었다. 혁명으로서 문화대혁명에 대한 기억은 반대자들이 문화대혁명에 의문을 제기할 수 있게 되기 전에 이미 그 지도부들에 의해 더럽혀졌다.

중국혁명에 관한 가장 대표적인 기록자인 윌리엄 힌튼(William Hinton)

은 다음과 같이 말했다.

멀리서 보기에는 역사의 분수령— 인민이 구 중국의 상부구조와 모든 세습된 지도, 확고하게 뿌리박힌 봉건주의 문화를 뒤흔들어 이를 새로운 꼬뮌적 생산관계와 조화시켰던 비약적 전진, 즉 생산의 증대와 조화를 이룬 비약적 전진—같았던 문화대혁명은 이제 위로부터 아래에 이르기까지 아주 기이하고 음모가 판치는 난투극으로, 규칙에 얽매이지 않는 파벌 권력투쟁으로 타락한 듯했다. 거기서는 상대를 제압하는 것 외에는 그 어떤 것도 중요하지 않고, 그 목적을 위해서라면 모든 수단이 정당화되는 듯했다. 만약 자본주의가 경제적 약육강식의 세계라면, 사회주의—만약 그것이 중국에 존재했던 것이라면—는 정치적 약육강식의 세계처럼 보였다.[15]

만약 문화대혁명이 미심쩍은 전제들에 기초했으며, 자체의 목적을 배반했고, 달할 수 없는 고통을 인민들에게 안겨주었다면, 문화대혁명에 깔린 의도나 의도와 결과 사이의 불일치에서 생기는 애매함을 왜 생각하려 애쓰느냐고 물을 수도 있을 것이다. 바로 이같은 태도에서 비롯된 설명들 자체가 매우 문제가 있기 때문이다. 문화대혁명을 고무했던 의도들은 역사의 기록에 관한 문제고, 적어도 얼마 동안은 상당한 열정을 불러일으켰다. 그것을 도돌아보는 것은 중국에서 역사의 기록을 회복하는 것뿐 아니라 현재 우리 ス신의 역사적 설명들의 계보와 대면하는 길이기도 하다. 정책들이 그 자체의 문제로 인해 성취하고자 했던 의도와는 반대의 방향으로 귀결되었음을 주장할 수 없다면, 그같은 결과로 이끈 상황을 설명할 필요가 있는 것이다. 이렇게 이해되는 문화대혁명은 정책과 환경, 이론과 실제, 사회주의의 목표들과 물질적 상황 사이의 상호작용의 결과물로서의 역사를 갖고 있다.

이 문제는 단순히 이론적인 문제만은 아니다. 이같은 매개적 요소들을 무시하고 그 요소들이 결과에 직접적으로 책임이 없다는 식으로 폄하한다면, 문화대혁명만이 아니라 처음에 그 혁명을 고취한 혁명적 문제들을 묻어버리게 될 것이다. 역설적으로 문화대혁명 초기의 열망들은 체계적으로 '잊혀진' 반면, 그것을 왜곡하는 데 상당한 역할을 했던 매개적 요소들은 아직 그대로 존재한다. 내가 그 요소들에 대한 논의로 돌아가기 전에, 문화대혁명에 대한 현재의 재현이 제기하는 문제들과 관련해서 여기에서 몇 마디 하는 것이 적절할 것이다.

현재 속의 과거: 중국을 보는 우리의 관점

내가 앞에서 지적하였듯이, 문화대혁명에 대한 현재의 해석들은 당시 중국인들과 중국인 희생자들의 증언에 의해 그 내용이 풍부해졌을 1966년의 최초의 반응과 크게 다르지 않다. 그 증언은 중요한 의미를 지니며 우리의 이해를 돕긴 하지만, 그에 기초한 재현에는 심각한 문제가 있다.

가장 치명적인 것은 영향력 있는 대중문학인데, 그것은 한 사회를 모든 차원에서 너무나 기이하고 부패한 것으로 표현함으로써 혁명의 문제를 말하는 것조차 무의미하게 만들었다.[16] 일상적인 차원에서 중국의 실상을 파악한다는 미명 아래, 이 저작들은 변태성욕과 야만성으로 가득찬 선정적인 이야기들을 다룸으로써 관음증에 빠진 독자대중에게 잘 팔릴 뿐만 아니라, 심각한 정치적 쟁점들을 용해시켜 일반적이고 정상적인 정치작용에 의해 작동되지 않는 중국이라는 오리엔탈리즘적 재현을 만들어낸다. 그 내용을 만들어내는 데 관여한 학자들을 포함하여[17] 그 내용의 진실성을 반박한 사례가 적어도 하나 있긴 하지만, 일반적으로 이러한 저작들의 문제는 진실여부가 아니라 역사해석의 근본문제들을 부적절하게 만드는 담론에 기여한다는 점이다. 다소 가혹하게 비유하자면, 그러한 작품들에 근거하여 문화대혁명과 중국정치를 이해하는 것은 미국사회와 정치를 이해하는 재료로 『피플』(People)을 보는 것과 크게 다르지 않다.

이 저작들은 또한 중국혁명 전체를 폄하하기 위해 문화대혁명이 남긴 파괴의 흔적을 이용하려는, 1980년 중반 이후 두드러진 경향을 확인시켜준다. 내가 아는 한, 이런 관계를 분명히한 첫 작품은 앤 서스턴(Anne Thurston)의 『인민의 적들』(Enemies of the People)인데, 이 책은 문화대혁명 기간에 만연했던 원한에 찬 개인들의 행동을 혁명이 초래한 한 세기 동안의 윤리적 타락 탓으로 돌렸다.[18] 이 작품만이 아니다. 톈안먼의 비극이 그 환상을 깨뜨리기 전까지 사람들─ 전문가들이나 비전문가들 모두─은 떵 샤오핑의 정책에 열광했고, 그와 더불어 사람들은 마오와 문화대혁명을 정점으로 하여 한 세기 이상 동안 진행되었던 혁명적 이탈 이후 중국이 이제 정상적인 길로 돌아왔다는 느낌을 함께했다.

공산당을 권력으로 이끈 혁명적 과정과 문화대혁명 사이의 연관을 지적하는 것은 꽤 적절하고도 필요한 것이다. 하지만 앞의 작품들에서 드러나듯이, 사실 중국혁명 전체의 문제틀과 관련하여 그 연관에 접근하는 방식에는 두 가지 문제가 있다. 첫째, 중국의 혁명세력과 초기세대 학자들 모두에게 대단히 중요한 관심거리였던 혁명의 전지구적 맥락과 제국주의의 문제에 대한 아무런 언급도 없이, 문화대혁명과 중국혁명 모두가 마치 중국사회의 내적 역동성과 특성의 독자적인 결과물인 양 취급되었다. 둘째, 중국학자들은 중국의 사회주의가 '부강(富强)'에 대한 민족적 추구를 완곡하게 표현한 것 이상은 아니었다(내가 보기에는 잘못 이해한 것이다)고 오랫동안 주장해왔지만, 그들은 문화대혁명의 파괴적인 모습이나 중국혁명의 기원에 대한 문제에 이르면 민족주의에 오염된 사회주의보다는 사회주의 자체를 비난하기에 급급하여 그 연관성을 쉽게 잊기 일쑤였다(공평하게 말하자면, 문화대혁명의 파괴성을 중국의 문화적 유산 내의 '추잡한' 경향이라는 측면에서 설명할 수 있다고 제안한 사람들도 있었다. 이런 설명도 역시 1980년대의 산물로서 타이완과 싱가포르의 자본주의적 발전을 설명하며 중국문화에 쏟아진 칭찬과는 매우 대조적이다).

이런 태도들은 문화대혁명에 의해 제기된 역사적 문제들을 묻어버리는 데는 효과적이지만, 그 문화주의(culturalism)적 측면은 너무 모호해 무엇 하나 설명할 수 없는 초기 오리엔탈리즘을 되풀이하는 것으로 보일 수도 있다. 그러나 더욱 흥미로운 것은 그 경향들이 당시 상황이 얼마나 시급한 지를 보여주는 권력관계라는 견지에서 문화대혁명을 설명하는 것이다. 1949년 이후 정착된 권력구조가 문화대혁명의 기원과 결과들 모두에 어떻 게 연루되어 있었는가 하는 문제는 근본적인 문제다. 그러나 이는 권력문 제를 개인의 권력으로 축소시키는 견해들, 즉 문화대혁명과 그 정책들을 단지 파벌적 권력투쟁을 감추기 위한 것으로 보거나 힘을 잃어가던 마오가 대약진운동 이후 잃었던 권력을 회복하기 위해 취했던 자구책으로 보는 견 해와는 구분되어야 한다. 마오가 대약진운동 이후 자신의 위신을 상실해서 다른 이들도 이전처럼 마오의 명령에 기꺼이 따르지 않았을지는 모르나, 마오가 그의 반대자들을 힘으로 위협해야 할 경우 그럴 능력(어쨌든 그에 게는 린 뱌오林彪와 군이 있었다)을 상실했다는 증거는 거의 없다. 이는 또 한 문화대혁명 이후 지속적으로 문제가 되었던 방법상의 문제를 제기한다. 말하자면 만약 마오가 반대자에 대한 스딸린식 숙청에 착수한 것이라면, 왜 그는 스딸린식 수단을 쓰지 않고 중국혁명의 유산이라는 견지에서 보면 상당히 이치에 맞는 민중동원에 의지하려 했는가? 마지막이자 가장 중요하 게는 정책의 문제가 있다. 정치─모든 정치─는 확실히 권력에 관한 것 이지만, 가장 비도덕적인 경우를 제외한다면 권력의 추구는 정책적 입장과 연관되어 있다. 문화대혁명에서도 역시 정책적 입장들이 있었다. 만약 그 입장들이 지금 중국의 국내외에서 거부된다면, 그것은 오히려 문화대혁명 의 역사적 논리에 대한 거부, 그리고 동양적(Oriental) 정치의 기이한 상황 하에서는 정치의 평범한 가정들이 적용되지 않으리라는 전제와 관련이 있

74

을 것이다. 앞에서 언급한 힌튼의 인용문이 보여주듯이, 그런 기이한 상황들은 문화대혁명의 전제였다기보다는 산물이었을 것이다. 다시 말하면 문화대혁명의 역사성, 즉 문화대혁명이 그 전개과정에서 몇몇 특징들을 지니게 되었다는 사실을 기억하는 것이 중요한 것이다.

나는 곧 권력의 문제를 다시 다룰 것이다. 그러나 먼저 증명의 차원에서 보면 반박하지 못할 것처럼 보이는, 문화대혁명에 반대하는 일단의 증거를 직접 다룰 필요가 있다. 즉 지금 우후죽순처럼 생겨나는 문화대혁명 희생자들의 회고 글들이 그것이다. 회고 글들이 가장 기본적인 차원에서 문화대혁명의 작용에 대해 폭로하는 사실들을 보면, 이 작품들은 문화대혁명의 정책들이 치졸한 권력투쟁을 위한 구실만을 제공했을 뿐, 실제 작동방식에서는 상당히 부적절했다는 것을 의심의 여지 없이 보여주는 듯하다. 이 글들이 가지고 있는 정서적 힘이 그것에 대해 의문을 제기하는 것조차 불온한 듯 보이게 할 정도지만, 그럼에도 불구하고 차이를 명확히하고 이 글들이 가진 모호함을 지적할 필요가 있다.

첫째, 누구의 기억인가라는 문제다. 희생자들에 의해 씌어진 회고록이 문화대혁명의 가장 부정적인 모습들 외에 다른 무언가를 전달하리라고는 어느 누구도 기대하지 않을 것이다. 그러나 다른 종류의 회고록은 어떤가? 이런 저작에 대한 최근의 논의에서, 모뽀 까오(Mobo Gao)는 문화대혁명에 대해 덜 비난조인 몇 안되는 회고록은 대중적으로 그다지 받아들여지지 못했다고 지적한다.[19] 더 나아가, 비록 문화대혁명의 바람직하지 못한 결과들을 인정하면서도 정책이라는 견지에서 그 긍정성을 강조하고자 하는 문화대혁명에 관한 회고록들을 억압하는 경향이 있었다고 말할 수도 있을 것이다. 최근의 한 예는 따쟈이 대대(大寨大隊, 문화대혁명 동안 존재한 자급자족의 모델)와 그 지도자였던 전 융꾸이(陳永貴)의 이야기를 다룬 진 화이루(秦懷路)의 『아홉 번째 천당에서 아홉 번째 지옥으로』(Ninth Heaven to Ninth Hell)다.[20] 문화대혁명의 영웅 전 융꾸이는 이어진 체계적 캠페인에 의해 결과적으로 명성에 손상을 입었다. 마찬가지로 초기 집산농업의 모델이었던 따쟈이 대대는 농업사유화정책이 채택되자마자 곧장 공격을 받게 되었다. 중상하는 자들에 맞서 따쟈이와 전 융꾸이의 오명을 씻으려던 진 화이루의 책은 중국에서는 출판이 허가되지 않았고 해외로 밀반출되어 영어로 출간되었다.[21] 따쟈이의 경우 흔한 것은 아닐 테지만(어짜피 그것은 최고 형태의 농업모델이었다), 그 경우는 중국과, 따라서 해외의 기억에 관한 정치의 한 예이다. 농민들, 적어도 어느 정도의 농민들이 마오와 문화대혁명(비록 린 뺘오나 4인방 등은 아니더라도)을 기억하는 방식은 최근 우리의 인식을 지배해온 회고록들의 내용과는 다를 것이다. 중국 농촌지역의 농민들은 마오를 석가모니와 같은 인물로 숭배하여 그를 위한 사찰을 세우기까지 했다.[22] 문화대혁명의 희생자들이 묘사한 혁명의 악행들을 무시해야 한다는 말은 아니다. 단지 역사적 평가는 다른 종류의 회고와의 관련하에서 이루어져야 함을 지적하고 싶은 것이다. 지식인 희생자들의 회고록조차 문화대혁명의 모호함에서 자유로운 것은 아니다. 다시 최근에 나온 마 뽀(馬博)의 『피의 붉은 노을』(*Blood Red Sunset*)을 예로 들어보자.[23] 내몽골의 시골에 머물고 있던 이 젊은 지식인(유명한 작가 양 모楊沫의 아들)의 이야기는 시종일관 문화대혁명의 구호만 떠들어대면서 아무 처벌도 받지 않고 남에게 해를 끼치는 당 간부의 자의적이고 부패한 권력에 관한 끔찍한 이야기다. 마 뽀는 그같은 간부들에 의해 희생되었고, 몇 년간 끔찍한 인생을 살아야 했다. 그러나 동시에 이는 그가 그런 식의 운명에 처해질 만했는지 아닌지의 문제를 떠나 회고록의 작가 역시 비열하고 부패한 행위를 할 수 있는 인물임을 독자들에게 알려주는 유별나게 솔직한 이야기다. 그렇지만 어쨌든 그의 끔찍한 처벌의 경험은 개인적인 변화를 이끌어내, 이야기의 끝에서 마 뽀는 이야기 시작의 마 뽀보다는 훨씬 호감이 가는 인물이 된다. 그는 내몽골에서 혁명적인 활동을 시작하여 '주자파'인 한 목축인을 살해하려 했으나, 실제로는 그의 개만 죽이고 만다. 이 이야기를 읽은 독자들은 이와 같은 이야기에 윤리적으로 어떻게 반응할지 나름대로 결론을 내릴 것이다. 단지 내가 여기서 지적하고 싶은 것은 이 이야기가 문화대혁명의 전제들(계급적 차이, 도농의 차이, 당과 지식인 간의 적대감, 간부들의 부패)과 함께 문화대혁명 자체가 어떤 식으로 지적·도덕적·물질적 부패의 원천이 되었는지를 모두 증명한다는 것이다.[24]

모뽀 까오는 "지배적인 담론의 구조가 그 회고록이 다루는 시대의 구조와 다른 시기에 어떤 회고록이 씌어지는 경우, 작가도 의식하지 못한 채 사건들, 그리고 심지어 느낌조차 재구성될 수 있다. 개인적인 고통과 폭력적 잔인함이 문화대혁명 기간에 발생했던 것은 사실이다. 그러나 왜 그런 일들이 일어났는지, 그리고 인민들이 그것에 대해 어떻게 느꼈는지에 대한 설명은 재구성될 수 있다"라고 지적했다.[25] 문화대혁명에 대해 씌어진 요즘 글들 대부분에 대해서도 거의 같은 식의 얘기를 할 수 있다. 역사의 보편적 문제이기도 한 이러한 문제를 극복하는 방법 한 가지는 문화대혁명을 그 자체의 주장들에 비추어 판단하는 것이고, 이를 위해서는 그 주장들을 다른 무엇인가를 위한 말뿐인 가면으로 보기보다는 그 주장들을 일단은 믿어줄 필요가 있다. 이제 이 문제로 돌아가보자.

모호함으로 돌아가기: 어디에서 문화대혁명이 잘못되었는가?

내가 제안하는 바는, 문화대혁명의 결과들은 불가피한 것이었지만 그 불가피함은 발의된 정책에 잠재되어 있었다기보다는 역사적인 것이었다는 것이다. 그것은 그저 정권의 이념적 경향들과 1949년 이후 확립된 권력의 물질적 구조로는 그 정책들이 실현될 수 없었고, 실제 일어난 그 결과들에 이르게 될 운명이었다는 것이다. 마오의 비극은, 그가 떠맡은 상반되는 역할하에서 거의 필연적으로 그가 시작한 혁명을 스스로 배반해야만 했다는 것에 있다.

  이데올로기(한정된 정치적 의미와 카를 만하임Karl Mannheim이 삶에 대한 시각life-outlook 또는 세계관Weltanschauung이라고 지칭한 넓은 의미 모두에서)에서 오리엔탈리즘의 유산과 시장의 힘까지, 이 모든 것들이 문화대혁명에 대한 현재의 재현을 형성하는 데 이바지했다고 나는 앞에서 제시했다. 항상 그런 것은 아니지만, 설사 '사실성'에 대한 합의가 있다 하더라도 서로 맞서는 사실들에 어떤 중요성을 부여하고 그 사실들을 어떤 맥락에 집어넣느냐 하는 것은 여전히 문제가 되고, 그에 대한 우리의 평가 또한 그러하다.[26] 애매함에 대한 주장을 포함하여 문화대혁명에 대한 나 자신의 논평 역시 앞에서 말한 두 가지 의미 모두에서 이념적 전제에 물들어 있음을 기꺼이 인정할 수 있다. 내가 문화대혁명을 형성했던 정책들에 대해 긍정적 평가를 한다면, 이는 현실사회주의와 자본주의에 대한 비판이자 인류의 발전의 대안적 개념화를 위한 원천으로서 사회주의가 필요하다는 점에서, 그 정책들이 무언가 중요한 얘기를 해준다고 생각하기 때문이다. 이와 똑같은 가정들이 문화대혁명에 대한 나의 비판적 논평, 이를테면 문화대혁명의 발전지상주의 이데올로기와 사회관계, 사회주의와 자본주의에 대한 환원론적 가정들, '자급자족' 개념의 오용, 문화대혁명의 국수주의적 민족주의, 문화혁명과 혁명의 개념에 대한 나의 비판 등에도 스며들어 있다. 이 비판들 중 일부는 민족주의나 발전을 물신적으로 숭배하는 현상을 반대하는 데서 나온 것이다. 왜냐하면 그것들이 제1세계나 제3세계에서 우리가 알고 있는 자본주의나 사회주의 아래 살고 있는 많은 사람들의 가정이나 열망과는 아주 상반되기 때문이다. 사실 빈곤한 생활환경에서 빠져나갈 방법을 민족주의적 투쟁에서 찾는 제3세계의 사람들에게는 나의 비판이 아주 불쾌할 것이다. 자급자족과 문화에 관련된 나의 진술 역시 마찬가지일 텐데, 왜냐하면 무슨 일이든지 열심히 해야 하고 다른 문화와 접할 기회가 없다는 이유로 (텔레비전과 할리우드가 중국농민들의 일상생활에 침투해 있기 때문에 지금은 다르게 느끼겠지만) 그다지 엄청나게 박탈감을 갖지는 않는 중국과 같은 나라의 농민 대부분에게는 아주 부적절하게 보일 것이기 대문이다.

이런 것을 염두에 두고, 문화대혁명을 평가하는 데 근본적이라고 생각되는 몇 가지 고려사항을 제시하겠다. 첫째, 문화대혁명은 실패할 수밖에 없는 운명이었는데, 왜냐하면 문화대혁명을 추동했던 정책들이 설사 실행이 가능했다 하더라도 그 정책들은 1949년 이후 확립된 권력구조와는 다른 사회적, 정치적 맥락을 필요로 했기 때문이다. 이 정책들에서 가장 중요했던 것은 중국혁명의 유산들이었다. 이제 와서 되돌아보면 권력에 안주했던 혁명 후의 정권하에서 이 혁명적 정책들이 살아서 지속될 것이라는 가정 자체가 이미 다분히 시대착오적이다. 이 정책들이 제도화되려면 1949년 이후의 정권이 변혁되어야 했는데, 그것은 문화대혁명의 의도도 아니었고 아마도 국가적으로나 국제적인 맥락에서도 상상할 수 없는 것이었다. 문화대혁명은 므엇보다 마오의 유토피아주의 탓으로 돌려졌다. 이러한 관점에서 보면, 마오는 충분히 유토피아적이지 않다고 말할 수도 있다. 왜냐하면 그는 자신의 이데올로기적 가정들로 인해 '프롤레타리아독재' 또는 발전지상주의적 민족국가를 뛰어넘는 생각을 할 수도 없었거니와 그리고 싶지 않았을 것이기 때문이다. 그 결과 마오주의적 정책들은 문화대혁명주의자들이 언명하듯이 기존의 권력구조에 도전하기보다 기존의 구조 속에서 권력을 차지하기 위한 경쟁, 다분히 문화대혁명이 풀어놓았던 경쟁의 도구로 전락해버렸다.

둘째, 권력구조 자체다. 물론 이는 모든 사회주의정권들이 지니는 문제로서 다르기 힘든 문제다. 즉 사회관계의 변화를 위해 새로운 권력구조가 요구되지만, 이전의 사회관계를 부활시키지 않으면서 어떻게 다시 이 권력을 새로운 사회관계에 종속시킬 것인가? 모순은 더욱 깊어간다. 즉 기존의 사회관계를 뒤엎음으로써 자리잡는 것은 새로운 사회관계가 아니라 조직화된 권력이다. 혁명의 미래를 위험에 빠뜨리지 않으면서, 조직의 정치로부터 사회관계의 표현들로서의 정치로 돌아가는 것은 가능한가?

1949년 이후에 세워진 권력구조는 공산당이 정치적 공간뿐 아니라 사회적 공간에도 침범했음을 대변한다. 사실 사회가 당 자체의 권력적 표현인 사회적 상상계에 따라 재조직되면서 두 공간 사이의 구별은 사라졌다. 당의 전능한 권력은 과장된 것일 수도 있다. 사회 곳곳에 침투한 중앙집권화되고 위계화된 새로운 관료제도는 모든 관료제처럼 진부해지거나 그에 따라 느슨해지기 십상이었다. 관료제 자체도, 지역주의에 대한 관심이 지속적으로 표명되면서 밑으로부터의 침투와 영향을 피할 수 없었다. 그러나 당과 그 산하조직들을 고려한다면, 남녀노소 가리지 않고 중국인 열 명 가운데 하나는 적어도 하나의 조직에 소속되어 있었다는 사실을 부인하기 어렵다. 나아가 계급적 지위가 지정되면서 사회에 대한 당의 정치적 개념화가 사회 전반에 강요되었고, 그에 따라 카스트제도 비슷한 것이 만들어졌다. 평상시에 관료적 느슨함이나 온건한 정책들이 조직화된 통제 바깥에 어떤 사회적 공간을 남겨놓았다면, 당은 통제와 위협의 도구들을 장악하고 있었기 때문에 언제든지 반격할 수 있었다. 1949년 이후 바로 시작된 빈번한 동원은, 다른 이유가 무엇이었든 간에, 이런 목적에 복무했다.

분명하거나 직접적인 위협조차 사용하지 않고도 당의 권력은 당을 모든 활동의 준거로 만든 이데올로기에 정박되어 있었다. 이 권력구조가 초래한 세 가지 결과는 지적해둘 만하다. 첫째, 그 권력구조는 당 밖의 모든 '공공' 영역을 없애버렸다. 문화대혁명에서 특히 중요한 것은 지역자치가 폐지된 것이다. 지역에 대한 강조는 늘 그대로였고, 지역의 주도적 임무는 경제발전이란 면에서 인정되었다. 그러나 크리스틴 웡(Christine Wong)이 지방의 산업화프로그램에 대해 지적했듯이, "그것은 위로부터 주도된 프로그램으로서, 위에서 지방을 산업화할 범위와 목적들을 결정했다. 지역참여와 중앙통제라는 상반되는 목적들이 상호작용하여 종종 통제가 책임에서 분리되는 상황을 야기했고, 미리 예견할 수는 없었으나 극히 바람직하지 않은 결과들을 가져왔다."[27] 윌리엄 힌튼은 지역을 말살한 정치적 결과에 대해 다음과 같이 말한다.

계급구조의 상층에서 제도적 봉건주의에 둘러싸여서, 마오는 기저에서 싹트던 자치정부의 대중적 기관들, 비록 제한적이나마 민주주의가 성공할 가능성이 가장 많았던 지점들을 효과적으로 지원하는 데 실패했다. (…) 상위체들은 선출된 촌락회나 혁명위원회에 부여되어야 마땅한 통치권력을 일상적으로 빼앗았다. (…) 그 누구도—명백히 마오조차도—실질적인 지역권력을 부락민들에게 맡기려고 하지 않았다. 따라서 지역에 뿌리박은 민중들이 관료제에 도전하는 것은 당 핵심부가 주도하고 중앙에서 지도하는 대규모 대중운동 수준에 미치지 못했기 때문에 사실상 현실화될 수 없었다. 일단 운동이 퇴조하고 나면 항상 전통적 통치가 다시 주장되었다.[28]

둘째, 위에서 계속 지역을 침범하게 된 결과, 중국 농촌은 관료적 통일성을 띠게 되었다. 이는 정책 면에서 혁명 기간 공산당의 강점이었고, 공식적인 정책적 진술에서 지속적으로 강조되었던 지역 간의 차이를 없애버렸다. 차이에 대한 인식은 새로운 권력구조의 정치적, 경제적 전제주의 모두를 완화하는 데 많은 도움이 될 수도 있었을 것이다. 새로운 권력구조의 세 번째 결과는 개인의 성격과 행동에 미친 영향이다. 그 구조는 권력구조에 참여하기 위해 그 권력구조를 만족시키려는 욕구를 창출했다. 이는 협력적 문화를 길러내기보다는 공공에 대한 헌신이라는 미명하에 거의 광적일 정도의 경쟁을 고무하면서 종교적 신념과 냉소주의, 노예적 맹종과 공격성 사이를 왔다갔다하는 행동으로 귀결되었다.[29] 다른 말로 하면, 이 정치적 구조는 '추잡함'을 길러낸 것이다.

문화대혁명의 평가에 세 번째로 고려해야 할 근본적인 것은 마오주의란 이름하에서 이루어진 권력구조에 대한 도전이다. 그나마 마오주의가 어떤 의미가 있는 것으로서 제시한 권력구조와 장애물들의 문제를 보았을 때, 그 도전은 이해할 만하다. 그러나 그 도전 자체의 성격은 무엇이었을까? 그 것이 담고 있던 모든 긴장과 적의가, 그리고 이 권력구조가 문화대혁명의 최초의 정황이었음을 우리는 안다. 또한 이 권력구조가 문화대혁명의 열기 속에서 위협을 받자, 마오 자신이 이를 보호하기 위해 재빨리 운동을 이끌려 했음을 알고 있다. 그렇다면 그 도전은 무엇이었는가? 문화대혁명 기간의 급격한 변화와 계속된 일련의 권력 탈환, 새로운 조직 형태의 선언 등에 대한 그 많은 방증자료들에도 불구하고, 그에 대한 진지한 이론적 정교화와 전망의 제시가 없었기 때문에, 그 도전이 어느 정도에 이르렀는지 말하기란 어렵다. 우리가 아는 것이라고는, 당의 일상적 간섭 바깥에 얼마간의 사회공간을 열어주면서도 감독과 경영의 역할을 당에 부여했던 1960년대 초의 류 샤오치(劉少奇)/덩 샤오핑 노선에 대항하여, 마오주의는 위로부터나 아래로부터나 정치와 사회의 좀더 근본주의적이고 철저한 통합을 제시하였다는 것이다. 그것은 밑으로부터의 더 많은 참여를 전제하기도 했지만, 또한 사회공간이 더욱 철저히 정치적으로 침투될 가능성을 열어놓았다. 그렇다면 만약 마오주의가 유토피아적이었다면, 그것은 기존의 권력구조에 대항하는 것으로서의 유토피아가 아니라 바로 그 조직 자체의 유토피아화로서 그 구조에 대한 전제들을 충족시키기 위해 고안된 실험이었다고 말할 수도 있지 않을까? 그렇게 생각할 만한 이유는 상당하다. 1967년의 샹하이(上海) 1월혁명과 그해 말 당에 대항한 아나키스트적 셩우롄(省無聯, 후난성무산혁명자대동맹위원회湖南省無産革命者大同盟委員會—옮긴이) 시위에서처럼, 문화대혁명 기간 사회불만층(불만에 찬 노동자를 포함하여)이 기존 권력구조에 대해 진정으로 도전하는 경우가 생겨났을 때, 이 대안적인 것들은 재빨리 거부되었기 때문이다. 다시 말하면 사회의 요구에 응하여 정치조직을 변화시키려는 어떤 분명한 계획도 없었던 것이다. 이런 상황에서 정치적 동원은 정치적 조직을 해체했던 당-국가-사회의 통합이라는 미완성의 과업을 완수하는 데 복무했을 뿐 아니라, 권력의 위계질서와 불평등이란 상황하에서 필연적으로 모든 사적인 사회공간을 폐지했고, 권력을 테러리즘화했으며, 정치조직이 어느 정도의 일관성을 유지하는 동안 가까스로 막아내고 있었던 분열과 적의를 표면화했다. 결국 경쟁적 파벌들에 의한 빈번한 권력 탈환과 그에 동반된 새로운 혁명적 정부형태의 선언들은 실제로는 모두 반대자들에 대한 파벌적 보복을 야기하는 것에 지나지 않았다. 이턴 권력 탈환이 지역의 주도권을 주장했지만, 지역은 사실상 중앙의 지시를 따랐던 점도 주목할 만하다. '정치가 주도'함으로써 공공에 대한 헌신, 개인적 주도권과 창조성이 고양됐을지 모르지만, 결국 그것이 의도했던 유기적 통일보다는 반대로 심화되는 분열로 귀결되었다. 일상생활의 정치화는 "자동적으로 모든 사건들을 '계급투쟁'과 같은 차원 높은 원칙 수준으로 올려놓았다."[30] 윌리엄 힌튼은 그같은 '차원 높은 원칙'에 대해 다음과 같이 말한다.

가장 폐해가 심했던 과도함은 마오가 "절대 계급투쟁을 잊지 마라" "계급투쟁을 장악하라, 그러면 모든 문제는 풀릴 수 있다" 같은 구호들을 지속적으로 반복한 데서 연유한다.

이런 요구들이 전반적 상황의 핵심을 있는 그대로 드러내고 각 발전단계에서 사회를 공격하는 주요한 모순을 정의하기는 하지만, 매일매일 생겨나는 대부분의 문제들을 밝히는 데 거의 도움이 되지 않는다. 모든 모순을 계급갈등으로 추급한 간부들은 그 모순들을 인위적으로 적개심이라는 말도 안되는 차원으로 올려놓고, 어떤 적도 없는 곳에서 '계급의 적들'을 만들며, 결국에는 결코 싸워서는 안될 싸움을 하고 말았던 것이다.[31]

마오는 문제의 일부분일 뿐이었다. 정치에서 일본 천황의 역할과 관련하여 역사가 해리 하루투니언(Harry Harootunian)이 사용했던 구분을 빌리자면, 정치의 한 우두머리(a principal)로서의 마오와 정치의 한 원리(a principle)로서의 마오를 구별하는 것은 유용하리라고 생각한다. 물론 마오는 문화대혁명을 주도해나갔을 뿐 아니라, 중요한 순간마다 개인적으로 개입함으로써 정치적 매개체로서의 역할도 했다. 그러나 더 중요한 것은 마오가 정치의 한 원리로서 행한 역할일 것이다. 대부분의 중국인들에게 마오는 무척 거리가 있는 인물로서 추종의 대상이거나, 이론적 텍스트로는 별로 중요하지 않지만 영감을 주는 텍스트로는 가장 중요했던 일단의 텍스트—가장 중요한 것은 붉은 소책자(little red book)—였다. 정치의 한 원리로서 마오는 해석될 수 있고, 문화대혁명의 많은 갈등도 역시 마오에 대한 해석을 두고 벌어졌던 것으로 볼 수 있을 것이다. 이런 면에서 마오주의가 문화대혁명에서 하나의 도전으로 (그리고 기존의 권력구조에 대한 대안으로) 제시되긴 했지만, 마오주의는 실제로는 자신이 도전했던 대상으로 표명된 권력구조를 포함하여—그 텍스트들이 '혁명'을 불러왔지만, 혁명은 기존의 권력구조를 보존하는 것을 전제로 했기 때문에 가능했다—모든 세력들이 해석하고 전유할 여지가 있었다. 이는 마오의 책임을 면제해주기 위한 것이 아니다. 왜냐하면 결국 그는 권력구조가 도전을 받자 그것을 지키기 위해 나섰기 때문이다. 이를 통해 마오의 이름 아래에서 진행된 갈등을 설명할 수 있다. 마오를 수용하여 문화대혁명 기간 마오주의를 서로 다르게 사용했다는 것은 깊은 사회적 분열과 적의가 이미 존재했음을 알려주며 이것이 문화대혁명에 힘입어 표면화되었던 것이다. 문화대혁명이 이러한 분열을 해결하기보다 그것을 더 악화시켰을지도 모르지만, 결국 문화대혁명은 그 자신이 분열의 피해자가 되었다.

네 번째 문제는 내가 '발전지상주의'로 규정한 이데올로기적 문제다. 발전지상주의는 마오와 문화대혁명만이 갖는 특별한 것은 아니었다. 발전지상주의는 특정한 맑스주의 분파에 그 뿌리를 두고 있으며, 레닌과 스딸린 치하의 소련에서 받아들여졌고, 오늘날 마오 이후의 정권이 통치하는 중국에서 지속되고 있다. 발전지상주의는 문화대혁명과 관련해서 하나의 문제로 구체화할 필요가 있는데, 왜냐하면 그것이 '자급자족'에 관한 정책들, 발전에서 민중이 담당할 커다란 주도권, 균형된 발전, 그리고 문화정책들까지 왜곡했기 때문이다. 여기서 나의 전제는 이 정책들이 지역자치와 지역의 결정권이란 조건 아래에서만 긍정적 결과를 이끌어낼 수 있으리라는 것이다. 단지 그러한 조건하에서 지역공동체와 인민이 인식하고 정의하는 인민의 욕구에 강조점을 둘 수 있고, 차이와 불평등을 과장 ― 이것이야말로 모든 공동체의식을 갉아먹을 것이다 ― 하기보다는 타파하는 방향으로 강조점을 옮길 수 있을 것이다. 문화적인 측면에서 보면, 발전지상주의는 과거에서 무자비하게 떨어져나와야 한다는 생각과 결합하고, 미래를 정의함에 있어서 현재뿐 아니라 과거에도 의지할 가능성을 배제한다.

여기서는 모든 발전이 바람직하다/바람직하지않다의 문제가 아니라, 발전의 기준이 무엇인지가 문제다. 문화대혁명이 말로는 상당히 인민을 강조했고 힌튼, 브래멀(Bramall), 웡 등이 주장했듯이, 마오주의적 경제정책이 인민들에게 실질적인 혜택을 주지 않았던 것은 아니다. 그러나 여기서 말하는 발전지상주의는 한편으로는 맑스주의에 대한 생산주의적 해석, 다른 한편으로는 민족주의적 부국강병에 대한 고찰에 그 근원을 두고 있다. 이것이 떵 샤오핑하에서 추구된 특정한 '사회주의'에는 문제가 안될 수도 있지만, 사회주의를 만들어나가는 데 생산력보다 생산관계가 우선권을 가져야 한다는 마오주의의 전제에서 봤을 때는 문제가 된다. 그같은 생산관계가 어떤 것이어야 하는지가 명확히 표명된 적은 한번도 없었다. 그러나 마오주의자들이 암시하듯이, 지역사회와 지역의 주도권이 그러한 새로운 생산관계의 핵심적 구성물이 되어야 한다면, 지역사회에 어느 정도의 자치권을 보장하기보다 중앙의 지시에 종속시키는 것이 그런 목적을 이루는 가장 좋은 방법이었다고 할 수는 없다.

마지막으로, 비록 문화대혁명에 대한 초기 평가에서는 핵심적이었지만 이제는 자주 무시되는 문제가 전지구적 환경과 관련한 민족주의 문제다. 내가 이미 암시했듯이, 사회주의를 위해 혁명을 새로 꽃피우려는 문화대혁명의 주요 관심사에서도 부국강병에 대한 고려는 사라지지 않았으며, 오히려 더욱 과장된 국수주의적 형태를 띠기까지 했다. 그러나 문화대혁명은 미국과 소련 모두와 중국의 관계가 정말로 위기였던 시기에 착수되었다. 중국이 이제 (여전히 알력이 없는 것은 아니지만) 자본주의 세계체제에 편입되었기 때문에, 그 위기에서 중요했던 것은 마오주의적 편집증이 아니라 두 강대국이 중국에 공개적으로 표명했던 실제적 위협이었다는 사실을 '잊기'는 쉽다. 이러한 상황이 만든 전쟁심리는 문화대혁명 기간 경제정책에서 정치언어에 이르기까지 모든 분야에서 아주 명백했다.[32] 정치언어가 결코 전쟁의 언어와 분명히 구분된 적이 없었던 공산당의 혁명적 전통에서 보자면, 이는 그다지 특별하지 않을 수 있다. 그러나 해외로부터의 군사적 위협에 의해 생성된 위기감은 확실히 정치의 군사화와 중국민족주의의 국수주의적 경향을 강화하는 데 일조했다. 우리는 이 요소들이 문화대혁명이 시작되고 전개되는 과정에서 정확히 어떤 역할을 했는지 결코 알 수 없을지도 모른다. 그러나 사회주의의 목적들이 그것들이 나타낸 위기감에 의해 어떻게 왜곡되었는지를 살펴보기 위해서는 그러한 사고들이 하나의 요인으로 고려될 필요가 있다.

중국 내 모든 사람의 삶에 영향을 주었고 많은 사람들의 삶을 파괴했던 문화대혁명과 같은 중대한 사건과 관련해서는, 역사적 설명과 그 운동에 대한 정당화를 혼동하기 쉽다. 한편, 어떤 식으로든 설명을 하려는 노력을 하지 않을 때 생겨나는 결과들에 대해서도 역시 고려할 필요가 있다. 문화대혁명은 심리적 외상을 남긴 사건이었기 때문에 그에 대해 쓴다는 것은 쉽지 않다. 그러나 또한 문화대혁명은 약속들과 그 약속에 대한 배반 모두에 대해서, 그리고 우리가 살고 있는 세계에 대해서 많은 것을 말해주기 때문에, 그에 대해 쓰지 않는다는 것도 쉽지 않다. 문화대혁명을 시공간적으로 동떨어진 것으로 멀리하는 것은, 20세기의 가장 중요했던 사건 중의 하나인 문화대혁명이 전해준 메씨지를 듣는 가장 좋은 방법은 아니다.

어떻게 하면 역사가가 역사적 상처를 대면하면서도 여전히 역사화하려는 의지를 간직할 수 있을까? 이 질문은, 역사란 과거를 객관화하는 실증주의적 시도가 아니라, 기껏해야 과거를 살았던 사람들과 역사가 사이의 대화, 역사가가 과거를 구성하는 방식과 과거를 살았던 사람들에 의해 과거가 구성되었거나 구성되는 방식 사이의 대화가 되어야 함을 상기시켜준다. 만약 역사가에게 하나의 의무가 있다면, 그것은 가능한 한 많은 기억들과 대화해야 한다는 것이다. 다른 기억에 비해 특정한 기억을 특권화하고, 최악의 경우 개인적 기억과 경험을 역사적 이해의 대체물로 만드는 일은 용서될 수 없다.

문화대혁명이나 제2차 세계대전 같은 사건들의 경우, 포괄적인 대화라는 이같은 과업을 수행하는 것이 현재로서는 거의 불가능하다. 왜냐하면 어떤 기억들은 침묵하고 또 다른 기억들은 말하는 것이 불가능할 만큼 심리적 외상을 입었기 때문이다. 그러나 또 다른 문제, 사실 더 추상적인 문제가 있다. 지난 10년간 우리는 대단히 근본적인 변화들을 겪었기 때문에, 문화대혁명의 세계는 우리의 세계와는 시간상으로 무척 떨어져 있고, 우리가 사는 세계와는 다른 규칙에 따라 움직였던 세계인 듯하여, 그런 세계에서 살았던 개인들의 기억들이 유일하게 두 세계를 연결하는 듯하다. 사회주의가 이제 과거의 것처럼 보이는데, 사회주의에 대한 문화대혁명의 도전을 누가 상관하겠는가? 중국이 자본주의의 놀이터가 되고 과거의 홍위병들이 전지구적 자본주의하에서 기업가로 탈바꿈하는 마당에, '단절'과 '자급자족'이 무슨 의미를 갖겠는가? 농민들이 백만장자가 되어가는 마당에, 지식인들이 백만장자가 되어가는 농민들을 또다시 조롱한다 하더라도, 그 지식인들이 집단화의 이상을 회고할 이유가 있을까? 국가 간의 경계가 갈수록 의문시되는 데, 중국혁명—또는 제국주의—에 대한 얘기가 무슨 의미가 있겠는가?

비록 이 질문들이 문화대혁명에 대한—또는 그와 관련해서 중국혁명에 대한—논의의 출발점으로 자주 등장하는 것은 아니지만, 어디에서나 이러한 질문들의 존재를 느낄 수 있다. 일찍이 중국혁명과 다른 혁명들을 이해하려고 했던 모든 질문들이 과거로 사라져갔듯이, 역사적 기억에 남아 있는 것은 그 사건들을 겪었던 사람들의 고통이 전부다. 이 역시 고통을 야기했던 사건들이 의미를 박탈당했기 때문에 더욱더 무의미해보이는 것이다. 그러한 사건들은 우리의 현재뿐 아니라 그 사건들의 현재와의 연관성마저 부정하면서, 동양적 시간성과 공간성으로 안전하게 분류될 수도 있다. 그러나 그 사건들을 근대성의 역사의 일부로 진지하게 받아들이는 역사적 시각에서 보자면, 같은 사건이지만 다르게 나타난다. 사회주의에 기초한 제3세계의 대안적 근대성을 창조하려던 마지막 노력—그러한 모든 노력 중 가장 감동적인 노력—의 일부로서 해석될 수 있는 것이다.

내 생각에 문화대혁명을 시간적으로나 공간적으로 동떨어진 것으로 만드는 일이 위험한 것은, 문화대혁명의 근대성을 부정하는 이같은 거리두기가 마찬가지로 여전히 우리가 사는 현재의 일부이기도 한 근대성의 문제들을 억압하기 때문이다. 지그문트 바우만(Zygmunt Bauman)은 유태인대학살에 관한 자신의 논의에서, 유태인대학살을 초래한 환경은 결코 과거로의 후퇴가 아니라 꽤나 많은 면에서 근대성의 역사의 일부였다고 주장했다.[33] 문화대혁명을 일종의 대학살로 설명하고자 하는 사람들은 이러한 바우만의 말을 염두에 두어야 할 것이다. 만약 문화대혁명이 진정 유태인대학살과 비교될 수 있는 사건이었다면, 근대성에 대한 문제는 그 결과들과 밀접하게 연루되어 있다. 중국혁명 자체가 대단히 중국적인 근대성에 대한 주장이었고, 문화대혁명은 그 과정의 한 단계였던 것이다. 앞의 논의에서 나는 문화대혁명에 대한 이러한 질문, 즉 근대화주의가 어떻게 경제적·사회적·정치적·문화적 측면에서 문화대혁명의 중요한 의제를 차지하게 되었는지, 그리고 문화대혁명이 대안적 근대성을 창조하려던 열망을 어떻게 왜곡하여 우리가 아는 그러한 결과들을 만들어냈는지를 이끌어내려고 했다.

그 결과에 대해서는 널리 합의된 바 있다. 마오조차도 종국에는 자신이 추동한 것에 대해서 애매한 입장을 취했다. 그러나 그렇다고 해서 대안적 근대성에 대한 탐색이 끝난 것은 아니다. 왜냐하면 우리를 자본주의 근대성의 참화에서 뒹굴게 만든 '역사의 종언'이라는 용감한 선언에도 불구하고, 문화대혁명의 일부였던 근대성의 문제들은 사라지지 않았기 때문이다. 그리고 이 탐색에는 마오의 이름이 이러저러하게 계속 언급되지만, 문화대혁명을 불러일으켰던 열망도 역시 그러하다. 모든 분야의 중국인들은 1992년 전지구적 자본주의와 소비주의를 향해 전력질주한 후, 1993년 갑자기 '마오 열풍'에 사로잡혔는데, 이는 중국인들이 현재에 대한 정치적 불만족을 다소나마 가지고 있지만, 적어도 과거에 대한 향수 어린 기억도 가지고 있음을 말해준다. 적어도 일정 부분 지난 10년간의 경제적 성공에 일익을 담당했던 중국경제의 지형은 농촌 산업화프로그램을 통해 공업과 농업을 통합하려 했던 마오주의 정책들의 흔적을 지니고 있다. 어떤 분석에 따르면, 초기 집단화의 경험을 통해 일부 지역의 농촌주민들이 스스로 새로운 형태의 협동조합을 만들어낼 수 있었다고 한다.[34] 그 경험들의 결과가 결국 어떻게 나오든, 그 경험들은 초기의 대안적 근대성에 대한 열망이 꺼지지 않았다는 표식이며, 또한 언론의 머릿기사를 장식했던 것들과는 다른 종류의 중국혁명에 대한 역사적 기억들과 연결되어 있다.

전지구주의, 역사, 그리고 기억

그 결과로 보면, 문화대혁명은 혁명을 불신하게 하는 데 한몫을 했다. 그러나 내가 보기에 그 정치적 파생효과들을 이해하기 위해서는, 문화대혁명에 대한 현재의 재현들을 혁명의 거부라는 맥락에서 이해할 필요가 있다. 한때는 마오주의가 스딸린주의의 한 대안으로 인식되었다. 그러나 마오주의가 스딸린주의의 하나의 변형으로 비춰지거나 마오와 스딸린이 모두 히틀러와 같은 폭군의 예들로 등장하자, 둘 사이의 차이점은 그 의미를 상실한 듯하다.[35] 논쟁이 되는 것은 사회주의혁명들만이 아니다. 중국혁명을 비판하는 사람들은 착상을 얻기 위해 마음대로 프랑수아 퓌레(François Furet)의 저작을 끌어들인다. 프랑스혁명에 대한 비판은 혁명에 대한 현재의 태도를 형성하는 데 상당히 중요하다. 자본주의사회의 맥락에서 내내 의심의 눈초리를 받아왔던 사회주의혁명들에 대한 비판과는 다르게, 프랑스혁명에 대한 비판은 근대성의 기초가 된 계기에 이의를 제기하고, 그럼으로써 정치적 지향과는 상관없이 모든 혁명 그리고 혁명적 변화에 의미를 부여했던 열망과 전망들을 의문시하기 때문에 그 결과에 있어서 훨씬 더 의미심장하다.[36]

혁명에 대한 비난은 혁명의 역사만큼 오래되었다. 퓌레같이 요즘 프랑스혁명에 대해 비판적인 사람들은 자신들의 비판에서 알렉시스 드 또끄빌(Alexis de Tocqueville)과 같은 혁명적 동시대인들을 환기시킨다.[37] 혁명으로 인해 고통을 겪은 사람들, 혁명에 의해 자신들의 이해관계와 삶의 방식이 위협받았던 사람들, 단순히 혁명에서 일상적인 인간적 규범의 파괴를 인식하는 사람들이 혁명을 호의적인 눈으로 바라볼 이유는 분명히 없다. 지난 두 세기간의 여러 혁명에 의해 특징지어진 혁명적 전통을 역사적으로 짚어내는 일이 가능하긴 하지만, 하나의 사상으로서 혁명은 한 혁명에서 다음 혁명으로 승승장구하는 길을 따랐다기보다 그 자체의 호소력과 명성 면에서 상당한 부침을 겪어왔음을 기억해야 할 필요도 있다.[38] 혁명에서 테러와 전체주의의 근원 외에는 다른 것을 거의 인식하지 못했던 통렬한 비평가들은 항상 있었다. 20세기의 비평가들 중에서 특별히 기억할 만한 몇 명을 무작위로 뽑아본다면, 우선 삐찌림 쏘로낀(Pitirim Sorokin)을 쉽게 생각할 수 있다. 그는 1942년의 저작 『재앙에 빠진 인간과 사회』(*Man and Society in Calamity*)에서 전쟁, 페스트, 기아와 같은 재앙 속에 혁명을 포함시켰다. 또 자신의 유명한 저서 『전체주의의 기원』(*Origins of Totalitarianism*)에서 사회주의 혁명의 경험을 나찌즘의 파괴와 동일시했던 한나 아렌트(Hannah Arendt)를 생각할 수 있고, 중국혁명의 경우에는 1950년대로 거슬러올라가서 카를 위트포겔(Karl Wittfogel)의 『동양적 전제주의』(*Oriental Despotism*)와 로버트 리프튼(Robert J. Lifton)의 『사상개조와 전체주의의 심리학』(*Thought Reform and Psychology of Totalism*) 같은 저작들을 생각할 수 있다. 이같은 혁명에 대한 학술적 비난은 그 충격 효과의 정도에서 보았을 때, 조지 오웰(George Orwell), 아서 쾨슬러(Arthur Koestler), 유진 자미아찐(Eugene Zamiatin) 등의 소설 또는 반소설 작품들, 중국의 경우에는 대중적으로 크게 성공한 리처드 콘든(Richard Condon)의 『꼭두각시』(*The Manchurian Candidate*)와 이를 각색한 영화와 비교하면 상당히 빛이 바랠 것이다. 현재의 혁명에 대한 비난에는 이 작품들이 전달하는 강력한 반혁명적 메씨지를 능가할 만한 것은 거의 없다.

그러나 우리 시대에 가장 두드러지는 것은, 가장 극단적인 냉전시대에도 유지될 수 없었던 혁명에 대한 광범위한 합의가 존재한다는 점이다. 사실 냉전시대에 혁명은 지속적인 관심사였고, 자본주의사회를 비판하기 위해 환기되곤 했다. 현재 존재하는 의견일치는 우선 혁명을 경험하고 또한 자신들의 과거를 거부했던 혁명적 지도부를 직접 경험했던 사람들의 증언에 의해 가능했다. 역사와 기억이 매우 많은 면에서 부딪치고 갈라서는 시기임에도, 혁명의 경우에는 이것들이 서로의 정당함을 증명하는 듯하다. 또한 이는 문화대혁명과 같이 최근 일어난 사건의 경우 대단히 많은 망각이 작동하고 있음을 의미하는데, 겨우 20여 년 전만 해도, 문화대혁명의 비판자들에 대항해 그 사건에 대해 완전히 다른 내용을 전해주는 기억이나 역사가 도자라지 않았기 때문이다. 반대로 혁명의 거부는 대안적 기억들을 불러왔다. 최근에는 특히 가족서사 형식에서의 생존이나 저항이라는 좀더 성공적인 기억들이 내가 앞에서 논한 희생과 부패의 기억들에 추가되었다.[39] 밀란 쿤데라(Milan Kundera)가 『참을 수 없는 존재의 가벼움』에서 "권력에 대한 투쟁은 망각에 대항하는 기억의 투쟁이다"라는 유명한 대목을 썼을 때, 그는 아마도 자신의 언급이 전조가 되어 기억의 쇄도를 가져오며, 그런 기억의 쇄도가 동유럽에서 중국에 걸쳐 공산주의정권을 뒤집어엎거나 중국의 경우 정권을 변혁했던 과정에서 일익을 담당하리라고는 예상하지 못했을 것이다.[40]

  기억과 망각의 역전은 흥미로우면서도 의미심장하다. 공산주의정권 아래에서는 기억이 '과거 사회'에서의 생존과 저항에 관계된 것이었지만, 이제 살아남아야 하는 것은 혁명이고, '과거 사회'는 완전히 다른, 호의적인 모습으로 다시 나타났다. 중국에서 그 역전은 혁명으로부터의 후퇴와 점진적인 자본주의로의 통합과 함께 1970년대에 시작되었는데, 이는 거의 하룻밤 새에 이전의 혁명가를 보수주의자로, 그리고 이전의 '주자파'를 개혁가로 바꾸어놓았다. 반혁명적 기억이 쇄도하면서 역사―특히 기억을 지닌 사람들과의 접촉을 통해서 자체의 진정성을 증명하려는 역사―는 그 기억에 많이 뒤쳐지지는 않았다.[41] 혁명으로부터 사회적 정당성―다시 말하면, 혁명은 사회적 힘들의 산물이고 사회에서 억압받는 자들의 열망을 대변했다는 주장―을 박탈하려는 경향이 있다. 이제 혁명은 심지어 가장 깊은 사회적 열망을 거스르는 정치적 행동처럼 보인다.[42] 혁명과 소원해지자 혁명 이전의 시기에 대한 긍정적 평가 또한 가능해졌다. 혁명이 이제 경제적, 정치적 진보의 적으로 간주되면서, (단지 공산혁명만이 아닌) 혁명의 이전 공격대상들―단지 근대 부르주아지뿐 아니라 청(淸) 말의 신사(紳士)와 지주들까지 포함한 세력들이 진보를 보장한다는 약속은 혁명에 의해 사라졌다―은 진보의 담지자로서 역사에 복원된다.[43] 혁명 이전의 역사에 대한 이런 수정작업의 수혜자 중 하나가 '시민사회'(civil society)라는 개념인데, 그것은 공산주의의 승리가 그것을 끝장냈을 때 생성의 과정에 있었다고들 한다. 말할 필요도 없이 역사는 여기서 기억을 넘어선다. 왜냐하면 논란이 되는 것은 더 이상 혁명이 인민에게 어떤 일을 했는지 또는 혁명이 무엇을 이루지 못했는지가 아니라, 혁명을 정당화하고 이끌었던 담론의 타당성이기 때문이다.

여기서 잠시 지난 10여 년 동안 꽤 두드러졌던 역사와 기억이라는 좀더 넓은 문제들 속에서, 혁명의 역사와 혁명의 기억 간의 상호작용을 짚어보는 것이 아마 도움이 될 것이다. 기억과 역사에 대한 관심은 서로 다른 맥락에서 서로 다른 출처—독일에서는 유태인 학살, 미국 내 아르메니아인들에게는 터키의 아르메니아인 대학살, 프랑스에서는 프랑스혁명 200주년 기념, 미국·일본·중국 등에서는 제2차 세계대전—를 갖는 듯하다.[44] 그것은 또한 토착민족들의 경우처럼 헤게모니를 쥐고 있는 역사에 의해 억압받은 사람들이 기억을 통해 자신들의 역사를 회복하려는 노력에서도 두드러진다. 어느 경우든, 잃었거나 억압되었던 정체성의 회복은 중대한 관심사인 듯이 보인다. 그러나 과거를 청산하는 것 역시 중요하다. 과거와 철저히 단절하기 위해서 과거를 기억해야 한다는 말처럼, 망각이 갈수록 존재의 조건이 되는 시기에 기억이 만연한다는 것은 우리 시대의 역설일지도 모른다. 특히 텔레비전과 같은 미디어를 통해 기억이 번성하고 그 지위가 향상되는 것을 보면, 기억이라는 것이 이젠 단순히 '역사의 원재료'로서만 여겨질 수 없음을 알 수 있다.[45] 기억의 구성성과 편파성을 강조했던 모리스 할브오크스(Maurice Halbwachs)의 고전 『집단기억』(The Collective Memory)의 출간 이래, 많은 학자들에 의해 의심을 받으면서도 기억은 역사에 대항하여 역사의 경쟁자로 등장했다.[46] 아마도 기억은 헤게모니를 쥔 추상적 역사를 이제 믿지 않는 상황의 수혜자이자 추상적 역사 해체의 한 요인일 것이다. 개인의 기억들은 줄곧 우리가 역사를 구성해내기 위해 이용했던 자료들의 일부였다. 따라서 역사와 기억 사이의 모순은 역사와 우리가 역사를 구성하는 데 사용하는 자료 사이의 모순이라고 볼 여지도 있다. 그러나 역사 자체가 사회적, 정치적 헤게모니가 의도한 목적들에 봉사하는 하나의 구성물에 지나지 않는다는 느낌이 점점 퍼지면서, 점차 기억—또는 그와 관련하여 문학—에 대항하여 역사의 권리를 주장하기는 어려워졌다. 역사가들이 제시한 '망각'의 증거는 역사에 자신감을 주입하는 데 크게 도움이 되지 않는다.

삐에르 노라(Pierre Nora)는 "설명상의 단일한 원칙을 잃음으로써 우리는 파편화된 우주로 던져지긴 했지만, 동시에 모든 대상들—가장 비천한 것, 가장 존재하지 않을 듯한 것, 가장 접근하기 어려운 것조차도—이 역사의 신비라는 위엄을 지닌 것으로 승격되었다. 과거가 다음에는 어떻게 구성될지 아무도 모른다. 이런 근심으로 인해 모든 것들이 하나의 흔적으로, 하나의 가능한 표식으로, 모든 것들을 오염시키는 하나의 역사적 암시로 바뀌어버렸다"고 말했다.[47] 한편 과거가 지녔던 헤게모니가 쇠퇴하면서, 되받아치는 기억—가장 눈에 잘 띄는 최근의 기억만이 아니라, 역사에 도전하기 위해 다시 나타난 오래되었으면서 잊혀졌던 기억들조차도—의 확산이 가능해졌다. 그 결과는 "개별적인 역사들을 요구하는 사적인 기억들"의 증가다.[48] 만약 역사가 그 목적에 맞지 않는 기억들을 잊거나 억압해왔다면, 기억은 종종 마치 기억을 구성하는 역사에 면역이 되어 있는 듯이 나타난다. 역설적이게도, 기억과 역사의 대면은 양자 간의 차이를 없앨 것을 약속하는 듯하다. 기억의 번성이 역사의 불가능성을 지적한다고 볼 수도 있을 것이다. 또한 이를 개별 역사들의 확산으로 볼 수도 있다. 개별 역사들의 확산이란 일관되지도 않고 일관되기를 전혀 희망하지도 않는 많은 개별 역사들의 번성을 말하는데, 이는 "사회적 기억의 민주화"[49]로 인해 치러야 할 댓가일지도 모른다. 기억의 번성이나 역사의 파편화는 분명히 정치적 중요성을 지닌다. 찰스 매이어가 웅변했듯이, "기억의 범람은 역사적 확신의 표시가 아니라 변혁적 정치로부터의 후퇴를 나타낸다. 이는 미래지향성의 상실, 그리고 시민의 해방과 성장하는 평등을 향해 나아가는 움직임의 상실을 증명한다. 이는 헌법과 법률 그리고 광범위해지는 시민권의 특성들에 근거한 포괄적인 공동체들을 대신하여, 폭 좁은 종족성이 새로이 주목받는 상황을 반영한다."[50] 민족주의혁명이든 사회주의혁명이든, 자신의 합리화와 정당화를 위해 역사를 끌어들이는 혁명에서는 그 정치적 결과가 더욱 중대할 수 있다. 역사의 파편화는 매이어가 말하는 정치의 종족화와 결부되어 있기도 하지만, 역사의 파편화는 또한 탈정치화를 초래한다. 갈수록 정치에서 좌파 또는 우파를 말하기가 어려워짐에 따라, 서로 다른 종류의 혁명을 구분하거나 심지어는 혁명과 반동을 구분하는 것도 불가능해진다. '테러'나 '민족말살'이 모든 혁명을 특징짓는 공통된 요소로서 자리를 잡았다.[51]

그러나 이 문제를 여기에서 끝낸다면, 기억/역사에 있어서 권력이란 맥락을 문제시하지 않고 넘어가게 된다. 기억의 번성은 무엇보다도 역사의 민주화를 표현하기도 하지만, 모든 기억이 똑같이 취급되는 것도 아니고 모든 기억이 발언권을 가지는 것도 아니라는 점 또한 분명하다. 요즘 나찌즘이나 동아시아에서의 일본의 잔악행위들을 얼버무리는 일은 가능한 반면, 혁명을 주장하는 사람은 찾기도 어렵고 그런 주장을 한다 한들 사람들이 그 말을 들어주는 경우도 없다. 앞의 논의에서 내가 몇 가지 예를 들었지만 여기에서 중국 지식인의 예를 하나 더 들려 한다. 그들은 문화대혁명을 재검토하고 재평가하려 하지만 거의 발언할 기회를 얻지 못했는데, 이는 한편으로는 정치적 제약 때문이지만 그 개념 자체가 즉각 지조를 버리는 듯한 태도를 불러오기 때문이기도 하다. 나 자신도 최근 문화대혁명의 일부 유산들에 대해 호의적으로 말한 것 때문에 '오리엔탈리스트'로 불렸다. 그 새로운 '민주주의적' 중국 지식인들에게는, 토론에 대한 완전한 검열 외에는 그 므엇도 성에 차지 않을 것이다. 한편, 자신들이 신성화했던 마오를 위해 사찰을 건설하려 한 농촌지역의 농민들은 정부에 의해 억압당했다.

만약 그들이 현재의 정치와 문화에 대한 논의에 참여할 수 있다면, 그들은 잊혀지는 것이 나을 과거로의 흥미로운 역전을 보여줄 것이다. 사실 이것이 혁명에 대해 호의적으로 말하려고 하는 모든 사람들에 대한 요즘의 판단인 듯하다. 즉, 과거 문제들에 사로잡힌 과거로부터의 목소리들이라는 식이다. 두 노동운동가의 말에 의하면, "소외와 착취, 종속을 극복하는 것, 이것들은 지나간 시대의 것들이다."[52]

독일 역사가인 볼프강 벤츠(Wolfgang Benz)는 또 다른 맥락에서 "역사가들은 (…) 자신들의 연구결과와 해석이 자신들이 살아가는 시대의 사회와 지배자들의 갈망이나 꿈 그리고 자기표현에의 열망과 조화를 이룰 때마다 특별한 성공을 구가한다"라고 말하고 있다.[53] 기억의 재배치가 정치적 우파의 전지구적인 승리와 어느 정도 결부되어 있음은 명백한 듯하다. 내가 앞에서 지적했듯이, 혁명적 기억이 침묵당하는 것이 우리 시대의 한 특징이기도 하지만, 혁명에 대한 재현이라는 측면에서 새로운 것은 거의 없다. 이는 얼마간의 애매함을 특징으로 하는 혁명에 대한 자유주의적 비판이 아니라, 무엇보다 보수주의적 비판을 떠올리게 하는 것이다. 자유주의적 비판은 혁명을 승인하지 않음에도 불구하고, 혁명에 어느 정도 이점이 있음을 인정하거나, 사회적 억압이나 착취든 제국주의나 근대성의 압력이든 사회적, 정치적 필요성의 견지에서 혁명을 바라본다.[54] 그러나 보수주의자의 비난이 혁명에서 찾아내는 것이라고는 파렴치한 선동가들에 의한 인간성과 정치의 악용 외에는 없다. 더구나 보수주의적 비판의 목적은 혁명이 범한 잘못을 비난하려는 것뿐만 아니라 혁명의 정치적 담론을 삭제하려는 것이었다. 이는 혁명에 대한 현재의 비난이 보이는 특징이기도 하다. 그러나 그같은 비난이, 정치적 문제들을 경험적인 것들로 그려냄으로써 학문적 외양 아래 모든 비판에서 자유로울 수 있다는 사실이 놀라운 것이다. 프랑스혁명에 대한 해석에 그 자신의 입장이 개입되었다는 프랑수아 퓌레의 솔직한 인정에 놀랄 사람은 거의 없는 듯하다.[55] 정치적 고려와 이데올로기가 역사에서 제거되었기 때문에 혁명을 사회적, 정치적 맥락에서 들어낸다고 해서 아주 많은 문제가 생겨날 것처럼 보이지는 않는다. 중국의 역사기술이 최근 시민사회의 문제에 편향되어 있는 것이 적절한 예가 될 수 있다. 정치적 목표로서 시민사회의 이점이 무엇이든, 혁명 이전 중국의 역사기술에 그것이 도입된 것은 분명 과거에는 (단지 역사학자들에 의해서만이 아니라 급진적 지식인 세대에 의해서도) 중국의 발전에 장애물로 비춰지던 계급의 덕목들을 보수주의자들이 다시 긍정하는 경향뿐 아니라, 탈사회주의 이후 중국사회의 발전과도 어떤 관계가 있다. 그러나 이 정치적 문제들이 그다지 많은 관심을 끄는 것 같지는 않다. 싹트고 있던 시민사회(그것이 시민사회가 맞다면)의 소멸이 아니라 혁명이야말로, 시민사회가 중국의 근대성에 의해 생산된 광범위한 사회집단들에 시민적 권리를 부여하지 못했기 때문에 생겨난 결과였다는 역사적으로 꽤 중대한 문제 역시 마찬가지다.

기억과 역사의 최근의 방향 재설정을 우파로의 방향전환으로 묘사하는 것이 정확하긴 하겠지만, 내가 보기에 지금 진행되는 변화를 설명하는 것만으로는 충분하지 않고 그 자체를 설명할 필요가 있다. 기억에 집착하는 일이 서로 다른 맥락에서 서로 다른 근원을 가지면서도 시간적으로 동시에 나타난다는 사실은 어쨌든 흥미롭다. 이에 대한 실마리는 기억의 번성(또는 매이어가 말하는 '기억산업')과 '불연속성의 체제' 사이의 연관성에 대한 노라의 언급에서 아마 찾을 수도 있을 것이다. 전지구주의 대 근대성, 포스트모더니즘 대 모더니즘, 탈식민주의 대 식민주의, 탈사회주의 대 사회주의 등의 측면에서, 우리가 과거와 단절해가는 와중에 있다는 많은 사회과학자들의 주장을 뒷받침할 만한 증거는 꽤 있다. 전례가 없을 정도로 세계가 여전히 자본주의에 의해 구성되어 있다는 사실이 경제적, 정치적 구조들에서 일상생활의 구조들, 가장 기본적인 문화적, 윤리적 가치들에 이르기까지 모든 것에 영향을 주었던 그러한 변화의 중대함을 부정하지는 않는다. 혁명과 관련된 여러 유형의 집단적 저항들은 이런 상황 아래에서는 더 이상 적절하지 않은 듯하다. 계급적·성적·공동체적 정체성들이 무엇보다 도 종족성과 인종에 자리잡은 원천적 정체성들의 모색에 압도당하면서, 혁 명을 형성하고 그 동력이 되었던 사회적 분열조차 재편의 과정에 있다. 마 누엘 까스뗄스(Manuel Castells)가 최근 말했듯이, "부, 권력, 이미지가 전 지구적으로 흘러다니는 세계에서 집단적이든 개인적이든, 주어진 것이든 구성된 것이든, 정체성의 추구는 사회적 의미의 근본적인 원천이 되었다. 정체성, 특히 종교적, 종족적 정체성은 인간사회가 시작된 이래 의미의 근 원에 있었기 때문에 이 자체가 새로운 경향은 아니다. 그러나 조직들의 광 범위한 해체, 제도들의 정당성 상실, 주요 사회운동의 소멸, 그리고 금새 생 겨났다가 사라지는 문화적 표현들로 특징지어지는 역사적 시기에, 정체성 은 중요하면서도 때로는 유일한 의미의 원천이 되고 있다. 사람들은 갈수 록 자신들이 무엇을 하는가가 아니라 자신들이 누구인가 또는 자신들이 누 구라고 믿는가에 근거하여 자신들의 의미를 구성한다."[56] 한편, 현재의 변 화는 새로운 종류의 해결책을 요구하는 새로운 문제를 야기했다.

나는 앞에서 기억의 번성과 존재의 조건으로서의 망각 사이에 모순이 있을지도 모른다고 시사했다. 기억하기와 망각하기가 단지 같은 과정의 일 부이기도 하기 때문에, 이는 아주 대단한 모순이 아닐 수 있다. 망각한다는 것은 결국 다르게 기억한다는 것이 아니면 무엇인가? 그리고 망각과 권력 의 관계는 무엇인가? 이제 시대는 변했고 그와 함께 독일과 일본이 세계에 서 차지하는 위치도 바뀌었지만, 두 나라는 나찌나 파시스트적 과거와는 다른 이유로 기억되고자 한다. 한편, 혁명적 정권들을 생산한 구조적 조건 들과 그 정권들을 형성한 담론이 모두 세계의 재편성에 의해 해체된 마당 에, 실패한 혁명적 정권들을 그 정권들의 잘못을 통해서가 아닌 어떤 다른 방식으로 기억할 수 있겠는가? 또한 가장 중요한 윤리적 문제, 즉 분열성의 문제도 존재한다. 사회적 분열이 역시 삶의 한 요소이긴 하지만, 누가 끊임 없이 이에 주의를 기울이면서 그 분열에 일조하려 하겠는가? 지금 새롭게 형성되고 있는 듯한 새로운 세계의 문턱에서 대립시키기보다는 화해하는 것이 더 그럴듯하고 윤리적으로도 옳은 듯이 보이는 것이다.

우리가 지난 20여 년간 목도한 것은 우파의 승리가 아니라 좌파의 실종이었다. 내 생각에, 그와 함께 우리는 자본주의의 바깥과 대안을 상상할 능력을 상실했다. 바로 이러한 맥락에서, 혁명을 잊는 것이 어떤 의미인지 물을 필요가 있다. 삶의 조건들이 변하긴 했지만, 그 조건들은 과거에 혁명이 해결하고자 나섰던 문제들을 없앴다기보다는 변형시켰을 뿐이다. 쏘로긴의 4대 저앙 중에서 전쟁, 기아, 전염병은 여전히 우리와 함께하는 반면, 오직 혁명만이 사라진 듯하다. 사회적 분열은 사라지기보다는 오히려 확산되고 깊어만 간다. 혁명이 싸워서 지켜내고자 했던 것들을 다시 기억해낸다면, 그것은 과거의 혁명 그 자체를 불러오기 위한 것이 아니라 현재의 대안이 될 수 있는 가능성들을 환기하기 위함이다.

우리가 현재에 대한 선택방안을 암시할 수도 있는 새로운 방식으로 과거를 인식할 수 있도록, 역사 속의 혁명들을 탈중심화할 필요가 있다. 우리 시대는, 그것을 발전이라 부르든 시민사회라고 부르든, 현재를 정당화할 역사들을 불러내기 위해 혁명을 지우느라 여념이 없다. 그러나 급진적인 혁명의 탈중심화는 현재에 대한 비판 없이는 가능하지 않다. 이러한 시각에서 보았을 때, 현재 혁명에 대한 거부가 가지는 특히 의미심장한 측면은 근대성의 혁명들이 근대성의 이데올로기를 내재화함으로써 근대성의 대안들을 아예 배제하거나, 경제발전지상주의와 편협한 민족주의의 전제들에 도전했던 근대성에 대한 대안적 시각들을 억압했던 방식을 잊고 있다는 점이다. 흥미롭게도 이 대안들 역시 혁명의 쇠퇴와 함께 다시 표면에 등장했고, 과거뿐 아니라 현재에 대한 비판적 견해를 가능하게 한다. 그 대안들이 혁명적 전통을 계속 잇고 있든 과거와 단절하고 있든 간에, 어떤 급진적 프로젝트든 이러한 대안들을 과거의 혁명과의 관계 속에서 이해하는 일이 중요하다. 근대성의 혁명들은 비록 다른 측면에서는 많은 것을 이루었을지라도 약속했던 해방이라는 목적을 이루는 데 실패했다. 그러나 그것은 과거에 항상 그러했듯이 오늘날에도 해방에 관한 담론에 매우 중요하다. 아마도 바로 이 때문에, 혁명에 대한 현 세계의 비난이 혁명의 잘못이나 실패만이 아니라 혁명의 담론 그 자체를 궁극적인 공격대상으로 삼는지도 모른다. 마거릿 새처(Margaret Thatcher)가 한때 "사회주의를 묻어버리고 싶다"는 소망을 표현했던 것처럼, 현재의 지배적 문화는 혁명만이 아니라 혁명이 대변하고 표현했던 것을 묻어버리려고 한다. 미래를 다르게 그려낼 수 있는 다른 희망을 지니려면 바로 이런 현재의 헤게모니에 대항하여 혁명에 대한 기억을 지탱해나가야 한다. 르 고프(Le Goff)의 말을 빌려 한 마디로 정리한다면, "역사가 그 기초를 두면서 다시 길러내기도 하는 기억은, 현재와 미래에 복무하기 위해 과거를 구해내려 한다. 집단적 기억이 인간의 예속이 아닌 해방을 위해 복무할 수 있도록 행동하자."[57]

두 가지 유산

나는 마오와 문화대혁명의 애매함을 인정하자고 호소하면서 이 글의 논의를 시작했다. 이제 이 애매한 유산은 아직도 살아있으며 여전히 꽤나 애매하다는 것을 보여주는, 중국에서 아주 멀리 떨어진 곳의 예를 소개하며 이 글을 마치려 한다. 라틴아메리카의 두 급진적 운동은 최근 마오와 문화대혁명에 대한 기억들을 되살렸다. 둘 중에서 더 잘 알려진 것이 페루의 빛나는길(Sendero Luminoso, 즉 the Shining Path―옮긴이)이다. 인류학자 오린 스탄(Orin Starn)은 아비마엘 구스만(Abimael Guzman)의 마오주의에 대해 다음과 같이 썼다.

마지막 주제는 폭력에 집중되어 있다. 구스만은 마오를 인용하며, "폭력은

보편적인 법이다. (…) 그리고 혁명적 폭력 없이 한 계급이 다른 계급으로 대체될 수 없고, 구 질서를 전복하고 새로운 질서를 창조할 수 없다"고 주장했다. 이 미래의 반란군 지도자는 문화대혁명 기간 적어도 세 번 중국을 방문했다. 4인방의 싸보나롤라(Savonarola)적 열정은 곤살로사상(Gonzalo Thought)으로 다시 등장했는데, 이 명칭은 마오의 사상과 유사한 방식으로 '영예로운 진정한 혁명フ- 세력'과 뻬루의 다른 사회주의정당들의 '참담한 수정주의' 사이의 끝없는 투쟁이라는 '모 아니면 도' 식의 역사 전망을 담고 있다. 순수와 위험이라는 이러한 사회병인학(社會病因學)에 따르면 적대자들은 '더럽고' '기생충 같고' '암과 같고' '파충류 같은' 존재였으며, 수백 명의 노동조합주의자들과 농민운동가들 그리고 다른 정치적 정당들의 이웃 지도자들을 살해하는 이데올로기적 틀을 제공했던 것이다.[58]

두 번째는 마오주의와의 명백한 관계를 주장하거나 그런 식으로 관련되어 있다그 널리 알려진 운동은 아니다. 그러나 그 운동의 지도자들 역시 1960년대 급진적 격동의 산물이었고, 한 역사학자에 따르면 "토대에서 보면 마오즈의자들"이었다.[59] 비록 이 경우 그들의 마오주의는, 마오주의가 이론상 그래야 했던 것처럼, 지역의 필요와 문화와의 밀접한 관련 아래 명료화되었지만 말이다. 그 지도자 중 한 사람은 다음과 같이 썼다.

모든 사람이 절망과 체념의 목소리를 듣는 것은 아니다. 모든 사람이 절망이라는 시류에 영합하는 것은 아니다. 대부분의 사람들은 그런 식으로 계속 살아간다. 그들은 죽음과 비참함이 그들의 귀에다 질러대는 울음과 피에 의해 귀가 멀었기 때문에, 강자와 용기없는 자의 목소리를 가려들을 수 없다. 그러나 잠시 숨을 돌릴 때 그들은 다른 목소리를 듣는데, 그것은 위에서 내려오는 것이 아니라 오히려 산속의 토착민들 마음속에서 태어난 목소리로 바람과 함께 아래로부터 오는 목소리, 정의와 자유를 말하는 목소리며 사회주의를 말하는 목소리, 희망을 말하는 목소리, (…) 이 세상에 유일한 희망을 말하는 목소리다. 그리고 마을의 가장 원로께서 싸빠따(Zapata)라는 이름의 사람에 대해 말하는데, 그는 자신의 인민들을 위해 일어섰고, 소리친다기보다는 노래를 부르는 듯한 목소리로 '토지와 자유'에 대해 말했다는 것이다.[60]

문화대혁명과 구스만의 날카로운 비명과 싸빠띠스따들(the Zapatistas)의 부드러운 음율 그리고 마오의 파우스트적 시와 싸빠따가 대변했던 땅에 대한 인디언들의 열망은 달라도 한참 다르다. 그러나 그들은 하나의 기본 원리를 공유하는데, 그것은 인민의 이익과 복지에 뿌리를 둔 대안적 근대성이라는 원리다. 열망을 더 깊숙이 억제하는 속에서 깊이 새겨진 싸빠띠스따의 억제의 언어는 아마 마오와 문화대혁명이 어디에서 잘못되었는지, 그리고 우리가 그들의 유산에서 무엇을 기억해야 하고 무엇을 거부해야 할지를 파악하도록 도와줄지도 모른다.

| 주(註) |

1 Charles Maier, "A Surfeit of Memory? Reflections on History, Melancholy and Denial," *History and Memory* 5, no. 2 (Fall/Winter 1993), 136~51면, 136면.

2 이 용어는 Pierre Nora, "Between Memory and History: Les Lieux de Mémoire," *Representations* 26 (Spring 1989), 7~25면, 17면.

3 프랑스혁명과 관련하여 '언어적 전환'에 관한 비판적 논의로는 Roger Charter, "Discourses and Practices: On the Origins of the French Revolution," in *On the Edge of the Cliff: History, Language, and Practices*, trans. Lydia G. Cochrane (Baltimore: Johns Hopkins University Press 1997), 72~80면.

4 Gilbert Rist, *The History of Development: From Western Origins to Global Faith*, trans. Patrick Camiller (London: Zed Books 1997), 특히 8장과 9장.

5 근대성 비판에서 애매함의 전개과정에 대해서는 Zygmunt Bauman, *Modernity and Ambivalence* (Ithaca, N.Y.: Cornell University Press 1991); Ulrich Beck, *The Reinvention of Politics: Rethinking Modernity in the Global Social Order* (Cambridge, UK: Polity Press 1997) 참조.

6 이것은 버클리 소재 캘리포니아대학의 저명한 정치학자 찰머스 존슨(Chalmers Johnson)의 견해다. 한 정권이 스스로를 대상으로 하는 혁명을 시작했다는 이해할 수 없는 현상에 대해 대중에게 설명을 해달라고 요청을 받자, 그는 이 사건에서 마오가 구제불능일 정도로 미쳤다는 마지막 확증을 보았을 뿐이라고 말했다. 탈혁명적 해석들이 그것을 확증했지만, 명백히 이는 그의 진단이 옳았음을 의미하는 것이 아니라 정치학의 논리가 권력의 관습적인 규준에 따라 작동한다는 사실을 뜻할 뿐이다.

7 Chris Bramall, *In Praise of Maoist Economic Planning: Living Standards and Economic Development in Sicuhuan since 1931* (Oxford: Oxford University Press 1993); William A. Joseph, Christine P. W. Wong and David Zweig, eds., *New Perspective on the Cultural Revolution* (Cambridge: Harvard University Press 1991) 참조.

8 20년을 아우르는 광범위한 문화대혁명의 시기 구분은 나만의 것은 아니고, 로더릭 맥파쿠하

(Roderick McFarquhar), 장-뤽 도메나크(Jean-Luc Domenach), 마크 셸던(Mark Selden), 칼 리스킨(Carl Riskin) 등의 저작에도 암시되어 있다. 이들은 1956~57년 사이에 중대한 변화가 있었고 그것이 문화대혁명에서 최고조에 이르게 되었음을 인식한다. 그러나 이 시기 구분의 정당성을 가장 잘 보여주는 것은 공산당 자신으로, 1978년의 정책 변환에서 공산당은 1956년 제8차 당대회에서 정의된 중국사회의 모순으로 돌아갔음을 선언했다. 그것은 1960년대 초부터 등장한 노선인 계급 간의 모순보다는, 인민이 요구하고 발달된 사회적 조직인 사회주의가 요구하는 것과 낙후된 생산력 사이의 모순이었다.

9 싸미르 아민(Samir Amin)은 '단절'(delinking)에 관한 가장 저명한 이론가이다. 중국의 문화대혁명은 이매뉴얼 월러스틴(Immanuel Wallerstein), 테런스 홉킨스(Terence Hopkins), 지오바니 아리기(Giovanni Arrighi) 같은 중요한 세계체제 분석가들의 사회주의에 대한 사고뿐 아니라, 아민이 단절을 개념화하는 데 매우 중요한 역할을 했다. Samir Amin, *Delinking: Towards a Polycentric World*, trans. Michael Wolfers (London: Zed Books 1990) 참조. 아민의 마오주의에 대한 견해에 대해서는 Samir Amin, *Reading the Postwar Period: An Intellectual Itinerary*, trans. Michael Wolfers (New York: Monthly Review Press 1994) 참조. 발전 문제에 관한 전세계적 사고에서 문화대혁명의 중요성에 대해서는 Gilbert Rist, *History of Development*의 문화대혁명에 호의적이지는 않은 내용 참조. 제3세계에서 마오주의가 여전히 적절하다고 주장하는 것으로는 W. F. Wertheim, *Third World Whence and Whither? Protective State versus Aggressive Market* (Amsterdam: Uitgeveri Spinhuis 1997) 참조. 현재의 시각에서 비판적이지만 호의적인 설명은 Arif Dirlik, Paul Healy and Nick Knight, eds., *Critical Perspectives on Mao Zedong's Thought* (Atlantic Highlands, N.J.: Humanities Press 1997) 참조.

10 Mao Tsetung, *A Critique of Soviet Economics*, trans. Moss Roberts, notes by Richard Levy (New York: Monthly Review Press 1977).

11 앞에서 내가 언급한 모든 사실과 그밖의 것들은 모두 훌륭한 자료집인 Mark Selden, *The People's Republic of China: A Documentary History of Revolutionary Change* (New York: Monthly Review Press 1979)에 실려 있다. 셸던의 서론은 당시 이 정책들의 해석방식에 대한 예라 할 수 있다. 또한 경제학자의 평가로는 John Gurley, *China's Economy and the Maoist Strategy* (New York: Monthly Review Press 1976) 참조.

12 그후 입수할 수 있게 된 증거의 덕을 보지 못하고 쓰어진 것이지만, 크라우스와 이홍영의 저작은 지금까지도 문화대혁명의 이데올로기와 현실에 관한 가장 빈틈없는 분석으로 자리잡고 있다. Richard Kraus, *Class Conflict in Chinese Socialism* (New York: Colimbua University Press 1981); Hong Yung Lee, *The Politics of the Chinese Cultural Revolution: A Case Study* (Berkeley and Los Angeles: University of California Press 1978). 일상의 현실들을 잘 드러내

고 저자의 이후 글들에 비해 낮다고 여겨지는 또 다른 그 시대 연구로는 Andrew Walder, *Chang Ch'un-ch'iao and Shanghai's January Revolution* (Ann Arbor: University of Michigan Center for Chinese Studies 1978)이 있다.

13 이런 갈등과 조작이 지역의 차원에서 어떤 식으로 작용했는지 잘 알려주는 연구와 회고록들이 지금은 무척 많지만, 이 주제에 대해 복합적인 접근방식을 사용한 책 한 권을 꼽는다면 Anita Chan, Richard Madsen and Jonathan Unger, *Chen Village: The Recent History of a Peasant Community in China* (University of California Press 1984).

14 Michael Dutton, *Policing and Punishment in China: From Patriarchy to the "People"* (Cambridge: Cambridge University Press 1992).

15 William Hinton, *Shenfan* (New York: Random House 1983), 753면.

16 나는 여기서 Nicholas Kristoff and Sheryl Wu Dunn, *China Wakes: The Struggle for the Soul of a Rising Power* (New York: Times Books 1994); Li Zhisui(李志綏), *The Private Life of Chairman Mao: The Memoirs of Mao's Personal Physician*, trans. H. C. Tai with Anne Thurston (New York: Random House 1994); Harrison E. Salisbury, *The New Emperors: China in the Era of Mao and Deng* (New York: Little, Brown 1992) 같은 저작들을 말하는 것이다. 아주 저명한 출판사에 실린 서평으로 보건대, 대중적 베스트셀러인 이 저작들은 학계에도 영향력이 있다.

17 리 즈쑤이(李志綏)의 회고록과 관련하여 뉴욕에 있는 중국연구그룹(the China Study Group)이 배포한 자료를 말하는 것이다. 이 자료는 리 즈쑤이의 주장과 관련하여 마오와 가까운 사람들이 제기한 항의 글도 포함하고 있다. 이 자료에 따르면, 리 자신은 그의 책에 대한 서평들이 마오의 성생활에 초점을 맞춘 데 대해 상당히 불쾌해 했다고 한다.

18 Anne Thurston, *Enemies of the People* (New York: Alfred A. Knopf 1987).

19 Mobo C. F. Gao, "Review Essay: Memoirs and Interpretation of the Cultural Revolution," *Bulletin of Concerned Asian Scholars* 27, no. 1 (1995), 49~57면, 55면. 까오는 이런 점에서 문화대혁명을 공공연히 비난하려 하지 않는 전 쉬에쟈오(陳學昭)의 『폭풍 속에서 살아남기』(*Surviving the Storm*)에 주목한다. 비공식적이긴 하지만, 내가 아는 중국의 많은 사람들은 비록 자신들도 어떤 식으로든 고통받은 사람들이지만 문화대혁명을 도매급으로 비난하는 데 관여하길 거부한다.

20 Qin Huailu, *Ninth Heaven to Ninth Hell: The History of a Noble Chinese Experiment*, ed. William Hinton, trans. Dusanka Miscevic (New York: Barricade Books 1995).

21 이 책의 정치성에 관해서는 힌튼의 서문과 후기 참조. 최근에는 초기의 '모범적 노동자들'을 깎아내리려는 다른 움직임도 있었는데, 대개 거기에는 성(性)이 어떤 식으로든 관계되어 있다. 1993년 또 다른 모범적 노동자인 허뻬이(河北) 쭌화현(遵化縣)의 왕 꿔판(王國藩)이 공격을 받

앉는데, 그의 비행에 대한 선정적인 이야기들이 공격대상이었다. 왕은 마오가 1955년『中國農村的社會主義高潮』에서 '빈털터리지만 기개가 있는 사람'(窮棒子)으로 찬미했던 사람이다. 사실 초기 모범적 노동자들의 운명에 대해 체계적으로 연구한다면, 마오 이후 중국의 토지소유권에 관한 정치라는 측면에서 뭔가 찾아낼 수 있을 것이다.

22 나는 중국친구인 위 커핑(兪可平) 박사 덕택에 저쟝(浙江)에 있는 절에서 찍은 사진을 갖고 있는데, 그 절에는 마오가 '보살' 양 카이후이(楊開慧, 1930년에 죽은 마오의 첫 부인)와 겨우 언라이(周恩來) 사이에서 부처의 자리를 차지하고 있다. 1995년 초 후난(湖南)의 당 간부들은 농민들의 기금으로 다시 마오를 위해 거대한 사찰을 건설하려는 시도에 개입하여 이를 중단시켰다. 마오의 탄생 백 주년인 1993년에 정점에 달한 '마오열풍'은 이런 기억들이 농민들에게만 한정된 것이 아니라 젊은 지식인들을 포함하여 도시 거주자들 사이에도 퍼져 있었음을 보여준다. 조사에 의하면 마오는 여전히 모든 시대를 통틀어 가장 위대했던 인물로서 다른 모든 경쟁자들을 여전히 앞서고 있다. 최근의 보도에 따르면, 후난의 챵샤(長沙)시는 마오가 지은 시들로 네온등을 만들어 사방을 둘러싼 마오광장 건설을 계획하고 있다고 한다. *South China Morning Post* (13 January 1998) 참조.

23 Ma Bo, *Blood Red Sunset: A Memoir of the Cultural Revolution*, trans. Howard Goldblatt (New York: Viking Books 1995).

24 이 책이 성적 타락을 집중적으로 다루고, 소녀들이 자신들의 성을 이용함으로써 더 나은 거래를 했다는 사실에 저자가 사뭇 분개한다는 점에 대해서는, 성에 관한 문제가 다른 방식으로 얘기될 수 있다는 것을 지적해둘 필요가 있겠다. 역시 내몽골에서 당시를 보낸 한 중국인 여자친구에 따르면, 적어도 그 국경 지방은 뻬이징(北京) 같은 곳에서는 가능하지 않았던 해방(성적 해방을 포함하여)의 가능성을 소녀들에게 주었다. 이런 사실이 당 간부들의 성회롱을 변명해줄 수는 없지만, 이는 그 국경 지방의 윤리적 환경이 그런 차이를 낳았음을 시사한다.

25 Ma Bo, 앞의 책 51면.

26 마오 이후의 정권은, 오로지 그 정당성에 대한 우려에서 나온 것일지라도, 마오와 문화대혁명에 대한 평가의 문제적 성격을 해외 학자들보다 더 기꺼이 인정했다. 이 문제들뿐 아니라 역사가 '사실'과 정치란 견지 모두에서 타협의 과정이라는 사실에 대해 놀랄 만큼 솔직히 인정한 것에 대해서는, Deng Xiaoping, "Remarks on Successive Drafts of the 'Resolution on Certain Questions in the History of Our Party since the Founding of the People's Republic of China'" (March 1980-June 1981) [「對起草『關於建國以來黨的若干歷史問題的決議』的意見」], in *Selected Works of Deng Xiaoping* (1975~1982) (Beijing: Foreign Language Press 1984), 276~96면 참조. 모리스 마이스너(Maurice Meisner)가 여러 저작에서 지적했듯이, 당 지도자들 역시 문화대혁명 기간에 발생한 대학살의 대부분이 권력을 가진 자들에 의해 저질러졌고, 그들의 권력이 문화대혁명 이후에도 유지되었음을 알고 있다.

27 William Hinton, "The Maoist 'Model' Reconsidered: Local Self-Reliance and the Financing of Rural Industrialization," in *New Perspectives on the Cultural Revolution*, Joseph, Wong, and Zweig, 133~96면, 195면.

28 Hinton, *Shenfan*, 766면.

29 Anita Chan, *Children of Mao: Personality Development and Political Activism in the Red Guard Generation* (Seattle: University of Washington Press 1985).

30 Qin Huailu, *Ninth Heaven*, 305면.

31 Hinton, *Shenfan*, 765면.

32 경제정책을 결정하는 데 있어 전쟁준비가 갖는 중요성은 Barry Naughton, "Industrial Policy during the Cultural Revolution: Military Preparation, Decentralization, and Leaps Forward," in *New Perspectives on the Cultural Revolution*, Joseph, Wong, and Zweig, 153~81면에 치밀하게 분석되어 있다.

33 Zygmunt Bauman, *Modernity and the Holocaust* (Ithaca, N.Y.: Cornell University Press 1989).

34 추이 즈위안(崔之元)은 많은 저작에서 이 현상을 고증해왔다. 예를 든다면, "Particular, Universal, and Infinite: Transcending Western Centrism and Cultural Relativism in the Third World," in *Progress: Fact or Illusion*, ed. Leo Marx and Bruce Mazlish (Ann Arbor: University of Michigan Press 1996) 참조. 또한 Dev Nathan and Govind Kelkar, "Collective Villages in the Chinese Market," *Economics and Political Weekly* (3 May 1997), 951~63면(1부); *Economics and Political Weekly* (10 May 1997), 1037~47면(2부) 참조.

35 예를 들면 Daniel Chirot, *Modern Tyrants: The Power and Prevalence of Evil in Our Age* (New York: Free Press 1994) 참조. 그런 견해를 훌륭하게 비판한 것으로는 Maurice Meisner, "Stalinism in the History of the Chinese Communist Party," in *Critical Perspectives*, Dirlik, Healy, and Knight, 184~206면.

36 Edward Berenson, "The Social Interpretation of the French Revolution," in *Debating Revolutions*, ed. Nikkie R. Kiddie (New York: New York University Press 1995), 85~111면, 86면, 107면 주 5. 중국혁명에 대한 '새로운' 시각들은 *Modern China* 21, no. 1 (January 1995) 특집호에 실려 있다. 여기에 실린 이 시각들은 혁명에 대한 태도 변화가 단순히 새로운 증거에 의지하여 설명될 수 없음을 설득력 있게 보여준다. 새로운 자료가 역사가들의 해석을 바꾸었다기보다는 역사가 자신들이 변하여 자료를 다르게 보기 시작했다고 말하는 것이 아마 더 정확할 것이다. 그렇지 않고서야 일찍이 중국혁명을 열정적으로 지지했던 한 원로 역사가가 그 특집호에서 "그 혁명은 해방이 아니었고 무엇보다도 하나의 지배형태를 다른 지배형태로 바꾼 것이었다"(Joseph Esherick, "Ten Theses on the Chinese Revolution", 48면)라고 주장한 것을

어떻게 설명할 수 있단 말인가? 오랜 기간 연구를 지속해온 한 역사가가 공산주의정권에서 지배형식을 찾아내는 데 30년이나 걸렸다는 것은 상상하기 어렵다! 또한 관점의 변화와 그 변화가 역사적 평가와 갖는 관계와 관련하여 훨씬 더 정직하게 그것을 인정하는 태도에 대해서는 Marie-Claire Bergere, *The Golden Age of the Chinese Bourgeoisie, 1911~1937* (Cambridge: Cambridge University Press 1989) 참조. 프랑스혁명과 중국혁명 사이의 연관성을 지적하면서 혁명을 부정하는 저명한 중국 지식인의 입장으로는 李澤厚·劉再復『告別革命: 回望二十世紀中國』(Hong Kong: Cosmos Books 1996), 특히 129~36면 참조. 여기서 두 저자는 공산혁명이 아니라, 쑨 중산(孫中山)이 이끌었던 국민혁명을 논의하면서 쑨이 영국식 혁명의 길이 아닌 프랑스식 혁명의 길을 선택한 것은 잘못이었다고 주장한다(131면). 프랑스혁명과 이후 사회주의 혁명들과의 관계는 퓌레와 싸이먼 샤마(Simon Schama) 같은 맑스주의 역사가와 동시대 보수주의 역사가 모두가 생각했던 것이었다. Berenson, "Social Interpretation," 929~93면; Michel Vovelle, "1789~1917: The Game of Analogies," in *The Terror*, ed. Keith M. Baker, vol. 4 of *The French Revolution and the Creation of Modern Political Culture* (Oxford: Pergamon Press 1994), 349~78면 참조.

37 Patrick H. Hutton, *History as an Art of Memory* (Hanover, N.H.: University of Vermont Press 1993), 144면; Mona Ozouf, "The Terror after the Terror: An Immediate History," in *The Terror*, Baker, 3~39면.

38 훌륭한 예증으로는 Ronald Paulson, *Representations of Revolution, 1780~1820* (New Haven: Yale University Press 1983) 참조.

39 나는 여기서 Jung Chang, *Wild Swans: Three Daughters of China* (New York: Simon & Schuster 1991) 같은 저작, 그리고 「푸른연(藍風箏)」과 「인생(活着)」 같은 영화들을 언급하는 것이다. 반대의 내용을 담은 서사들로는 Rubie S. Watson, *Memory, History, and Opposition under State Socialism* (Santa Fe, N.M.: School of American Research 1994), 특히 Paul Pickowicz, "Memories of Revolution and Collectivization in China: The Unauthorized Reminiscences of a Rural Intellectual," 129~47면 참조. 가족서사문학 역시 에이미 탠(Amy Tan)과 다른 이들의 저작들을 통해 미국에 널리 소개되었다.

40 Watson, 앞의 책; Kathleen E. Smith, *Remembering Stalin's Victims: Popular Memory and the End of the USSR* (Ithaca, N.Y.: Cornell University Press 1996) 참조.

41 Pickowicz, "Memories of Revolution," 주 35 참조. 이 글에서 저자는 "1978년부터 1987년 사이에 나는 라오양(饒陽)현을 다섯 번 방문했다"라는 말로 논의를 시작한다(128면). 연구 대상 지역을 몇 번 답사했는가는 Edward Friedman, Paul Pickowicz and Mark Selden, *Chinese Village, Socialist State* (New Haven: Yale University Press 1991)에서도 보인다. 여기서도 초기 혁명에 대한 긍정적 설명과 대비될 만한 흥미로운 것들이 있다. 예를 들면 Committee of

Concerred Asian Scholars, *China: Inside the People's Republic* (New York: Bantam Books 1972) 참조. 이 책은 1971년 일군의 미국 학자들이 처음 중국을 방문한 내용을 담고 있다. 피코 위쯔는 그중 한 사람이었다.

42 이것이 1949년 이후 시기에 대해 프리드먼(Friedman), 피코위쯔, 셸던이 제시했던 주장이다. 또한 Ralph Thaxton, *Salt of the Earth* (New Haven: Yale University Press 1997) 참조. 비슷한 입장이기만 좀더 폭넓게 판단하는 것으로는 Joseph Esherick, "Ten Theses on the Chinese Revolution," *Modern China* 21, no 1 (January 1995), 45~76면 참조. 이는 또한 퓌레나 다른 사람들의 프랑스혁명에 대한 수정적 입장의 주요 취지이기도 하다. Berenson, "Social Interpretation" 참조. 이런 해석의 강렬한 반맑스주의적 경향은 혁명의 사회적 토대를 거부하는 점에서만이 아니라 계급문제를 부인하거나 경시하는 점에서도 분명히 보인다. 후자의 경우를 뚜렷이 보여주는 예로는 Elizabeth Perry, ed., *Putting Class in Its Place: Worker Identities in East Asia* (Berkeley: University of California Institute of East Asian Studies 1996) 참조. 오랫동안 급진적 주장들과 결부되었던 사회사가 이제 급진적 가능성을 부인하는 데서 그 유용성을 찾는 것은 역설적이다. 사회사는 어려운 시기를 맞았다. 어떻게 일부 독일 역사가들이 나찌즘으로브터의 관심을 비껴가기 위해 탈정치화된 사회사를 이용했는지에 대한 훌륭한 논의로는 Mary Nolan, "The Historikerstkeit and Social History," in *Reworking the Past: Hitler, the Holocaust, and the Historians' Debate*, ed. Peter Baldwin (Boston: Beacon Press 1990), 224~48면 참조.

43 혁명의 쇠퇴와 혁명이 장담하는 것 사이의 명백한 연계를 인정하는 저작으로는 Bergere, *Golden Age of the Chinese Bourgeoisie* 참조, 청 말 신사의 '공공영역의 기원에 대해서는 Mary Backus Rankin, *Elite Activism and Political Transformation in China, 1865~1911* (Stanford: Stanford University Press 1986) 참조. '공공영역'과 '시민사회'를 혼동하는 것은 프라쎈지트 두아라(Prasenjit Duara)의 최근 글들에서 가장 쉽게 찾아볼 수 있다. 두아라는 중국인의 평젠(封建, 보통 봉건주의로 알려져 있다) 개념과 청 말 신사계급의 활동에서 '시민사회'를 찾아냈다. 두아라가 보기에 중국에서 시민사회의 대두를 유산시킨 것은 바로 민족주의다. 과거에 대한 향수는 보통 혁명의 거부와 동반하여 나타난다. 이에 대한 비판으로는 본서의 제1장 참조. 중국의 시민사회에 대한 논쟁에 대해서는 *Modern China*, 특집호 참조. 시민사회 개념이 중국 역사기술에서 전개되는 방식에 대한 비판으로는 Arif Dirlik, "Civil Society/Public Sphere in China," 『中國社會科學輯刊』 제3권(1993), 10~22면.

44 유태인대학살을 둘러싼 논쟁에 대한 개관으로는 Baldwin, *Reworking the Past* 참조. 아르메니아인 대학살의 경우에서 역사와 기억을 화해시키는 데 어느 정도 성공한 저작으로는 Donald E. Miller and Lorna Touryan Miller, *Survivors: An Oral History of the Armenian Genocide* (Berkelet and Los Angeles: University of California Press 1993) 참조. 제2차 세계대

전에 대해서는 Takashi Fujitani, Geoff White and Lisa Yoneyama, eds., *Perilous Memories: The Asia-Pacific War(s)* (Durham, N.C.: Duke University Press 2001) 참조.

45 Jacques Le Goff, *History and Memory*, trans. Steven Rendall and Elizabeth Claman (Chicago: University of Chicago Press 1992), xi면.

46 Maurice Halbwachs, *The Collective Memory*, trans. Francis J. Ditter and Vida Yazda Ditter (New York: Harper & Row 1980) [프랑스어판 원서는 1950년 출간]. 또한 Maurice Halbwachs, *On Collective Memory*, ed., trans and with an introduction by Lewis A. Coser (Chicago: University of Chicago Press 1992). 특히 과거를 잊을 필요성(그리고 과거를 다르게 기억해야 할 필요성)으로 인해 러시아인들과 동유럽인들 사이에 야기된 방향상실을 다루는 코써의 서론을 볼 것.

47 Nora, "Between Memory and History," 17면.

48 같은 글 15면.

49 Le Goff, *History and Memory*, 99면.

50 Maier, "A Suefeit of Memory?",150면.

51 예를 들어 Robert Melson, *Revolution and Genocide: On the Origins of the American Genocide and the Holocaust* (Chicago: University of Chicago Press 1992). 멜슨이 연구한 내용은 1908년의 청년투르크혁명(the Young Turk revolution)과 히틀러의 혁명, 그리고 아르메니아 대학살과 유태인대학살 사이의 관계를 조명하는 것이다. 그의 이런 비교가 타당한지는 의문이지만, 흥미로운 것은 '혁명'이란 용어가 포괄하는 것들이다. 그가 마지막 장에서 행한 비교는 무엇보다도 국가주의와 크메르 루지(Khmer Rouge)를 끌어들임으로써 그 범위를 더욱 넓힌다. 흥미롭게도 멜슨은 다른 이들이 '대학살'이라 부른 문화대혁명에 대해서는 아무런 말도 하지 않는데, 이는 아마도 인종말살에 대한 그의 분석이 올바르게도 구조적 요인들과 함께 의도라는 면에 상당한 비중을 두기 때문일 것이다.

테러는 그 자체가 범법성과 전혀 분별되지 않는 악에 관심을 집중시킨다는 점에서 탈정치적이다. 이러한 결과를 보여주는 흥미로운 예가 최근에 나왔다. 1998년 1월 9일 『뉴욕타임스』 (*New York Times*)는 세 가지 이야기를 싣고 있는데, 하나는 시어도어 카진스키(Theodore Kaczynski)에 관한 것("Unabom Chaos Grows on Talk of Suicide Try," A섹션 1면)이고, 또 하나는 람지 아메드 요우쎄프(Ramzi Ahmed Yousef, 1993년 세계무역쎈터 폭탄테러의 주모자)에 관한 것("Mastermind Gets Life for Bombing of Trade Center," A섹션 1면)이고, 나머지 하나는 테리 니콜스(Terry Nichols)와 티모시 맥베이(Timothy McVeigh)에 대한 덴버(Denver)재판에 관한 것("Joint Trial to be Sought in Oklahoma in Bomb Case," A섹션 14면)이다. 이러한 구성은 다양하다는 점에서, 그 정치적 입장이 흥미롭다. 카진스키의 행동은 생태적 좌파아나키스트의 유산에 근거하고 있고, 니콜스와 맥베이는 미국사회의 최근 변화에 대한 우파의 대응을 대변한다. 그리고 요우쎄프는 미국에 대항한 아랍 민족주의적 폭력에 관계하고 있다. 하지만 정치성은 요우쎄프의 경우에만 분명한데, 19세기와 20세기 호전적 정치 테러리스트들과 아주 유사하게, 미국과 이스라엘이 아랍인들에게 테러리즘 외에는 다른 여지를 주지 않았기 때문에──이로 인해 주재하던 판사는 그를 '악의 사도'라고 일컬었다──그는 자신이 "테러리스트고 (‥) 그 사실이 자랑스럽다"고 선언했다. 카진스키는 분명히 자신의 지위에 대해 고민했지만, 결국에는 러시아 짜르(czars)나 쏘비에뜨국가에 대항한 반란자들과 마찬가지로 요우쎄프도 "정신적으로 결함이 있다"고 주장하라는 압력에 굴복했다. 그렇게 굴복했다고 해서 악의 화신이란 똑같은 표현에서 벗어나지는 못했지만 말이다. 한편, 니콜스와 맥베이는 자신들이 얻을 수 있는 최고의 결과를 얻고자 했는데, 자신들의 정치적 입장이 크게 영향을 미치지는 않은 듯하다. 그리고 그들에 의해 희생된 사람들에게나 다른 사람들에게도 그들이 사악하게 여겨졌다는 것은 거의 의문의 여지가 없었다. 문제는 『뉴욕타임스』가 특히 그날 알제리에서의 폭력이 살인을 위한 살인으로 퇴행했다는 또 다른 기사를 싣고 있는 마당에, 그날 그 신문을 읽은 독자가 이런 식의 일치를 어떤 식으로 이해할 것인가라는 점이다. 한편 그 신문은 멕시코 치아빠스(Chiapas)에서 국가가 자행한 테러에 대해서는 거의 언급하지 않았다. 치아빠스 폭동과 관련된 45명──대부분 여자와 어린이였다──은 군대나 유사 군조직에 의해 살해되었다.

52 Gerard Greenfield and Apo Leong, "China's Communist Capitalism: The Real World of Market Socialism," *The Socialist Register* 1997, ed. Leo Panitch (London: Merlin Press 1997), 96~122면, 인용은 96면.

53 Wolfgang Benz, "Warding Off the Past: Is This a Problem Only for Historians and Moralists?" in *Reworking the Past*, Baldwin, 196~213면, 인용은 196면.

54 쏘로낀은 혁명을 재앙으로 여겼음에도 불구하고 혁명이 역사에서 진보적 역할을 담당한다고 보았다. 중국 관련 분야에서, 존 킹 페어뱅크(John King Fairbank), 조지프 레벤슨(Joseph Levenson), 벤자민 슈워츠(Benjamin Schwartz) 같은 학자들은 다른 방식으로 중국혁명이란 용어와 타협하려 했다. 그들은 별로 친혁명적이지 않았다는 이유로 젊은 세대로부터 공격을 받긴 했지만, 그들의 애매한 태도는 이제는 대부분 반혁명적으로 돌아선 지난날의 비판자들에게서는 찾을 수 없는 열린 자세에 기여했다. 현재 그런 애매한 태도를 보여주는 두드러진 예로는 Melson, *Revolution and Genocide*. 혁명이 인종말살의 조건을 창출했거나 때로 인종말살이란 결과를 초래했다고 주장한 후, 멜슨은 "분명히 나의 목적은 혁명적 전통을 헐뜯거나 혁명을 중상하는 자들에 동조하고자 함이 아니다. 혁명에서 인간적 댓가는 항상 컸지만, 많은 중요한 경우 그 혁명의 결과들은 진정 가난한 자들의 지위를 향상하고, 문맹인들을 교육하고, 더 나은 방향으로 가도록 사회구조를 개방하고, 자유와 참여를 확장하고, 외국의 착취에 대항하여 국가를 강화하고, 사회와 경제가 근대화와 산업화에 적응하는 데 기여했다"(259면)라고 말하며 결론을 맺는다.

55 Hutton, *History as an Art of Memory*, 144~45면.

56 Manuel Castells, *The Rise of the Network Society*, vol. 1 of *The Information Age: Economy, Society, and Culture* (Malden, Mass.: Blackwell 1997), 3면.

57 Le Goff, *History and Memory*, 99면.

58 Orin Starn, "Maoism in the Andes: The Communist Party of Peru—Shining Path and the Refusal of History," in *Critical Perspectives*, Dirlik, Healy, and Knight, 267~288면, 인용은 275면.

59 John Ross, *Rebellion from the Roots: Indian Uprising in Chiapas* (Monroe, Maine: Common Courage Press 1995), 280면. 또한 그 기원에 대해서는 274~75면 참조.

60 Subcomandante Marcos. Alexander Cockburn, "Jerry Garcia and El Sup," *Nation* (28 August—4 September 1995), 192면에서 재인용.

제3장

유럽중심주의 이후 역사는 존재하는가

__ 전지구주의, 탈식민주의, 그리고 역사의 거부

유럽중심주의 이후 역사는 존재하는가?

전지구주의, 탈식민주의, 그리고 역사의 거부

우리가 사는 시대는 또 하나의 역설의 시대인 듯하다. 지역화가 전지구화와 함께하고, 문화적 동질화는 문화적 이질성에 대한 주장에 의해 도전받으며, 탈민족화가 종족화와 어울려 짝을 이룰 지경이다. 자본주의는 사회주의를 물리치고 승리한 순간, 반목하는 서로 다른 자본주의 문화들을 보며 스스로도 의아해 한다. 역사가 현재를 이해하는 데 갈수록 부적절해지는 듯한 때에, 모두들 역사에 정신이 팔려 있다. 무엇보다도 포스트모더니즘에 의해 다시 만들어진 과거는 누구든지 잡는 사람이 임자여서 우리가 듣고 싶은 말이라면 무엇이든 해줄 것 같다.

이 글에서 나는 이 역설들 중 하나인 유럽중심주의의 역설을 다루고자 한다. 지적·문화적 삶에서 유럽중심주의의 거부는 너무나도 분명하게 꼭 필요한 작업이어서, 이를 역설이라고 말하는 것이 이상할 수도 있다. 그러나 유럽중심주의 또한 전지구적으로 승리를 구가하는 바로 그 순간에 엄밀한 조사와 비판의 대상이 되었음을 보여주는 좋은 예가 있다. 우리가 현재

＊이 장은 본래 "Is There History after Eurocentrism? Globalism, Postcolonialism, and the Disavowal of History," *Cultural Critique* 42 (Spring 1999), 1~34면에 실렸다. 이 글을 여기에 다시 실을 수 있도록 허락해준 데 감사를 표한다.

목도하는 것이 유럽중심주의의 궁극적 승리인지 아니면 임박한 붕괴인지는, 그것을 어떻게 이해하고 어느 지점에 그것을 자리매김하는가에 달려 있다. 앞으로 얘기하겠지만, 유럽중심주의에 대해 말하거나 글을 씀으로서 그것을 쉽게 끝낼 수 있다는 오늘날 널리 퍼진 가정은, 유럽중심주의에 대한 환원론적이고 문화주의적인 이해에 근거한다. 유럽중심주의를 다른 지역과의 관계가 문제되지 않는 문화적 현상으로 받아들이게 되면, 유럽중심주의가 과거의 결정요소로부터 해방될 것을 주장하는 현재의 결정요소이기도 하다는 사실에 주목하기 힘들게 된다. 여기서 쟁점이 되는 것은, 그 모든 복잡한 구성요소들에도 불구하고 유럽중심주의는 근대성이 형성되는 계기였다. 유럽중심주의를 말하지 않고 근대성을 이해하기 어려운 것처럼, 하나의 개념으로서의 유럽중심주의는 근대성의 맥락 속에서만 구체화될 수 있다. 따라서 처음부터 유럽중심주의를 정의하고 들어가기보다 나는 유럽중심주의의 — 그리고 그에 맞서는 많은 주장들의 — 역사성에 대한 인식을 회복시키기 위해, 유럽중심주의의 맥락을 우선 살펴보려 한다.

만일 유럽중심주의가 근대성을 사고하는 데 결정적으로 중요하다면, 역사를 부인하지 않으면서 그것을 거부하는 일이 가능한가라는 질문을 제기할 필요가 있다. 이 질문은 다른 '중심주의들'을 배경으로 하여 유럽중심주의를 하나의 역사적 현상으로 대면할 것을 요구한다. 다시 말하면 그 가치와 과정의 측면에서 구미적 근대성의 생산, 유포 그리고 지배가 예를 들어 '중화주의' 같은 초기의 지배형식들과는 어떻게 다른지를 설명해야 하는 것이다. 또한 유럽중심주의를 하나의 역사적 문제로 평가하려면, 유럽중심주의에 대한 초기 비판을 고려할 필요도 있다. 그것은 과거와의 관계라는 점에서나 현재의 권력형태와의 관계라는 점에서나, 현재의 유럽중심주의에 대한 비판의 역사성을 설명하는 데 특히 중요하다.

결론 삼아 나는 유럽중심주의에 대한 급진적 비판은, 문화적이면서 동시에 물질적인 생활세계라는 견지에서 이해된 근대성의 프로젝트 전체에 대한 급진적 비판에 기초해야 한다고 주장할 것이다. 우리 시대의 근대성은 단지 구미적인 것만은 아니다. 그것은 여러 종류의 초민족적 구조들, 발전 이데올로기들, 그리고 일상생활의 실천들 속에서 평등하거나 단일한 방식은 아닐지라도 전지구적으로 흩어져 있다. 근대성은 지리적인 의미에서의 구미에서 단지 퍼져나오는 것도 아니고, 그 동인(動因)들이 구미에 기원을 두고 있는 것도 아니다. 다시 말하면, 유럽중심주의에 대한 급진적 비판은 전지구주의와 탈식민주의라는 현재의 문제들에 직면하여, 그 분석을 생활세계를 둘러싼 현재 투쟁들의 장소로 되돌려 적용해야 한다. 여기서 유럽중심주의에 대한 비판이 페미니즘에서 인종주의적 비판에 이르기까지, 우리 시대 권력에 대한 모든 종류의 비판들이 두루 가지는 특성의 하나임을 지적해야겠다. 때로는 유럽중심주의를 어떻게든 제거하기만 하면 세계의 문제들이 다 해결될 것처럼 보이기도 한다. 이는 물론 말도 안되는 소리다. 이는 유럽중심주의에 대해 많은 것을 놓치고 있을 뿐 아니라, 나머지 세계에 더해 더욱 많은 사실들을 무시한다. 그런 논의가 무시하는 것 중 꽤나 중요한 점은, 비록 구미에 자리잡은 동인들이 유럽중심주의를 만들어냈지만, 그 동인들이 유일한 것도 아니고 아마 가장 중요한 것도 아니라는 사실이다. 유럽중심주의가 전지구적 운명이 아닐지도 모르지만, 그것은 전지구적 운명에 대해 진지하게 사고하고자 한다면 꼭 대면해야 하는 문제다. 엘리뜨계층 내의 권력싸움 속에서 정체성과 관련된 이슈로만 생각하고 있는 엘리뜨들에게 유럽중심주의를 맡겨두기에 이 문제는 너무 심각한 문제인 것이다.

유럽중심주의: 무엇이며 어디에?

어떻게 보면, 유럽중심주의가 무엇이며 어디에 자리잡고 있는가라는 질문은 매우 단도직입적인 것이다. 적어도 19세기 말부터 유럽중심주의는 단지 구미뿐 아니라 전지구적으로도 근대성의 공간성과 시간성을 이해하는 데 결정적이었다. 민족에서 지역, 대륙 및 해양, 제3세계 및 그 너머에 이르기까지, 역사를 조직하면서 사용해온 공간적 개념화는 근본적 의미에서 유럽중심적 근대성에 연루되어 있다. 세계의 유럽중심적 개념화에 의한 공간성의 재편성은 훨씬 더 강력해서, 구미사회의 특정한 역사궤도가 전세계적으로 통용되는 하나의 목적론, 시간성을 표시하는 지표가 되어버렸다. 이는 맑스주의적 공식화와 부르주아적 공식화 모두의 근대화담론에 의해 사회과학에서 '이론적으로' 설명되었다. 니컬러스 덕스(Nicholas Dirks)가 간결하게 표현했듯이, 역사 자체는 '근대성의 한 기호'다.[1] 지난 한 세기 동안, 특히 제2차 세계대전 이후 유럽중심주의는 우리가 역사를 구성하는 데 있어서의 형성원리였다. 구미 역사기술에서만이 아니라 전세계적으로 지배적인 역사기술의 시간적·공간적 가정들에서도 마찬가지였다. 구미인들은 세계를 정복했고, 지역의 이름을 다시 지었고, 경제와 사회와 정치를 재조정했으며, 시공간과 다른 많은 것들을 인식하는 전근대적 방식을 지우거나 주변부로 몰아냈다. 그 과정에서 전례없는 방식으로 그들 자신의 자아상을 가진 역사를 보편화했다. 이 자아상에 핵심적인 것은 유럽 계몽주의가 합리적 인본주의적 주체를 역사의 주체로 패러다임화했다. 이 패러다임은 이성과 과학으로 무장한 채 보편적 이성이란 명목하에 시간과 공간을 정복하고, 사회를 재조직하여 합리성의 영역으로 모두 끌어들였으며, 대안적인 역사궤도들을 지배함으로써 인류발전의 요구를 충족하기 위해 계속 앞으로 전진하는 보편적 역사를 만들어냈다. 또한 구미의 역사적 경험을 인류의 운명으로 만들었고, 그럼으로써 세계에 만연하는 고통을 변화를 향한 열망으로 합리화하는 데 복무했다.

유럽중심주의에 대한 그런 식의 설명에 제기되는 즉각적인 반박, 즉 그런 설명은 낡아빠진 유럽중심주의자에게나 어울리는 이데올로기적 유럽중심주의라는 식의 반박에 대해서는 잠시 접어두자. 거기에는 역사의 한 현상으로서 유럽중심주의가 갖는 모순점들에 대한 인식이 존재하지 않는다. 왜냐하면 그것은 유럽중심주의의 역사성뿐 아니라, 그 역사를 움직여왔으면서 동시에 그 주장들에도 제약을 가하는 모순들을 보지 못하기 때문이다. 그 문제는 다음 절에서 살펴보겠다. 지금 당면한 문제는 유럽중심주의를 어디에 위치시킬 것인가다.

유럽중심주의는 탈식민주의와 전지구주의로 가장 뚜렷하게 대표된다. 이런 유럽중심주의에 대한 현재의 대답에서 가장 널리 선택되는 거점이 문화와 담론일 것이다.[2] 현재의 세계상황과 과거의 관계를 이해하는 데 있어서는 서로 상당히 다르고 또 대립적이기까지 할지도 모르지만, 탈식민주의와 전지구주의는 유럽중심주의나 유럽중심적 근대성의 거점에 대한 태도에서는 일치하는 듯하다. 이 때문에 일부 문화비평가들이 그 둘을 혼동하기도 하는 것이다. 차이는 상당히 방법론적이고 역사적이다. 방법론적으로 말하면, (적어도 미국에서) 가장 인기있는 형태의 탈식민주의는 '토대적 범주들'이란 견지에서의 세계의 구조화라는 문제들을 회피하고, 정체성이 형성되는 과정에서의 지역적 조우를 강조한다. 이는 여러모로 급진적인 방법론적 개인주의와 역사적 설명방식에서의 상황주의에 의해 추동된 것이다. 한편 전지구주의는 가장 추상적인 차원에서 작동하는 힘들에 의한 세계의 구조화에 대해 관심을 환기하고, 또 한편에서는 그러한 추상화에서 사회이론의 과학적 전제들을 재확인한다. 마찬가지로 흥미로운 것은, 그 둘이 상정하는 과거와 현재의 관계에서 찾아볼 수 있는 차이일 것이다. 현재의 통찰력으로 무장한 탈식민주의자들은 바로 그 통찰력으로 과거를 재해석해 나간다. 이런 시각에서 보면, 유럽중심주의는 역사를 형성한다기보다는 복잡한 지역적 상호작용들을 감추기 위해 과거에 덧씌운 이데올로기적 덮개였던 것처럼 보인다. 그렇다면 탈식민주의는 진정한 복잡성 속에서, 대개는 잡종성이라는 개념 속에서 과거를 발견하는 길을 제공하는 셈이다. 이런 현재주의적인 과거의 식민화와는 대조적으로, 전지구주의는 '전지구성의 현재 상황과 그것의 가능한 많은 과거들'[3] 사이의 '분열'(rupture)을 선언한다. 그것은 총체성에 대한 인식이지만 그와 유사한 예전의 인식과는 구별되어야만 한다. 그러나 사실상 그것은 유럽중심주의가 그런 총체성('유럽중심주의의 많은 과거들')을 창조할 수 있다는 주장을 부인하고, 구미의 타자들이 그런 총체성을 만들어내는 데 참여해왔을지도 모를 가능성을 열어놓는다.

스스로 통일성을 주장하지 않는 지적 경향을 한두 가지의 표현으로 환원할 의향은 전혀 없지만, 탈식민주의와 전지구주의의 대변인들로서 명성을 얻은 비평가들의 다음 두 차례 진술이 앞에서 지적한 둘 간의 차이를 예시한다.[4] 탈식민주의 비평에 관한 영향력 있는 책들을 여럿 편집한 편집진들은 다음과 같이 말한다.

유럽 제국주의는 서로 다른 시간과 장소에서 다양한 형태를 띠었고, 의식적 계획을 통해서뿐 아니라 우연적으로 생겨난 일들을 통해서도 진행되었다. 이런 복잡한 발전의 결과로서, 제국적 팽창 계획이 애초에 의도하지 않았던 어떤 일이 일어났다. 즉 엄청나게 고귀하고 강력한 제국주의 문화가 반식민적 저항의 프로젝트들에서 전유되는 상황이 발생했는데, 이런 프로젝트들은 수많은 토착적이고 지역적인 자결의 잡종적 과정들에 기초하여, 제국의 문화 지식의 거대한 권력에 저항하고 그런 권력을 갉아먹으며 때로는 찬탈하기까지 하는 것이다. 탈식민주의 문학들이란 제국의 문화와 복잡한 토착적 문화행위들 사이의 이러한 상호작용의 결과다. 결과적으로 탈식민주의 이론은 그 이론 자신을 설명하기 위해 특정한 이름이 사용되기 훨씬 이전부터 줄곧 존재해왔다고 할 수 있다.[5]

그렇다면 탈식민주의는, 이전에는 그것을 의식하지 못했다 뿐이지 사실은 오랫동안 있었던 지식 형태들의 현재적 표현일 뿐이다. 지식이 담론적으로 구성된 것임을 확신하는 사람들이 그러한 주장의 실증주의적 함의를 전혀 알아채지 못한다는 사실이 놀랍지 않을 수가 없다.

대조적으로, 전지구주의를 주창하는 사람들이 현재의 상황과 그러한 상황을 초래했을 요인 사이의 단절 등 과거와 현재의 단절을 시도한다는 사실은 의심의 여지가 없다. 사회이론의 전지구화를 열정적으로 주창하는 롤런드 로버트슨(Roland Robertson)은 다음과 같이 이야기한다.

> 세계질서의 거시적 구조를 체계적으로 이해하는 것은 어떤 현대이론이 생존하는 데 필수적이다. 또한 그러한 이해를 위해서는 **일반적이고 전지구적인 동인-구조(그리고/또는 문화)의 주제로부터 단일한 세계—예를 들면 자본주의의 확산, 서구 제국주의와 전지구적 미디어체계의 발전—로의 전환을 촉진시켜온 요소들을 따로 구분하여 분석**해야만 한다. 두 유형의 쟁점 사이의 경험적 관계가 매우 중요한 (그리고 당연히 복잡한) 반면, 그것들을 한꺼번에 섞어버리면 온갖 종류의 어려움이 생겨나고 변화하는 현 세계질서의 근본적 조건들을 받아들이기 힘들게 된다.[6]

탈식민주의와 전지구주의 프로젝트는 언뜻 보기에는 대조적이다. 하나는 지역적인 것 외의 모든 구조화를 거부하고, 다른 하나는 전지구적 구조를 드러내고자 한다. 하나는 상황에 따라 역사주의적이고, 다른 하나는 복잡한 경험적 관계들이 거대이론 형성에 방해가 된다고 본다. 하나는 과거를 다시 그려내고, 다른 하나는 과거와의 단절을 선언한다.

그러나 지역적인 것과 전지구적인 것의 관계라는 측면에서 그 둘은 서로 같은 입장이며, 둘 다 지역적인 것과 전지구적인 것 사이에 개입할 수도 있는 중계(혹은 구조들)를 무너뜨리려는 욕망을 가지고 있다. 탈식민주의와 전지구주의를 화해시키려고 하는 혹자는 이를 다음과 같이 표현했다.

핵심적이면서 근본적인 진실 한 가지를 짚고 넘어가야 한다. 내가 기록해온 이같은 주변부적이고 탈근대적인 영향들과 주장들은 대부분 현재의 전지구화 단계에서 세 가지 세계이론의 두 가지 기본적 가정들이 사라지자마자 생겨난 것이다. (…) 그 이론하에서 강요되거나 권위를 부여받은 문화적 경계는 물러나고, 미몽에서 깨어난 과거와 아방가르드적 현재 모두에서 문화적 상호 침투와 위반을 정상적인 상태로 인식하는 관념이 대신 자리잡았다. 그리고 세 가지 세계이론이 문화의 등급을 매기는 기준으로 삼았던 진화론적 시간표는 더욱 위반적인 결과들을 낳으며, 불연속적으로 분할된 자유롭게 떠다니는 '사실들'로 잘게 쪼개졌고, 따라서 원시적인 것이 탈근대적인 것이 되고, 놀랍게도 서로 다른 문화와 삶의 방식들뿐 아니라 분명히 구분되는 시대들까지 병치될 수 있게 되었다.[7]

이런 주장을 읽으면서 그 '세 가지 세계이론'이 유럽중심적 세계지형 짜기에 뿌리박고 있음을 기억할 필요가 있다. 지금 우리가 다루는 논의에 걸맞게도, 뷰얼(Buell)은 내가 앞에서 강조한 차이들에도 불구하고 둘의 공통점을 강조하는 방식으로 탈식민주의와 전지구주의를 함께 묶고 있다. 즉 두 경우 모두 문화야말로 유럽중심주의에 대한 도전이 수행되어야 하는 지점이라고 가정하고 있고, 과거와 현재의 관계에 대한 다른 시각에도 불구하고 둘 다 역사를 거부한다는 것이다. 탈식민주의자들은 정체성의 형성과 타협을 강조하면서 문화에 특별한 지위를 부여해야 한다고 공공연하게 내세우는 반면, 롤런드 로버트슨 등은 같은 전지구화를 논하면서 우선 '동인-구조(그리고/또는 문화)의 주제'를 전지구화의 등장을 불러왔던 힘으로부터 분리하고 싶어 한다.[8] 탈식민주의자들에게만큼이나 전지구주의자들에게도, "변화하는 현 세계질서의 근본적 조건들을 받아들이는" 것을 "금하는" 경제적, 사회적 경계들 그리고 정치권력의 경계들보다는 문화적 경계들이 더 협상하기 쉬운 것일 수도 있다.

자율성뿐만 아니라 문화의 우월성을 그런 식으로 선언하는 것에 문화주의가 내포되어 있음을 고려하면, 탈식민주의와 전지구주의가 역사의 거부도 공유하고 있다는 것이 그렇게 놀라운 일은 아니다. 앤서니 스미스(Anthony Smith)는 "전지구적 문화라는 개념에는 시간을 초월한" 무언가가 있고, '공간적으로도 널리 퍼져 있어서 (…) 그 모든 과거로부터 단절되어 있다"고 말한다.[9] 수많은 과거들(pasts)을 재배치해 탈근대적 혼성곡(pastiche) 같은 것으로 재정비하는 시간성의 초월은 뷰얼의 언급에서도 분명히 찾아볼 수 있다. 이는 애시크로프트(Ashcroft), 그리피스(Griffiths), 그리고 티핀(Tiffin)의 주장에서도 똑같이 나타나는데, 이들에게 과거는 어떠한 측면에서도 현재와 중대한 차이가 없고, 단지 현재가 그 잠재적 인식을 대신 표현해주고 나서야 비로소 알 수 있는 것일 뿐이다.

이제 무엇이 쟁점인지 명백해졌을 것이다. 유럽중심주의가 내포하는 권력구조를 거론하지 않고도 유럽중심주의를 그 중요도에 걸맞게 파악할 수 있을 것인가? 반대로 식민화를 통해서건 과거와의 단절에 대한 주장을 통해서건 현재가 지워버리고자 하는 과거의 시각을 거론하지 않은 채, 현재를 그리고 과거에 맞서거나 과거를 선점하려는 현재의 주장을 충분히 그 역사성을 살려가면서 이해하는 일이 가능할 것인가? 이러한 두 질문은 하나의 역사적 현상으로서의 유럽중심주의와 그 형성과정, 그리고 그것이 단지 구미적 근대성뿐만 아니라 전지구적 근대성 형성의 계기로 작용할 수 있게끔 했던 동인들을 고려할 것을 요구한다.[10]

역사적 시각에서 본 유럽중심주의

여기서 나의 주장은 간단히 말하면 이렇다. 역사적 현상으로서 유럽중심주의는 구미가 지난 5세기에 걸쳐 만든 권력구조를 거론하지 않고는 이해되지 않을 것인데, 그 구조들이 다시 유럽중심주의를 생산했고, 그 영향을 전지구화했으며, 그 역사적 주장을 보편화했다. 그런 권력구조들은 경제적인 것(자본주의와 자본주의적 소유관계들, 시장과 생산양식들, 제국주의 등), 정치적인 것(민족국가와 민족 형태의 체계—가장 중요하게는 세계와 새로운 법적 형태 등을 재배치함으로써 생겨난 문제들을 다루기 위한 새로운 조직들), 사회적인 것(개인에 기초한 사회 형태들의 추진을 비롯하여 계급, 성, 인종, 종족성, 그리고 종교적 형태의 생산), 그리고 문화적인 것(공간과 시간의 새로운 개념, 좋은 삶이라는 새로운 개념, 그리고 생활세계에 대한 새로운 발전지상주의적 개념 등)을 포함한다. 이 목록은 봐줄 수도 없게 부적절하고 그런 범주화 자체에 문제가 있음은 너무나 당연하지만, 지금 나의 주요 목적인 유럽중심주의 문제가 얼마나 다루기 힘든지를 보여주기에는 충분하다. 유럽중심주의에 대한 문화주의적 이해는 문화의 자율성에 관한 상당히 생산적인 주장에서 문화와 담론을 정치경제학의 문제로부터 따로 떼어낸 신비주의적 경향으로 나아갔고, 심지어는 문화를 삶의 다른 측면들에 대해 우월성을 갖는 특권화된 지점으로 삼음으로써 결국 탈역사화되고 탈사회화된 유럽중심주의의 이해로 귀결되어, 유럽중심주의가 제기하는 문제들을 인정하기도 힘들어지게 된다. '다른 자본주의 문화들'에 대한 가능성과는 상관없이, 자본주의가 어쨌든 새로운 경제 형태들뿐 아니라 구미로부터 확산되는 근본적 가치들의 대행자로 작용하는가? 파사 채터지(Partha Chatterjee)가 주장하듯이, 민족주의는 구미 오리엔탈리즘의 가장 근본적인 전제들을 '주제별'로 깊이 새겨놓았는가?[11] 그 내용은 차치하고라도 어떤 형식의 미디어가 단지 존재하는 것만으로, 일상의 삶에 새로운 가치들이 전지구적으로 도입되는가? '물질적 동인들'이 어떻게 유럽중심주의의 담지자가 되는가 하는 점은 오히려 역으로 유럽중심주의의 문화적 구성물이 물질적 지배력을 얻게 되는 데서 찾아볼 수 있다. 이미 현재

세계의 지형 그리기가 구미적 구성물이 아닌 다른 구성물들에 의해서 내면화되고 그것이 삶의 활동의 목표와 경계를 형성하는 마당에, 그런 지형 그리기가 구미적 구성물이라는 사실이 어떤 식으로든 문제가 되는가? 이와 관련하여 특히 중요한 것은 발전지상주의 이데올로기인데, 이에 대해서는 좀더 논하겠다.

현재의 사고에는, 이 구조들에 대해 새로운 문제를 제기하면 사회적 현상들을 또다시 그중 몇 개의 요소들로 환원하는 '기능주의'에 길을 터줄 거라는 우려가 있는 듯하다.[12] 문화주의적 기능주의 역시 다른 것들만큼이나 기능주의적이라는 점은 일단 그냥 넘어가자. 구조적이면서 구조화하는 이런저런 관계들에 등장하면서 역사적으로 동시에 일어나는 현상들의 다중성을 인식하는 일이, 꼭 그 현상들을 한두 개의 요소로 환원할 것을 요구하거나, 사실상 그 구조를 기능주의화하려는 노력을 침해하는 그 현상들 간의 모순관계들을 무시할 것을 요구하는 것은 아니다. 사실 역사 속의 차이들—전지구주의적 대안들에서와 마찬가지로, 대다수의 탈식민주의적 대안들 또는 뚜렷한 공간적·시간적 지시물들을 갖지 않는 탈영토화된 총체성들의 경우에서처럼 "역사가 서로 아무 관련 없이 무의미한 이야기들의 뒤범벅이 되는 지독한 특수주의로 귀결되는"[13] 자기지시적이지 않고 지역화된 차이들—을 일관되게 파악할 수 있는 것은 기능성과 모순성뿐 아니라 그 총체성과 특수성을 모두 고려했을 때의 이러한 관계들을 통해서다.

우리가 지금 가지고 있는 유럽중심주의가 구미적 현상이라 할 수 없음을 인식한다면, 유럽중심주의의 복잡성은 훨씬 더 감당하기 어려워진다. 우리가 유럽중심주의와 결부시키는 것들의 대부분은 이제 전세계적으로 사회 내적인 것이기 때문에, '유럽과 그 타자들'에 대해 말하는 것 자체가 모순어법적인 회피로 보인다. 전지구적 구조들에서 일상의 경제적 실천들에 이르기까지, 국가 형성에서 가계활동에 이르기까지, 발전 이데올로기에서 소비문화에 이르기까지, 그리고 페미니즘에서 인종과 종족을 중심화하는 정치에 이르기까지, 구미의 유산들은 도처에 존재한다. 초기의 프란츠 파농(Frantz Fanon)이 그랬듯이, 아시스 난디(Ashis Nandy)는 그 유산들을 '유럽의 타자들'[14]의 정신구조에서 찾아낸다. 그 유산들은 또한 사회에 대한 이론화에서 역사를 사고하는 방식에 이르기까지 우리가 세계를 생각하는 방식들에도 존재한다. 오늘날 전근대적인 앎의 방식, 따라서 '역사' 이전의 앎의 방식에 대한 주장들이 생겨나는 경우에도, 그 주장들은 설득력이 떨어진다. 왜냐하면 근대주의적 역사주의를 반박하려는 그런 노력들이 스스로의 역사성에 대한 자의식에 의해 좌우되기 때문이다. 그리고 유럽중심적 지형 그리기의 유산 없이 어떻게 세계를 기술할 수 있겠는가? 반유럽중심주의 못지않게 세계를 기술하는 그같은 유산들을 거론하지 않고는 세계의 기술을 생각할 수도 없을 것이다. 오늘날 계급, 성 등을 떠올리지 않고는 세계에 대해 사고할 수 없다면, 전근대(또는 탈근대 이전)의 사람들도, 마치 시장에서 상품을 흥정하듯이, 정체성이 협상 가능한 물품이라는 사실에 놀라워했을 것이다.

다양한 영역에서 여러 방식으로 유럽중심주의가 지배적인 세력임을 인정함으로써 '유럽과 그 타자들'에 대한 편향이 노정하는 한계가 드러날 것이다. 그러한 병치는 타자들과 유럽중심주의 모두를 구성하는 데 중요한 역할을 한 과거, 유럽인과 그밖의 사람의 구분이 가능하다고 가정했던 과거와 관련해서는 말이 될 수도 있다. 그러나 그 어느 때보다 타자들이 옛 식민지의 핵심부에 다시 자리잡음으로써 가장 잘 부각되는 현재에는, 타자들은 말하자면 고향으로 돌아온 것이다. 나머지 세계에서 구미 근대성이 오랫동안 내면화됨에 따라, 나머지 세계는 이제 물리적·지적으로 구미의 내부로 들어왔다. 그리고 놀라울 것도 없이, 여기가 유럽중심주의에 대한 관심의 주요 거점이기도 하다. 오늘날 구미와 구미의 많은 생산물들이 전지구적으로 욕망의 대상들이 되어가고 있다. 이런 상황에서 '유럽과 그 타자들'에 심취해 있는 것은 많은 유럽중심주의의 승리를 대면하지 않고 비껴가는 것이다. 유럽중심적 타자의 구성에 대한 현재의 우려는 흥미롭게도 (그리고 조금은 역설적이게도) 구미에 대해 말할 수 있는 끝없는 기회를 제공하면서, 공식적으로는 그것이 거부하고자 하는 유럽중심주의를 영속화하기도 한다. 어쩌면 거부라는 방식이 지식인들 사이에서 이러한 욕망이 취하는 방식일지도 모른다. 정신분석학을 단순화하는 위험을 무릅쓴다면, 나에게 반유럽중심주의는 무엇보다 이런 욕망의 거울이미지라는 인상을 준다. 욕망에 대한 부정적 보상이라기보다는, 비(非)구미적 문화요소들이 이미 유럽중심적 근대성에서 그 역사적 유산에 의해 형성되어온 세계의 내부로 들어가게 해달라고 요구한다는 의미에서 말이다. 구미의 세계지배의 산물들이자 철두철미하게 그 가치들이 주입된 권력의 구조들에는 도전하지 않으면서, 문화적 유물들이나 유산들을 인정할 것을 요구하는 다문화주의는 결국 무엇인가? 이같은 상황들은 전지구주의와 탈식민주의가 그 모순에도 불구하고 그같은 현재 상황을 다루는 방법으로서 왜 많은 이들의 상상력을 사로잡아왔는지에 대해서 말해준다. 비록 근대성의 세력들에 의해 철저히 재편된 세계에서 그것들은 유럽중심주의의 바깥이 존재하는가라는 가장 근본적이고 긴급한 문제를 각각 다른 방식으로 교묘히 피해가지만 말이다.

만일 문화적 현상으로 이해된 유럽중심주의가 단지 '담론적' 지배가 아니라 권력의 구조들에 깊이 새겨진 구미의 세계지배에 대한 비판으로서 불충분하다면, 유럽중심주의의 권력은 바로 그 권력구조를 거론하지 않고는 파악될 수 없을 것이다. 문화와 담론들이 중요하지 않다는 얘기가 아니라, 세계에 대한 설명으로는 불충분하다는 것을 다시 한번 강조하고 싶은 것이다. 사실 문화와 담론이 물질적인 것과는 별개의 영역들로 분리되어 나온 것 자체가 매우 근대적 현상이다. 마찬가지로 문화와 담론을 일상생활의 물질성에 다시 연결할 것을 주장하는 일은 예전처럼 다시 정치경제학을 특권화하자는 것이 아니라, 오히려 현재의 환경하에서 연결을 사고하는 새로운 방법을 끌어내자는 것이다. 이는 또한 근대성의 체제하에서 거부되었던 연결을 다시 생각하는 일을 의미하기도 한다. 이렇게 되면 유럽중심적 근대성은 삶의 양식과 문화 사이에 '과학적인', 따라서 영원히 타당한 인과론적 관계를 설정하는 것으로가 아니라, 그 둘을 연결하는 하나의 방식으로 등장한다. 그렇다면 역사적 문제로서 이 문제는 이런 관계를 대표하는 유럽중심적 방식들이 어째서 그런 권력을 얻게 되었는지를 묻는 것이다. 유럽중심주의자들은 그것이 구미 문화들의 힘이라고 말할 것이다. 내가 말하고 싶은 것은 오히려 문화와는 관계가 없는 권력이 문화의 요구에 힘을 실어준다는 것이다. 이는 윤리적 판단이나 선택의 문제가 아니다. 문제는 오히려 윤리적 지배다. 그리고 문화적 지배는 스스로를 정당화할 수 없다. 유럽중심주의와 그에 대한 현재의 도전들 모두가 엄격하게 문화적인 것이라고 정의되는 것 이외의 요소들을 언급하지 않고는 이해될 수 없을 것이다. 이는 또한 말할 필요도 없이, 문화적이라고 했을 때 그 의미가 무엇인가라는 중요한 문제들을 제기한다.

유럽중심주의를 역사적 현상으로 인식하려면, 지배방식의 다른 예들과의 관련하에서 이를 바라볼 필요가 있다. 유럽중심주의는 여러 지배방식들의 첫 번째도 아니고 또한 마지막이 될 것 같지도 않다. 그런 역사적 시각은 현재 주어져 있는 것보다 더욱 철저히 권력과 지배를 비판할 수 있는 실마리들 또한 제공할 수 있다.

유럽중심주의는 '유럽'과 '근대성'의 의미를 둘러싸고 구미 내에서 벌어지는 갖가지 세력싸움 모두를 은폐하고, 무엇보다 가장 중요하게는 그 자체가 하나의 역사적 과정은 아니더라도 그것이 유럽의 타자를 만들어낸 것과 따로 떼어낼 수 없는 역사적 과정의 산물이었다는 사실을 은폐하는 복합적인 용어다. 권력의 차원에서 본다면, 19세기 말쯤 구미 세력이 대충 전 세계를 정복하고 그 정복의 이데올로기를 정당화하는 일에 착수했다. 이 사실에 대해서는 거의 의심의 여지가 없지만, 문화적 경향으로서 유럽중심주의 자체는 유럽/타자의 이원론이 나중에 고안해낸 것이지, 그 반대는 아니다.[15] 유럽중심주의에 대한 비판에서 요즘 아주 흔하게 볼 수 있는 계몽주의적 합리주의, 단선적 역사 등의 상투어들은, 구미적 맥락 내에서 역사적 과정들이 어떤 식으로 그같은 이데올로기적 산물의 이해를 매개하는지를 간과한다. 구미 자체가 여전히 이와 같이 창안해가는 역사적 과정 내에 있는 것이다. 전지구주의는 분명히 현 단계에서 그 과정의 구성요소이고 탈식민주의 역시 의도하지는 않았지만 그러하다.

자본주의 권력 그리고 정치·사회·문화 조직들에서 유럽중심주의에 수반된 모든 구조적 혁신들이 없었다면, 유럽중심주의가 그저 또 하나의 종족중심주의였을 것이라고 다른 지면에서 내가 말한 적이 있다. 우리 시대와 같이 종족중심주의가 번창하는 시대에, 유럽중심주의의 한 유산(비록 그것이 중요하게 기여하긴 했다)으로서만이 아니라, 다양한 '세계체제들' 중에서 세계체제를 지배했던 자들의 문화적 전제가 가장 핵심적인 것이라고 빈번히 주장하는 종족중심주의, 근대성이 시작되던 때 세계의 한 조건으로서의 종족중심주의에 거의 관심을 기울이지 않는다는 것이 오히려 놀라운 일이다. 당연한 이야기인지 모르겠지만, 그럼에도 불구하고 짚고 넘어가야겠는데, 이는 정치적 정확성에 신경을 쓰느라고 구미의 종족중심주의(또는 보스니아, 르완다, 터키와 같은 곳에서 볼 수 있는 노골적으로 잔인한 표현방식) 외에 다른 종족중심주의들에 대한 비판을 꺼리게 되었기 때문이다. 다소 경제적·정치적 지배와 일치하는 문화적 헤게모니의 영역들은 '중국'세계, '이슬람'세계, '아랍'세계 그리고 '인도'세계 등의 경우에서처럼 줄곧 존재해왔다. 그러나 실재든 그저 상상된 것이든 광대한 영토에 헤게모니를 행사했음에도 불구하고, 결국 이 세계들 중 그 어느 것도 그 범위나 변화의 힘 측면에서 유럽중심주의와 상대가 될 수 없었다. 역사의 종언이 아직 눈에 보이지도 않는 마당에 이런 말이 무모하게 들릴지도 모르겠다. 그렇다면 확실한 것은 만약 이 다른 문화들의 헤게모니가 유럽중심주의와 같은 방식으로 보편화되고 전지구화된다면, 그것은 유럽중심주의를 통해 보편화되고 전지구화된 세계에 기초할 것이고, 이 새로운 세계에 자신들의 헤게모니를 주장함으로써일 것이다. 동아시아와 동남아시아의 초기 '근대성'을 발견하려는 노력들이 현재 진행되지만, 사실 근대성이 역사의 한 원리로서 성립되기 전까지는 그 지역들의 누구도 근대성의 문제를 제기할 생각조차 하지 않았다. 이와 비슷하게, 동아시아사회들은 최근 그 사회들의 자본주의적 성공을 설명하는 것으로 '유교적' 유산을 주장할 수 있을지 모르나, 이 유교적 유산은 바로 자본주의의 필요에 의해 재해석된 것이다.

유럽중심주의는 역사적으로 지구 전체를 포괄했고 그 경쟁자들은 그다지 별 관심도 없었던 삶의 수준을 달성한 유일한 중심주의다. 그것은 지구 전체의 삶에 대변혁을 일으켰고, 새로운 공간에 사회를 재배치했으며, 역사적 궤도를 변화시켰다. 유럽중심주의를 말하지 않고 역사를 논하는 것은 의미가 없다고 할 정도다. 일찍이 '문화적 잡종성들'은 충분히 존재했는지도 모른다. 유럽중심주의에서 흥미로우면서도 주목을 끄는 것은, 유럽중심주의의 전지구를 향한 열망이 그 지리적 경계에 가까워졌을 즈음 (왜냐하면 그 열망은 결코 달성될 수는 없기 때문에) 유럽중심주의는 대부분 사람들의 잡종성을 구성할 수 있는 능력을 보유하게 되었다는 점이다. 이는 지역적으로 제한되고 역사적으로 불안정했던 모든 다른 중심주의들에는 해당이 되지 않는다.

그렇다면 문제는 이 권력을 어떻게 설명할 것인가다. 유럽중심주의적 대답은 대단히 분명하다. 구미적 가치들의 우월성 때문이라는 것이다. 이 대답은 오직 유럽중심주의자들 자신에게만 설득력이 있을 뿐이다. 그것은 또한 유럽중심주의에 대한 대부분의 비판들이 진행되지만 결국 막다른 곳에서 부딪치는 문화적 차원이기도 하다. 유럽중심주의에 대한 문화주의적 비판이 갖는 문제는, 그것이 다른 중심주의들과는 대조되는 유럽중심주의의 헤게모니를 설명하지 못한다는 것뿐 아니라 같은 이유로 가치에 대한 규범적 질문들을 제기할 수 없다는 것이다. 언뜻 보기에는 (인권과 같은) 지배자의 가치들이 지배라는 사실 때문에 바람직하지 않은 것은 아니다. 피지배자들의 가치들이 단순히 문화적 차이를 주장함으로써 정당화되지 않듯이 말이다. 만약 자본주의가 인권의 옹호자인 만큼 유럽중심주의의 동인이라면, 자본주의가 다른 사회들의 자본주의로의 편입을 찬미하면서 문화적 차이에 근거하여 인권을 남용하는 데 협력하는 것은 말이 되지 않는다. 역사와 가치 사이의 갈등은 무엇보다도 역사주의적─문화주의적─인 차이의 긍정에서 그 예를 더 잘 찾아볼 수 있는데, 이러한 입장은 이 사회들이 차이라는 개념과 대립되는 유럽중심적 목적론의 산물로서 바로 그 조건 속에서 뿌리박고 있다는 사실을 인식하지 못한 채, 서로 다른 사회에서 시민사회 등을 찾아내고자 하는 입장이다.

내가 보기에 그런 모순들은 문화적 문제들을 정치경제학의 문제들로부터 따로 떼어내려는 데서 생겨난 결과물이다. 유럽중심주의는 구미적 가치들이 갖는 그 어떤 고유한 내재적 가치들의 결과가 아니다. 오히려 그 가치들이 다양한 종류의 활동들에 각인되면서 전지구화되어, 비구미사회 내의 어떤 집단에게는 환영받기도 하고 저항이 있을 때는 무력의 힘으로 강요되기도 하면서, (무역과 같은) 기존의 실천들 속으로 교묘히 주입된 결과다. 다시 말하면, 유럽중심주의의 보편화와 전지구화는 자본주의, 제국주의, 그리고 문화적 지배를 통해 얻은 동력 없이는 생각할 수 없었을 것이다.

그렇다면 자본주의를 근대역사의 구성적 계기로 정의하는 것이 유럽중심주의를 영속화할 것이라는 주장에 근거해서, 최근의 다양한 지적 활동의 영역에서 역사에서 자본주의가 행한 역할을 지우려는 경향이 있다는 것은 놀라운 일이다. 오히려 반대로 구미의 팽창을 가능하게 했던 자본주의의 엄청난 힘과 유럽중심주의 사이의 관계를 설명하지 않는다면, 유럽중심주의에 대한 비판은 새로운 모습으로 유럽중심주의를 영속화시킬 뿐만 아니라, 전지구주의 자체가 유럽중심적 세계관에 주입되는 방식을 감추는 결과가 된다고 얘기할 수 있다. 유럽중심주의에의 편향은 문화연구뿐 아니라 역사 다시 쓰기에, 가장 두드러지게는 과거 역사의 유럽중심주의에서 벗어나 새로운 '세계사'를 만들려는 노력에 널리 퍼져 있다. 이러한 노력들은 세계사를 쓰려는 욕구는 겉모습만 달리한 것으로, 본질적으로는 초기의 헤게모니들을 영속화하기 위한 구미의 노심초사일 수 있다는 사실을 간과한다. 세계사 주창자들의 인식론적 관심사, 즉 민족에 근거한 역사들의 제한성들을 극복하고자 한다는 점에는 공감한다. 또한 역사적으로 '유럽을 제자리에 놓기'에 반대할 만한 것은 아무것도 없다. 그러나 자본주의의 역사적 역할에 대한 강조를 유럽중심주의로 나타낸다면, 이는 다른 시대와 구분되는 근대역사의 특색을 지워버릴 뿐만 아니라, 자체의 생산과 소비 형태, 억압과 착취, 그리고 이데올로기를 갖는 독특한 양식으로서의 자본주의적 생산양식을 없애버리게 될 것이다. 안드레 군더 프랑크(Andre Gunder Frank)의 '5천 년 된 세계체제'가 이런 경우인데, 이는 유럽중심주의를 지운다는 명목하에 고전경제학과 매우 흡사한 방식으로, 즉 자본주의적 발전을 특정한 역사의 종합 국면에서 나온 산물이 아닌 인류의 운명으로 만듦으로써 그것을 보편화하고 자연스러운 것으로 만든 것이다. 또한 군더 프랑크는 왜 중국중심적 또는 아시아중심적 역사가 구미중심적 역사보다 더 세계사에 적합한지를 설명하지 않는다. 더욱 심각하게는, 자본주의를 역사적으로 자연스러운 것으로 만들게 되면, 가능한 대안이란 오직 대안적 자본주의들밖에 없게 되기 때문에 역사에서 다른 대안들을 인식할 수 있는 가능성을 훼손한다.[16]

중국 내 세계사 쓰기의 상황에 대한 최근의 보고는 전지구화된 세계사의 헤게모니적 의미에 대해 시사하는 바가 많다. 그 보고에 따르면 역설적으로 (그리고 보고서의 저자에게는 무척 놀랍게도), 보통 기대되는 것과는 반대로 (그 저자는 누가 그런 기대를 공유하는지에 대해서는 말해주지 않지만 아마도 서구인들일 것이다) 중국 역사가들은 여전히 자본주의의 역사 주위에서, 따라서 유럽중심적 패러다임을 계속 따르면서 근대 세계사를 쓰고 있다는 것이다. 물론 이는 '맑스주의에 깃든 유럽중심적 세계사'의 '이데올로기적 틀'[17]이 계속해서 중국의 역사적 사고를 지배한 결과다. 구미인들의 사고는 이미 유럽중심주의로부터 해방되었는데 중국인들은 유럽중심주의를 영속화하고 있다는 역설을 저자는 인식하지 못한다. 이는 여전히 (추측컨대 **우리의** 과학적 접근과는 대조적으로) 이데올로기가 중국인의 사고를 지배한 결과고, 이것이 초기의 헤게모니적 태도를 영속화하고 있다는 생색내는 결론도 그러하다. 저자가 학교 교과과정에서 (세계사와는 별개로) 중국역사에 많은 부분이 할애되어 있는 것은 "서구의 역사가들에게 친밀한 종족중심적 견해에서" 나왔다고 설명하는 것도 놀라운 일은 아니다. "중국이 스스로를 중국(中國), 즉 '중심왕국'으로 인식해왔음은 잘 알려진 사실이다."[18] 저자는 자기 식의 세계사를 문제시하는 대신, 동시대인으로서의 중국 역사가들을 지울 뿐만 아니라, 중국에 관한 '서구' 역사기술에서 오랫동안 그 권위를 자랑했던 상투어에 기댐으로써 중국사를 지우려고 한다. 이러한 중국인의 '자아인식'이 나름의 역사를 갖고 있다는 사실은 차치하고서라도, 다른 사회들 역시 자국의 역사를 세계사와는 따로 가르치고, 그것에 많은 부분을 할애한다. 이는 중국의 '종족중심주의'보다는 근대세계의 민족주의적 교육과 더 많은 관계가 있다. 누구의 종족중심주의이고 누구의 이데올로기를 말하는가라는 질문이 바로 머리에 떠오르지만, 그 문제들은 역사의 전지구화를 포함한 전지구화에 대한 논의들 대부분에 깔려 있는 헤게모니적 전제들만큼 중요하지는 않다. 지적 사업으로서의 세계사가 이런 종류의 신비주의에 책임이 있는 것은 아니지만, 그것이 가지는 헤게모니적 함의는 어쨌든 의도하는 것과는 정반대의 것을 만들기가 너무나 쉬운 작업에서는 지적 경계심이 필요함을 상기시켜준다. 주의해야 할 한 가지는, 유럽중심주의를 자본주의에 의해 강력해진 구미 세계가 근대세계를 형성하는 데 있어서 담당한 역사적 역할에 대한 인식과 구별하는 일이다.

우리 시대에 신성하게 대해야 할 것 중 주목할 만한 것은, 억압을 논하면 억압받는 자들의 주체성을 지우게 되리라는 생각이다. 그런데 이는 억압에 대해 말하기보다는 근대주의적 범주의 목적론 내에서 여전히 움직임으로써, 결국 억압에 대한 책임을 희생자들에게 되돌린다는 사실을 인식하지 못하는 듯하다.[19] 다시 이는 저항을 일종의 '정상상태'로부터의 일탈과 동일시함으로써 억압에 대한 저항이라는 개념을 우습게 만든다. 어느 경우든 결과적으로는 모든 그런 조우를 문화정치의 예로 돌려버림으로써, 중요한 그리고 역사적으로 정해진 정치의 개념을 회피한다. 문제가 되는 것이 정치나 정치경제학이 아니라 문화라는 점에서, 현재 문화주의와 초기 근대화주의적 문화주의의 정치적 결론들이 서로 공명한다는 사실도 역시 주목할 만하다.

새로운 문화주의에 내재한 위험을 적나라하게 보여주는 예는 '문명의 충돌'이라는 쌔뮤얼 헌팅턴(Samuel Huntington)의 전망에서 찾아볼 수 있다.[20] '문명'에 대한 헌팅턴의 견해, 문화라는 문제에 대한 접근 방식, 그리고 그가 내리는 결론은 탈식민주의와 전지구주의를 주장하는 사람들의 견해와는 완전히 정반대다. 그는 문명을 문화적으로 동질적이며 공간적으로 그 지형을 그릴 수 있는 단일체로 보고, 문명들 사이에 넘어설 수 없는 경계선을 그어야 한다고 주장하며, 근대화될 수도 동화될 수도 없는 타자들의 침입에 대항하여 서구문명을 지키기 위해 구미 세계를 요새화할 것을 제시한다. 그의 견해에서 주목할 만한 것은 '서구'가 다른 문명지역에 연루되어 있다는 사실을 부인한 것이다. 그가 인식하는 현 세계란 일곱 개의 '문명'지역으로 나누어지고, 그 각각의 지역에서 각각의 헤게모니가 책임지고 질서를 유지해나간다. 헌팅턴은 이러한 놀라운 세계관을 유지하기 위해 정치경제학적 구조에 대한 어떠한 진지한 분석도 하지 않고(요새화된 구미 세계가 초국적기업들을 나머지 세계로부터 철수시켜야 할 것인지는 언급도 하지 않는다), 또한 물질적 문화의 모든 요소를 문화의 정의로부터 제거하고, 종족성과 문화·인종·문명을 마구 뒤섞고, 민족의 중요성에 의문을 제기하고, 식민주의의 유산들을 지운 채 다른 사회에서 일어난 모든 것들은 그 사회의 토착적 가치와 문화의 귀결이라고 주장하고, 가장 일반적 수준에서는 역사를 거부하고 만다. 세계를 분할하는 그의 방식은 경계의 폐지와 문화적 물화의 거부, 문화적 정체성의 교섭 등에 대한 전지구주의와 탈식민주의 비평의 주장과는 상당한 거리가 있다. 한편 그가 민족이 아닌 '문명'이라는 견지에서 토착'문화들'의 힘을 복귀시킨 것이라든가, 식민주의의 삭제와 지속되어온 토착적 주체성의 복귀, 정치경제학적 문제에 대한 무관심, 그리고 근대성의 역사에 대한 거부 등은 전지구주의와 탈식민적 주장과 공명한다. 그렇기 때문에 이들이 동일하다거나 같은 패러다임에 의해 작동한다는 얘기가 아니라(헌팅턴의 패러다임은 위로부터의 아래로의 질서다), 그들이 현재적이라는 것이다. 세계에 대한 헌팅턴의 전망이 보여주는 서로 경계지어진 종족중심주의와, 전지구주의나 탈식민주의의 다문화주의적 다원주의 사이에는 엄청난 차이가 있긴 하지만, 그들 모두는 종족성을 전면에 내세움으로써 자신들이 놓인 맥락인 불평등한 권력구조를 신비화한다는 점에서는 동일하다.

그 등인으로 총체화하는 구조가 복무한다는 점에서 다른 중심주의들과는 다른 하나의 역사적 현상으로 유럽중심주의를 인식하게 되면, 내가 앞에서 저기한 문제로 다시 돌아가게 된다. 즉, 유럽중심주의가 어떤 종족중심주의를 전지구화하고 그것을 보편적 패러다임으로 만들었다면, 유럽중심주의의 외부는 존재하는 것일까? 유럽중심주의의 외부는 그 영향을 받지 않고 주변화된 장소에서 발견될 수도 있겠지만, 그런 장소는 갈수록 줄어들고 있거나 갈수록 증폭되는 내재적 모순들을 드러내고 있다. 구미의 가치들이 전세계적으로 사회구조 속으로 호명되어 그 정치적·사회적·경제적 관계를 변화시키기는 하지만, 이 가치들은 유럽중심주의의 구조와 가치들에 동질화되거나 동화되지 않는다는 관점에서 유럽중심주의의 보편화를 이해해야 한다. 동질화 대 이질화, 동일함 대 차이, 동화 대 차별화라는 문제들은 역사적 과정들을 비역사적이고 정체된 범주들에 정체성을 할당하는 것과 혼동하기 때문에, 여러 면에서 잘못된 방향으로 나아가기 쉽다. 내가 이해하는 바로는, 구미의 세계정복을 통한 유럽중심적 실천들과 가치들의 보편화는 사회를 유럽 이전의 그 역사적 궤적으로부터 떼어내어 동일성을 함축하지 않는 새로운 궤도에 갖다붙이는 것을 의미할 뿐이다. 그것은 유럽중심주의의 보편화 자체가 현재도 지속되고 있는 역사에 대한 새로운 종류의 갈등을 야기해왔기 때문이다. 그러나 적어도 내가 이해하기에는, 서로 아무리 다를지라도, 이제는 이런저런 종류의 구미 권력을 투쟁의 역동적 구성요소로 포함하는 지형이 존재하며, 그 지형 위에서 갈수록 이같은 투쟁들이 발생한다는 것을 또한 의미한다. 이것에서 구미에 의해 정의된 근대성으로 묘사하고 싶은 것을, 지배방식의 과학기술적·조직적·이데올로기적 한계들에 의해 지역적·정치적·사회적으로 제한되었던 초기의 지배형태들과 구별할 수 있는 것이다. 중화주의는 동아시아와 동남아시아에서는 아주 강력한 영향력을 발휘했을지라도, 어쨌든 그 지역들에 한정되어 있었던 것이다.

초기 '중심주의들'과 비교한다면, 유럽중심주의는 세 가지 면에서 보편적이다. 첫째, 구미 근대성의 제도와 문화가 전지구적으로 어디에나 존재한다는 점이다. 구미 근대성의 영향이 '전지구적'이라는 표현이 의미하는 것처럼 모든 지역에서 통일적으로 또는 똑같이 나타나지는 않지만, 그것은 모든 곳에서 서로 너무나 다른 민족들을 평행한 역사적 궤도—내가 강조하건대, 이것이 정체성을 의미하지는 않는다—속으로 강제로 진입시킨다. 둘째, 유럽중심주의는 비구미인들이란 동인들을 통해 확산될 수 있다는 점이다. 바로 이 때문에 유럽중심주의를 구조적으로 이해하는 일이 중요하다고 할 수 있다. 마지막으로, 유럽중심주의가 어떤 식으로든 외부를 허용하지 않는다는 의미에서는 보편적이라고 할 수 없지만, 만약 외부를 구미적 실천이 미치는 않는 곳으로 이해했을 때는 유럽중심주의의 외부를 상상하는 것이 점점 불가능해지는 것도 사실이다. 외부가 없다는 것이 아니라, 그 외부는 꼭 탈유럽중심적인 것으로, 즉 전지구화하는 구미 세력과 그런 전지구화에 대항하여 투쟁하는 장소들 사이의 변증법에 의해 발생되는 모순들의 산물로 인식되어야 한다는 것이다. 이것이 의미하는 바는 유럽중심주의의 대안이나 외부를 상상할 수 있는 출발점을 필연적으로 제공하는 공통의 역사다. 다시 말하면, 유럽중심주의는 구미로부터 퍼져나온 가치에 의문을 제기함으로써 도전할 수 있는 것이 아니다. 그것은 이미 전지구적 유산의 일부인 도전적 가치들과 구조들에 도전할 것을 요구하는 것이다.

기능주의의 규범이 아니라 모순들에 따라 작동하는 세계에서, 유럽중심주의의 전지구화는 불가피하게 그 세계의 안으로 다면적 모순을 끌고들어온다. 그리고 유럽중심주의라는 개념부터 시작해서 그 세계의 완전성을 매 순간 침해한다. 내가 다른 글에서 주장했듯이, 유럽중심주의에 대한 현재의 비판은 유럽중심주의에 의한 희생 때문이 아니라 유럽중심주의에 부여된 권능 때문에 시작된 것이다. 오늘날 유럽중심주의를 주로 비판하는 사람들은 유럽중심주의에 의해 소외되거나 그 권력구조로부터 탈락된 사람들이 아니라, 유럽중심주의와 그 타자들 모두—아마도 후자보다는 전자겠지만—에 접근할 수 있는 '잡종성'을 주장하는 사람들이다. 오리엔탈리즘이 비구미사회들의 가장자리면서 구미 외부에 해당하는 '접촉지역'에 자리잡은 구미인들의 산물이라면, 반유럽중심주의는 구미 세계의 중심이나 권력의 초민족적 구조와 그 주위에 위치한 접촉지역에 자리잡은 산물이다. 예전의 접촉지역들이 구미인들에게 문명화의 임무와 '야만주의' 속으로의 용해 사이에서 선택할 것을 요구했듯이, 새로운 접촉지역들은 제3세계 지식인들에게 문화들 간에 '다리를 놓을' 것—이는 사회들 간의 불평등이 지속되는 상황에서 구미가 계속 주재하는 권력구조들에 의해 나머지 세계가 점점 더 침탈되는 것을 의미하기도 한다──인지, 아니면 인간의 미래에 대한 유럽중심적 견해와는 다른 대안들을 사고할 수 있도록 그 다리를 불태워버릴지 양자택일할 것을 요구한다.

다리를 놓는 것과 다리를 불태우는 것을 대조시키는 것은 유럽중심주의에 대한 태도라는 면에서 현재와 과거의 급진주의 사이의 차이를 확인할 수 있는 편리한 방식이기도 하다. 1960년대와 1970년대까지만 해도 유럽중심주의에 대한 급진적 평가는 문화적 지배와 정치경제학의 문제들이 밀접하게 결부되어 있음을 주장하는 내용이었으며, 종종 '제국주의'라는 용어로 포괄되곤 했다. 제3세계의 민족해방투쟁은 지역마다 특수한 방식으로 민족독립과 사회화된 경제라는 목표를 종합함으로써 민족경제를 전지구적 자본주의시장으로부터 '단절'하고, 그 경제를 지역의 필요에 따라 재조직하며, 구미의 자본주의문화에 대항하여 민족의 필요에 부응할 수 있는 시민을 양성하는 '문화혁명'을 이루려고 했다. 제1세계의 사회과학에서는 정치경제학을 고려할 것을 주장함으로써 제3세계의 토착 전통들과 문화들을 '낙후성'이라고 비난하는 근대화담론의 문화주의에 도전하고자 했다.

현재의 시각에서 보면, 이같은 초기 급진운동들과 ('세계체제분석'과 같은) 새로운 사회과학 이론화를 통한 표현은 모두 그 주장과는 반대로 거대담론과 유럽중심주의의 '토대적' 가정들에 의해 지배당했던 것처럼 보인다. 그리고 상당 정도 그럴 수도 있을 것이다. 자본주의에 대한 반발에도 불구하고, 대부분의 경우 민족해방운동들은 구미 근대성의 발전지상주의와 여전히 결부되어 있었다. 또한 그것은 제3세계라는 개념 자체에서 가장 두드러진 근대성의 공간적 배치를 당연한 것으로 간주함으로써 유럽중심주의의 공간적 의미망에 머물러 있었다. 그 결과 민족 형태는 당연시되었고, 그럼으로써 민족문화라는 개념이 다양한 지역문화의 식민지화를 통해서만 실현될 수 있었다는 사실은 무시된 채 민족은 문화의 거점으로만 여

겨졌다.[21]

초기 급진적 가정에 대한 현재의 비판은 다른 면에서도 훨씬 더 많은 문제가 있는 듯하고, 과거보다 현재에 대해 더 많은 것을 말해줄 수도 있다. 본질주의라는 비난은 탈식민주의가 무기창고에 두고 있다가 걸핏하면 빼드는 무기다. 그 비난은 제3세계나 제3세계 민족주의 등의 개념과도 관련되는데, 이는 그러한 개념들의 역사적 전개에 관심이 있다기보다는 탈식민주의의 유효함을 증명하기 위해 가상의 공격목표를 만들어내려는 노력에 더 가깝다. '제3세계'가 근대화담론에서 본질주의적 함의를 지녔을지 모르지만, 제3세계인들이 그렇게 이해한 것은 아니었다. 그들에게 '제3세계'는 그렇게 정의된 사회들의 정체성을 의미하는 것이 아니다. 오히려 제3세계성은 자본주의적 사회들과 비자본주의적 사회들 사이의 관계에 의존하는 민족적 상황의 한 조건이었다. 혁명적 민족주의에서, 민족문화는 이미 주어진 이런저런 전통이 아니라 민족해방투쟁을 통해 앞으로 지속적으로 창조되어야 하는 문화로 인식되었다. 토대적 범주들도 결코 자명한 것은 아니었다. 예를 들면 중국의 게릴라혁명이란 맥락에서 중층결정되고 지역에 의존하는 사회 범주들, 특히 계급 범주의 특성이 어떻게 상당한 관심을 불러일으켰는지를 나는 다른 글에서 설명한 적 있다.[22] 이 혁명들은 구미적 공간성에서 생겨났지만, 이는 현재의 현실들이 그에 대한 대안을 사고할 수 있는 출발점을 제공한다는 것을 의미할 뿐이다. 오늘날 꽤 보편적인 생각으로, 억압과 제국주의가 이 혁명들의 결정요소였다고 말하는 것이 억압받는 자들의 주체성을 무시하거나 억누르는 결과를 초래한다는 생각이 있는데, 이 생각이야말로 정말 기이한 생각이다. 나는 이 운동들이야말로 토착적 주체성을 재역설하면서 새로운 혁명적 주체성을 창조하고자 했던 운동이라고 말하고 싶다.[23] 이 어리석은 비난이 묵살하는 것은 지금 누구의 주체성이 문제가 되고 있는지, 또 어떤 종류의 주체성에 대해 얘기하고 있는지라는 문제들이다.

이러한 성격의 문제들은 과거의 시각에서 현재를 보게 되면 얻는 것이 많다는 사실을 의미한다. 정말로 세계는 변했고, 이제 제3세계의 직접적인 탈식민투쟁으로 대표되는 급진주의는 현재의 정치와는 더 이상 관련이 없는 먼 과거에 속하는 것처럼 보인다. 문제는 세계가 어떻게 변했는가다. 즉 우리가 현재 목도하는 것이 과거와의 단절인지, 아니면 권력에 대한 초기 저항의 형태들을 제거하면서 초기 권력형태의 전지구화를 촉진해온 권력관계의 재편인지 말이다. 이제 새로운 경제적·정치적·사회적·문화적 공간들이 만들어지고 있다. 이같은 새 공간들은 초기 전지구의 공간화가 이제 더 이상 적절치 않음을 의미하는가, 아니면 초기의 공간들에 부가되어 더욱 복잡하게 배치된 지배방식을 가져온 것인가? 현재 (전통에 대한 재주장을 포함하여) 시간성에 대한 재주장들이 있는데, 그것은 유럽중심주의적 시간성이 사라졌다는 것을 의미하는가? 소비자주의, 문화산업, 기호의 생산이 정치적 경제를 담론적 경제로 대체하면서 경제의 최전방으로 이동한 듯하다─적어도 탈근대적 제1세계에 자리잡고 있는 사람들에게는 그러하다. 이는 생산과 정치경제학이 더 이상 적절치 않음을 의미하는가? 시장과 시장의 사고방식이 확산되면서 문화와 정체성의 생산은 협상의 문제가 되었다. 그것은 이제 시장에 불평등이 더 이상 존재하지 않는다는 것을 의미하는가? 이런 질문은 계속될 수 있지만, 이것으로 충분할 것이다.

둘 다 자신의 급진성을 주장하고 그들 간에 상당한 차이도 있긴 하지만, 전지구주의와 탈식민주의 모두 자신들이 공모하고 있는 현재의 권력구성에 대한 순응을 대표하기 때문에, 이런 질문들이 전지구주의와 탈식민주의에 관한 현재의 논의 대부분에서 빠져 있다는 것은 그렇게 놀라운 일도 아닐 것이다. 이는 자본주의와 그 제도들에 의해 추진된 전지구주의에서 분명한데, 그 경우 전지구화는 오직 문화의 문제일 뿐이다. 이런 시각에서 보면, 전지구주의는 자본이 이제 더 이상 단순히 구미의 것만은 아니며, 다른 지역에서도 그것을 반기는 참여자들이 있고, 초민족주의 그 자체는 차이의 내면화──일단 그 구조들이 우선적임을 인정하는 한에서──를 의미하기 때문에, 구미 외의 다른 문화들도 자본의 구조와 작동 속으로 통합되어야 한다는 인식과 다를 게 없다.[24] 사회과학이론이나 그에 관련한 역사학에서, 이 타자들은 풍부한 자신들의 '전통'과 토착적 주체성을 통해 인식되어야 하지만, 이것들은 제국주의와 억압의 담론에서는 거부된다. 차이를 호명하여 자신의 내부로 불러들인 사회과학이론이 유럽중심적 권력구조에 기반을 둔 세계를 사고하는 방식을 대표한다는 사실은 접어두자. 그래서 마치 '시민사회'라는 용어가 아무런 정치적 함의도 없듯이, 서로 다른 사회 형태에 근거한 서로 다른 '시민사회'를 말할 수 있는 것이다. 그리고 세계를 이해하는 방식으로서 과학이 문화와 아무런 관련이 없듯이, 당연하게도 '합리적 선택 이론'은 그 '과학성'을 통해 문화적 차이를 초월하려는 경향을 대표한다. 흔 재단의 대표자는 전지구주의를 옹호하면서 "서구의 이론들을 나머지 세계가 채택해야 하는 것은 아니"라고 말한다.[25] 이 말에서는 '서구의'라는 용어 자체가 이미 '이론'이라는 용어에 함축되어 있기 때문에 불필요할 수 있다는 암시는 보이지 않는다.

자본주의의 발전지상주의적 전제에 토대를 둔 전지구화와 달리, 탈식민주의는 현 권력구조를 위한 변명보다는 그에 대한 적응에 가까운 듯하다. 예전에 쓴 글에서 나는, 역사적 현상으로서 탈식민성에 대한 직접적인 반응은 혁명인데, 현재의 탈식민주의는 자본주의 세계체제에 적응하기 위해 혁명적 선택을 회피하기 때문에 현 상황이 탈식민적이라기보다 오히려 탈혁명적이라는 정의에 더 적합하다고 말한 바 있다. 문화로 몰려가는 탈식민적 경향은 정치경제학의 구조로부터의 도피일 뿐만 아니라, 더 중요하게는 이제 현재적 적절성만이 아닌 과거적 중요성조차도 부정당한 과거의 혁명적 급진주의로부터의 도피이기도 하다.

탈식민주의가 현재의 권력구성과 공모하고 있다는 것은 탈식민주의가 드러내놓고 '구조'와 '토대적' 범주들을 부정한다는 점에 있는데, 이는 변화

를 고려해서나 문화주의의 측면에서나 구조화된 권력의 문제를 다루어야
한다는 요구를 제거한다. 탈식민주의에서 지역화된 조우와 정체성 정치는
구조화된 불평등과 이에 대한 투쟁을 정교화하는 것이 아니라 그 대체물로
작용하는 듯하다. 더욱 심각한 것은 그런 '방법론'으로 과거를 다시 읽는 것
일 텐데, 이렇게 되면 문화와 정체성을 위한 좀더 급진적 투쟁들의 기억을
지우고 지역주의를 메타서사로 만들어버리며, 탈식민주의는 아마도 그 메
타서사를 거부할 것이다. 방법론적으로나 개념적으로 탈식민주의에 있어
서 놀라운 것은, '본질주의'를 그렇게 반대하면서도 '잡종성' '제3의 공간' 등
의 개념에 한정된 본질화된 정체성의 전제들에 기초한다는 점이다. 토대적
범주들을 거부함으로써 계급이라든지 성, 인종 등의 잘못된 노선을 따라
'차이들'을 대면할 필요도 없어져서, 그러한 범주들은 모두 이런저런 종류
의 교섭 대상으로 전락한다. 탈식민주의는 유럽중심적 공간화를 거부하면
서도 역설적으로 우리를 제2차 세계대전 이전의 공간들로 돌려놓는데, 거
기에서는 식민제국들에 의해 세워진 공간들이 아무런 방해도 받지 않고 문
화와 정체성들을 이론화하기 위한 공간을 제공하는 것으로 인식된다.[26] 그
러나 더욱 중요하게는, 탈식민주의가 담론과 문화라는 명목하에 정치경제
학의 구조를 거부함으로써 정치경제학에 대한 초기의 관심을 지나 근대화
담론의 문화주의로 돌아간다는 것이다. 탈식민주의의 문화에 대한 담론이
근대화담론이 가정하는 무공간적이고 무시간적인 문화와는 아주 다르다는
것은 말할 필요도 없지만, 사회와 문화의 이론에서 문화를 제일의 것으로
격상한다는 점에서는 근대화담론과 동일하다.

　이런 의미상 대비는 흥미롭다. 근대화담론에서 문화주의는 경제와 정치
영역의 불평등을 감추고, 발전상의 문제들에 대한 책임을 지배자들로부터
피지배자들에게로 옮겨놓았다. 항상 발전의 목적론을 가정하면서 말이다.
탈식민주의는 목적론을 피해가고, 고정되고 본질화된 문화 개념도 피해간
다. 그러나 문화의 문제들을 정치경제학의 문제들로부터 따로 떼어내는 것

142

은 어떻게 보아야 할 것인가? 그것 역시 과거의 특징이었던 만큼 현재의 특징이기도 한 억압과 불평등을 가리기 위한 일종의 덮개로 기능하는가? 탈식민주의는 애초에 이 문제들을 꺼내려 하지도 않기 때문에, 그에 대한 답을 주지도 않는다. 확실히 현재는 과거와의 단절이 아니라 과거의 재편인 것이다. 자본의 초민족주의화와 초민족적 지배가 현 세계상황의 가장 두드러진 특징 중 하나라면, 자본주의적 지배와 연관된 계급구조들의 초민족화는 또 다른 특징이다. 아이자즈 아마드(Aijaz Ahmad)가 주장하듯, 탈식민주의는 '계급의 문제'일지도 모른다.[27] 그러나 이는 **단지** 계급의 문제만은 아니다. 이는 자본의 중심에, 내가 앞에서 언급한 새로운 접촉지역들이자 교섭의 장소들—가야트리 스피박(Grayatri Spivak)이 전에 묘사했듯이, '야수들의 배'—에 재배치된 계급의 문제이기도 하다. 스피박은 이것이 이야기의 전부라고 말하지는 않지만, 그의 급진주의를 공유하지 않는 대부분의 탈식민주의자들에게는 그것이 이야기의 전부인 듯하다. 구미의 중심부에 있는 '접촉지역'은 문화적 차이를 역설하면서 중심부의 권력을 공유하는 장소이자, 계급 간의 관계에서의 억압과 불평등이라는 문제들을 얼버무리는 한 수단이면서, 권력을 위한 계급 내의 교섭에서 정체성을 구하는 유용한 수단으로, 문화가 이용되는 장소이기도 하다. '타자' 사회들의 경계에 위치한 접촉지역들은 초기 오리엔탈리즘을 생산했다. 중심부에 있는 접촉지역은 '자기오리엔탈화'를 생산했다.[28] 사회들 사이에 서로 거리를 두려 했던 전자와는 달리, 후자는 전지구적 권력을 다문화주의적으로 재정의한다. 장소, 계급, 성 등과는 아무 상관 없는 '종족 풍경'(ethnoscopes)이란 개념이나 이산적 정체성의 조건에서 찾아볼 수 있듯이 말이다. 흥미롭게도, 지금 이산민들의 기착사회들을 대변하는 사람들은 유럽중심적 권력구조 속에서 굳건히 자리잡은 새로운 제3세계 세대다. 반면 모국에 있는 사람들은 못 알아듣는 말을 한다거나 편협하다고 비난받는 것이다.

　이론을 권력구조와 관련시키려 하지 않는 것도 중대한 정치적 함의를 갖는다. 현재의 다양한 문화주의로 인해, 그 정치적 함의라는 면에서 문화를 평가할 수는 없다. 이제 '좌'나 '우', 보수주의자나 급진주의자 같은 것은 없다는 언명은 진부해졌다. 이는 초기 근대화담론을 개량한 것으로, 그 담론은 유럽과 미국의 가치들을 기준으로 어떤 위치에 있는가에 따라 유럽 밖의 사람들을 분류했다. 그럼으로써 이를테면 토착문화를 옹호하는 행위는 즉각 '보수적'이라는 딱지가 붙었다. 이와 비슷하게 자유주의자들과 급진주의자들은 문화와 정치에 대한 유럽중심적 개념화에 얼마나 기꺼이 동화하는가에 따라 자신들의 위치를 끌어냈다. 한편, '다문화주의' 같은 현재의 문화적 상대주의를 묵인함으로써 명백히 예측가능한 경우를 제외하고는 정치적 판단은 배제된다. 이것이 최근 슬라보예 지젝(Slavoj Zizek)이 유럽중심주의를 새롭게 할 것을 주창한 이유다.[29] 지젝은 급진적 정치에 핵심적인 보편주의의 한 원천으로서 유럽중심주의를 신봉한다. 그의 주장에 대해서 할 말은 많지만, 그의 호소는 현재의 보편주의의 동인과 내용이 무엇인가라는 논점을 회피한다.

유럽중심주의 이후의 역사

내가 앞에서 설명한 대부분은 하나의 학문으로서의 역사와는 거의 관계가 없는 듯 보일 수 있는데, 그것은 인식론으로서의 역사에 대한 최근의 논의에서 역사가들이 명백하게 부재하기 때문이다. 역사인식의 위기가 20세기 말의 삶의 표식들 중 하나라고 해도 그다지 과장은 아닐 것이다. 그 위기는 현재와 과거의 관계, 따라서 과거에 대해 우리가 말해야만 하는 것들의 적절함과 유효성을 사고하는 방식과 관련된다. 바로 직전의 과거만이 아니라 근대성의 전체 역사와 단절되었다는 인식은 현재를 이해하는 데 역사가 제공할 수 있는 것이면 무엇이든 의문시한다. 현재를 비판적으로 이해하기 위해 과거 시각들의 중요성을 다시 주장하는 데 역사가들이 중대한 역할을 할 수 있지만, 실상 그들은 과거 다시 쓰기라는 작금의 경향에 놀랄 만한 속도로 적응해가는 듯하다. 모든 것을 역사자료의 한계 탓으로 돌리는 것은 역사가들, 특히 실증주의 역사가들의 직업병이자 상상력의 한계다. 진실에 이르는 길을 가로막은 유일한 장애는 역사자료의 한계라고 확신함으로써 역사가들은 역사의 위기라는 도전을 역사자료의 한계에 기대어 피하곤 한다. 이전 세대의 역사가가 지적했던 대로 일이 진행되지 않았거나, 이전 세대의 문제들이 더 이상 적절치 않은 듯이 보이면, 역사가는 언제나 이것이 역사 기록에 없다고 주장할 수 있는 것이다.

내 자신의 분야인 중국현대사에서는, 중국이 변화해왔기 때문에 역사적 패러다임을 고려하면서 서로 맞서는 패러다임을 평가하는 일이 절박하다. (중국 내와 외국의) 두 세대에 걸친 중국사가들은 현대중국사를 쓰는 패러다임으로 혁명을 선택했다. 그 패러다임은 이제 완전히 산산조각이 났는데, 그것은 그 패러다임 자체가 꼭 잘못되어서가 아니다. 중국에서는 이제 지도자들이 자본주의로의 통합이란 비혁명적이고 비사회주의적 전환을 꾀하면서 혁명에 대해 입에 발린 말만을 할 뿐, 혁명을 과거의 것으로 치부해버렸다. 그 전환을 비판적으로 평가하는 대신, 역사가들은 혁명이라고 여겨졌던 것이 사실은 후진성의 영속화에 불과했고, 그러한 혁명의 운명을 예견하지 못한 책임은 그들이 아니라 역사 기록들에 있다고 주장하면서, 혁명이 존재했다는 사실을 재빨리 부인해왔다. 놀라울 것도 없이, 혁명을 부정함으로써 현재의 자아상과 좀더 어울리는 과거로 관심이 옮아가게 되었다. 여기서 문제는 역사 속의 이데올로기의 문제가 아니다. 그것은 혁명적 과거가 아마도 성취하고자 했던 목표를 이루는 데 실패했지만 그럼에도 불구하고 현재를 형성하는 데 기여했던 방식들을 인정하지 않으려는 나쁜 역사의 둔제이기도 하다.[30]

이렇게 신속하게 현재에 적응하는 것은 또한 과거—실제적인 과거와 역사학에서의 과거 모두—의 거부를 요구하기도 하는데, 이에 대한 합당한 대안은 그 위기를 인정하고 혁명에 대한 패러다임을 포기하는 것이 아니라 혁명의 의미를 탐구해 과거를 재평가하는 쪽으로 방향을 바꾸는 것이다.[31] 급진적 역사기술은 새로운 역사적 상황이 모습을 드러낼 때마다 과거를 포기하거나 다시 쓰는 것으로 이루어지지 않는다. 그럴 경우 계속해서 현재에 적응하는 일 이상으로 나아갈 수가 없다. 그리고 그러한 적응은 급진적인 것을 권력의 요구에 대한 모방과 구별할 수 없게 하기 때문에, 급진주의가 주장할 만한 것이라고는 찾을 수 없는 것이다. 오히려 급진주의는 현실을 부인함으로써가 아니라 과거와 현재에 대한 현실의 권리 주장을 비판적으로 평가함으로써, 현실에 대해 매번 바뀌는 권리 주장에 의문을 제기하는, 자율적인 정치적 입장에 대한 소신있는 방어를 통해 형성된다. 만일 과거가 현재를 이해하는 일과 아무런 관련성이 없고 단순히 현재의 손에서 놀아나는 장난감이라면, 인식론으로서 역사의 타당성이나 과거의 역사자료에 새겨진 그 어떤 진실성을 주장하는 일도 거의 의미가 없게 될 것이다. 그리고 이것이 급진적 포스트모더니즘이 가리키는 결론이다.

우리가 '탈근대'로 가버린 순간, 아주 안이한 사람들만이 "역사는 근대의 신호다"라는 명제를 우리가 역사를 포기해도 된다는 말로 받아들일 것이다. 어느 정도 현실적 감각을 가진 사람들이라면, 우리 시대의 포스트들(posts)에서 앞으로 올 것이 이전에 일어났던 것의 흔적을 지닌다는 점과, 우리는 우리가 생각하는 만큼 그렇게 과거로 넘겨버린 유산들로부터 자유롭지 않다는 점을 알아챌 것이다. 그리고 이것이 바로 헌팅턴이 그 신비주의에도 불구하고 설득력 있게 짚어낸 점이다. 탈혁명적인 것이나 이 글에서 나의 주요한 관심사인 탈유럽중심적인 것에도 똑같이 이야기할 수 있다. 우리의 세계인식은 그 자체의 역사성을 잇는 순간 이데올로기로 변해버릴 정도로 역경에 처해 있다. 그리고 역사성을 인식하기 위해서는 변화와 그런 변화 속의 과거의 존재 모두에 관심을 가질 것이 요구된다.

146

유럽중심주의에 대한 나의 비판과 인도 역사가 디페시 차크라바티 (Dipesh Chakrabati)의 비판[32]을 비교해보면, 내가 여기서 제시한 문제를 좀더 분명히하는 데 도움이 될 것이다. 적어도 좀더 이론적인 글들에서 차크라바티는 이 글에서 전개된 것을 많은 부분 공유한다. 가장 기본적으로는 유럽중심주의가 역사—그리고 지리도 추가할 수 있겠다—에 관한 글들을 포함해서 도처에 존재한다는 점도 그렇다. 반유럽중심주의의 좀더 격세유전적인 형태들과는 달리, 그는 또한 역사 쓰기에서 계몽주의의 유산이나 민족의 유산을 거부하기를 꺼린다(사실 그는 민족을 자본의 소비주의에 의해 위협받은 역사의식을 위한 거점으로 이해한다). 마지막으로 그는 기꺼이 역사를 자본주의 문화들과의 관계에서 설명하려 한다. 마치 난공불락인 듯한 역사의 헤게모니—즉, 유럽중심주의—에 대항하여, 차크라바티는 나의 입장과 매우 유사하게, "단편적이고 삽화적인 (…) 지식 형태들 (Knowledge-forms)" 속에서 좀더 민주적 지식을 위한 약속을 찾아낸다.[33]

그러나 차크라바티의 논의에서는 그의 프로젝트가 유럽중심적 '지식 형태들' 또는 '지방화하는 유럽'에 대한 도전을 넘어서는 무언가를 담고 있는지 여부가 분명하지 않다. 그의 논의로 판단하자면, 그가 말하는 "단편적이고 삽화적인 (…) 지식 형태들"은 주로 보편성에 대한 유럽중심주의의 주장들을 침식하는 것이지, 그런 지식 형태들을 생산하는 삶이나 삶의 방식들을 특권화하는 것은 아니다. 같은 논리에서 차크라바티는 발전지상주의나 자본주의 등의 문제들에 대해서, 그것이 식민주의의 지식에 관계된다는 점을 제외하고는 별다른 논의를 하지 않는다. 따라서 그가 편집인으로 있는 『하위계층 연구』(Subaltern Studies)가 '하위계층들'에게 발언권을 주려는 본래의 관심에 따라 인도와 제3세계의 식민적 재현들의 '해체'로 주요 관심사를 옮겼다는 것은 그다지 놀라운 일이 아니다.[34] 이와 대조적으로 여기서 나의 주장은 '문화'로부터 '구조들'로, 또는 적어도 정치경제학의 구조와 관계된 문화로 다시 관심을 옮기려는 것이다. 내 생각에 그 차이는 매우 중요하다. 유럽중심주의가 궁극적으로 자본에 의해 형성된 일상생활의 구조들에 결국 자리잡고 있다면, 유럽중심주의에 도전하기 위해서 변화시켜야 하는 것은 바로 그 구조들이다. '지식 형태들'은 중요하긴 하지만 그 자체가 목적은 아니다. 그것은 다른 종류의 삶으로 나아가는 길을 보여준다는 점에서 가장 중요한 것이다. 이 글에서 의미하는 프로젝트는 차크라바티의 문화주의적 비평이 갖는 탈식민적이고 다문화주의적 목표와는 상당히 다르다.

유럽중심주의는 그것을 문화적으로 부인하는 의도적 행동으로는 사라지지 않을 것이다. 유럽중심주의가 현재의 세계를 형성하는 데 담당해온 역사적 역할을 확인하는 일은 유럽중심주의에 어떤 규범적인 권력을 부여하는 것이 아니라, 세계 형성 과정에 유럽중심주의가 어떻게 작동하는지 그 본질을 인식하는 것이다. 초기 혁명적 이데올로기들과 현재의 적응주의적 대안들 모두에 스며들어갔던 유럽중심주의의 한 측면은 내게는 특히 중요하게 여겨진다. 시간성에 대한 우리의 상상, 즉 발전지상주의와 공모하고 있기 때문에 이것은 아마도 다른 누구보다도 역사가들에게 더 중요할 것이다. 발전이 공기와 물만큼 인간에게 자연스러운 것이라는 생각은 우리의 인식에 깊이 각인되어 있지만, 하나의 개념으로서의 발전지상주의는 인류역사에서 비교적 최근의 것이다. 아르뚜로 에스꼬바르(Arturo Escobar)가 여러 글에서 효과적으로 주장하듯이, 하나의 담론으로서 발전지상주의는 이데올로기의 영역만이 아닌 자본의 전지구화의 근본을 이루는 제도적 구조들 속에도 각인되어 있다.[35]

만약 전지구주의가 이 구조들의 주장을 과학적 진실로 만듦으로써 그 구조들을 활성화시키는 방법이라면, 탈식민주의는 그 구조들의 존재를 인정하지 않음으로써 그것을 위한 알리바이로 작동한다. 그리고 역사가들은 발전이라는 목표를 이루는 것이 그 발전에 비추어 과거를 재평가할 수 있는 척도라는 듯이 역사를 계속 써나간다. 내 생각에 그것이야말로 우리 시대가 자본의 헤게모니를 지속시키는 데 연루되어 있음을, 그리고 이전의 과거를 부인하는 것이 그것을 덮는 가면으로 작용함을 가장 설득력 있게 보여주는 증거다. 그것은 현재에 적절한 급진적 의제를 위한 과업들이 어느 지점에 위치해야 하는가도 알려준다. 즉, 현재와 과거를 탈역사화하는 작금의 경향에 의문을 제기하고 우리의 탐구를 발전지상주의의 대안을 찾는 쪽으로 돌려야 한다는 것이다. 그러한 대안들을 어떤 식으로 고안해내건 그 대안들이 근대성의 지배 형식에 대한 급진적 대안이라면, 그 대안들은 문화만이 아니라 근대성의 구조들과 대면해야 함을 인정함으로써 탈유럽중심적인 것이 될 것이다. 어쨌든 내가 보기에 역사인식상의 이러한 위기의 순간에는 역사와 역사성에 대한 재확인이 필요한 것 같다. 지금에 있어 역사가 부적절한 듯이 보이기 때문에―포스트모더니즘이 과거와의 단절을 선언하면서도 그 단점이 자본주의의 찬양이 될지 부정이 될지를 결정하지 못하는 권력의 중심지에서 역사가 부인되기 때문이든, 아니면 그와 반대로 근대성의 대상이었던 이들이 자신들의 주체성을 회복하기 위해 근대성은 결국 전혀 중요하지 않다면서 전근대성을 긍정하기 때문이든―**특히** 그러하다. 역사적 인식론이 그런 모순을 해결하거나 미래에 대한 지침을 제공하지는 않겠지만, 적어도 현재가 과거를 이용하고 오용하는 방식을 밝히고, 우리 스스로의 역사성, 즉 왜 과거에 말하고 행한 것과는 다른 방식으로 지금 말하고 행하는지를 상기시키는 데 복무할 것이다. 우리 시대는 다시 한번 비판적 의식에 관한 권리 주장이 폭증하는 시대다. 이 주장들은 종종 팽창된 공간에 대한 인식에 기초하고 있다. 이런저런 공간들이 구성된 것이라고 주장할 때면, 바로 그것 때문에 그 공간들을 만들었던 시대를 함께 생각해야만 그 공간을 생각하는 것이 가능할 것임을 항상 상기해야 할 것이다.

1 Nicholas Dirks, "History as a Sign of the Modern," *Public Culture* 2, no. 2 (1990), 25~32면.

2 이는 문화와 담론이 **오직** 탈식민주의와 전지구주의에서만 널리 찾아볼 수 있는 선택이라는 뜻
  은 아니다. 내가 여기서 신문화주의(new culturalism)라고 말하는 것은 오늘날의 비판적 사고
  의 특질이며, 탈구조주의, 포스트모더니즘, 문화연구, 페미니즘 등 다양한 분야에서 1970년대
  부터 시작된 문화와 담론으로의 전환에 그 기원을 둔다.

3 Michael Geyer and Charles Bright, "World History in a Global Age," *American Historical
  Review* (October 1995), 1034~60면, 인용은 1042면.

4 내가 다른 글에서 언급했듯이, 탈식민주의 비평은 가야트리 스피박(Gayatri Spivak)의 맑스주
  의적 페미니즘에서 호미 바바(Homi Bhabha)와 가장 최근에는 스튜어트 홀(Stuart Hall)의 자
  유론에 가까운 사상에 이르기까지 광범위한 정치적 (따라서 지적) 영역을 포괄한다. 미국과 영
  국에서 레이건과 새처 이후 학자들의 상상력을 사로잡았던 것이 탈식민주의 비평 중에서 좀더
  자유론적인 경향들이라는 것은 그다지 놀라운 사실은 아니다. 왜냐하면 그것은 사상이 수용되
  는 데 그 맥락이 중요하다는 점만을 지적할 뿐이기 때문이다. 전지구주의에 대해서도 똑같이
  말할 수 있을 텐데, 그 또한 세계주의적 세계에 시선을 돌리는 좌파에서 세계주의가 세계—
  즉, 구미의 헤게모니—를 인식하는 과학적 방식의 요구에 부응하도록 확실히해두고 싶은 합
  리적 선택 이론의 정치학자들에 이르기까지 광범위한 지적·정치적 경향들을 포괄한다. 이는
  그다지 새로울 것도 없는 문제다. 자본은 오랫동안 전지구화를 추구해왔던 것이다. 좌파들도
  그러했지만, 같은 식은 아니었다. 우리 시대에 이전과 다른 것이 있다면, 자본에 의해 제공된
  전지구화의 전망을 좌파들이 기꺼이 수용하려 한다는 사실이다.

5 Bill Ashcroft, Gareth Griffiths and Helen Tiffin, eds., *The Post-Colonial Studies Reader*
  (London: Routledge 1995), 1면 (강조는 원문). 나는 다른 곳에서 탈식민주의의 문제들에 대해
  근거를 들어가며 자세히 비판했고, 앞으로의 논의의 대부분은 그러한 예전의 비판에 근거한
  다. 그 비판은 Arif Dirlik, *The Postcolonial Aura: Third World Criticism in the Age of Global
  Capitalism* (Boulder, Colo.: Westview Press 1997) 참조. 역사 문제의 관점에 특히 관심이 있
  다면 서문("Postcoloniality and the Perspective of History"), "Three Worlds or One, or Many:

The Reconfiguration of Global Relations Under Contemporary Capitalism," "Postcolonial or Postrevolutionary: The Problem of History in Postcolonial Criticism" 참조.

6 Roland Robertson, "Mapping the Global Condition: Globalization as the Central Concept," in *Global Culture: Nationalism, Globalization, and Modernity*, ed. Mike Featherstone (London: Sage Publications 1994), 15~29면, 인용은 23면(강조는 저자). 좀더 명쾌한 비판을 보려면 Arif Dirlik, "Globalization, Areas, Places," Center for Asian Studies-Amsterdam Working Papers (1997) 참조.

7 Frederick Buell, *National Culture and the New Global System* (Baltimore: Johns Hopkins University Press 1994), 336~37면.

8 문화의 우선권에 대한 훨씬 더 비타협적인 주장으로는 Rob Boyne, "Culture and the World-System," in *Global Culture*, Featherstone, 57~62면 참조. 그는 문화를 경제적이고 정치적인 분석과 곁부시킨다는 점에서 이매뉴얼 월러스틴(Immanuel Wallerstein)을 공격한다.

9 Anthony D. Smith, "Towards a Global Culture?" in *Global Culture*, Featherstone, 171~91면, 인용은 177면.

10 유럽중심주의보다 근대성에 더 주의를 기울여야 한다는 점에서 나는 John Tomlinson, *Cultural Imperialism* (Baltimore: Johns Hopkins University Press 1991)과 견해를 같이한다. 그러나 그렇게 주의를 돌림으로써 구미의 동인이 존재하지 않는 것으로 취급될 수 있다는 그의 결론에는 동의하지 않는다.

11 Partha Chatterjee, *Nationalist Thought and the Colonial World: A Derivative Discourse* (Minneapolis: University of Minnesota Press 1993).

12 사뭇 잘못 씌어진 논문에서, 스튜어트 홀은 (로버트 영Robert Young과 함께) 내가 '원시적'일 뿐 아니라 '근원적'인 '기능주의'의 입장에 서 있다고 비난한다. Stuart Hall, "When Was the Post-Colonial? Thinking at the Limit," in *The Post-Colonial Question: Common Skies, Divided Horizons*, ed. Iain Chambers and Lidia Curti (London: Routledge 1996) 참조. 그러한 비난에 대해서는, 나 자신이 그 공식화에 도움을 받기도 했던 그렇게 저명한 문화비평가가 자신의 잠재력에 한참 못 미치는 비판을 했다고 지적하는 것 외에는 달리 논평할 것이 없다. 홀의 공격은 문화주의와 기능주의의 방법론적 문제들과 관계가 있기보다는, 새처 이후 영국 맑스주의의 전환과 관련된 것일지 모른다. 이 전환에 대해서는 Chantal Mouffe, "The End of Politics and the Rise of the Radical Right," *Dissent*, 498~502면 참조.

13 Ken Armitage, "The 'Asiatic'/Tributary Mode of Production: State and Class in Chinese History" (Ph.D. diss., Griffith University[Australia] 1997), 3면.

14 Ashis Nandy, *The Intimate Enemy* (Oxford: Oxford University Press 1983).

15 이에 대해서는 싸미르 아민(Samir Amin)이 그의 비평집 『유럽중심주의』(*Eurocentrism*, New

York: Monthly Review Press 1989)에서 아주 명쾌하게 분석했다. 유럽 역사가들은 또한 유럽과 유럽 내 '민족들'이 '유럽의' 세계 식민지화와 병행해서 진행된 내부 식민지화의 산물들이라고 주장했다. 유럽에 대해서는 F. Braudel, *Civilization and Capitalism, Fifteenth to Eighteenth Century*, trans. Sian Reynolds, 3 vols. (New York: Harper & Row 1984), 특히 vol. 3, *The Perspective of the World* 참조. 민족의 창조에 동반한 내부 식민지화에 대한 훌륭한 연구로는 Eugene Weber, *Peasants into Frenchmen: The Modernization of Rural France, 1870~1914* (Stanford, Calif.: Stanford University Press 1976) 참조. 미국, 캐나다, 오스트레일리아의 경우처럼 식민주의에 의해 생겨난 사회들은 흥미롭게도 근대 국민국가의 창조와 함께 진행된 그런 식민지화의 가장 분명한 예를 보여준다.

16 Andre Gunder Frank, *ReOrient: Global Economy in the Asian Age* (Berkeley and Los Angeles: University of California Press 1998), 특히 1장.

17 Dorothea A. L. Martin, "World History in China," *World History Bulletin* 14, no. 1 (Spring 1998), 6~8면, 인용은 6면.

18 Martin, 같은 글 8면.

19 내가 여기서 말하는 것은 범주적 목적론을 가정하고는 그 목적론에 맞추지 못한다고 다른 민족들을 재단하는 그런 글들이다. 계급이란 문제에서 이런 목적론을 보여주는 예로는 Dipesh Chakrabarty, *Rethinking Working Class History* (Princeton, N.J.: Princeton University Press 1989). 페미니즘에 대한 글들 역시 똑같은 점이 두드러진다. 중국 내 여성의 상황을 공격하는 데 거의 한목소리를 내는 몇몇 글이 있는데, 그 글들은 중국 여성들이 무엇을 원하고 원하지 않을지를 무시할 뿐만 아니라 여성들에게 분명히 중요한 무언가를 가져다주었던 여성을 위한 사회주의프로그램에 대한 공격까지 권장한다. 흥미롭게도 사회주의프로그램이 이루지 못한 점을 들어 그것을 공격하는 페미니스트들은 사회주의가 이룩한 것은 종종 무시하는데, 그것은 사회주의가 그들이 생각하기에 꼭 이루어야 하는 것을 이루지 않았기 때문이다. 즉, 여성문제가 사회주의하의 여성에게 중요한 문제로 환원되어야 한다는 말이 아니라, 자본주의 아래에서 자신들의 '여성스러움'을 발견하고, 그들이 주장하는 바가 무엇이든 자신들에게 페미니즘이 자신들의 주어진 맥락인 생산양식에 의해 조건지어지는 상황에서 그런 여성들이 사회주의나 전(前)자본주의 시기의 여성들로부터 배울 수 있는 바가 많은 것이라는 말이다.

20 Samuel P. Huntington, "The Clash of Civilization?" *Foreign Affairs* (Summer 1992), 22~49면; *The Clash of Civilization and the Remaking of World Order* (New York: Simon & Schuster 1996).

21 여기서 현재의 이론이 민족 형태를 문제시해온 반면, 현재의 정치현실은 반대의 경향을 지닌다는 점을 강조할 필요가 있겠다. 민족은 그 초기의 혁명적 전망만이 삭제된 채 지속되고 있다. 어느 편인가 하면, 우리 시대의 민족주의는 전투적인 본토주의란 형태를 취한다.

22 Arif Dirlik, *After the Revolution: Waking to Global Capitalism* (Hanover, N.H.: University Press of New England 1994) [아리프 딜릭 『전지구적 자본주의에 눈뜨기』, 설준규·정남영 옮김, 창작과·비평사 1998], 2장; Arif Dirlik, "Mao Zedong and 'Chinese Marxism'," in *Contemporary Encyclopedia of Asian Philosophy*, ed. B. Carr and I. Mahalingam (London: Routledge 1997), 593~619면.

23 뷰얼의 『민족문화와 새로운 세계체제』(*National Culture and the New Global System*)는 이런 터무니없는 경향의 한 예를 보여준다. 이 책은 허버트 실러(Herbert Schiller)의 문화제국주의에 대한 견해를 공격하면서 논의를 시작한다.

24 자본의 전지구화와 함께 통용된 '자본주의의 서로 다른 문화들'이란 개념은 다소 가설적인 개념임을 지적할 필요가 있다. 최근 아시아 자본주의의 위기와 그 해결을 위해 강제된 수단들은 자본주의 형태를 둘러싼 투쟁이 여전히 지속되고 있음을 시사한다. 중심부 자본주의국가인 미국은 의문의 여지 없이 다른 자본주의들을 미국의 모델로 재조직하기 위해 그 헤게모니를 이용한 압력을 행사한다. 아시아 자본주의에 의문을 제기하는 논의는 王銳生「亞洲價值與金融危機」,『哲學研究』4期 (1998), 23~30면 참조.

25 Jacob Heilbrunn, "The News from Everywhere: Does Global Thinking Threaten Local Knowledge? The Social Science Research Council Debates the Future of Area Studies," *Lingua Franca* (May/June 1996), 49~56면, 54~55면에서 재인용.

26 Stephen Slemon, "Unsettling the Empire: Resistance Theory for the Second World," in *Post-Colonial Studies Reader*, Ashcroft, Griffiths and Tiffin, 104~10면. 저자는 탈식민주의가 영연방사회들에 가장 적절할 수 있다고 제시한다.

27 Aijaz Ahmad, "The Politics of Literary Postcoloniality," *Race and Class* 36, no. 3 (1995), 1~20면, 16면.

28 나는 여기서 이산의 차원에서 문화를 물화하는 경향을 말하는 것인데, 가장 터무니없는 예가 '문화중국'(Cultural China)이라는 개념이다. 이에 대한 자세한 논의로는 Arif Dirlik, "Confucius on the Borderlands: Global Capitalism and the Reinvention of Confucianism," *Boundary 2* 22, no. 3 (Fall 1995), 229~73면 참조. 이산에 대한 관심은 엘리뜨 내부의 투쟁에서 문화가 행하는 역할의 두 번째 측면을 지적한다. 유럽중심주의에 경도되는 것은 문화적 정체성의 정의를 둘러싸고 벌어지는 '토착' 엘리뜨들 간의 투쟁을 차단한다. 이산민들이 기원사회에 있는 사람들에 의해 그 문화적 '순정성'을 거부당하듯이, '순정성'을 부인하고 '잡종성'을 긍정하는 일은 그런 거부에 맞서는 확실한 전략을 제공한다.

29 Slavoj Žižek, "A Leftist Plea for 'Eurocentrism'," *Critical Inquiry* 24 (Summer 1998), 988~1009면.

30 이런 문제들은 Arif Dirlik, "Reversals, Ironies, Hegemonies: Notes on the Contemporary

Historiography of Modern China," *Modern China* 22, no. 3 (July 1996), 243~84면에서 상세하게 논의되었다.

31 현재의 투쟁방식에 적응할 것을 옹호하면서도 현재를 구성하는 데 과거가 직접적인 관련이 있음을 주장하는 성(gender)에 기초한 논의로는 Vinay Bahl, "Cultural Imperialism and Women's Movements: Thinking Globally," *Gender and History* 9, no. 1 (April 1997), 1~4면 참조.

32 이와 관련한 디페시 차크라바티의 글로는 "Postcoloniality and the Artifice of History: Who Speaks for 'Indian' Past?" *Representations* 37 (1992), 1~26면; "History as Critique and Critique(s) of History," *Economic and Political Weekly* (September 14, 1991), 2162~66면; "Radical Histories and the Question of Enlightenment Rationalism: Some Recent Critiques of Subaltern Studies," *Economic and Political Weekly* (April 8, 1995), 751~59면.

33 Chakrabarty, "Radical Histories," 757면.

34 이런 통찰력은 어느 정도 Vinay Bahl, "Situating and Rethinking Subaltern Studies for Writing Working Class History," in *History after the Three Worlds*, ed. Arif Dirlik, Vinay Bahl, and Peter Gran (Lanham, MD.: Rowman & Littlefield 2000), 85~124면에서 도움을 받았다.

35 특히 Arturo Escobar, *Encountering Development: The Making and Unmaking of the Third World* (Princeton, N.J.: Princeton University Press 1994) 참조. 이 글이 어떤 종류의 급진적인 역사적 의제를 요구하는지를 나는 "Reversals, Ironies, Hegemonies"와 "Place-Based Imagination: Globalism and the Politics of Place," *Review* 22, no. 2 (1999), 151~87면에서 논의했다.

제4장

이론, 역사, 문화

__ 20세기 중국의 문화적 정체성과 이론의 정치

이론, 역사, 문화
20세기 중국의 문화적 정체성과 이론의 정치

세기말이라는 유리한 입장에서 20세기 중국에서의 이론과 관련된 문제를 바라보면 흥미로운 문제가 제기된다. 이 장에서 살펴보고자 하는 유럽과 미국에서 수입된 사회·정치·문화에 관한 이론들은, 지난 한 세기 이상 중국의 정치에서 중요한 역할을 해왔다. 중국사회의 숨겨진 모습을 밝혀내어 새로운 미래로 이끌기 위해 이러한 이론들을 이용하는 데 있어서, 중국의 지식인들, 특히 급진적 지식인들은 자신들이 근거한 여러 이론들을 처음 공식화했던 유럽과 미국의 사상가들만큼이나 그 이론의 보편주의적 주장에 대한 확신을 드러냈다. 그런데 그들의 이런 시도는 중요한 역사적 결과를 낳게 된다.[1]

이와는 반대되는 대담한 주장이나 이론이 정치와 지식의 모든 영역을 침범하는 세기말의 경향에도 불구하고, 내가 보기에 현싯점에서 결여되어 있는 것은──중국에서든 전세계적으로든──현재를 미래로 이끌어가는 일을 담당하고 있는 이런 이론에 대한 믿음이다. 모든 이론들에 헤게모니가 각인되어 있음이 드러나면서 (자연과학을 포함한) 이런저런 지적 영역에서 보편성에 대한 주장들이 해체됨에 따라, 이론은 그 순수성을 잃어버렸다. 문화나 역사의 속박들을 뛰어넘어 세계를 합리적으로 파악할 수 있다는 이론의 주장에 대해 회의론이 생겨나면서, 이론은 예전에 부여받았던 인류의 변혁과 해방의 수단이란 역할—이것은 특히 근대적인 다른 방식의 지배를 은폐하는 가면처럼 보인다—역시 박탈당했다. 그 결과는 맑스주의처럼 인간해방을 명백한 목적으로 하는 이론들에 특히 치명적이었다. 그 이론들은 자신이 약속한 것을 실제로 이루지 못했다. 이러한 사실이 이론의 보편주의적 요구들에 대한 회의론에 적지 않은 역할을 담당했다. 그러나 좀더 일반적으로 말한다면, 그같은 회의론은 자본주의나 민족국가의 주장들을 보편화하고자 하는 등 근대성에 대한 모든 이론을 문제시한다. 아마 그 어느 때보다도 이론은 기존의 권력배치를 위협하는 모순들을 극복하려는 사회공학과 인간공학의 목적에 복무한다. 사회공학이 정치적이고 이데올로기적인 동기로부터 자유롭다는 암묵적 주장을 액면 그대로 받아들일 사람은 거의 없을 것이다. 그러나 그것을 인정하고 나면, 사회공학에서 이론이 사용되는 목적이 대안적 이론의 형성에 있는 것이 아니라 이론으로부터 이탈하는 데 있다는 확신을 굳히게 될 뿐이다.

한 세기 동안의 중국혁명과 혁명이 처한 운명에서 이론이 담당한 역할은, 일반적인 이론에 대한 태도의 변화를 이해하는 일과 관련이 있다. 중국혁명 과정에서 야기된 역사, 문화 그리고 이론의 쟁점들도 또한 그러하다. 이 장에서 내가 다루는 것은 바로 이 문제들이다. 20세기 중국에서 이론의 문제는 여러 측면을 갖는다. 중국의 정치생활 속으로 계속 이론을 불러들이는 변화하는 정치적 상황의 문제, 이론의 역사에서의 반전이라는 문제, 즉 구미에서 최근 유행하는 이론들이 중국적 사고 속으로 들어가서 자신의 기원을 점진적인 진보에까지 거슬러올라가는 문제, 중국사회에서 펼쳐진 문제점들과 국가이론, 문화이론, 정치경제학과 사회이론 그리고 다시 문화이론으로 이어지는 계속된 이론의 등장과의 관계 문제, 전쟁·혁명·문화 사이의 관계에 어떤 식으로 이론이 끌어들여지는지의 문제, 페미니즘, 포스트모더니즘, 탈식민주의 등이 중국사상에 침입한 것에 대한 문제 등이다.

이 글의 논의에서 나는 이론의 문제 중 중국 지식인들이 오랫동안 몰두해온 특별한 한 영역, 즉 이론과 문화적 정체성의 관계에 초점을 맞추고 싶다.

구미의 식민주의나 지배를 통해 근대성을 경험해온 다른 사회에서와 마찬가지로, 중국에서도 이론은 그것을 구성하는 문화적 전제들 때문에 의문시되어왔다. 다시 말하면, 한 문화적 상황에서 공식화된 어떤 이론이 다른 상황, 즉 완전히 다른 문화적 상황에 적용될 수 있는가라는 문제다. 어떤 측면에서 이것은, 특히 역사의 복잡성이 이론적 일반화에 의해 지워지는 것이 아닌가 항상 의심해온 역사가들에게 이론이 제기해온 일반적 문제의 한 측면이다. 또한 이론의 역사성이라는 문제도 있다. 즉 이론은 초역사적 일반화도 지향함으로써 역사를 극복하기를 열망하는 한편, 그 내용상 그것을 생산해낸 역사적 환경에 의해 제한되는 것이다. 맑스로부터 베버에 이르는 사상가들은 이론들이 궁극적으로 보편주의적 열망에 의해 추동되었지만 결국 그것을 형성했던 역사들과 마찬가지임을 인정했다. 문화적 경계를 가로질러 이론을 적용할 수 있는가라는 문제는 어떤 면에서는 이러한 더 광범위한 문제들의 한 예다.[2] 이론의 역사화는 이론을 민족문화들과 동일시하는 최근의 경향—미국 이론, 독일 이론, 프랑스 이론 등에서처럼—에서 볼 수 있듯이 이론의 보편성에 대한 가정들이 무너지는 데서 그 논리적 결론을 찾아볼 수 있다.[3]

그러나 중국문화 같은 맥락에서 문화의 문제가 제시하는 부가적인 차원은 이론에서의 역사가 가지는 문제들을 넘어선다. 왜냐하면 그것이 제시하는 차원은, 문화제국주의에 또는 적어도 한 문화가 외래적인 문화 환경하에서 형성된 이론에 깊이 새겨진 문화적 가정들에 종속됨으로써, 그 특성들이 지워지거나 왜곡되는 현상에 이론이 연루된다는 꽤 중요한 차원이기 때문이다. 이런 이론의 전치(轉置)가 불평등한 권력 상황에서 발생했다는 점은 그 문제의 심각성을 더한다. 그런 상황에서 제기된 이론에서의 문화의 문제는 세기말 포스트모더니즘이나 탈식민주의가 이론에 대해 문제를 제기하면서 중요한 쟁점이 되어왔다.

이론에 대한 문제제기가 역사와 문화에 대한 문제제기를 수반했고, 따라서 그것이 과거에 민족 내 문화와 역사의 위치에 의해 형성되어왔던 역사적이고 문화적인 이론 읽기를 문제삼기 때문에 상황은 더욱 복잡해진다. 사실 작금의 이론에 대한 문제제기가 이전의 문제제기와 구별되는 것은, 이론과 관련된 의문이 역사나 문화와 관련된 의문과 시간적으로 일치하여 이론에 대한 문제제기가 역사와 문화에 뿌리내리지 못한다는 점에서다. 문화가 정확히 구분되는 민족의 경계들과 일치한다고 보는 이전의 가정들—다시 말하면, 민족문화의 동질성에 대한 가정들—을 부정함으로써, 제국주의를 보내는 쪽에서나 받는 쪽에서나 제국주의문화가 누구의 문화를 말하는지가 이제 더 이상 분명하지 않기 때문에 '문화제국주의'라는 관념 역시 의문시된다.[4] 여기서 이론은 민족 간의 지배관계와 얽혀 있다는 점에서만이 아니라 더 직접적으로는 이론이 민족 내부의 지배관계에 연루되어 있다는 점에서 문제로 나타난다.

역사도 똑같이 골치 아픈 문제를 제기한다. 이론과 문화의 경우 모두에서 그랬듯이, 역사적 사고의 보편론적 가정들은 실제로 지난 한 세기 동안 실천되어온 역사가 민족 간의 그리고 민족 내의 지배관계에 공모하고 있다는 이유로 인해 문제시되어왔다. 이론의 경우에서처럼, 이는 역사적 실천이 민족의 전통으로 분해되어버릴 뿐 아니라 민족의 역사들 내에 포괄되는 역사들의 복잡성을 지워버리기 때문에 민족을 역사의 단위로 삼지 않으려는 경향에서도 분명하다. 한편, 역사에 대한 더욱 근본적인 도전들은 구미 근대성의 문화적 가공물로서 역사가 식민주의와 지배를 정당화할 뿐 아니라, 더 근본적으로는 그 목적론적 전제에 의해 과거를 사고하는 대안적 방법을 삭제하는 데 이용되어왔다고 주장하는 탈식민주의 지식인들로부터 비롯되었다.[5]

현재의 사상 내에서 이론, 역사 그리고 문화는 엄청나게 복잡한 관계를 갖는다. 한편으로 그 관계는 이론이 문화와 역사의 주장들을 해체하고, 역사가 이론과 문화의 주장들을 해체하며 문화가 역사와 이론의 주장들을 해체한다는 점에서 해체적이다. 한편 이론, 역사 그리고 문화는 민족 간의 그리고 민족 내의 지배관계와 연루되어 있는데, 이 경우 이론은 역사와 문화의 주장들을 강화하고, 역사는 이론과 문화의 주장들을 강화하며, 문화 역시 역사와 이론을 위해 같은 일을 수행한다. 어떤 경우든 이 지적 발전이 비타협적일 정도로 끈질기게 야기해온 것은 정치, 또는 좀더 구체적으로는 근대성의 정치의 영역 밖에서 이 개념들을 사고하는 것이 이제 더 이상 가능하지 않다는 것이다. 장 프랑수아 리오따르(Jean-François Lyotard)에게 있어 '탈근대의 조건'의 근본적인 지적 특성을 대표하는 '메타서사의 거부'는 이론, 역사 그리고 문화에 대한 현재의 태도에 대해서도 똑같이 적용될 수 있다.[6]

이론과 문화적 정체성 사이의 관계에 대한 중국의 태도는 문화적 순결성이란 이름 아래 외국이론을 몽땅 거부하는 것부터, 이론의 이름으로 문화에 대한 모든 고려를 지워버리는 것까지 광범위하다. 그런 태도를 만든 정치적·이념적 방향성을 아주 두드러지게 드러내주는 두 가지 운동이 있는데, 1930년대의 신생활운동과 1960년대의 문화대혁명이 그것이다. 그러나 지적 함의라는 면에서 더욱 흥미로운 것은 이론의 '중국화'(sinicization 또는 sinification)라 불렸던 이론과 문화를 화해시키려는 노력들이다.

앞으로 나는 정치적 맥락과 의도에서 너무나 다른 두 개의 그런 노력들을 살펴보고자 한다. 그 노력들이 갖는 차이점들에도 불구하고 그와 관련된 어떤 문제들, 말하자면 이론, 역사 그리고 문화에 대한 현재의 쟁점들을 예견하는 문제들을 지적한다. 하나는 마오 쩌뚱(毛澤東)이 그 주창자라고 하지만 아마도 마오를 중심으로 뭉친 당 지식인들의 공동노력의 산물이었을, 옌안(延安) 시기 공산주의자들에 의해 착수된 '맑스주의의 중국화'(馬克思主義的中國化)다.[7] 다른 하나는 1980년대 초 '사회학의 중국화(社會學

中國化)'[8] 가능성에 대한 중국 사회과학자들의 논의로서, 당시 참여자는 이를 사회학의 '중국화 운동'으로 묘사했다. 이론과 문화적 정체성이 서로 대면한 상당히 다른 예들을 함께 논하는 나의 목적은, 한편으로는 시간적이고 정치적인 구분들을 가로질러 중국인의 사고에 존재했던 관심들을 지적하기 위함이고, 다른 한편으로는 그 관심들 자체가 역사적이어서 그 표현상 변화하는 역사적 상황에 좌우된다는 점을 보여주고자 함이다.

마오는 자신의 유명한 논문 「신민주주의론(新民主主義論)」에서 다음과 같이 말했다.

맑스주의를 중국에 적용할 때, 중국 공산주의자들은 맑스주의의 보편적 진리를 중국혁명의 구체적 실천에 완전하고 적절하게 통합시켜야야만 한다. 즉 다른 말로 하면, 맑스주의의 보편적 진리가 구체적인 민족이라는 형식과 결합되어 명확한 민족적 형식을 취해야 한다.[9]

「신민주주의론」은 '맑스주의의 중국화'의 영예로운 업적이었며, 심지어는 '맑스주의의 중국화'의 기초가 되는 목표마저 달성한 것일지도 모른다. '신민주주의'는 중국의 즉각적인 필요에 적합한 경제적·정치적 형성──경제발전을 촉진하는 혼합경제와 민족해방을 추구하기 위한 (공산주의자가 지도하는) 계급 간의 동맹──과 관련된다. 그러나 더 중요하게는, 그것은 역사의 발전 과정에서 중국과 비슷한 처지에 있는 세계의 모든 사회에 적합한 하나의 새로운 단계──자본주의와 사회주의 사이, 또는 아마도 둘과 병행하는 단계──를 끼워넣었음을 나타낸다. 그 전제들은 ①중국혁명은 자본주의에 대항하는 전지구적 혁명의 일부였다는 것 ②그러나 그 혁명은 민족해방이 핵심적 과업이었던 '반(半)봉건·반(半)식민' 사회에서 자본주의에 대항하는 혁명이었다는 것 ③그리고 그 혁명은 또한 민족혁명으로서 과거로부터 물려받은 문화와 외국으로부터 수입된 (보편적 맑스주의가 암시하는 문화를 포함하여) 문화 모두와 근본적으로 다른 새로운 문화와 새로운 국가를 창조하는 혁명이었다는 것이다. 그러나 전쟁의 와중에 민족의 중요성을 역설하고 공산혁명을 마치 쑨 쭝샨(孫中山)의 삼민주의(三民主義)의 초신판처럼 보이도록——이것이 전혀 의도하지 않은 것은 아니지만——공산혁명의 목적들을 재정의하는 순간에도, 마오가 맑스주의이론의 보편적 주장들을 다시금 확인했음을 지적해두는 것은 중요하다.

마오사상을 공부하는 중국 학자들은 마오의 예를 따라 '맑스주의의 중국화'를 인습적으로 "맑스주의의 보편적 원리들을 중국혁명의 구체적 실천에 통합"[10]한 것으로 설명해왔다. 얼핏 분명한 듯한 이 공식은 보편적 원리들(또는 이론)과 특수한 상황하의 혁명적 실천을 통합하는 과정에서 제기된 모순들을 은폐한다는 것은 말할 것도 없으며, 그 과정들의 복잡성마저 은폐한다. 스튜어트 슈람(Stuart Schram)은 중국화를 "복잡하고 애매한" 생각으로 묘사했는데,[11] 이는 중국화에 상반된 해석들이 줄곧 주어져왔다는 사실에서 분명하다. 한쪽 극단에서 중국화는 이론과는 아무런 관련 없이 단순히 맑스주의를 중국혁명에 '운용(運用)'한 것처럼 보이기도 한다. 이는 훗날 마오 자신이 중국사회를 맑스주의이론이라는 '화살'이 향할 '과녁', 또는 이론이 자체의 의제를 써넣어야 할 '백지'로 비유한 데서도 확인할 수 있다. 또 다른 극단에서 중국화는 그것을 중국의 민족이나 문화공간 안으로 맑스주의를 완전히 흡수하여 유럽의 그 기원으로부터 돌이킬 수 없을 정도로 분리시켰음을 나타낸다. 그 중간쯤에는 중국화가 맑스주의의 근본들은 그대로 놔두면서, 맑스주의에 중국'풍' 또는 중국식 '스타일'을 입혔다고 주장하는 해석들이 있다.[12]

마오의 맑스주의가 이렇게 서로 다른 중국화의 의미를 조정했다고 주장할 수도 있다. "맑스주의의 보편적 진실을 중국혁명의 구체적 실천에 통합"한다는 것은 맑스주의를 중국의 상황 속에 완전히 녹여버리거나 중국의 특수성을 기존의 맑스주의이론의 개념적 분석틀에 통합하는 흠 없이 말끔한 종합으로 이해한다면, 결국 '맑스주의의 중국화'는 그 목적을 달성하지 못했다. 마오의 맑스주의는 단순히 맑스주의를 중국의 상황에 적용한 것—이는 중국적인 것이 그 안에서 차지하는 역할을 너무 소극적인 것으로 한정하는데, 이 주장은 무엇보다도 그가 중국화 프로젝트를 주장한 사실과는 상반된다—이나 맑스주의를 단지 발전시킨 것—이렇게 주장할 수는 있지만, 마오의 맑스주의와 일반적 의미에서의 맑스주의 사이에 어떤 구별점도 없음을 암시하는 한에서는 잘못된 방향으로 나아갈 수 있다—이었다고 할 수 없다. 마오가 중국화라는 프로젝트를 매우 복잡하게 표현했다는 바로 그 사실에서, 맑스주의의 중국화가 이런 의미에서 보았을 때 '통합'될 수 없는 것을 통합하려는 노력을 이끌어냈다는 매우 설득력 있는 실마리를 찾을 수 있을 것이다. 좀 길지만 마오가 맨 처음으로 '중국화'라는 용어를 사용했던 대목—내가 아는 한 그가 의미한 중국화를 가장 충실히 설명한 것 중 하나이기도 하다—을 인용하는 게 도움이 될 텐데, 여기서 논의를 전개하는 방식이 중국화가 전제하는 프로젝트의 논리를 주장하려 하기보다는 은유의 힘을 빌어서 그 프로젝트의 모순들을 억누르려 한다는 점을 인식할 수 있다.

학습의 또 하나의 과업은 우리의 역사적 유산을 배우고, 이를 맑스주의의 방법을 써서 비판적으로 평가하는 것이다. 우리 민족처럼 수천 년의 역사를 가진 위대한 민족은 자체의 발전법칙들, 자체의 민족적 특성들 그리고 자체의 귀중한 것들을 갖고 있다. (…) 오늘날 중국은 역사적 중국에서 발전한 것이다. 우리들은 맑스주의적 역사주의자이므로 역사를 끊어내서는 안된다. 우리는 공자로부터 쑨 중샨에 이르기까지의 역사를 평가하고, 이 귀중한 역사적 유산을 취하면서 그것에서 현재의 운동을 이끌어갈 방법을 끌어내야 한다. (…) 공산당원들은 국제주의적 맑스주의자들이지만, 맑스주의는 민족적 형식을 통해서만 실현된다. 추상적 맑스주의 같은 것은 없고, 오로지 구체적 맑스주의만이 존재한다. 소위 구체적 맑스주의란 민족적 형식을 취하는 맑스주의다. 우리는 맑스주의를 중국의 구체적 상황에서의 구체적 투쟁에 적용해야지, 이를 추상적으로 써서는 안된다. 위대한 중화민족의 일부고 그 민족의 자손인 공산주의자들이 만약 중국의 특수한 성격으로부터 유리된 맑스주의를 말한다면, 그들은 단지 추상적이고 공허한 맑스주의자들일 뿐이다. 그러므로 맑스주의의 모든 표현에 중국의 특성을 불어넣는, 즉 중국의 특성에 따라서 맑스주의를 적용하는 맑스주의의 중국화는 모든 당원들이 이해하고 해결하기 위해 노력해야할 문제다. 우리는 외국의 팔고문(八股文, 의미없는 일을 뜻함—옮긴이)을 버리고, 추상적이고 공허한 논조를 중지해야 한다. 교조주의를 중단하고, 대신 모든 인민들이 보고 듣기를 원하는 중국풍의 형식으로 바꿔야 한다. 국제주의적 내용과 민족적 형식을 분리하는 것은 국제주의에 대한 완전한 몰이해를 드러낸다.[13]

이 글이 에두른 표현을 사용한 것은 부분적으로는 정치적 결과다. 레이먼드 와일리(Raymond Wylie)는 중국화 프로젝트는 당 내부정치의 일부였는데, 마오는 이를 통해 자신보다 맑스주의 텍스트들에 더 정통한, 소련에서 공부한 라이벌들에 대항하여 그의 지도력을 주장했다고 설명한다. 이 글에서 "외국의 팔고문"에 대한 언급은 물론이고, "모든 인민들이 보고 듣기를 원하는 중국풍의 형식"에 기대어 그의 라이벌들을 물리치려는 노력을 찾아볼 수 있다.[14] 그러나 이러한 견해는 정치를 너무 좁게 본다. 내가 이미 제시했듯이, 대략 일 년여 뒤 '신민주주의론'을 접할 무렵 그 정치에는 공산당을 위해 쑨 중산의 삼민주의의 외투를 취하려는 프로젝트가 포함되어 있었다. 그러나 이 해석도 '문화정치'에 의해 제기된 쟁점들을 무시한 채 엄격한 의미에서의 정치적인 영역 안에 머물러 있기 때문에, 관련되어 있는 정치적 이해관계를 파악하는 데까지 나아가지 못한다. 1930년대 중반 마오 주위의 지식인들은 문화의 정치에 열중했는데, 이것은 그 당시 중국 지식인들에게는 절박한 관심사였다. 근대 중국의 역사학이 5·4운동의 신화에 너무 빠져 있기 때문에, 당시까지 문화에 대한 가장 흥미롭고도 정교한 논의는 중국 지식인들은 맑스주의를 포함하여 근대성의 문화들에 진지한 문제제기를 하며 그와 맞대면한 1930년대에 진행되었다는 사실에 관심을 두지 않는다.[15] 하나의 문제로서 문화에 대한 논의가 이 시기에 전례없이 성숙한 수준에 올랐다고까지 말할 수도 있을 텐데, 바로 이때 문화라는 개념 자체가 탐구의 대상이 되었던 것이다. 공산주의 지식인들은 이 논의에 열렬히 참여했다.

더욱더 근본적인 것은 공산주의운동이 어쩔 수 없이 농촌으로 들어갈 수밖에 없었고, 따라서 중국사회 내의 차이점들 — 단지 도농 간의 차이만이 아니라 한 지역과 다른 지역 간의 차이점까지 — 을 직면하게 됨으로써 생겨난 문제들이다. 그 문제는 상당한 정도로 경험적인 것이며, 정치적·문화적으로 상당히 다른 도시산업사회의 특성에 기초해 공식화된 이론의 범주에는 쉽게 포괄될 수 없는 농업사회의 경험적 복잡성들을 의미했다. 계급과 같은 맑스주의의 범주들이 혁명의 과정에 계속 장애물을 만들어내지 않고 혁명의 목적에 복무하기 위해서는, (성이나 종족 같은) 다른 범주들이나 그에 따른 구체적이고 지역적인 요인들을 설명할 수 있도록 철저히 수정되어야만 했다. 이론의 범주에 교조적으로 충성하는 것은, 혁명에 대한 태도가 실제로는 계급 이익만이 아니라 사회적·정치적 위치를 규정하는 전체 사회적·정치적 관계망에 의해서도 형성되었다는 사실을 무시하는 것이다. 다시 말하면, 그 범주들은 정치적이고 사회적인 입장들이 다양한 사회관계, 과거와 현재 그리고 물질적 환경과 무형의 문화적 유산 등의 결합에 의해 '중층결정'된다는 사실을 은폐한다. 마오가 이런 문제들을 인식했음은 그 유명한 지역상황에 대한 현장조사에서도 분명히 알 수 있다.[16] 그러나 범주들의 역사성 — 시간적이고 공간적인 의미 모두에서 — 을 인식하는 일이 혁명의 생존에 필요했다면, 이는 또한 혁명적 목적론에 있어서 곤경을 야기했다. 뒤죽박죽된 일상생활을 이론으로 끌어오는 '구체적인 것과의 대면'은 또한 언제라도 이론과 그 이론의 범주들을 수많은 경험적 우연성들로 파편화시킬 수 있으므로, 그것은 당면한 환경을 이해하는 능력뿐 아니라 혁명을 미래로 인도하는 능력까지도 이론으로부터 빼앗았다. 만약 이론이 실천을 인도하기 위해 역사화되어야 한다면, 마찬가지로 역사는 이론에 의해 극복되어야 했다.

농촌에서의 혁명이 제기한 문제들은 경험적인 '사회학적' 문제들이었을 뿐 아니라 대단히 문화적인 문제들이기도 했다. 공산주의가 '토착화'되어야 한다면, 공산주의자들은 그들이 접하는 많은 문화들의 언어를 배워야 했다. 맑스주의의 중국화는 궁극적으로 이론 자체의 모습을 놓치지 않으면서 이론의 그 언어를 자국어로 만들어야 했다. 왜냐하면 레닌을 본받아 마오가 주장했듯이, 혁명적인 이론 없이 혁명적 실천은 있을 수 없기 때문이다. 이 과업이 야기하는 모순들은 명백하다. 이론은 사회 상황의 비밀들을 풀어내고자 하지만, 사실 사회 상황들은 그 복잡성으로 인해 바로 이론의 한계를 드러낸다. 한편, 이론은 자신의 언어의 원래 모습을 잃지 않으면서 많은 지역언어로 표현되어야 했는데, 지역적 방언들이 이론으로 흡수되는 과정을 감독하는 조직적 규율을 통해 단속되지 않는다면 원래의 모습의 상실은 거의 피할 수 없다. 이론과 문화가 대면한다고 이론이 소실되는 것은 아니며, 그 대면을 통해 이론은 더욱 풍부해지고 문화적으로 다양한 환경을 설명할 수 있다. 서구이론과 중국문화 사이의 문화적 대면은 추상적인 민족문화의 차원만이 아니라 민족문화를 구성하지만 또한 그 추상성을 억누르기도 하는 많은 지역문화들의 차원 등 많은 차원에서 일어날 것이다. 맑스주의의 중국화는 혁명적 실천 과정에서 나온 토착적(vernacular) 맑스주의 창조로서 가장 잘 이해될 수 있다고 본다. 맑스주의 지식인들이 혁명에서의 하나의 문제로서 언어에 대해 관심을 보이기 시작한 것은 공산주의가 농촌으로 들어간 직후였음을 기억할 수 있을 텐데, 이때 농촌 당원들을 동원하기 위해 새로운 방식의 의사소통과 문화적 활동이 요구되었던 것이다.[17] 맑스주의의 중국화는 1930년대 내내 고조되었던 민족주의적 정서에 대응하여 '민족적 형태'라는 말로 재정의된 이러한 새로운 요구들의 정점이었다. 마오의 맑스주의는 두 가지 다른 차원에서 바라볼 수 있을 것이다. 첫째는 민족의 차원으로, 그는 이론으로서의 맑스주의는 해외에서 형성되었지만 세계의 그 어느 사회에 대해서나 마찬가지로 중국 사회와 역사에 대한 자연스런 표현이고, 실상 맑스주의의 보편적 원리들은 서로 다른 역사적 상황에서 서로 다르게 구현됨으로써만 확인될 수 있다고 주장함으로써 맑스주의를 '귀화'시키고자 했다. 동시에 그는 맑스주의를 거의 문자 그대로 중국의 언어로 다시 썼기 때문에, 온갖 풍부한 역사적 사건들과 우화에 대한 암시들로 가득 찬 그의 맑스주의 논의에 대해 지식인이건 아니건 중국 내에서는 그것을 즉각 이해할 수 있는 다양한 청중들이 존재하는 반면, 외국 맑스주의자들은 그것을 이해할 수 없었을 것이다. 그 자신의 비유를 빌리면, 그는 맑스주의에 '중국풍'[18]을 부여했던 것이다. 그러나 우리는 번역이 일방통행적 과정이 아니라는 사실을 간과해서는 안된다. 맑스주의는 중국식 용어로 번역되면서 새로운 특색을 얻었을지 모르지만, 맑스주의의 개념들에 새겨진 세계관까지 번역의 언어로 끌어들이는 과정에서 그 세계관은 변형되었다. 마오의 맑스주의를 (단지 민족주의를 위한 핑계가 아니라) 진정 급진적인 것으로 만든 것은 사실 그보다 훨씬 덜 급진적인 그의 후계자들도 공유하는 맑스주의의 민족화가 아니라, 일상생활의 차원으로 맑스주의를 민족의 **내부에** 지역화했다는 것이다. 다른 말로 하면, 맑스주의가 중국 땅에서 자연스럽게 성장한 것처럼 보일 정도로 그것을 토착화한 것이다. '중국화' 프로젝트에서 마오의 가까운 협력자였던 아이 쓰치(艾思奇)는 마오가 '신민주주의론'을 발표했던 『중국문화(中國文化)』의 같은 호에 게재된 한 논문에서 다음과 같이 말했다.

맑스주의는 단지 그것이 과학적 이론이자 방법이기 때문이 아니라 프롤레타리아의 혁명적 투쟁의 나침반이기 때문에 보편적 진리(一般的正確性)다. (…) 즉 프롤레타리아계급과 프롤레타리아운동이 있는 모든 국가와 민족은 맑스주의가 일어나고 발전될 가능성과 필연성을 가진다. 맑스주의가 중국화될 수 있는 것은 중국이 실제로 맑스주의운동을 만들어냈기 때문이다. 중국 맑스주의는 중국 경제와 사회의 내적 발전에 토대를 갖고 있고 내적 원천을 갖고 있으므로, 이는 표면적 현상이 아니다. (…) 중국 프롤레타리아는 고차원의 조직과 자각심, 자체의 강력한 당, 20년의 투쟁 경험과 민족민주주의 투쟁에서의 모범적 업적들을 갖고 있다. 그렇기에 중국 맑스주의가 있다. 맑스주의가 외국에서 수입된 것이 아니냐고 한다면, 우리의 대답은 맑스주의에서는 실천이 가장 중요한 지위를 갖는다는 것이다. 만약 사람들이 중국에 중국의 맑스주의가 있는지 의아해 한다면, 우리는 중국의 프롤레타리아계급과 그 정당이 천지를 진동하지 않았는지, 중국 민족의 민중을 진보적인 과업에 나서게 하지 않았는지를 먼저 물어야 한다. 중국 프롤레타리아계급은 이를 이루었다. 더구나 이러한 실천을 바탕으로 맑스주의이론을 발전시켰다. (…) 이것이 중국 맑스주의의 진정한 글들이고, 중국 맑스주의의 텍스트다. (…) 맑스주의는 각국의 다른 발전조건에 따라 다른 형태를 취하지 않을 수 없다. 전지구적으로 국제적인 형태를 취할 수는 없는 것이다. 현재 맑스주의는 민족 형식을 통해 실현되어야 한다. 추상적 맑스주의란 없고, 오로지 구체적 맑스주의만이 존재한다. 소위 말하는 구체적 맑스주의는 민족 형식을 갖는 맑스주의다.[19]

중국 공산주의자들이 물려받은 맑스주의는 유럽역사의 본래 지형으로부터 이미 탈영토화된 맑스주의였다. 아이 쓰치의 진술은 국제 맑스주의와 중국 맑스주의의 차이를 환유적으로 인정하지만, 그 과정에서 전체적으로 보아 이제는 어떤 지역적 관련으로부터 떨어져나온 그런 맑스주의 내에서 중국 맑스주의와 유럽 (또는 다른) 맑스주의의 관계를 부분 대 부분의 관계로 재정립한다. 제유적 방법으로, 그는 중국 맑스주의가 '내재적으로' 다른 모든 맑스주의와 같이 전체 맑스주의를 대표한다고 주장함으로써 맑스주의를 중국 지형에서 재영토화한다. 이렇게 전지구적인 맑스주의담론이 지배적인 단일체임을 인정하면서 동시에 중국 지형에서 맑스주의를 담론적으로 전유하는 것에 마오의 맑스주의 구조와 마오의 맑스주의를 만들어낸 중국화 과정의 근본적인 본질과 모순성이 나타나 있다.

마오는 '백지' 상태로 맑스주의에 접근하지 않았고, 얼마 안되지만 그가 중국사상 속의 여러 전통을 생각했다는 흔적들이 있다.[20] 그러나 이러한 흔적들을 인식하는 것은 그 흔적들에 결정적인 힘을 부여하는 것과는 상당히 다른 문제다. 그렇게 되면 그 문화 공간이 무엇을 포함하는지 설명할 필요도 없이 결국에는 마오를 그저 중국의 문화 공간에 가둬두게 될 것이다. 다른 모든 것을 포함한다고 주장한 마오의 변증법은 특히 역사의 종말을 인정하지 않는다는 점에서 헤겔과 맑스의 변증법보다는 불교와 도교의 어떤 흐름들을 더 연상시킨다. 그렇기는 하지만 이 흔적들이 단지 정치적 문제만으로서가 아니라 문화적 문제로서 혁명의 문제틀에 의해 매개되고 그것을 통해 굴절되었음을 인정하는 것은 중요하다. 이는 마오의 민족주의나 그것이 형성되는 시기에 그의 사고에 영향을 끼쳤을 법한 과거의 유산을 모두 부정하려는 것이 아니라, 그의 민족주의와 그것을 목적으로 역사적 유산의 전유를 이끌었던 혁명적 활동을 부각시키고자 함이다. 또한 (합치와 대립 모두의 의미에서) 역사와 이론, 과거와 현재, 좁은 의미와 넓은 의미의 민족해방주의의 목표 사이의 모순들을 강조하기 위한 것이다.

나는 앞에서 맑스주의의 중국화가 1930년대 초부터 농촌지역에 있었던 게릴라전술에 의해 이론에 제기된 사회적·문화적 문제들에 기원한다는 것, 그리고 1930년대 말에서야 항일전쟁의 요구에 대한 대응으로 민족이라는 문제틀 내에서 재정비되었다는 것을 시사했다. 이쯤에서 맑스주의의 '민족화'란 개념 전체의 문제로 관심을 돌리는 것이 적절할 듯하다. 이것이 중국의 역사적 유산과 마오의 관계를 좀더 분명히해줄 것이다. 앞의 논의에서 나는 '중국화'란 용어가 상당히 오해의 소지가 많음에도 불구하고 그 용어를 사용했다. '중국화'란 용어는 다른 방식이 중국적 방식들에 동화됨을 의미한다. 그래서 이 용어는 해석작업을 문화주의로 편향되게 했는데, 이 문화주의는 모든 도전자들을 중국의 문화 공간 속으로 삼켜버린, 오랜 전통을 지니면서도 비역사화된 중국성이라는 개념에 의해 성장한 개념이다. 역사적 문헌에서 라틴어를 쓴 '중국화'(sinicization)로 번역되어온 동화(同化, 같게 만드는)나 한화(漢化, 한족의 것으로 만드는) 같은 다른 용어들과는 달리, '맑스주의의 중국화'라는 데서 사용된 용어는 **즁꿔화**(中國化)로서, '민족화'의 분명한 함의를 갖는 말 그대로 '중국의 것으로 만들다'는 뜻임을 강조한다는 사실은 중요하다. 다시 말하면, 맑스주의는 단순히 중국의 문화 공간으로 들어온 것만이 아니라 중요한 함의를 띠고 중국의 민족적 공간에도 들어왔던 것이다. 왜냐하면 그것은 앞에서 논의한 텍스트를 보아도 분명하듯이, **즁꿔화**가 비록 현존하는 중국의 민족적 공간을 지칭하지만, 이러한 민족적 공간을 규정하는 문화가 창조되는 과정에 있다는 점도 또한 함축하는 것이다. 마오가 「신민주주의론」에서 새로운 중국문화는 민족적이고 대중적이며 과학적(맑스주의의 대용으로 쓰인)이어야 한다고 말했을 때, 명백히 그는 유교의 경전적 전통들이나 예전에 중국화가 지시했던 상류문화의 다른 측면들이 아니라 맑스주의에 의해 변혁될 전체로서의 인민의 문화를 지칭했던 것이다. 여기에 관련된 민족이란 개념은 문화주의적인 것이 아니라 역사적인 것으로, 앞에서 논했듯이 이론, 역사 그리고 문화가 모두 참여하는 진행 중인 역사적 창조로서의 민족을 의미했다. 여기서 쟁점은 타자를 자신의 문화에 동화시키는 문제가 아니라, 그 과정에서 자신을 변혁하여 새로운 역사의 궤도를 그려나가기 시작하는 것인데, 이를 위한 출발점은 과거와 (자본주의와 공산주의라는 형태의) 서구가 모순적 관계 속에서 (맨 처음의 분석을 거론하자면, 이 건설적인 관계에서뿐 아니라 해체적 관계에서도) 공존하는 구체적 현재다.

　수입이론이 토착화된 실천과의 관계에서 차지하는 지위에도 똑같은 모순성이 적용된다. 중국적 상황, 중국의 '감정 구조' 또는 중국의 목소리를 이론 속으로 구체적으로 불러들이려는 열망은 중국화 과정에서 '실천'을 이론과 동등한 상태로 격상시킨 데서 나타난다. 아이 쓰치의 인용문에 분명히 씌어 있듯이, 혁명의 실천은 문자로 씌어진 이론 텍스트만큼이나 똑같이 중국 맑스주의의 '텍스트들'로 사용된다. 이론은 중국사회에 새로운 통찰력을 주었고 사회의 작동방식을 파악하는 새로운 방법을 제공했지만, 실천에 대한 철저한 분석이나 그에 대한 분명한 지침 같은 것은 전혀 제공하지 않았다. 한편 이론의 한계를 노출시켰던 실천은 오히려 실천의 목적론을 제공했던 이론, 단지 이데올로기적인 것이 아니라 자본주의 세계에서 중국이 차지하는 위치와 밀접한 관계가 있는 목적론을 제공했던 이론을 필요로 할 수밖에 없었다. 여기서 이론과 실천은 다시 한번 모순적인 관계로 나타나며, 그것을 해결하기 위해서는 역사와 이론 모두의 도움을 받아 어떤 특정한 상황을 읽어내기 위한 해석의 대행자가 존재해야만 했다. 이론이 구체적 상황을 설명하기 위해 역사화되자, 그것은 더 이상 그 적용의 결과까지 예상할 수 있는 보편적 법칙의 공식화로 간주되지 못하고 단지 해석의 도구로, 즉 실천과 직면하면 언제나 스스로 재해석될 수밖에 없는 해석학적 도구로 여겨지게 되었다. 맑스주의의 보편적 주장에 대한 이와 반대되는 진술에도 불구하고, 우리는 모두 마오가 실천에 우선권을 두었다는 사실을 잘 알고 있다. 이 점이 그의 맑스주의를 의심스럽게 만들기도 했지만, 사실 이는 그의 맑스주의가 이론에서는 예상되지 않았던 상황에서 작동하던 혁명적인 것으로서, 이론을 추상적 문제로서만이 아니라 사회적·문화적 문제로서도──가장 기본적으로는 언어의 문제로서──다루어야 했기 때문에 생겨난 결과였다. 마오의 맑스주의에서 목적론은 이론적 목적론이 아니라, 이론이 실제로 어떤 약속을 제공할 수 있다는 믿음을 버렸으면서도 이론의 약속을 고수하는 해석의 대행자에 의해 의도된 목적론이다.

1980년경 타이완의 지식인들에 의해 시작되었지만 홍콩, 싱가포르, 중화인민공화국, 미국의 사회학자들을 끌어들인 '사회학의 중국화'(즉, 문자 그대로 사회학을 중국적인 것으로 社會學中國化)는 앞선 공산주의자들의 중국화와 마찬가지로 중국의 목소리를 이론에, 이 경우에는 사회학 이론에 불러넣으려는 욕구만을 공유한다.[21] 여기에는 혁명적 투쟁의 절박함도 없고 이런저런 정치적 라이벌들을 물리치는 데 따르는 정치적 이해관계도 전혀 없었다. 더구나 그것은 무슨 댓가를 치러서라도 이루어야 하거나 반대의 목소리를 억압할 필요가 있는 그런 과업이라기보다는 숙고해야 할 명제로 보았던 학자들이 맡아서 행한 일이었다. 그런데도 앞에서 논의한 경우와 상당히 비슷하게 문화와 이론의 조화란 문제에 맞닥뜨렸다는 것은 오히려 놀라운 일이다. 그에 대한 하나의 답은 관련 사회학자들이 정치적 측면을 제외하고는 앞선 공산주의자들이 맞닥뜨렸던 것과 다르지 않은 문제, 즉 보편적 이론을 일상의 실천으로 다시 써내는 문제에 부딪혔다는 것이다. 전문가답게 그들은, 예를 들어 역사학자와는 또 다르게 이론의 보편적 요구를 첨예하게 인식하고 있었고, 다양한 사회적·문화적 현실을 하나의 거대한 이론으로 포괄하는 문제들에 민감했다.[22] 그러나 이번 경우에 토론은 중국적이란 것의 의미에 있어서나 앞에서 논의한 초기의 노력을 설명해주는 이념적·분석적 개방성이란 면에서나, 아주 다른 상황에서 진행되었다. 한편 이 논의 역시 이론과 문화의 대면에서 생긴 모순들을 억압했는데, 이 점이 선행 논의에 비추어보았을 때 두드러지는 점이다.

초기의 논의에 연루된 정치적 이해관계가 이번의 논의에는 없었다고 해서 그것이 곧 정치가 없었다는 것을 의미하지는 않는다. 이론에 있어서 문화의 정치성은 여전히 존재하여, 1930년대 중국 지식인들에 가능했던 것보다 훨씬 더 정교하고 세련되게 표현되었다. 사회학자들의 실질적 문제가 중국화를 주창하게 된 한 요인이긴 했지만, 1970년대 말과 1980년대 초의 정치적 종합 국면이 훨씬 더 중요한 역할을 했다. 그 문제가 등장한 것과 관련하여, 참여자들은 자료 조사와 이론의 실천적 문제들을 산출하는 과정에서 야기된 타이완 사회학의 '성숙'을 지적한다. 그러나 그 실천적 문제들이 절박해진 것은 중화인민공화국의 개방과 미국의 타이완 승인 취소, 그리고 새로운 사회문제를 발생시켰을 뿐만 아니라 동아시아의 경제적 번영—이것은 여러 중국계 사회 출신의 학자들이 서로 긴밀히 교류할 수 있게 했다—에 수반된 동아시아의 정체성의 정치에서 생겨난 변화들 때문이었다. 이 경우 중국의 개방은 1950년대 초 이래로 국가가 지원하는 맑스주의 이념의 독점으로 인해 폐쇄되었던 중국의 사회학에 다시 문호를 개방하는 것을 의미했다. 사회학의 재정립을 돕기 위해 초대된 중국계 사회학자들은 그 과정에서 중국사회의 특별한 요구와 (맑스주의가 여전히 그 중심이어야 한다는 점을 포함한) '중국적 특색'의 필요성에 대한 중화인민공화국 사회학자들의 주장을 더욱 잘 인식하게 되었다. 미국의 타이완 승인 취소에 의해 타이완의 사회학자들은 더욱 '자립'의 필요성을 인식하게 되었는데, 이는 새로운 사회적 문제를 야기하면서 동시에 민주화의 출발을 가져오기도 했던 급속한 경제적 발전에 따라 1970년대에 등장한 특정한 타이완의 정체성에 대한 인식이 갈수록 고조되면서 더 강화되었다.[23]

여기서 우리는 더 나아가 두 가지를 고려해볼 수 있을 것이다. 첫째는 경제발전과 함께 동아시아 중국계 사회에서 새로이 힘을 얻게 되었다는 점으로, 이것이 중국화의 요구에 내재된 자긍심을 키우는 데 기여했을 것이다. 예를 들면 샤오 신황(蕭新煌)은 '세계체제분석'을 적용하여 중국 사회학이 자본주의의 중심부와 동아시아 주변부 사이의 경제적 관계에서와 똑같이 미국의 주변부로서 고통을 받아왔다고 주장한다. 말하자면 중국화는 주변부의 자기 주장을 대표하는 것이다. 사회학자들이 자기 주장을 하기 시작한 것이 같은 해였고 사회학 내의 '운동'과 유교의 부활이 시간적으로 일치하기 때문에, 상황이 어떻게 이렇게 되었는지에 대해서는 더 생각해볼 필

요가 있다. 둘째, 의식적이었건 아니었건, 지역 연구는 말할 필요도 없고 역사, 인류학, 사회학과 같은 학문분야가 미국의 세계지배와 공모한 혐의가 있다는 항의의 목소리—이러한 항의는 이후 탈식민주의 비평의 문화해체주의에서 여전히 제기된다—가 문화의 영역에서 점점 커진 것과 미국의 사회학 ゙배에 대항한 중국 지식인들의 자기 주장 사이에는 어떤 대칭관계가 존재한다. 이 유사성은 중국화운동에 관여한 소장 중국인 사회학자들이 탈식민주의 비평과 관계된 제3세계 출신의 다른 지식인들처럼 1960년대와 1970년대에 미국에서 (그리고 영국에서) 교육을 받아왔기 때문에 이 대칭관계는 특히 중요하게 다룰 필요가 있다. 미국 학자들이 발행한 책은 세계체제분석, 페미니스트적 관심 등의 쟁점에 대해 관심이 깊다는 점에서 명백히 1970년대의 산물이다.[24] '경계영역' 사회학자와 '경계영역' 사회학에 대한 언급은 당시 바야흐로 시작되던 탈식민 논의와 더 깊은 유사성이 있음을 보여주는 것이다. 이는 사회학을 민족화하려는 운동이라는 점에서 보면 역설적이지만, 그것이 당면한 문제들을 암시하기도 한다.[25]

미국 사회학자들의 책을 논의할 수 있는 것은 린 난(林南)의 글 덕분인데, 그에 따르면 사회학의 중국화는 "중국의 사회적·문화적 특성들과 민족적 성격을 사회학에 집어넣으려는(容納)"[26] 의도를 가지고 있었다. 이는 학문적이고 전문적 목적을 갖고 '중국적 사회학'을 만든다든가 사회학을 중국 사회에 적용하는 것과는 달랐다. 중국화의 수준은 "사회학이 어느 정도까지 중국의 사회적·문화적 특성들과 중국의 민족적 성격을 획득하는가에 의해" 결정될 것이었다. 그러나 "중국화는 지역적이고 민족적 경계를 뛰어넘는 시도였다. 사회적·문화적 특성들과 민족적 성격은 구조들과 집단과 개인 간의 관계들, 사회 내의 상이한 층들을 수반했는데, 이 모두는 이론과 방법 속으로 혼합될 수 있는 것이었다."[27] 린은 중국화가 수반할 중국의 사회적·문화적 특성의 예로 가족과 친족 관계, 모든 층의 위계관계에 영향을 미치는 중앙집권화된 권력, 그 체제를 뒷받침했던 가치체계와 실천, 그리고 통일된 서체(script)가 사회에 야기하는 결과 — 예를 들어 세계체제분석과는 다른 식의 발전에 관한 견해를 제시할 수 있는 동아시아적 맥락에서의 중국의 발전과 관련된 요소들 — 를 들었다. 린에 따르면, 이런 분야에서 새로운 증거를 끌어내고 그에 근거하여 이론을 재공식화하는 것은 사회학의 '패러다임 위기'를 해결할 이론적 혁명을 이룰 수도 있다. 이를 위해서는 토머스 쿤(Thomas Kuhn)의 주장대로, 이 목적을 위해 일하는 학자 집단이 필요하고, 이것이 중국계 학자들에게는 기회가 되었다고 린은 지적한다.

린의 주장은 구조적 요소들을 강조한 반면, 그 책에 참여한 다른 이들, 특히 사회심리학이나 소외, 여성사회학 등의 분야를 연구하는 사람들은 중국화 과정에 도입될 필요가 있는 일상의 가치들을 훨씬 강조했다. 사회학자들을 대상으로 조사활동을 벌인 샤오에 따르면, 특히 타이완의 사회학자들은 '도통(道統)', 인(仁), 천(天), 예(禮), 음양(陰陽)처럼 중국의 윤리가치뿐 아니라 그 가치가 깊이 새겨진 개념들도 고려할 필요도 있다고 생각했다.[28]

그러나 구조를 다루든 문화적 가치를 다루든, 이같은 논의에 관여한 학자들은 대부분 중국화의 목적이 중국의 사회학을 세계에서 분리하는 것이 아니라 전세계적으로 사회학을 풍부하게 하려는 것이라는 데 동의했다. 샤오의 조사에 따르면, 민족사회학을 창출하는 일이 바람직한지를 묻는 질문에 타이완의 학자들의 대답은 거의 반반으로 나뉘었다.[29] 홍콩과 싱가포르의 사회학자들은 대부분 중국화란 문제에 거의 관심을 갖고 있지 않았다. 반면 미국의 사회학자들은 중국화를 결국 '전지구화(全球化)'의 수단에 지나지 않는 '본토화(本土化)'의 한 표현으로 보았다. 중국화에 가장 단호한 입장을 보인 사람들은 중화인민공화국 출신의 학자들로서, 그들은 중국적 특성을 주장하는 과정에서 자신들의 중국인 동포들에게까지 쇼비니스트적(沙文主義) 태도를 드러냈다.[30]

다시 말하면, 이 경우에도 역시 중국화는 그 의미가 광범위했다. 즉 이론을 통해 중국사회를 변화시키는 것부터 이론에 있어서의 민족적 차이를 완전히 거부하는 것에 이르기까지(이 경우 차이란 단지 이론이 적용되는 상황의 문제로 인식된다), 그리고 이론이 민족의 목적에 복무하는 것 이상의 문화적 중요성이 있다고 보지 않는 대륙학자들의 이론의 기회주의적 이용(洋爲中用, 외래의 것이 중국에 복무하도록 하는 것)과 특히 미국학자들의 경우처럼 중국화로부터 생겨날 이론의 공식화가 사회학에 패러다임 혁명을 만들어낼 것이라는 확신에 이르기까지 다양하다. 아마 대륙학자들을 제외한다면, 중국계 사회학자들에게 중국화란 중국이란 민족적 공간 내에서 사회학을 이해하는 것이 아니라, 좀더 세계적이고 전지구화된 사회학을 만들기 위해 사회학에 중국의 목소리와 정서 그리고 중국사회의 사회적·문화적 특성들을 도입하는 것을 의미했다. 그 이후로 유행하게 된 말을 빌리자면, 다문화적이고 다문화주의적인 사회학이 그것이다. 그 학자들은 사회학이 19세기 산업화한 유럽에서 기원한다는 낙인을 갖고 태어났음을 인식하기 때문에 어느 면에서는 반유럽중심주의적이지만, 그들이 특히 초점을 둔 것은 당대 미국이 지닌 사회학에 대한 헤게모니였고, 이는 유럽에서도 사회학에 대한 민족적 주장을 촉발했다. '쇼비니즘'을 갖고 있던 중화인민공화국 사회학자들의 경우에서조차, 그들이 주장하는 민족적 특성들에는 그 형성기에 '맑스주의의 중국화'의 유산 역시 포함되어 있었음을 상기할 필요가 있다. 샤오는 중국화와 사회학의 보편적 주장들 사이의 모순 가능성을 인식했을 법한 다른 중국계 사회학자들도 거론하지만, 이들의 목소리는 거의 들리지 않았다. 자신들을 경계적 사회학자로 지칭했고, 그런 점에서 중화인민공화국과 타이완 사회학계의 활동에서 보면 외부인 격이었으며, 자신들의 정체성을 주로 학문적 근거지인 미국과 동일시했던 미국 사회학자들에게는 특히 그러했다.

　역설적으로 중국화에 의해 나타난 모순들은 '본토화'라는 프로젝트에 대해 중국사회가 제기한 문제들에서 초래되었다기보다는, 오히려 중국적인 것이라는 구체성과 광범위한 보편주의적 이론 간의 갈등에서 초래되었다.

역사적 맥락으로 보아, 이 논의와 초기 마오에 의한 맑스주의의 중국화 프로젝트 간의 차이점은 무엇보다 '중국성'(Chineseness)의 의미에서 가장 분명하게 찾아볼 수 있다. 나는 앞에서 마오에 의한 맑스주의의 토착언어화는 두 가지 차원에서 진행되었다고 말했다. 즉 민족적 차원과 일상생활의 차원이 그것인데, 후자는 훨씬 더 복잡한 그림을 그려냈다. 그러나 이 내부적 차이들은 그 형성과정에서 하나의 민족문화 안으로 호명되어 들어갈 수 있었다.

전쟁, 혁명, 식민주의 그리고 이주가 중국성이라는 개념 자체를 문제삼을 만큼 커다란 차이를 지닌 서로 다른 중국계 사회들을 만들어냈기 때문에, 1980년의 상황은 크게 달랐다. 본토화에 대한 서로 다른 의미들 ─ **쭝궈화**(中國化, 중국화)에 덧붙여 그 논의 중에 모두 생겨난 **취위화**(區域化, 구역화) 그리고 **띠팡화**(地方化, 지방화) 등 ─ 이 참석자 모두에 의해 공유되는 어떤 중국민족 또는 중국문화라는 하나의 개념에는 거의 담길 수 없었다.[31] 정말 이상하게도, 린 난이 제시한 바와 같이 중국화의 문제점들에 대한 일반적인 논의에서 이 문제는 언급도 되지 않는데, 이는 아마도 '외부인'으로서의 자기 이미지 때문에 무척 예민한 이 문제를 제기하는 것이 껄끄러웠기 때문일 것이다. 이 문제는 샤오 신황이 제기했는데, 그는 그 책의 결론에 해당하는 논문에서 '4개의 중국'을 언급하면서 그들 간의 차이를 존중할 필요가 있다고 주장했다.[32] 이 문제는 또한 타이완의 사회학에 대한 그의 논의, 동화(同化)의 문제를 제기한 중국 내 소수민족에 대한 논의, 앞에서 언급한 여성사회학에 대한 논의 등에서 다시 나타나는데, 여성사회학의 경우 저자는 중화인민공화국, 홍콩 및 타이완 사이의 차이점에서 상이한 경제체제 내의 여성의 지위에 따라 중국계 사회 내에서의 여성의 지위를 비교할 수 있는 기회를 얻을 수 있다고 설명했다.[33] 그 문제와 정면으로 맞닥뜨린 유일한 논의는 소외에 관한 마 리친(馬立秦)의 논의였다. 그의 주장은 꽤나 길게 인용할 만한 가치가 있다.

연구의 목적을 결정하는 데 있어, 우리는 개방적이고 광범위한 '중국'이라는 정의를 사용해야 한다. 중국화라는 용어에서 중국이란 무엇인가? 여기서 중국이란 타이완, 중화인민공화국, 홍콩, 싱가포르 및 모든 화교사회들을 포함하는 넓은 의미의 중국으로 받아들일 필요가 있다. 이렇게 중국을 광범위하게 이해하는 일이 소외에 관한 연구에 매우 중요하다. 첫째, **개념적** 중국은 중국인과 중국식 문화생활들을 주요한 전제로 삼아야 한다. 그럼으로써 중국인과 중국문화가 있는 곳에는 어디에나 중국인 사회가 있고, 중국인 사회가 있는 곳에는 어디에나 중국이 있다고 보아야 한다. 이렇게 해서 우리는 정치와 영토에 의해 한정되지 않는다. (…) 둘째, 중국을 정의하는 데 있어 국가보다 중국인 사회에 더 우선순위가 부여되면서 **개념적 중국**은 그 역동성, 변화 및 다양함에 있어 더욱 풍부한 의미를 갖는다.[34]

마 리친은 중국을 더 역동적이고 민주적으로 만들기 위해서는 중국인들이 사회의 움직임을 이해하도록 돕는 것, 즉 '중국의 사회학화(中國社會學化)'[35]를 강조하는 것이 더 나을 것이라고 주장하며 자신의 글을 끝맺는다.

두 경우의 중국화가 이론이 문화적 정체성과 대면할 때 생기는 좀더 일반적인 문제에 대해 우리에게 무엇을 말해주는가? 가장 명백하면서도 근본적인 대답은 중국화란 그 자체도 당연한 용어가 아니라 서로 다른 환경에서 서로 다른 정치적 동기에 따라 다르게 해석될 수밖에 없다는 것이다. 이렇게 되면 또한 중국화란 용어에 내포된 이론의 문화적 변용에 관한 (그 자체가 문화적으로 한정된다고 인식되는) 사고가 대단히 문제시되고 만다. 문화와 이론 역시 그것이 제시하는 문제들에서나 그것이 서로 다른 시기에 다르게 이해된다는 점에서나 역사적으로 변화를 겪을 수밖에 없다. 그렇다면 이 문제는 변화할 수밖에 없는 이론의 운명뿐 아니라 이론과 문화가 둘 사이의 상호작용을 설명하는 데 있어서 전개되는 방식과 그러한 맞대면에서 기대할 수 있는 결과들까지 포함한다.

린 난이 제시하듯, 이론이 중국의 사회적·문화적 상황과 대면함으로써 '패러다임의 변화'를 초래할 정도의 이례적인 상황을 초래할 것이다. 다른 말로 하면, 좀더 풍부하고 포괄적인 이론을 생산한다는 것이다. 어떤 학자가 '멀고도 힘든 과정'이라고 묘사한[36] 사회학 이론의 중국화는 그같은 패러다임 변화를 가져올지 모르지만, 내가 보기에 그것은 논란의 여지가 있다. 맑스주의의 중국화에 대한 증거들을 보면, 이론이 변칙적인 상황에 직면해서 풍부화될 수도 있지만 쉽게 파편화되기도 한다. 즉 새로운 이론들이 생겨나지만, 그것은 이론의 보편주의적 주장들을 희생함으로써 가능했다. 이는 이론, 문화, 역사 사이의 관계뿐만 아니라 이론의 보편성 주장에도 의문을 제기해온 포스트모더니즘 비평과 탈식민주의 비평이 전개되어온 방식을 보아도 알 수 있다. 여기서 나는 어떤 식으로든 결론을 끌어낼 이론의 정치학에 대해서 생각해보고자 한다.

중국과 서구 또는 중국과 미국의 관계를 특권화하는 것 외에, 이론이 문화적 타자들과 대면하는 일이 중국화, 즉 **중국인**의 이론과의 대면에 제한되어야 하는 이유는 거의 없다. 유럽과 북미에서 시작된 여러 종류의 사회 및 정치 이론들은 중국을 포함한 비서구사회들과 대면하면서 이미 심각한 변화를 겪어왔거나 와해되어왔다. 그러한 예들은 20세기 초 맑스주의―레닌주의(Marxism-Leninism)의 등장에서 1970년대 '종속이론'과 '세계체제분석'의 등장 그리고 중국혁명의 유산이 남긴 흔적들을 찾아볼 수 있는 발전과 전지구화에 대한 현재의 문제에까지 이른다. 사실 사회학 이론을 중국화하는 운동은 현재 문화·이론·역사 문제들의 원인이기도 한 구미사회와 탈식민사회 사이에서 만연해가는 문화적 모순들의 한 예로 볼 수도 있다.

이런 모순들 속에서 왜 중국화에 특권화된 지위가 부여되어야 하는가는 중요한 문제다. 1980년대의 논의 속에서 그 문제가 표현되었던 특정한 방식과 결부되어 있기 때문에 더욱 그렇다. 중국화가 틀림없이 이론의 와해가 아닌 이론적 풍부함을 가져올 것이라고 가정할 이유란 거의 없다. 중국적 상황에서 이론을 본토화하고 나서 다시 이론으로 돌아가 그것을 더욱 전지구적으로 만들고 보편성의 주장도 강화하리라고 전제할 뚜렷한 이유도 없다. 맑스주의를 중국화하려던 초기의 노력에 비추어보면 이 점이 더욱 명확해질 것이다.

맑스주의의 중국화가 새로운 이론, 즉 맑스주의의 보편주의적 주장들을 몰아내거나 초월할 수 있는 이론을 생산했다고 주장하기는 어렵다. 신민주주의라는 사고는 공산주의로 가는 역사 단계에 대한 맑스주의의 개념화에서 보면 하나의 진정한 혁신이었고, 중국과 비슷한 처지에 있던 제3세계 사회에도 어느 정도 호소력이 있었다.[37] 마오가 맑스주의를 토착언어화한 것은 그의 맑스주의의 인민주의적 경향을 보여주며, 이 점이 단지 자본주의만이 아니라 소련식 맑스주의에 대항했던 1960년대의 저항에서 그의 맑스주의가 가졌던 호소력의 이유다.[38] 맑스주의를 일종의 해석학으로 만듦으로써 그는 암묵적으로 이론의 과학적 가정들에 도전했고, 맑스주의가 혁명적 활동을 위한 새로운 영역을 개척했던 다양한 사회적 상황에 적용될 수 있음을 시사했다. 하지만 그러한 적용은 정치적 행동이 이론 속에서 사회적으로 자리잡을 수 있는 가능성을 없앰으로써 맑스주의에 심각한 문제를 끌어들였다.

한편 이러한 혁신들이 중국식 맑스주의에 대해 말할 수 있게 했지만, 이 맑스주의는 여전히 하나의 일반논리로서의 지위를 보유하는 맑스주의의 특수한 민족적 경우에 머물러 있다. 그 어떤 경우에도 마오주의자들은 맑스주의의 지위에 의문을 제기하는 것이 그들의 목적임을 암시하지 않았던 것이다. 궁극적으로 마오의 '인민주의'는 계급에의 궁극적 우선권을 주장함으로써 봉쇄되었다. 혁명적 실천의 절박함이라는 이름하에 맑스주의를 역사화했지만, 어쨌든 중국 맑스주의는 이론의 보편적·과학적 주장들을 다시 내세웠다. 이는 대부분의 증거를 통해 중국사회의 작용──움직임──

내에 이론의 목적론이 존재하지 않는다는 점이 분명함에도 그러한 이론의 목적론을 문제시하지 않았다는 사실에서 가장 쉽게 확인할 수 있다. 중국에서 공산당이 차지했던 지도적 역할이 바로 이 목적론에 의해 정당화될 수 있었음을 볼 때, 이는 사실 놀라운 일이 아닐 것이다. 중요한 것은 당의 권력을 고려함으로써 또한 역사와 문화라는 동인에 의해 어느 정도로 이론이 해체될 수 있는지를 제한했다는 것이다.

맑스주의의 중국화는 혁명을 실천하는 중에 "보편적 논리와 중국사회의 구체적 상황을 통합"해냈을지 모른다. 그러나 이론의 차원에서 그것이 만들어낸 것은 새로운 이론이 아니라 이론의 곤경, 즉 이론이 너무나 많은 민족적·지역적 상황 속에서 흩어져 사라지게 된 현상이다. 이러한 분산은 그 함축된 의미에서는 새로운 이론을 만들어내는 것보다 훨씬 더 근본적이었다. 왜냐하면 그것은 보편주의적 논리를 가능하게 한 근본적 가정들에 의문을 제기했기 때문이다. 일부 서구 맑스주의 이론가들에 따르면, 프랑스 맑스주의자인 루이 알뛰쎄르(Louis Althusser)야말로 "긍정/부정, 필연성/우연성, 중요성/사소함, 실재성/표상이란 대립적 위계질서를 흔들어놓음으로써 서구사상의 존재론과 인식론의 기초들"[39]을 분해한 장본인이다. 서구 맑스주의 이론가들이 종종 무시했던 것은, 알뛰쎄르가 자신의 작업에 영감을 준 것으로 마오의 맑스주의를 거론하며, 그가 그것에 직접적으로 빚을 졌다고 인정했다는 사실이다.[40] 맑스주의의 중국화는 알뛰쎄르에게 영향을 줌으로써 전지구적으로 이론의 해체라는 광범위한 결과를 가져온 것이다.

마오와 그의 동료들이 계속해서 이론의 우위성을 주장하긴 했지만, 실천을 이론의 차원으로 높임으로써 적어도 이론이 끝없는 해석에 열려 있을 가능성을 창출했다. 아마 더 중요하게는, 중국화는 지속적인 결과를 가질 수 있도록 이론에 중국의 목소리를 도입해야 함을 주장했다. 맑스주의의 언어를 통해 중국사회를 고찰하면서 동시에 중국사회의 사회적·문화적 상황을 (그리고 언어를) 통해 맑스주의를 고찰한 것으로서 마오의 맑스주의는, 위르겐 하버마스(Jürgen Habermas)가 '실천적 담론'[41]이라고 부른 것으로 가장 잘 설명될 것이다. 실천적 담론이란 개념은 마오를 (그리고 중국인 맑스주의 실천자들을) 맑스주의를 고찰한 주체로 인정한다. 그렇다면 전지구적 맑스주의와 그들의 관계는 주체-객체의 관계가 아니라 상호주관적인 관계로 나타난다. 이렇게 해서 이론은 보편성을 유지하면서도 혁명적 주체에 의해 해석되는 것도 가능해진다. 목적론은 이론의 분산을 봉쇄할 수 있지만, 한편 목적론 자체가 민족화된 맑스주의를 위해 전용되지 못할 이유란 없다. 그것은 결국 마오주의자들이 권력의 절정기 때 칭했던 중국식 공산주의인가, 아니면 마오의 후계자들이 선호했던 중국적 특색을 가진 사회주의인가? 중국화 속에는 사회주의가 수많은 역사의 궤적들로 분열하게 되는 씨앗이 있는데, 이는 그후에 사회주의국가들만큼 많은 서로 다른 사회주의들로 싹터나오게 된다.

　마오와 그의 동료들이 보편적 진리에 대한 이론의 주장을 재확인함으로써 이론이 지역적 이론들로 흩어지는 것을 막기 위해 노력했듯이, 사회학의 중국화는 사회학의 이론적 일반개념의 궁극적 유효성——이는 본토화라는 과정을 통해 전지구적 주장을 함으로써 풍부해질 것이다——을 재확인함으로써 여러 면에서 똑같은 일을 하고자 했다. 전지구화를 중국화의 목적으로 보는 사람들에게 중국화는 '하나의 과정과 방법'[42]을 대표하는 데 불과했다. 마 리친은 중국화가 "'중국적 사회학'을 발전시키는 과정에서의 과도기적 필요이자 그러한 목적을 위한 방법"을 대표한다고 덧붙인다.[43] 양쪽 모두 중국화의 이중적 목적을 인정한다. 즉 사회학을 민족의 문화적 공간으로 불러들여서 사회학이 갖는 외래성을 없애도록 토착화시키는 것과, 사회학을 더욱 세계적으로 만들기 위해 중국의 목소리를 도입하여 다시 그것을 보편적 사회학으로 되돌리는 것이다. 이러한 전 과정은 전지구적 차원에서 중국인의 목소리를 주장하면서도 맑스주의를 중국에서 되도록 덜 외래적인 것으로 만들려 했던 공산주의자들의 중국화 시도와 다르지 않다. 차이점은 주로 정치적 목적과 정치적 관련성에 있는데, 이번의 경우는 혁명분자들의 국제적 '형제애'에 대한 것이 아니라 국제적 학문과 관련되는 것이다.

보편주의적 이론이 민족문화에 대해 가지는 헤게모니에 대해 우려하면서 민족해방의 목적에 헌신하던 공산주의자들과는 달리, 이번 경우 충성의 대상은 훨씬 모호하다. 내가 여기서 지칭하는 것은 전지구적인 것과 지역적인 것에 동시에 충성해야 함으로써 생겨나는 모호함과, 중국인들이 전지구적으로 이산하는 상황하에서 중국 민족과 민족문화를 정의하는 어려움에서 생겨나는 문제 둘 다이다. 중국의 문화적 다양성을 민족통일이란 수사로 억누를 수 있었던 마오주의자들의 경우와는 달리 (그리고 사회학의 중국화에 대한 논의에서 여전히 그렇게 하듯이), 1980년대에는 서로 다른 역사적 궤적을 가지는 다양한 중국인 사회들이 공존한다는 중국적인 문화적 개념에서 모순들이 드러났고 이 모순들을 억누른다는 것은 불가능했다. 그리고 그후로 이 상황은 더욱 심각해지고 있다. 그런 상황에서 '본토화'가 마치 민족과 등치될 수 있다는 듯이 말한다는 것은 거의 불가능했다. 그렇다면 중국문화라는 개념은 그 어느 때보다도 문화적 단일성의 신화가 역사의 증거에 의해 유지될 수 있는 '봉쇄전략'으로서 나타난다.

중국성이 분화하면서 나타난 문제들은 여러 중국인 사회들이 전지구적 환경, 특히 미국 내의 헤게모니를 쥔 중심과 맺는 서로 다른 관계에 의해 더 복잡해진다. 앞에서 언급한 중국화 문제를 둘러싼 갈등은 이러한 관계들과 얽혀 있다. 그 모순은 스스로를 '경계' 지식인──탈식민주의 비평에서 흔히 쓰이는 은유──으로 규정하는 중국계 미국인 사회학자들의 경우에서 가장 쉽게 찾을 수 있는데, 그들은 중국과 미국 사회에 대해 '외부인'이지만, 동시에 다른 각도에서 보면 두 사회 모두에 내부인이다. 그러나 그 모순은 중화인민공화국의 사회학자들이 세계의 헤게모니 중심과 거리를 둔다는 점에서 가장 확고하며, 다른 중국계 사회 출신의 사회학자들이 주장하는 차이점에서도 또한 드러난다.

  이 차이점들은 중국화를 궁극적으로 전지구화를 목적으로 하는 본토화의 과정으로 해석하는 경향을 달리 볼 수 있게 해준다. 왜 본토화가 마오의 맑스주의의 경우처럼 (또는 그와 다른 탈식민주의적인 이론의 분화처럼) 파편화를 초래하지 않고 전지구화로 귀결되는지는 자명하지 않다. 사회학의 중국화가 구미중심주의나 미국중심주의에 대한 탈식민적 도전의 한 예로 비쳐질 수 있긴 하지만, 중국계 사회들의 경우는 또한 전지구적 자본주의 경제에서 성공적으로 역할을 수행함에 따라 엄청난 명성을 얻었고 그런 엄청난 명성이 사회학의 중국화에 권한을 부여했다. 만약 중국성이 중국화의 논의에서 특권화되었다면, 당시 유교 부활에서 그러했듯이 이러한 권한의 부여는 중국성과 많은 관련이 있다. 다시 말하면, 여기서 쟁점은 전통적인 중화주의가 아니라 전지구적 상황에서의 그 전개인 것이다. 전지구화가 되살아나는 동아시아의 경제강국들을 받아들임으로써 전지구적 헤게모니를 재편하는 것을 지칭하는만큼, 다른 탈식민적인 이론과의 조우로부터 분리시키는 특권적 위치를 중국화에 부인하는 것은 아주 쉽다. 중국화는 본토화를 통한 이론의 분화가 아니라 전지구화의 진전과 헤게모니의 공고화를 약속했다. 그러나 여기서 제시된 헤게모니적 동반자 관계는 그 전제에 있어서의 모순뿐 아니라 더욱 큰 전지구적 환경에 대한 모순까지 억누름으로써 가능했던 깨지기 쉬운 것이다. 이는 그후 '서구'이론을 이끄는 문화적 전제들에 대항한 '아시아적 가치'에 대한 주장에서 명백해졌다. 아시아적 가치에의 집중은 사회학을 중국화하려는 노력과 거의 같은 시기에 등장했으며, 많은 점에서 이 노력들과 중복되었다. 학자들은 둘 사이에 가능한 모순을 여전히 일원론적이지만 전지구화된 이론으로 봉쇄하려고 노력했지만, 이론에 문화가 침범함으로써 생겨난 모순들은 보수적 시도뿐 아니라 아시아사회에 대한 구미중심적 또는 미국중심적 해석을 대신할 대안을 찾으려는 급진적 시도에서도 쉽게 찾아볼 수 있다.

공유된 문화가 아주 많기 때문에, 편협한 보편주의가 아니라 다의적인 전지구화 이론에 관해 말하는 것이 이치에 닿을 수도 있다. 그러나 그런 노력은 그러한 시도 자체에 뿌리박힌 모순들을 무시하기 때문에, 이데올로기적인 소망충족적 사고에 빠질 위험을 감수해야 할지 모른다. 여기에 연루된 모순들은 단순히 중국계 사회들과 미국이론들 사이의 모순이나 이 사회 자체 내의 모순이 아니다. 그것은 또한 중국화의 전지구적 맥락, 즉 이런 다의성 속에서 목소리를 내고자 하는 다른 사회들에 의해 생겨나는 모순들도 고려할 것을 요구한다. 중국화되면서 전지구화되었다면, 이론의 인도화, 이슬람화 등도 가능할 것인가? 다른 문화의 목소리가 도입되었을 때 통일성은 여전히 유지될 수 있을까?

그리고 이론에 도입될 문화란 무엇인가? 내가 앞에서 지적했듯이 중국문화와 대면할 이른바 서구이론은 다른 사회들과의 수많은 대면을 통해서 이미 여러 번 변형되었고, 내부로부터의 목소리들에 의해 아주 근본적으로 도전을 받았거나, 좀더 정확히 말하면 무엇이 내부이고 무엇이 외부인지 더 이상 분명치 않을 정도로 사실상 이미 와해 상태에 놓여 있다. 이미 한 세기 동안의 구미와의 대면을 내면화한 산물이고, 또 한동안 그래왔던 '중국문화'에 대해서도 거의 같은 얘기를 할 수 있을 것이다. 이는 다시 한번 중화인민공화국의 경우에서 쉽게 확인할 수 있는데, 중화인민공화국의 대변인들은 맑스주의가 중국문화에 없어서는 안될 일부라고 아주 순진하게 얘기한다. 이제는 그 맑스주의가 거의 한 세기 동안 혁명이 뿌리 뽑으려고 애썼으나 이제 환생한 유교에 의해 대체되었는데도 말이다. 이는 역사가 문화에 정복당했음을 보여주는 것이 아니다. 오히려 이같은 짝짓기에서 알 수 있듯이 현재의 필요에 따라 문화적 유산들이 전유됨을 나타낸다. 그리고 중국 민족이란 개념 자체가 근본적으로 의문시되는 이때, 어디에 중국문화를 자리매김할 것인가? 중국 민족의 내부에서인가 아니면 외부에서인가?

　내가 보기에, '문화'라는 개념이 반복해서 (다른 것 중에서도) 이론에 대한 고찰에 진입해 들어오는 것은 전지구화를 전제로 삼는 주장의 빈약함을 보여주는 증거다. 왜냐하면 자신이 제기한 권력과 정체성의 문제에서 문화가 계속해서 물화되어 나타나도록 하는 것이 바로 전지구화의 과정 자체이기 때문이다. 최근 자주 지적되듯이 전지구화가 여러 다른 차원에서 분화를 동반하자, 문화는 정치적 진정성과 정체성을 규정하는 데 다시 도입되었다. 모든 다른 사회세력들이 정체성을 폐지하려고 힘을 모을 때, 문화가 정체성의 경계를 단속하는 수단이 아니라면 무엇을 의미하는지를 합의하는 사람들이 거의 없기는 하다. 그리고 이론이 경계를 가로지르는 의사소통의 목적에 복무하기보다 인종, 성 및 종족성의 틈새들을 따라 둘러쳐진 이런 문화적 경계선을 따라서 와해되어서는 안될 이유는 없다.

　이런 상황하에서는 논의의 근거를 역사로 옮기는 것이 이치에 맞을 것이다. 내가 여기서 의미하는 역사란 역사주의의 옷을 입고 행세하면서, 실재하지 않고 상상된 불변의 문화적 연속성의 특권에 역사를 종속시키는 그런 문화주의가 아니다. 그 자체가 매우 문제적인 것이 되어버린 것으로서, 현재를 과거 속에 붙들어매고 현재로 미래를 식민화하는 어떤 물화된 근대주의적 의미에서의 역사도 아니다. 내가 염두에 두고 있는 것은 역사성이란 의미에서의 역사로서, 시간적·공간적 구분을 설명하는 역사고, 일상의 존재를 간들어내는 데 함께한 힘들의 결합에 의해 중층결정된 산물이자, 과거의 축적이 그것의 중요한 계기이긴 하지만 그저 하나의 계기일 뿐인 그런 역사다.

　역사적 국면들이 여러 이론들과 여러 문화들을 결정적 순간으로 포함하듯이, 이론과 문화 모두 역사적 국면의 산물이다. 이론과 문화를 철저히 역사화하게 되면, 이 두 용어 중 어느 쪽이든 그 의미에 심각한 불확실성이 개입되기 때문에, 그 불확실성을 정치적 이데올로그들이나 인간의 행위를 지배하는 법칙을 발견하는 데 전념하는 전문가들 또는 그저 살기 위해서 안정된 의미의 척도를 필요로 하는 역사의 일상적인 주체들에게 그것이 쉽게 받아들여지지는 않을 것 같다. 왜냐하면 문화적 통일성이라는 가정이 사회적 존재에 어느 정도의 의미를 주듯이, 문화와 역사에 대한 이론들도 그 존재의 질서를 부여하는 데 복무하기 때문이다. 그러나 우리가 또한 인식해야 할 필요가 있는 것은, 인간의 활동이나 인간들이 자신의 활동에 일상의 의미를 부여하는 방식이야말로 새로운 이론, 문화 및 역사를 만드는 과정의 일부이며, 삶을 이론화하여 삶 자체에는 없을지도 모르는 지적인 질서를 부여하고자 하는 정치적 또는 학문적 열망이 요구하는 분류화를 거부한다는 것이다. 여기서 요점은 단지 옛 보편주의를 새로운 보편주의로 대신하는 새로운 이론들을 만들어낸다거나, 추상적인 민족적 또는 문화적 열망을 충족시키거나, 이론화를 새로운 형태로 인간에 대한 억압을 영속시키기만 하는 스스로 만들어낸 과거들 속에 붙잡아두는 것이 아니다. 결국 중요한 것은 질서의 이론들에서 억압된 가능성을 짚어내어, 인간의 존재에 새로운 의미를 부여하는 인간적인 관계를 가능하게 하는 이론들을 창조하는 것이다. 과거와 현재의 인간의 존재가 축적된 저장소의 어디에서 그러한 창조를 할 수 있는 영감을 찾아낼 수 있을 것인가라는 문제는 기껏해야 부차적 고려 대상이다.

1 이론의 개념과 관련된 여러 문제들에 대해 설명할 필요가 있겠다. 즉 여기서 이론으로 이해되
는 것이 무엇인지, 그리고 이 장에서 제기된 문화라는 문제에 비추어 더욱 복잡한 문제로서 이
론이 여기서 쟁점이 되는 '서구'와 중국이라는 두 맥락에서 같은 것을 의미하는지의 문제 말이
다. 이론은 서구사상 내에서도, 그리고 같은 분야 내에서조차 다양하게 해석되었다. 1906년에
첫 출판돈 고전적인 책 『물리이론의 목표와 구조』(*The Aim and Structure of Physical Theory*)
에서 삐에르 뒤앙(Pierre Duhem)은 물리이론을 "적은 수의 원리들에서 추론되어 가능한 한 단
순하고 온전하며 엄밀하게 일단의 실험적 법칙들을 나타낼 것을 목적으로 하는 수학적 명제들
의 체계"로 정의했다. Pierre Duhem, *The Aim and Structure of Physical Theory*, trans. Philip
P. Wiener (New York: Atheneum 1962), 19면. 뒤앙은 이론은 재현이지 "설명이 아니"라고 주
장했다. 그의 논의는 서로 다른 분야에서 서로 다르게 이론을 개념화할 수 있는 가능성뿐 아니
라, 더욱 흥미롭게는 이론의 재현 자체에도 민족적·문화적인 (그의 경우 가장 중요하게는 영
국과 프랑스, 독일의 접근 방식 사이의) 차이가 있을 수 있음도 인정했다.

　사회·정치·문화 이론 등에서 규범적이고 이데올로기적인 요소들은 그 이론의 구성에서 거
의 피할 수 없는 부분을 이룬다. 이 이론들이 제기하는 더욱 골치 아픈 문제들을 여기서 더 깊
이 다룰 필요는 없다. 이 분야들에서 연구하고 있는 우리들 대부분은 다양한 역사적 현상에 있
는 추상적 관계들이 서로 의미가 통하도록 하는 형식화가 바로 이론을 의미한다고 이해하고
있다. 그리고 그 관계들은 경험이나 실험에서 추출되고, 명백한 규칙성을 갖고 일반화를 가능
케 하는 개별적 현상의 일반화된 재현들인 그런 관계들로서 표현된다고 생각한다. 칼 맑스와
막스 베버, 또는 최근의 세계체제분석이란 이름과 관련된 거대이론들이나 메타서사들이 이런
유형의 것들이다. 그러나 역사가들에게 이론은 단순히 역사자료를 조직하거나 설명하는 데 계
급과 성 같은 추상적 개념들을 사용하는 것을 의미하기도 한다. 이론은 특수한 것과 일반적인
것 사이의 관계를 매개한다. 이론은 그 관계의 패턴을 제시하지만, 다른 해석의 가능성에 (적
어도 이론적으로는) 열려 있다는 점에서 법칙과는 다르다. 이론의 주창자들이 가끔 이론에 궁
극적 진실로서의 진리를 부여하고자 하지만, 서로 대립하는 이론이 동시에 존재하는 것이 가
능하다는 사실을 결코 배제할 수 없듯이, 그러한 권리를 주장함에 있어서 이론은 제한적일 수

밖에 없다. 왜냐하면 하나의 이론을 형성한 개념은 어떤 특정한 현실의 측면을 다른 면보다 앞세우는데, 이는 곧 다른 개념이 현실을 다르게 드러낼 여지를 남긴다는 사실을 의미하기 때문이다.

따라서 이론을 만드는 활동인 이론화란, 현실을 재현하기 위해 개념들을 선택하고 그들 간의 관계를 맺는 해석적 행위다. 정치적으로 그 결과가 의도되지 않은 경우에도 정치적인 결과를 갖는다는 점에서 그 선택은 정치적이다. 이론은 또한 서로 다른 역사적 맥락에서 개념에 주어지는 의미의 변화나 개념들 간의 관계의 변화 그리고 개념들이 변화하는 사회적 현실들과 적합한지 여부를 앞질러 판단할 수 있는 입장이 아니라는 점에서 또한 역사적이기도 하다. 자연과학에서는 "실험결과가 나오기도 전에 그것을 말해줄 수 있는 예언자들"이 되게 함으로써 경쟁적인 이론들의 유효성을 판단하는 것이 가능할 수 있다(Duhem, *Physical Theory*, 27면). 사회이론들도 비슷한 예언을 그 목표로 삼을 수 있지만, 이 경우 그 예언은 역사에 매개되고(비록 자연과학에서도 종종 역사성을 고려할 필요가 있지만), 역사는 자연에서 발견되는 규칙성을 배제한다. 인간의 행동과 관계에 규칙성이 없다는 것이 아니라, 그런 규칙성은 종종 차이의 부인을 댓가로 해서만 가능하다는 것이다. 계급에 대한 개념이 하나의 예가 될 수 있다. 계급 개념이 이전에는 은폐되었던 사회관계를 탐구하기 위한 새로운 길을 열었다는 데는 거의 의문의 여지가 없다. 그러나 모든 사회적 재현의 개념들과 마찬가지로 계급 개념도 중층결정—다른 말로 하면 다른 사회관계가 중간에 개입—되어 있기 때문에 그 경계가 불분명하다. 그 결과 계급 분석을 반대하는 사람들 편에서 그 분석이 사회조직이나 정치적 행위를 설명하지 못한다고 지적하기는 쉬운 일이다. 그러나 계급 개념에 의해 재현된 현실이 모든 시대에, 예컨대 성과 인종 개념에 의해 계급이 가려진 오늘날에도 계급문제가 과거와 똑같이 두드러지는지 역시 물을 필요도 있다. 한편, 공산주의정권하에서처럼 계급관계를 인류의 '타고난' 조건으로 삼으려는 노력은 모든 개인을 계급의 범주에 따라 분류할 것을 요구했으며, 이는 해방의 의도를 가진 개념을 지적·사회적 감옥에 가두었다. 그런 식으로 개념을 감옥에 가두는 일을 피하려면, 사회와 문화 연구에서 이론화는 사회와 문화 이론이 어쩔 수 없이 불확실성과 이데올로기적 함의로 가득 차 있고, 다른 환경에서 그것에 부여되는 의미에 종속되어 있을 수밖에 없다는 사실을 인식해야만 한다.

해석의 행위로서 이론화는 바로 그런 조건 속에서 만들어진다. 미국 문학가 울러드 가지크(Wlad Godzich)는 '이론'의 어원을 추적하면서, '보다' '지켜보다'를 의미하는 그리스어 **테오레인**(theorein)이 다른 해석의 가능성을 포함한 복잡한 상황에 대한 판결을 내리기 위해 임명되었던 **테오로스**(theoros)가 내리는 복잡한 상황에 대한 판결을 일컬었다고 설명한다. **테오로스**가 판결을 내렸지만, 그 판결 자체는 구체적인 역사적 상황에서의 질서를 고려하여 결정된 것이었다. 상황에 따른 판결 내리기, 즉 이론화(theorizing)는 해석만이 아니라 공공질서에 대한 고려도 포함했다. Wlad Godzich, introduction to *Resistance to Theory*, by Paul de Man

(Minneapolis: University of Minnesota Press 1986), xv면 참조.

중국적 맥락에서 이론의 의미가 구미적 맥락에서의 의미와 같은 것인가라는 다른 문제로 돌아가면, 문화적 구분을 가로지르는 어휘라는 문제가 매우 골치 아픈 것이긴 하지만, 그 문제 자체에 뿌리박힌 문화주의적 전제를 피하기 위해서 좀 조심스럽게 그것에 접근할 필요가 있음을 지적해야겠다. 결국 이론은 (그것이 자리를 정확히 정할 수 있건 없건 간에) 문화적 경계를 가로지르는 의사소통의 수단이 되어왔고, 용어 사용에서의 단순한 차이를 자동적으로 이해의 차이로 가정해서는 안된다. 그럼에도 불구하고 오해를 피하기 위해 이 문제를 논할 필요가 있다. 가장 일반적으로 사용되는 이론(theory)의 중국 용어는 **리룬**(理論)인데, 이는 문자 그대로 '원리에 대한 담론'으로 해석될 수 있다. **리룬**은 원리에 대한 일반화의 가능성을 시사하면서도 원리에 대한 담론이 그 원리에 대한 다른 식의 기술을 제공하기 때문에, 그것은 일반화가 해석을 포함한다는 것도 동시에 암시한다. 이 용어는 가지크가 그 어원상으로 이론을 설명한 바와 놀랍게도 유사한 의미를 갖는데, 이것이 아마 20세기 중국에서의 이론에 관한 논의에서 이론이 왜 자주 '주의(主義)'와 중복되었는지를 설명해줄 것이다. 천 룽졔(陳榮捷)에 따르면, 동사로 사용되는 **리**(理, 원리)는 '질서 세우기'를 의미한다. Wing-tsit Chan, trans. and comp., *A Sourcebook in Chinese Philosophy* (New York: Bobbs-Merrill 1963), 260면 주 23 참조. 따라서 이론화에는 옳고그름을 구별하는 근본적 원칙에 다다르는 것뿐 아니라, 그 과정에 질서를 확립하기 위해 분쟁을 해결하려는 목적을 지닌 해석작업 역시 관련되어 있음을 의미한다. 그러나 질서의 문제와 관련된 함축적 의미에서는 커다란 차이가 있을 수 있다. 테오로스는 사건의 해석을 담당하도록 공적으로 임명된 관리들이었다. 중국어원사전 『츠하이(辭海)』에 따르면, **리**는 어떤 고대 중국원전(『管子』)에서는 '옥관(獄官)'을 의미했다. 『辭海』 2권, 臺北: 中華書局, 28면. (또한『漢語大辭典』 4권, 5686면, 釋義 13에도 사마천司馬遷과 한유韓愈가 인용한 같은 내용의 인용문이 있다. 이 자료들에 내가 주목하게 해준 빅터 메이어Victor Mair에게 감사한다.) 만약 경우가 이러하다면, 이론이 감시적 기능과 관련되는 정도는 이론(theory)에서보다 리에서 더욱 강할 것이다. 비슷한 종류의 감시행위를 의미하긴 하지만, 이론(theory)은 차이의 판결과 더 긴밀히 관련되어 있기 때문이다. 그러나 지금 우리는 용어학과 추상적 어원에 대해 논하고 있으므로 그것이 꼭 20세기의 용법을 이해하는 지침이 되지는 않음을 기억할 필요가 있다.

중국적 또는 서구적 이론이라는 문제는 '이론'이라는 용어를 이해하는 것과는 다른, 추상화를 통한 현실의 서로 다른 재현, 재현이 현실을 이해하는 데 담당한 역할, 재현에 딸린 사회적·정치적 의미들에 대한 이해를 수반한다.

2 이 문제는 Paul A. Cohen, *Discovering History in China: American Historical Writing on the Recent Chinese Past* (New York: Columbia University Press 1984)에서 중국 역사기술의 문제로 강력하게 제기되었다.

3 이같이 이론이 민족문화 속으로 분해되는 것은 자본주의가 민족적 또는 (아시아 같은) 대륙적 자본주의로 분해되는 것, 다시 말하면 소위 자본주의의 전지구화와 함께하는 (적어도 이론에 있어서의) 보편주의의 포기와 동일선상에 있다는 것은 주목할 만하다. 예컨대 Charles Hampden-Turner and Alfons Trompenaars, *The Seven Cultures of Capitalism: Value Systems for Creating Wealth in the United States, Japan, Germany, France, Britain, Sweden, and the Netherlands* (New York: Currency/Doubleday 1993) 참조. 직관과는 달리 보편주의를 전지구주의와 구별하는 것은 현대사상의 여러 영역에서 분명하다.

4 John Tomlinson, *Cultural Imperialism* (Baltimore: Johns Hopkins University Press 1991)은 '문화제국주의'라는 개념과 관련된 문제들에 대해 중요한 논의를 제공한다.

5 인도사상가 아시스 난디(Ashis Nandy)와 관련한 이 문제의 논의는 제5장 참조.

6 Jean-François Lyotard, *The Postmodern Condition: A Report on Knowledge*, trans. Geoff Bennington and Brian Massumi (Minneapolis: University of Minnesota Press 1984).

7 Raymond Wylie, *The Emergence of Maoism: Mao Tse-tung, Ch'en Po-ta, and the Search for Chinese Theory* (Stanford, Calif.: Stanford University Press 1980) 참조. 또한 Arif Dirlik, "Mao Zedong and 'Chinese Marxism'", in *Encyclopedia of Asian Philosophy*, eds. I. Mahalingam and B. Carr (London: Routledge 1997); Arif Dirlik, "The Predicament of Marxist Historical Consciousness: Mao Zedong, Antonio Gramsci, and the Reformulation of Marxist Revolutionary Theory," *Modern China* 9, no. 2 (April 1983), 182~211면 참조. 맑스주의의 중국화에 대한 나의 언급은 이미 이 논문들에서 다룬 것인데, 여기서 중국화가 제기한 이론적 문제들을 훨씬 더 상세하게 논의했다.

8 蔡勇美·蕭新煌(Michael Hsiao) 主編『社會學中國化』(臺北: 巨流圖書公司 1986).

9 *Selected Works of Mao Tse-tung*, 4 vols. (Beijing: Foreign Language Press 1965~67) vol. 2: 339~84, 380~81면. 이 글은 본래「新民主主義的政治與新民主主義的文化」로『中國文化』1 (1940년 1월)에 실렸다.

10 叔日平「十年來毛澤東哲學思想研究述評」,『毛澤東哲學思想研究』5 (1989), 4~10면, 인용은 6면.

11 Stuart S. Schram, *The Political Thought of Mao Tse-tung*, rev. and enl. (New York: Praeger 1971), 112면.

12 중국 학자들의 해석상의 차이에 대해서는 叔日平「十年來毛澤東哲學思想研究述評」6 참조. 미국 내 분석가들 사이의 상이한 해석에 대해서는 "Symposium on Mao and Marx," *Modern China* 2, no. 3 (October 1976); *Modern China* 3, no. 1 (April 1977) 참조.

13 중국공산당 제6차 확대중앙집행위원회 전체회의(1938. 10. 12~14) 연설. 毛澤東「論新階段」,竹內實 編『毛澤東集』6권 (香港: 波文書局 1976), 163~263면, 인용은 260~61면.

14 Wylie, *Emergence of Maoism*, 76~99면.

15 예를 들면 『現階段的中國思想運動』(上海: 一般書店 1937)에 있는 논의 참조.

16 놀라운 예가 Roger R. Thompson, ed., *Report from Xunwu* (Stanford, Calif.: Stanford University Press 1990)이다.

17 언어의 문제에 제일 먼저 관심을 보인 사람의 하나는 취 츄빠이(瞿秋白)였다. Paul Pickowicz, *Marxist Literary Thought in China: The Influence of Ch'u Ch'iu-pai* (Berkeley and Los Angeles: University of California Press 1981) 참조. 공산주의자들의 문화활동에 관한 좋은 논의는 Ellen Judd, "Revolutionary Song and Drama in the Jiangxi Soviet," *Modern China* 9, no. 1 (January 1983), 127~60면 참조. 사실 일부 중국인 학자들은 마오의 혁명적 실천에 근거하여 중국화의 기원을 1930년대 초로 거슬러올라간다고 주장한다.

18 四川社會科學院毛澤東哲學硏究所 『毛澤東八篇著作成語典故人物簡注簡介』(重慶: 重慶出版社 1982).

19 艾思奇「論中國的特殊性」, 『中國文化』1 (1940. 1.), 31~32면.

20 예를 들면 Frederic Wakeman Jr., *History and Will: Philosophical Perspectives of Mao Tse-tung's Thought* (Berkeley and Los Angeles: University of California Press 1975); Thomas A. Metzer, *Escape from Predicament: Non-Confucianism and China's Evolving Political Culture* (New York: Columbia University Press 1977); Benjamin I. Schwartz, "The reign of Virtue: Some Broad Perspectives on Leader and Party in the Cultural Revolution," *China Quarterly* 35 (1965), 1~17면; Joseph Liu, "Mao's 'On Contradiction'," *Studies in Soviet Thought* 11 (June 1971), 71~89면 참조.

21 이 운동에 관한 설명에 따르면, 중국화의 분위기는 1970년대 말에 이미 타이완에 퍼져 있었지만, 그 운동은 1980년에 타이완의 중앙연구원민족학연구소(中央研究院民族學研究所)가 조직한 '사회와 행위과학의 중국화(社會與行爲科學的中國化)'란 학술회의와 함께 본격화되었다. 이는 1983년 홍콩 중원대학(中文大學)에서 있었던 '현대화와 중국문화(現代化與中國文化)' 학술회의로 이어졌는데, 이 회의에는 홍콩, 타이완, 싱가포르, 중화인민공화국에서 온 중국인 학자들이 참여했다. 이 회의에서 다룬 영역은 광범위했지만, 중국화는 분명히 가장 활발한 논의 주제였다. 이 문제에 대한 관심은 미국까지 건너가서 같은 해 애리조나의 템피(Tempe)에서 열린 아시아연구협회 서부회의(the Western Conference of the Association for Asian Studies)에서 '사회학의 중국화: 재미 중국 사회학자의 시각(社會學中國化: 旅美中國社會學家的若干觀點)'이란 주제로 원탁회의가 열렸다. 민족학연구소는 楊國樞·文崇一 編 『社會及行爲科學研究的中國化』(臺北: 中研院民族所 1982)를 발행했다. 중국계 미국인 사회학자들은 자신들의 논집 『社會學中國化』(이하 『社會學』)를 발행하여 관련된 쟁점에 대한 중국계 미국인 사회학자들의 입장을 소개했다. 후자의 책에 실린 차이 융메이(蔡勇美)의 「서론(緒論)」은 이런 회의와 책에 대해 개인적 견해를 개진한다. 사회학을 '본토화'하는 데 대해 한국에서 보인 비슷한 관심으로

는 Park Myung-kyu and Chang Kyung-Sup, "Sociology between Western Theory and Korean Reality: Accommodation, Tension, and a Search for Alternatives," *International Sociology* 14, no. 2 (June 1999), 139~56면 참조.

22 학문에 중국의 목소리를 집어넣는 것은 최근 많은 학문분야, 특히 역사학에서 두드러진 관심사가 되었다. 그러나 역사학의 경우 그 관심은 문명적 구분을 따르며 오리엔탈리즘적인 세계의 지형 그리기를 연상시키는 상위문화의 역사기술적 전통에 거의 전적으로 집중되었다. 중국 역사학자들이 그와 똑같은 일을 하기 때문에 여기서 오리엔탈리즘은 잘못된 명칭일 수도 있고, 오히려 반대로 아주 적절한 것일 수도 있다. 예를 들어 홍콩에서 온 저명한 역사학자 뚜 웨이윈(杜維運)이 기조강연을 했던 역사의 위기에 관한 학술회의 보고서「史學往哪里走」,『近代中國』30 (1989. 4.) 참조. 그의 연설은 전적으로 중국 내의 역사적인 상위문화의 업적과 그 이상(理想)이 어떻게 서구 역사학과 조화될 수 있는지만을 논하고 있다. 이 문제는 내 자신이 참석했던 회의들에서도 역사기술상의 논의를 지배했다. 말할 필요도 없이, 이는 모든 곳에서 중국인들이 경험하는 변화를 회피한다. 한편으로, 사회학자들은 인류학자들처럼 이론과 문화의 대면을 다룰 때 일상의 경험에 주의를 기울인다. 이는 부수적인 문제지만, 학문분야가 보편적 범주와 표의적 범주들로 분류화되는 것과 얼마간 관련이 있을 것이다. 문화와 역사의 관계에 대한 논의에 학문의 분야가 끼어드는 것도 1930년대 이후 얼마나 많은 것이 변했는지를 보여준다.

23 『社會學』29~44면과 271~310면에 각각 수록된 林南「社會學中國化的下一步」와 蕭新煌「社會學在臺灣」에 대한 설명 참조.

24 周顔玲「社會學中國化與婦女社會學」,『社會學』, 105~33면. 저자는 이 글에서 여성문제의 핵심적 중요성을 강조하면서도 다른 제3세계 페미니스트들이 그러하듯, 보편주의적 페미니즘에 대한 주장에는 제한을 둔다.

25 蔡勇美「緖論」,『社會學』, 9~28면, 9~10면.

26 林南「社會學中國化的下一步」, 32면. 이 논문은 템피회의에서 처음 발표되었다.

27 林南, 같은 글 32~33면.

28 蕭新煌「社會學在臺灣」, 307면.

29 蕭新煌, 같은 글 301면.

30 蕭新煌·李哲夫「透視三十年來海峽兩岸社會學的發展」,『社會學』, 311~28면, 315~16면.

31 1980년대 관심이 타이완화(臺灣化)로 옮겨가면서 중국화는 그 중요성이 감소한 반면, 타이완에 초점을 두는 본토화가 타이완 사회과학자들의 사고에서 더욱 두드러졌다. 이 점을 지적해 준 제자 장 야중(莊雅仲)에게 감사한다. 쟝은 1980년대 말 타이완의 대학원생이었다.

32 蕭新煌「旅美中國社會學家談社會學中國化」附錄,『社會學』, 329~45면, 339면.

33 蕭新煌「社會學在臺灣」; 郭文雄「從社會學中國化觀點看中國少數民族政策與研究」,『社會學』,

122~23면.

34 馬立秦「論疎離硏究的中國化」,『社會學』, 191~212면, 인용은 206면.

35 馬立秦, 같은 글 209면.

36 郭文雄「從社會學中國化觀點看中國少數民族政策與硏究」, 163면.

37 제3세계에서 마오주의가 갖는 호소력에 대해서는 Arif Dirlik, Paul Healy, and Nick Knight, eds., *Critical Perspectives on Mao Zedong's Thought* (Atlantic Highlands, N.J.: Humanities Press 1997) 참조.

38 마오의 맑스주의에 대한 이런 해석으로는 Maurice Meisner, *Marxism, Maoism, and Utopianism* (Madison: University of Wisconsin Press 1982) 에 실린 글들 참조.

39 J. K. Gibson-Graham, *The End of Capitalism (As We Knew It): A Feminist Critique of Political Economy* (Boston: Blackwell 1996), 28면.

40 L. Althusser, "Contradiction and Overdetermination," in *For Marx* (New York: Vintage Books 1970), 89~128면, 특히 90~94면.

41 Jürgen Habermas, *Theory and Practice*, trans. John Vierted (Boston: Beacon Press 1973), 2 면, 10~16면.

42 蔡勇美『社會學』서론, 14면.

43 馬立秦, 같은 글 208면.

제5장

아시스 난디 읽기

__ 과거의 회귀인가 격렬한 근대성인가?

아시스 난디 읽기

과거의 회귀인가 격렬한 근대성인가?

이 장의 논의는 아마도 무언가에 대한 대답이라기보다는 하나의 중요한 질문이 될 것이다. 아시스 난디(Ashis Nandy)의 저작들이 작금의 인도 상황에서 상당히 논란이 되어왔음을 나는 알고 있다. 인도의 지적·정치적 생활에 문외한인 나 같은 사람이 그의 저작들을 논의하려 한다는 것은 믿을 만한 지뢰탐지기도 없이 지뢰밭으로 뛰어들어가는 일과 크게 다르지 않을 듯하다. 그래도 위험을 무릅쓸 가치가 있다고 생각하는 이유는 난디의 말이 인도의 지적 경계를 넘어서도 타당성이 있기 때문이다. 특히 여기서 나는 그의 주요 관심사인 과학, 역사 그리고 발전주의 사이의 삼각관계에 관심이 있다.

난디의 반역사주의와는 어긋나지만 그의 저작들과 그 영향력을 역사화하는 일은 중요하다고 생각한다. 난디는 『친밀한 적』(*The Intimate Enemy*) 서문에서 진보이론들에 깔려 있는 지식체계에 대한 불만을 다음과 같이 말한다.

이러한 인식 때문에 모든 사람들이 진보이론을 포기하지는 않았지만, 몇몇 사람들은 식민주의에 대한 초기 비판이 여전히 고수하던 옛 보편주의를 자신감을 갖고 뻐딱하게 볼 수 있게 되었다. 이제는 근본적인 사회 비판과 비근대적 문화들과 전통들을 옹호하는 것이 서로 결합될 수 있다. 비판적 전통들과 인간의 합리성의 복수성(plurality)을 이제는 말할 수 있는 것이다. 마침내 이제 데까르뜨가 이성에 대해 최후의 단정을 한 것도 아니고, 맑스가 비판적 정신에 최후의 단정을 한 것도 아님을 인정한 듯하다.[1]

이같은 진술은 난디가 이렇게 주장할 수 있었던 상황, 즉 '옛 보편주의'에 대한 불신임이나 믿음의 상실에 의해 '자신감'을 가질 수 있었던 상황에 대해 무엇인가 말해주는 바가 있다. 난디가 생각하는 보편주의는, 명백히 초기 식민주의의 **급진적** 비판을 가능케 했던 것들을 포함하는 유럽중심적 보편 개념들이다. 이것을 인식하게 되면, 난디가 비판적으로 제시하는 것들을 평가—결정적인 통찰력이란 측면뿐 아니라 그 한계라는 측면에서—할 수 있다. 이를 위해서 나는 난디의 사상을 우리 시대의 두 가지 상반된 지적 경향의 맥락 속에 위치시키려고 한다. '옛 보편주의'가 퇴락하면서 생겨난 두 가지 지적 경향은 이산적 전지구주의를 가장하면서 새로운 보편주의를 키워주는 탈식민주의와, 그와 상반되며 이전에 유럽중심적 근대성의 범람에 의해 매몰된 대안적 문명의 가치를 재주장하는 종족중심주의다. 모든 면에서 이 두 경향은 상호대립함에도 불구하고, 둘 다 근대성의 부인이 아닌 그 복잡함을 통해 과거로 회귀한다. 왜냐하면 억압된 과거로 회귀하는 이같은 현재의 전환은 근대성에 대한 반발로 인식될 수도 있지만, 근대성의 승리도 의미하기 때문이다.

프란츠 파농에서 아시스 난디까지

난디가 심리학자로서 훈련을 받았고 그가 식민주의와 근대성의 문제틀을 짜는 더 심리학이 중요했다는 사실은, 예전의 혁명적 시기―그러한 시기가 사라졌다는 점이 우리 시대의 근본적 조건 중 하나다―에 저작들을 발표하며 뚜렷한 흔적을 남겼던 또 다른 심리학자 프란츠 파농(Frantz Fanon)을 곧바로 떠올리게 한다.[2] 서로 비교될 만한 흥미로운 점이 많지만, 『친밀한 적』과 파농의 『검은 피부, 하얀 가면』(*Black Skin, White Mask*)[3] 두 책을 여기서 면밀히 비교할 수는 없다. 의미심장하게도 파농은 자신의 시도를 '사회진단'이라고 지칭했지만, 두 책은 모두 난디가 말하는 식민주의의 '문화심리학'을 실천한다.[4] 두 책에서 핵심적인 것은 식민통치자들과 식민지 사람들 모두를 포함한 식민적 주체와 그들이 식민주의로 인해 겪는 심리적 손상이다. 파농은 흑인 남성과 여성이 자신의 주체성뿐 아니라, 맑스의 용어를 빌리자면, '종 본성'(species-being)으로부터도 소외되는 문제에 지대한 관심이 있기 때문에 '탈소외'(disalienation)라는 용어를 자주 사용하긴 하지만, 두 책은 모두 식민적 주체를 '탈식민화'(decolonize)하려고 한다. 이 두 분석에서 핵심적인 것은 지배와 저항의 식민적 관계에서 나타나는 계급과 섹슈얼리티(sexuality)의 문제들이다. 식민주의는 문화적으로 잡종인 새로운 계급, 인도의 맥락에서 사용되는 용어로는 '바부'(babus, 식민지하에서 영어를 쓴 인도인 서기들―옮긴이)를 만들어냈다. 이 계급은 자신의 사회에 대해 우월감을 가짐으로써 자신의 문화로부터 소외되면서, 또한 자신이 동일시하려고 노력하는 식민주의자들로부터 멸시를 받았다. 이는 또한 양성 간의 적대감을 일으키거나 그것을 악화시켰다. 식민통치자들에 의한 식민지인들의 여성화로 인해, 식민화된 남성들은 성적인 권력에 대한 주장을 불온하게 강조하는 것에서 그 대응방식을 찾음으로써 사회 내의 성 관계를 양분화했다.

이 쟁점들은 현재 탈식민주의 비평에서 핵심적이다. 이 쟁점들이 어떻게 틀이 잡히고 다루어졌는지 알려면, 개인들의 지적·정치적 입장뿐 아니라 식민주의와 그 유산들에 대한 태도의 역사적 변화를 짚어내는 폭넓은 논의가 필요하다. 파농의 유산은 탈구조주의적 경향을 지닌 탈식민주의가 식민지적 조우에 대한 파농의 분석을 전유하고자 함에 따라 논쟁의 주제가 되어왔다.[5] 파농과 난디의 책의 유사성을 환기하는 나의 목적은 하나를 다른 쪽에 동화시키려는 것이 아니라 양자의 차이점들을 찾으려는 것인데, 이 차이점들이 두 책의 공통점보다 훨씬 더 중요할지 모른다. 『친밀한 적』과 『검은 피부, 하얀 가면』 사이의 주제상의 유사성은 두 저자가 그 주제들을 다른 방식으로 다루었기에 오히려 가려진다. 이 차이점은 식민주의에 의해 생겨난 문제들을 단지 진단하기만 하는 것이 아니라 그 해법까지 짚어주는 두 책, 즉 『지구의 비참한 자들』(The Wretched of the Earth)과 『전통, 전제 그리고 유토피아』(Traditions, Tyranny, and Utopias)를 나란히 놓았을 때 더욱 중대된다.[6]

어떤 차원에서 이 차이점들은 이 책들이 씌어진 상이한 환경을 가리킨다. 파농의 카리브해안과 아프리카는 그것이 제기하는 문제에 있어서 난디의 인도와는 상당한 거리가 있다. 이 글에서 나의 의도가 두 사상가의 지적 역사를 다루는 것이 아니라 두 사람이 식민주의와 지배의 문제를 어떻게 다루었는지를 평가하는 것이기 때문에, 파농의 저작들이 씌어지고 수용된 맥락과 우리 시대와의 거리에 대해 난디의 저작들이 무엇을 밝히고자 하는지에 더 관심이 있다. 우리가 공간적 거리를 인지하는 방식조차 그 방식 자체의 시간성을 가진다. '제3세계'와 같은 용어나 보편성을 주장하는 맑스주의 같은 이론에서 중대한 의미를 찾았던 예전에는, 인도와 아프리카 사이의 거리는 전혀 중요하지 않았다. '제3세계'나 '맑스주의' 모두 더 이상 그런 중요성을 주장할 수 없다는 점이야말로 그 시간적 거리를 보여주는 척도다. 이러한 거리두기는 식민으로부터의 해방이라는 이전의 문제들과 그 문제들에 대한 현재의 탈식민적 재정의 모두와 관련하여 난디를 역사적으로 자리매김하는 데 도움이 될 것이다.[7] 파농의 말이 이제는 과거의 목소리처럼 들릴지라도, 그가 말해야 했던 것은 여전히 우리 자신의 목소리를 비판적으로 평가하는 하나의 방법을 제시할 것이다.

탈식민적 관점에서 본 파농과 난디

이러한 차이점을 밝혀주는 데는 식민주의에 대한 파농의 대답을 난디가 어떻게 평가했는지에서 출발하는 것이 가장 좋을 것이다. 난디의 주장은 그것이 거론하는 여러 문제에 있어서나 난디가 인식하는 파농과의 차이점에 있어서나 길게 인용할 가치가 있다.

그들이 직면해온 모든 모욕과 억압에도 불구하고, 패배한 많은 문화들은 승자와 파자, 억압하는 자와 억압받는 자, 지배자와 피지배자 사이를 뚜렷하게 구분지으려 하지 않는다. (…) 이 문화들은 종교, 신화, 민속 같은 비이원론적 전통에 근거하여, 살아 있는 것들의 대상화와 거기에서 유래하는 폭력성에 모호하면서도 어설픈 효력만 있는 어떤 제한을 두려고 한다. 그 문화들은 악의 경계선이 분명히 정의될 수 없고, 공격자와 희생자 사이에는 항상 연속성이 존재하며, 외부의 억압적인 구조로부터의 해방이란 동시에 자기 자신의 억압적 부분으로부터의 자유도 의미해야 한다는 그런 믿음──갈수록 근대 세계에서는 상실되는──을 보존하고자 한다. (…) 프란츠 파농은 탈식민지 사회에 대한 자신의 전망에서 폭력에 정화의 역할을 부여했다. 정화의 역할이 많은 아프리카인들과 아시아인들에게 매우 생소하게 들리는 주된 이유는 그것이 이런 문화적 저항에 무감각하기 때문이다. 파농은 억압하는 자의 내면화를 인정한다. 그러나 그는 외부의 유령을 마침내 폭력적으로 맞닥뜨려야만 하는 액막이(exorcism) 의식을 요구한다. 왜냐하면 외부의 유령이 내부의 유령의 짐을 지기 때문이다. 외적 폭력은 자기 자신의 한 부분과 고통스러운 결별을 할 수 있는 유일한 수단이라고 파농은 이야기한다. 만일 파농이 자신의 문화 개념에 더욱 자신감을 가졌다면, 자신의 전망이 적과의 협력 이상으로 희생자들을 억압의 문화에 더욱 단단히 묶어놓는 것임을 인식했을 것이다. 우리 시대 억압의 주요 기술인 조직된 폭력을 문화적으로 받아들이게 되면, 억압하는 자들의 기본적 가치에 맞추어 희생자들을 더욱 사회화할 수밖에 없다. (…) 만일 파농이 더 오래 살았다면, 그는 아마도 우리 시대 자유의 추구에 관한 두 가지 중대한 의문, 즉 왜 프롤레타리아독재가 결코 끝나지 않으며 왜 혁명은 항상 혁명의 자식들을 집어삼키는가에 대한 부분적 답변이 자신의 액막이 의식의 방법에 있음을 인정했을 것이다.[8]

나는 폭력이란 문제에 대한 파농의 견해를 이런 식으로 독해하는 것이 적절한지에 대해서 관심이 있다기보다는, 오히려 그것이 난디에 대해 말해주는 바에 관심이 있다. 파농의 『검은 피부, 하얀 가면』의 마지막 2장을 세심하게 읽으면, 폭력의 문제에 관해 상당한 양면성이 있음을 알 수 있다. 게이츠(Gates)가 파농의 "가장 명백히 정신분석학적인 책"[9]이라고 묘사한 이 책은 파농을 탈식민적으로 해석하기 위해 가장 많이 이용되는 책이다. 그러한 해석은 식민통치자와 식민지 사람들의 관계에 대한 탈식민주의 비평에서 드러나는 것과 비슷한 모호함을 파농에게서 찾아내려 한다. 한편 폭력을 긍정하는 논의는 파농의 후기 저작인 『지구의 비참한 자들』로의 길을 여는데, 이 책에서 파농은 폭력을 식민 세계를 통하지 않고는 빠져나올 방법이 없는 '마니교의 세계'로 묘사한다. 『지구의 비참한 자들』이 식민통치자와 식민지 사람들 사이의 끊없는 적대관계를 지워버릴 우려가 있는 파농에 대한 탈식민적 읽기를 그렇게 쉽게 허락하지 않는 것도 놀라운 일은 아니다.[10] 난디가 앞의 인용문에 대한 주석을 달아 이 두 책을 모두 인용하고는 있지만, 그는 파농의 폭력에 대한 주장을 평가할 때 『지구의 비참한 자들』을 우선적으로 고려하고 있는 듯하다. 다시 말하면, 탈식민적 해석에서와는 다르게 그는 파농을 전유하려 하기보다는 그와 일정한 거리를 두려고

하는 것이다.[11] 이러한 거리두기는 이데올로기적인 것일 뿐 아니라, 그가 '만일 파농이 더 오래 살았다면' 혁명의 실제 모습을 보았을 것이라고—이 는 시간적으로 유리한 **우리의** 입장에서 보았을 때 더 분명하다—주장한 데서도 암시되어 있듯이 또한 시간적인 것이기도 하다.

식민주의에 대한 과거의 혁명적 대응으로부터, 그리고 그 대응을 새로 운 탈식민적 서사에 포함함으로써 혁명적 과거를 지우려는 현 시대의 노력 들로부터, 이렇게 이중적으로 거리를 두는 것은 난디를 지적으로나 정치적 으로 자리매김하는 한 방법을 제공한다. 이상하게도 파농에 대한 난디의 평가는 탈식민주의 비평의 평가와는 다를 수 있지만, 그의 평가를 형성하 는 전제들은 탈식민주의 비평과 많은 것을 공유한다. 내가 아는 한, 난디는 탈식민주의 비평을 해외에 전파하는 데 많은 공헌을 한 인도의 동료 지식 인들과는 아주 미미한 관계만을 갖고 있다.[12] 그 자신이 소장이자 연구원이 기도 한 개발도상사회연구쎈터(The Centre for the Study of Developing Societies)는 탈식민주의 비평의 문제와는 사뭇 다른 성격의 문제들을 제기 하고, 탈식민적 근대성을 포함한 근대성에 도전하기 위해 간디의 유산을 끌어들인다.

이 문제들에 대해서는 이 장의 말미에서 더 논의하겠다. 난디의 식민주 의에 대한 비평이 탈식민주의적 비평의 식민주의에 대한 비평과 다르다 할 지라도, 두 비평이 모두 현재적이라는 사실을 무시해서는 안된다. 그리고 둘 간의 차이에도 불구하고 식민주의에 대한 두 주장은 식민주의에 대한 과거의 대응과 구별해주는 공통성 또한 공유하기도 하며, 그래서 궁극적으 로는 탈식민주의 비평이 이산적 지식인들에 의해 형성된 구미의 탈식민주 의 비평기라는 개념이 허용하는 것보다 더 넓은 범위의 개념임을 암시한다 는 사실도 마찬가지로 무시되어서는 안된다. 가장 분명한 공통성은 두 비 평이 '이후'(after)와 '반'(anti)이라는 두 의미 모두에서 탈혁명적이라는 점 일 것이다. 이는 난디의 경우 아주 명백하다. 그리고 이는 탈식민주의 비평에서도 어렵지 않게 찾아볼 수 있는데, 탈식민주의 비평은 메타서사나 고정된 정체성을 거부하면서, 혁명의 구조적·주체적 조건을 부인함으로써 혁명적 가능성에 또한 불리하게 작용한다. 난디가 "전통적인 반식민주의도 정신의 식민지화에 대한 변명일 수 있다"라고 말했을 때, 이 언급은 틀림없이 '탈식민주의 비평가'로서의 언급이었을 것이다.[13] 파농에 대한 부정과 전유는, 해석상으로는 대조적일지 모르지만 식민주의로부터 해방되기 위한 수단으로써의 혁명을 부정한다는 점에서는 하나로 합쳐진다.

둘째, 문화적 또는 심리학적 실체로서의 식민주의를 강조한다는 점에서 난디는 탈식민주의 비평의 여러 측면에 동의한다. 물론 이는 억압적인 구조로부터의 해방은 식민적 지배에 의해 형성된 자신으로부터의 자유도 요구하며, 정치적 행위로서 탈식민지화는 심리적·문화적 탈식민화와 분리할 수 없음을 아주 설득력 있게 주장한 첫 제3세계 지식인이었던 파농의 경우도 마찬가지다. 파농 또한 난디와 탈식민주의 비평가들처럼 이런 문화적·심리적 식민주의가 식민지 사람들만큼이나 식민통치자 역시 만들어냈다고 주장한다. 이 점이 그의 분석을 탈식민 서사와 유사한 것으로 만드는 것이다.

한편 파농이 이런 심리적·문화적 탈식민화를 이해한 방식을 보면 그는 이후의 해석과 두 가지 중요한 점에서 구별된다. 『검은 피부, 하얀 가면』을 읽은 독자라면, 출신사회뿐 아니라 그 자신이 모방하는 식민통치자 사회와의 문화적 유사성을 박탈당한데다가 자신의 인간성마저 완전히 빼앗긴 식민화된 주체의 비극에 감명을 받지 않을 수 없다. 물론 파농은 식민지적 억압뿐 아니라 흑인을 생물학적 최저치로 축소해버린 인종적 동기를 가진 인종주의를 말하고 있다. 그가 『지구의 비참한 자들』에서 긍정하고자 했던 폭력의 비극은, 그 폭력을 식민통치자들에게 행사함으로써만 자아의 회복이 이루어질 수 있는 이러한 과거의 비극으로부터 나온다. 파농의 저작들은 비극의 수사로 씌어져 있다.

이와 대조적으로 난디가 '공유된 문화로서의 식민주의'[14]를 거론할 때 그가 염두에 둔 관계는 훨씬 더 교섭 가능한 것이다. 호미 바바(Homi Bhabha)가 식민통치자와 식민지 사람들 모두를 포함하는 '식민지 주체'를 말한 것과 마찬가지로, 난디는 '억압하는 자와 억압받는 자 사이의 연속성'을 말한다.[15] 그의 언어 역시 파농이 말하는 '이분법'에 반하는 '잡종성'과 '경계면'의 언어다. 흑인 지식인들의 유럽화가 파농의 작품에서는 제로썸(백인이 되면 될수록 점점 덜 흑인이 되는) 관계로 등장한다면, 난디의 바부는 "자신의 사회를 대신하여 서구를 가공 처리하고 이를 다시 소화할 수 있는 부드러운 덩어리로 환원되는 경계인으로서 마지못해 인식된다. 그의 우스꽝스러운 자아와 위험한 자아 모두 백인 나리에 대항하여 그의 사회를 보호한다."[16] 난디에게 있어서 결국 훨씬 유리한 협상을 할 수 있는 것은 바로 식민지 사람들보다 더 성공적으로 식민적 조우를 수용할 수 있는 억압받는 자들이다.

이것이 비근대적 인도 내 종족적 보편주의의 이면이다. 이것이 바로 식민주의가 초래한 엄청난 고통을 포함하여 식민지 경험을 고려하면서, 거기에서 더욱 성숙하고 더욱 현재적이며 더욱 자아비판적인 인도의 전통을 일구어내는 보편즈의다. 이것이 바로 서구화된 인도를 중심에 놓고, 병리학과 희비극성에도 불구하고 한때 문을 부수고 인도에 쳐들어왔던 다른 문명을 '소화된' 형태로서의 하부전통으로 여기는 보편주의다. 인도는 서구를 단지 정치적 침입자나 문화적으로 열등한 존재만이 아니라 인도의 맥락에서 보았을 때 가장 중요하지는 않지만 중요하면서 그 자체로 의미있는 하부문화로 봄으로써, 서구라는 차별성을 그 자체의 문화적 영역 안으로 잡아들이기 위해 **노력해왔다.** 이것이 바로 키플링(Kipling)은 서구적이고자 했지만 서구적일 수도 인도적일 수도 없었던 반면, 일상의 인도인은 그저 자신이 인도인으로 남아 있을 때조차도 인도인이자 서구인이라는 내 말의 의미다.[17]

파농이 정치경제학의 문제에 관심을 가진다는 점은 식민지배 문제에 대한 그의 접근을 구별짓는 두 번째 특성이다. 그 지배는 매우 심리적일지 모르나 또한 정치경제학의 구조에 깊이 뿌리박고 있기도 하다. 난디는 식민주의를 문화영역으로 전치(轉置)하는 문화주의 경향을 탈식민주의 비평과 공유한다. 앞으로 살펴보겠지만 그는 세계의 식민지화에서 지식의 형식에 대해 강조함으로써 근대성의 성격과 그 결과들에 대해 급진적 의문을 제기한다. 반면에 그의 저작에 정치경제학의 문제에 대한 관심이 상대적으로 부재함으로써 생겨나는 어떤 근본적인 문제들도 있다. 탈식민주의의 정치경제학 회피는 토대들과 메타서사에 대한 부정에 의해 합리화되었는데, 난디는 이 관점을 공유하지 않는다. 그렇다면 파농이 중시한 '토지와 빵'[18] 문제에 난디가 탈식민주의 비평가들 못지않게 비교적 많은 관심을 두지 않는다는 것은 놀랄 만하다. 『지구의 비참한 자들』 전체 6개 장 중 2개 장이 해방을 위한 반식민투쟁에서의 정치경제학과 계급 문제에 할애되었는데, 이는 결국 혁명을 식민주의에 대한 혁명으로서뿐 아니라 내부적 계급투쟁으로서 보는 그의 입장을 이루었다. 파농과 마찬가지로 난디도 그 나름대로 내적 식민주의와 외적 식민주의의 관계를 말하고, 식민 문화에 의해 침범당하지 않은 것으로 식민주의로부터의 해방을 위한 모든 투쟁에서 필수불가결한 보존된 문화적 자산인 '민중의 방식'(민중의 문화)을 강조한다. 그러나 여기서도 강조는 대체로 문화적이고 심리적인 문제들로서의 식민주의와 해방에 대한 강조다. 난디의 말을 빌리면, "식민화의 정치경제학은 물론 중요하다. 그러나 식민주의의 조잡함과 미숙함은 주로 심리학의 영역에서 표현되었고, 근대 식민주의가 세계에 모습을 나타낸 이래 식민주의하에서의 심리상태를 묘사하는 데 쓰인 변수들은 자신을 정치화한 만큼 정치심리학의 영역에서 표현되었다."[19] 그리고 그가 인도의 촌락이 아마도 고유한 문화자원의 궁극적 거점이라고 할 때, 그는 구체적인 마을보다는 상상된 촌락에 더 관심을 갖는다.[20] 이런 식의 식민주의에서 '근대적 서구'는 지리적, 시간적 범주일 뿐 아니라 '심리적인 범주'[21]이기도 하다. 난디에 따르면, "문명적 임무를 뺀 식민주의는 전혀 식민주의가 아니다."[22] 이 말은 식민주의에 대한 난디의 접근방식만이 아니라 현재의 식민주의 비판과 단지 한 세대 전 풍미했던 식민주의 비판을 구분지을 수 있는 거리를 암시한다.

역사문제만큼 난디와 파농의 거리가 더 분명하게 나타나는 것도 없다. 앞의 인용에서 고유문화의 식민주의에 대한 저항에 '무감각'하다는 파농에 대한 과소평가는 파농에 대해서만큼이나 난디에 대해서도 말해주는 바가 많다는 점에서 흥미롭다. 역사와 문화에 대한 난디의 생각은 뒤에서 논의할 것이므로 여기서 이 문제를 자세히 논할 필요는 없고, 다만 파농과 난디가 식민 정복─이는 오히려 식민적 헤게모니만을 심화시킬 텐데─이 암시하는 '남성성'이나 문명의 결여를 보상하기 위해 다시 씌어진 문명적 또는 민족적 과거를 부정한다는 점에서 어느 정도 유사성을 가진다는 것만 짚고 넘어가겠다. 그러나 이 지점을 지나면 이들 둘은 매우 의미심장한 방식으로 갈라선다. 파농은 역사와 문화의 창조를 위한 짐을 혁명적 투쟁 자체가 떠맡는 식의 과거를 근본적으로 거부한다.[23] 그렇게 창조되는 역사는 보편적 역사다. "나는 한 사람의 인간이고 내가 되찾아야 하는 것은 세계의 모든 과거다. (…) 한 인간이 정신의 고귀함이 승리하도록 기여할 때마다 그리고 그의 동료들을 종속시키려는 시도에 대해 거부의 의사를 표현할 때마다, 나는 그의 행동에 연대감을 느껴왔다. 나는 절대로 유색인종의 과거에서 나의 기본적 목적을 추론하지 않는다. 절대로 부당하게 무시당해온 흑인문명의 부흥을 위해 애쓰지 않을 것이다. 나는 어떤 식으로든 과거의 인간이 되지는 않을 것이다. 나는 나의 현재와 나의 미래를 희생시키며 과거를 고양하고 싶지 않다."[24]

유럽중심적 전제들이 현재의 시각에서 보면 매우 놀라울 텐데, 혁명적 전망 속에 미래의 기반을 놓기 위해 과거를 부인하는 이런 보편주의적 인간주의에 대항하여, 난디는 다른 문화적 전통들에서 구현된 대안적 보편주의들을 제안한다. 이렇게 다른 문명적 과거들을 긍정함으로써 그의 전망은 파농의 전망 같은 혁명적 전망과 구별되고 또한 현재의 탈식민주의적 논의들과의 유사성도 없다. 탈식민적 논의에서는 서로 다른 과거들이 되돌아와서는 새롭고 잡종적으로 재정의되면서 자체의 순정성을 잃고 마는데, 난디는 식민적 조우에 의해 만들어진 잡종성을 진정한 과거의 발견과 재발견을 위한 수단으로 이용한다. 이것이 다시 작금의 대안적인 문명적 이상들을 재주장하는 경향과 다르면서도 그와 모순적인 유사성을 지적하는 것이다.

현재의 종족중심적 부흥의 시각에서 본 난디의 저작

우리 시대는 차이라는 이름하에 차이점들을 지우는 탈식민주의적 시대일 뿐만 아니라, 차이점을 강하게 재역설하는 시대이기도 하다. 구미의 탈근대나 탈식민 영역에서는 순정성이 문제시되는 이때에도, 이슬람과 힌두의 문화적 과거에 대한 재역설에서 동아시아의 유교 부활과 문명에 바탕한 쌔뮤얼 헌팅턴(Samuel Huntington)의 새로운 지구정치학에 이르기까지, 문화적 또는 문명적 순정정에 대한 재역설이 광범위하게 퍼져 있다. 순정성은 민족이나 종족성, 문명에 자리잡기도 하고, 이산이나 토착적 지역주의(indigenous localism) 같은 다양한 실체들에 자리잡기도 한다. 이러한 지점은 모두 하나의 목적에 기여한다. 즉 전지구화 구호들이 갈수록 학계의 보금자리를 장식하고 있는 지금 싯점에 등장한 세계의 파편화가 그것인데, 역설적이게도 학계는 이러한 파편화를 전지구화의 표식으로 축복하고 있다. 지식 자체가 종족화되고 나아가 생물학적인 것으로 됨에 따라, 정치와 문화의 분화는 가장 중요하게는 세계의 인식 가능성에 의문을 제기한다.

이것이 아마도 전지구적 시각에서 보면 가장 적절한 '포스트모더니티의 조건'일 것이며, '격렬한 근대성'이라 불릴 수 있을 것이다. 헌팅턴이 유명한 (그리그 악명높은) 글들에서 근대화가 '전통'을 지워버리는 것이 아니라 자신이 위험한 바로 그 정체성들에 힘을 불어넣음으로써 전통들을 강화해 왔다고 지적한 것은 타당하다.[25] 지난 20여 년간 동아시아사회의 급격한 경제발전은 그 사회 내에서 '유교의 부활'에 힘을 실어주었다.[26] 미국의 복음주의자들만큼이나 이슬람의 근본주의자들도 자신들이 제시한 것을 근대성의 언어로 합리화한다. 난디는 자신의 영감의 근원에 대해 "간디는 반근대주의자였지만, 근대인들에게는 전통을 옹호함으로써 탈근대적 의식을 이끈 근대성의 주요한 비판자로 재등장했다"라고 말한다.[27] 난디는 현재의 세계에서 인도의 존재를 강하게 역설한다. 이러한 난디의 인도문명을 읽는 방식도 현재의 포스트모더니티에 공헌하지만, 그는 인도성이란 개념을 자신의 탈근대적 의식을 도입함으로써 현재의 종족중심주의와는 바로 결별한다.

옛 보편주의에 대한 난디의 도전은, 식민주의와 근대화가 인도의 과거를 지워버리기는커녕 "더욱 성숙하고 더욱 현재적이며 더욱 자기비판적인 방식의 인도전통"[28]을 건설하는 것을 가능하게 했다는 확신에 의해 형성된다. 내가 앞에서 수차례 지적했듯이, 난디는 토착적 과거들을 반식민주의자적 입장에서 다시 쓰는 것이 식민주의와 오리엔탈리즘의 전제들을 반복할지도 모른다는 사실에 대해 상당히 민감했다. 그가 생각하기에, 과거에서 남성성이나 민족의식을 발견하려 했던 인도에서의 노력이 그 예로서, '힌두교의 황금시대'를 '근대 서구의 고대 버전'[29]으로 만들고자 했던 시도가 그러했다고 그가 믿듯이 말이다. 이러한 노력의 대립항으로 그는 자신이 '비판적 전통주의'라 부르는 것을 제시한다. 그것은 "인도의 전통들을 비판적으로 바라보고, 그것에 주어진 서구의 영향의 특성을 평가하며, 그 고유성을 훼손하지 않으면서 인도문화를 갱신하려는" 노력을 요구한다.[30] 이는 고유성을 긍정한다는 점에서 탈식민주의자들의 귀에 거슬릴 법한 발언이다. 그리고 지속적으로 수정('창조'?)될 수밖에 없으면서도 어떻게든 그 고

유성을 유지해나가는 전통에는 명백한 모순이 존재한다. 내 생각에, 이 문제를 해결하는 방법에서 난디는 인도와 그외 지역의 종족중심주의자들과 구별되고, 현재의 토착주의 부활의 대부분을 특성짓는 민족주의적 쇼비니즘을 극복하며, 과거와의 관계에서 근대성을 사고하는 비판적이면서 창조적인 방식을 열어준다. 그러나 또한 바로 그 해결방법 때문에 인도의 과거를 구해내려는 그의 노력은 결국 좌절될 수도 있다.

첫째, 난디가 옹호하는 '전통들'은 그가 민족국가와 구별하면서 그것과 대립시키는 문명의 전통들이다. 난디는 단호한 반민족주의자다. 파사 채터지(Partha Chatterjee)처럼 그는 민족주의적인 과거의 전유에서 오리엔탈리즘의 반복을 발견하며, 민족문화를 동질화하려는 민족국가가 노력을 일종의 '내부 식민주의'[31]로 본다는 점에서는 아마 채터지보다 더 나아가는 듯하다. 난디는 타고르(Tagore)와 민족주의에 대한 연구의 서문에서, "우리 나라에 강압적 근대 민족국가가 폭력적으로 출현하는 것에 직면하여, 아마도 그것에 저항할 젊은 인도인들이 이 글에서 과거를 쓸모있게 구성하는 방안을 찾기를 바란다"고 말했다.[32] 난디의 저작들을 역사적으로 검토해보면, 최근에는 식민주의에 대한 관심보다 민족주의에 대한 관심이 비중이 커져감을 알 수 있다. 난디는 최근 저술에서 인도의 공동체 간 갈등이 민족통합의 장애물이라기보다는, "다양성을 두려워하고, 주류의 언어로 씌어지지 않는다면 모든 이의제기를 참지 못하며, 종족집단의 자기 주장이나 자율성의 추구 앞에서 겁에 질리는 '주류 민족문화'라는 개념"[33]의 산물일지 모른다고 시사한다. 그는 (그리고 그의 공동연구자들은) 람잔마부미운동(Ramjanmabhumi Movement)에 대한 연구에서 이에 대해 다음과 같이 설명한다.

남아시아는 항상 여러 문화가 섞인 쌜러드 그릇이었다. 남아시아는 오랫동안 미국식의 도가니(melting pot) 모델과 미국의 개인주의적 가정들이나 반공

212

동체적 편향—좌파나 우파, 근대 민족주의자들이나 국가주의자들 모두가 이에 분노한다—을 피해왔다. 쌜러드 안에는 그 내용물들이 각각의 특징들을 유지하면서도 그 하나하나가 다른 것들의 존재를 통해 각자의 개성을 초월한다. 도가니 안에서는 근원적인 정체성들이 녹아버리게 된다. 녹지 않은 것들은 응고되어 살아남게 되고, 민족성이나 마이너리티로 불린다. 그리고 결국에는 용해될 것으로 생각된다. 남아시아에서 최근 발생한 폭력의 대부분은 인도의 오래된 현실에 도가니 모델을 강제하기 위해 이루어졌던 체계적인 노력 때문이라고 유추할 수 있다.[34]

둘째, 민족주의에 대한 이런 비판에서 역설적으로 보이긴 하지만, 난디에게는 인도문명의 핵심적 가치가 고유한 인도성을 거부하는 데 있다는 점은 명백하다. 그는 19세기 선구자인 이스와찬드라 비디아사가(Iswarchandra Vidyasagar)에 대해 다음과 같이 말한다.

현재의 힌두인들이 타락하기 전이라 생각하는 힌두인들의 황금시대라는 이미지를 그는 사용하려 하지 않고, 비힌두인에 의한 인도 지배의 역사에 심리적으로 묶이기를 거부하며, 힌두주의를 이슬람이나 서구적 의미에서의 '엄격한 의미의 종교'로 읽기를 거부한다. 그리고 그는 남성성이나 성인(成人)의 이데올로기를 거부하고, 초(超)힌두국가를 창조하거나 힌두주의가 서구의 문화적 침탈에 대한 완벽한 해독제라고 옹호함으로써 보복하는 데 반대한다. 그의 노력은 힌두주의의 형식적 구조가 아니라 새로운 읽기와 내적 비판을 허용하는 열려 있고 무질서한 하위문화들과 텍스트적 권위들의 연합이라는 그 정신을 보호하려는 것이다.[35]

인도의 과거에 대한 이런 식의 읽기가 난디의 글에 가득 차 있다. 진정한 인도문화에 대한 긍정은 내내 역설적으로 제시되기 때문에, 난디는 종족중심적인 봉쇄에 저항한다. "단지 최근에 와서야 힌두인들은 자신들을 힌두인으로 그려내기 시작했다. 그러므로 그 표현 자체가 내적 모순을 지닌다. 즉 스스로를 규정하기 위해 힌두라는 용어를 사용하는 일은 힌두인에 대한 전통적 자기규정을 경멸하는 것이고, 공격적으로 자신의 힌두주의를 역설하는 것은 스스로의 힌두성을 바로 부정하는 것과 다르지 않다"라고 그는 지적한다.[36] 이어서 그는 『친밀한 적』의 마지막 부분에서 책의 서두에 제시했던 진정한 인도문명에 대한 긍정을 거의 부정하는 식으로 다음과 같이 적고 있다.

> 필자를 포함한 사회분석가들은 인도문화의 특수성을 주로 어떤 문화적 주제들의 독특함이나 그 형태에서 찾아왔다. 이것이 잘못된 길은 아니지만, 다분히 반쪽만의 진리로 귀결될 수 있다. 그중 하나는 인도인을 대신하여 과거와 현재, 토착적인 것과 외래적인 것, 힌두와 비힌두 사이에 뚜렷한 선을 긋는 것이다. 그러나 내가 주장했듯이, 공격적인 서구는 이따금 내부에 있다. 진지한 자칭 토착인 역시 종종 외래적 범주이고, 자신을 힌두적이라고 선언하는 힌두인도 결코 힌두인이 아니다. 인도문화의 독특함은 또한 아마도 독특한 이데올로기에 놓여 있다기보다는 문화적 애매함을 안고 지낼 수 있고, 나아가 그것을 문화적인 침략에 대한 심리적이고 형이상학적이기까지 한 방어를 구축하는 데 사용할 수 있는 그 사회의 전통적 능력에서 발견될 것이다. 아마도 문화 자체가 자아 이미지에서 경계들의 침투성이 유지되고, 자아가 너무 엄중하게 정의되거나 비아(非我)로부터 기계적으로 분리되지 않는 것을 요구할 것이다.[37]

별로 공감하지 않는 독자라면 이렇게 스스로 주장하는 역설적 태도를 순전한 현혹이라고 쉽게 무시할 수도 있다. 내게 있어서 난디는 그의 비판을 또다른 비판의 차원으로 옮겨감으로써 현혹을 넘어선다. 즉 인도문명을 탈역사화하는 차원인데, 이는 오리엔탈리즘식의 탈역사화가 아니라 인도

문명을 역사의 밖으로 끌어냄으로써이다. 여기서 그에게 영감을 준 것은 간디로서, 간디의 "신화로의 특정한 지향은 대중적 의식에 대한 좀더 일반적인 지향이 되었다. 대중적 의식은 인과관계에 따른 역사의 산물이 아니라, 기억과 반기억들을 통해서 인과관계가 아닌 방식으로 역사에 관련된다고 여겨진다. 만일 서구 학자들에게 현재가 전개되는 역사의 한 특수한 경우라면, 전통적 인도를 대표하는 간디에게는 역사가 계속 해석되고 재해석되는 모든 것을 포용하는 영구적 현재의 한 특수한 경우다."[38] 난디는 간디에게 관심을 집중시킨다.

신화는 역사를 충실히 담아내기 때문에, 또한 현재의 것이며 역사와는 달리 개입할 수 있기 때문에, 신화들이야말로 문화의 정수고 역사는 기껏해야 쓸모없고 최악의 경우 잘못된 길로 이끌 뿐이라는 반(反)역사적 전제는 간디에 기인하는 것이다. (⋯) 간디는 암묵적으로 역사란 일방통행이고 인간의 선택을 제한하며 미래를 선취하는 독립변수들로 세워진 과거 시대에 대한 한 묶음의 신화라고 가정한다. (⋯) 이와 달리 신화는 인간의 선택을 제한하기보다는 넓히는 문화의 핵심으로 의식적으로 인정되었다.

난디 자신의 결론은 "몰역사성(ahistoricity)의 긍정은 비근대 민족들의 자주성과 존엄의 긍정"이라는 것이다.[39] 그는 다른 글에서 이렇게 말한다.

자존심을 보호하고 생존을 확보하기 위해 역사를 부정하는 것은 종종 역사가 가정하는 인식구조에 대한 대응이었다. 역사가 과학적일수록 제3세계라고 불리는 실험실에서는 더욱 억압적인 경향이 존재한다. 세계의 주변부에서 사회공학이란 이상이 사회적 간섭이란 개념을 잔혹화한 것이 바로 과학적 역사다. 근대인들에게 역사는 항상 진보이론의 전개였고, 그 정의상 역사의 사다리 아래쪽 단에 존재하는 공동체는 공유 불가능한 목적(telos)의 연속적인 표현이었다. 억압의 역사나 해방의 역사적 이론들조차 희생자들의 선택의 폭을 넓히기보다는 성장의 단계들을 축소시키는 것을 당연시한다. (…) 인류학자의 종족중심주의는 교정될 수 있다. 그는 자신의 주제로부터 단지 사회적으로만 분리되어 있기 때문에, 언젠가는 그의 주제들이 그에게 말대꾸할 수 있을 것이다. 과거로 향하는 종족중심주의는 대부분 도전받지 않는다. 죽은 자들은 반항하지도 않고, 자신의 의견을 주장할 수도 없다. 그래서 역사의 주체들의 주체성은 절대적이고, 진정한 또는 과학적 역사에 대한 요구는 역사에서의 주체성과 현재의 종속 사이의 연속성에 대한 요구이기도 하다. 역사가 가장 우선적임을 받아들이지 않는 것에 뒤따르는 결과는 미래를 과거에 연결짓는 것에 대한 거부다. 이 거부는 인간의 잠재성에 대한 특별한 태도이자, 자유라는 이름하에 인간의 저항정신을 제한하고 예측 가능한 것으로 만드는 모든 이론에 이질적이고, 그것을 뒤엎는 언어로서 지금까지 살아남은 대안적 형태의 유토피아주의다.[40]

현재의 종족중심주의는 대부분 민족과 종족, 문명 간에 경계선을 그릴 것을 주장하는데, 이 경계선들은 너무나 공고해서 경계를 가로지르는 의사소통을 말하는 것도 의미가 없을 정도다. 마찬가지로 민족적·문명적 특징들은 과거 저 멀리까지 투사되고, 그럼으로써 역사를 현재를 구분하는 평계로 만들어버린다. 흥미롭게도 난디의 경우, 문명적 순정성에 대한 주장은 그의 주장의 출발점이었던 바로 그 경계를 결과적으로 무너뜨리는 새로운 보편주의의 수단이 된다. 사실 과거가 미래를 상상하는 데 방해가 되지 않도록 함으로써 과거에 미래를 창조할 짐을 지우려 하지 않는, 현재를 중심으로 하는 파농의 사고방식과 크게 다르지 않다. 역설적이게도 과거에 대한 의존을 거부함에도 불구하고, 파농의 글들은 현재에 대한 과거의 짐, 즉 미래를 창조하기 위한 해방투쟁들로부터 제거되어야만 하는 식민적·탈식민적 과거의 구조들을 훨씬 더 날카롭게 인식하고 있음을 보여준다. 앞의 인용문이 시사하듯, 파농은 모든 이의 과거가 마침내는 다른 모든 이의 과거가 되는 세계주의적 보편주의로 창조될 미래를 전망했던 것 같다.

차크라바티가 지적하듯, 난디는 과거에 대한 의지적 (또는 차크라바티가 말하는 '결정자적') 태도, 즉 지속적인 창안의 산물로서 다중적인 미래의 전망을 허용하는 태도를 갖고 있다.[41] 파농과 달리 난디는 미래에 대한 전망 못지않게 과거 읽기에 있어서도 탈식민적—그리고 탈근대적—이다. 그러나 난디가 현재의 종족중심주의와 대립되는 위치에 있다는 점은 그가 또한 그같은 범주에 쉽게 들어가지 않음을 보여준다. 문화적 정체성을 잡종성이나 그 무엇으로 녹여버리는 탈식민적, 탈근대적 경향들에 반하여, 그는 진정한 그리고 '원초적'이기까지 한 정체성을 주장한다. 그 정체성들은 오직 사람들이 의지하고 사는 신화들 안에서만 찾을 수 있기는 하다. 그 주장은 역사에서—문명적 역사 못지않게 민족적 역사에서도—억압받아온 사람들의 목소리들을 현재로 불러들이고자 한다. 그와 그의 동료들이 샐러드 그릇으로서의 남아시아에 대해 말하는 바는, 그가 현재의 세계를 어떻게 조망하는지 보여주는 전형적인 예일 것이다. 즉 내용물들의 개별성을 보유하는 것들로 구성되거나 (또는 구성되어야 하지만) 다른 것들의 존재를 통해서 개별성을 넘어서는 세계 말이다. 따라서 미래에 대한 그의 전망에서 파농의 세계주의적 보편주의는 대안적 보편주의들 사이의 대화로 나타난다.

문명의 순정성에 대한 탐색은 희망으로서든 경고로서든 항상 그 문명의 다른 면을 찾는 것이다. 유토피아에 대한 문명의 추구 또한 이런 더 큰 탐색의 일부다. 그 탐색은 자신의 전통들을 해석하고 재해석하는 능력만이 아니라, 문화적 재발견을 위한 투쟁에서 종종 다른 문명들의 퇴행적인 면들까지 자신의 동맹군으로 포괄할 수 있는 능력, 자신들의 다른 면을 발견하려고 하는 다른 문명들에 대해서 기꺼이 동맹군이 되어주려는 태도, 이렇게 문명과 문명적 관심사를 새롭게 읽으려는 시도에 더 많은 비중을 둘 수 있는 기술들을 필요로 한다. 이것이 우리 시대에 번성하는 문화 간의 교역을 뛰어넘을 수 있는 문화들

간 대화의 유일한 형식이다.[42]

근대성, 반근대성, 비근대성: 역사, 과학, 발전

반근대주의가 식민주의와 민족주의, 그리고 과거의 급진적 전망의 실패에 대한 난디의 비판이 던져놓은 문제들의 원천인지 아니면 해결방법인지를 말하기는 어렵다(또한 아마도 부적절하다). 그러나 그의 글 어디에나 그것이 있다. 근대주의의 본질적인 부분이기도 한 반근대주의에는 새로운 것이 전혀 없다. 그러나 그것이 표현되는 방식은 그 시대의 문제들과 함께한다는 점에서 역사적이다. 채터지가 민족주의를 연구하면서 제시한 구분에 따르면, 반근대주의가 근대주의의 논제들을 공유한다 해도 그 문제틀은 어쨌든 구체적 상황의 파생물이다.[43] 제2차 세계대전 이후 시작되어 1980년대에 명백해진 자본의 전지구화는, 식민통치자와 식민지 사람들 사이의 경계들을 포함하여 이전의 경계들을 흐려놓으면서 우리가 세계를 사고하는 방식들을 재편하는 데 이르렀다. 그것은 특히 소비라는 관행에서 구현된 물질적 습관의 전지구화를 통해서 그 어느 때보다도 더 예리하게 문화적 동질화라는 문제를 초래했다. 문화적으로 식민화된 이들이 선뜻 자신들의 식민화를 포용하여 식민주의의 전 역사를 새로운 관점으로 볼 것을 요구하는 이때, 문화제국주의를 운운하는 것은 말이 되지 않는다. 자기 국민들을 약탈하는 탈식민적·탈사회주의적 민족국가는 식민주의에 대항하는 방어자라기보다는 식민화의 대행자로 보인다. 사회주의도 그 실패로 인해 자본주의의 대안이라기보다는 그 자체의 내적 모순을 가질 수밖에 없는 자본주의적 근대화의 대안적 형태로 보인다. 전지구화 자체는 지구의 새로운 분열을 생산하면서도 계급 착취를 국제화한다. 그 와중에 모두를 위한 복지와 평등이라는 유토피아적 약속은 점점 더 먼 미래로 멀어져가는데, 이 미래는 고삐 풀린 발전지상주의가 기본적 생계와 생존의 물질적 기반 자체를 침식해가면서 점점 더 도달할 수 없게 된다. 또한 그 와중에 적절하게도 지식산업으로 새롭게 이름 붙여진 것은, 지구와 인간들을 포함한 그 거주자들을 약탈하는 상황에 대한 진지한 대안을 급구하기보다는 오직 지구적 위기를 감추려는 듯하다. 이런 시기에 반근대주의자가 되지 않기란 어렵다.

그렇지만 진지하게 반근대적—스스로 개탄하는 바로 그 근대성을 조장하는 신시대적 또는 다양한 탈근대적 경향이 아니라, 근대성이 제기한 문제들로부터 벗어나는 길을 생각할 수 있으려면 비근대성과의 관련성이 빠져서는 안된다고 주장하는 그런 종류의 반근대주의—이기 위해서는 또한 상당한 용기를 필요로 한다. 힘보다 유약함을 높이 사고, 경제적 비발전을 댓가로 다양성을 고취하며, 민주주의의 약속이 무기의 힘으로 전지구에 그 약속을 확산시키는 사람들에게 있는 것이 아니라 그 말을 전혀 들어보지도 못한 사람들에게 있음을 주장하는 반근대주의의 모든 것에 동의할 필요는 없을 것이다. 그저 대담하게 어려운 문제에 순해빠진 해법을 제시할 수 있는 그런 용기를 주장할 수 있을 정도면 된다.

아시스 난디를 반근대주의(또는 그가 더 좋아할 표현으로 비근대주의)의 상징으로 만드는 것이 나의 의도는 아니다. 내 글에 비슷한 영향을 준 다른 학자들에는 난디의 동료인 반다나 시바(Vandana Shiva), 아르메니아 출신의 학자이자 역사가인 바인 델로리아 2세(Vine Deloria Jr.), 마르꼬스(Marcos) 부사령관도 포함된다. 쉽게 거명할 수 있는 다른 이름들도 있다. 많은 이들이 요즘 비근대의 회귀에 참여하고 있다.

그럼에도 불구하고 현재 근대성을 비판하는 설득력 있는 목소리, 즉 제조된 통일성에 대항하면서도 보편주의에의 희망을 간직하는 목소리로서 난디를 인정하는 것은 중요하다. 우리 시대에 거의 무의식적으로 받아들여지는 신념들에 기꺼이 대항하려 한다는 점에서 대단히 급진적인 목소리다. 그중 역사와 과학에 대한 두 신념에 대해서는 여기서 지적할 만하다.

나는 난디의 사상에서 역사의 문제를 이미 제기한 바 있다. 여기서는 역사 쓰기와 역사의 개념화에 존재하는 유럽중심주의가 구미 내외에서 주요한 관심사의 하나인 요즘, 난디의 비판은 누가 어떤 식으로 포함되어야 하는가라는 제한된 문제를 훨씬 넘어서 역사와 역사적 사고를 하나의 문제로 직면하도록 한다는 점을 지적하는 것으로 충분하겠다. 아마도 급진적 주장이 그러해야 하듯이 그 주장은 믿기 힘들 정도로 간단하다. 즉 과거와 현재, 미래를 사고하는 하나의 방식으로서 역사가 근대 세계에서 과거, 현재, 미래를 사고하는 **유일한** 방법으로 확립되어 다른 방식의 사고와 다른 방식으로 사고하는 사람들 모두를 비역사적인 영역으로 넘겨버렸다는 것이다. 역사의 지배는 "역사라는 개념이 근대 민족국가와 세속적 세계관, 과학적 합리성이라는 베이컨식 개념, 19세기 진보이론들, 최근에는 발전이론과 맺은 연결고리들에서 유래한 것이다. (…) 일단 비근대의 세계로 도입되면, 역사 인식은 과거에 대한 열린 개념과 함께 존재해왔고 자신들의 문화적 자아를 규정하기 위해 신화나 전설, 서사시들에 의존해왔던 문화들에서 과거를 절대화할 뿐 아니라, 역사적 세계관이 우리 시대의 수많은 새로운 형태의 폭력, 착취, 악마성과 공모하도록 함으로써 문명적, 문화적, 민족적 경계들이 고착화하는 것을 조장한다."⁴⁴ 역사에 대한 비평 중 가장 쓸 만한 것은 그 자체가 역사적이다. 자기규정 중에 오리엔탈리즘에 동화된 식민적 민족주의의 경우에서처럼, 비(非)구미세계에서 역사적이라 불리는 것은 유럽중심주의가 그 자체의 구조에 박혀 있는 인식론의 헤게모니하에서 과거를 다시 쓰는 것이다.⁴⁵ 한편 이와 같은 시각에서 보았을 때, 모든 사람을 역사 속에 기입함으로써 역사를 전지구화하려는 현재 구미 세계의 노력들은, 그 모든 차이점에도 불구하고 모든 사회를 역사적인 것으로 만듦으로써 진정한 차이점을 봉쇄하려는 노력에 지나지 않는 듯 보인다. 난디가 인정하기를, "그리 오래 되지 않은 과거 어느 때에는 역사적 인식이 근대 세계 안에서조차 과거를 경험하고 구성하는 다른 양식과 공존해야 했다. 철도를 통한 공간의 정복이 그러했듯이, 역사를 통한 과거의 정복은 19세기 말에 여전히 불완전했다. (…) 비역사적 양식들이 번성하는 한, 역사는 급진적인 사회비평을 위한 기본 지침으로 여전히 쓸 만한 것이었다. 이것이 아마도 19세기의 위대한 반대자들이 가장 공세적으로 역사적이었던 이유일 것이다."[46] 그러나 비판적 인식론이 지배의 한 수단이 되어버리고, 역사적 방식이 과거를 인식하는 유일한 방법이 됨에 따라, 이는 더 이상 사실이 아니다. 작금의 문제는 대안적 역사를 찾는 것이 아니라 **역사에 대한 대안들**을 찾는 것이다.[47]

과학과 관련해서도 난디는 이와 비슷한 문제를 제기한다. 그것은 과학이 구성된 것인가 아닌가, 그래서 그 주장이 제한적인가 아닌가라는 문제제기가 아니라 과학이 새로운 권위주의의 원천이 되었다는 그보다 근본적인 문제제기다. 과학적 진리에 대한 주장을 정당화하는 세계의 객관화는 '인식작용과 정서의 분열'에 의해 가능해졌는데, 이는 사실 '고립'이라는 병리학적 증세다.[48] 몇몇 사람이 파시즘의 심리학과 연결시키기도 했던 이 병리적인 상태는 그것이 과학적 세계관의 지배에 의해 형성되어왔기 때문에 근대 세계의 한 조건도 되었다. 즉 "1950년대 초까지만 해도 파시즘이 근대 세계의 전형적인 정신병리학임이 많은 사람들에게 분명했다. 왜냐하면 그것은 근대성에 중심적인 것, 즉 인간의 인식작용을 따로 떼어내어 감정적이거나 도덕적 억제에 의해 전혀 구속받지 않은 채 이 인식작용을 끝까지 추구하는 능력을 논리적 결론으로 이끌어내기 때문이다."[49] 그러나 문제는 단지 과학의 전제에 병리학이 존재한다는 것이 아니라, 과학적 세계관이 생활 세계에 침범하여 세계를 이해하는 데 있어 그 어떤 경쟁관계도 허락하지 않을 정도가 되었다는 것이다.

오늘날, 금세기의 마지막 십 년간 (…) 우리는 더 늙고 지쳤지만 더 현명해져서, 이제 주요한 문명적 문제가 비합리적이고 자기모순적 미신들에 있는 것이 아니라 합리성이란 근대적 개념과 관련한 사고방식에 있음을 인정할 만한 용기를 갖게 되었다. (…) 이 세계관에 의하면 조직화된 일반 과학에 존재하는 합리성의 비합리성은 더 이상 단순한 구호가 아니다. 이는 모든 문화적 틈새와 모든 개인성의 형태를 포함하여 인간의 삶의 모든 것을 빼앗아가려고 위협하고 있다. 우리는 이제 근대적 운동과 오락에서도 근대과학의 훈련을 받는다. 우리의 일상적 사회관계와 사회활동은 점점 더 경영과 사회사업 같은 사이비 과학에 의해 지도된다. 우리의 미래는 경제과학이란 근대의 마법에 의해 개념화되고 형성되고 있다. 정말이지 빈곤에 관한 과학적 연구가 빈곤 그 자체보다 더욱 중요해졌다. 우리가 만일 그같은 미래를 사랑하지 않는다면 과학적 육아와 과학적 정신치료 요법이 우리가 위험한 미치광이들이라고 언제든지 증명해 줄 것이다. 또 다른 일군의 근대적 주술사들은 우리들 중 혁명분자들조차도 과학적인 것으로 만드는 책임을 떠맡았다. 심지어 침대에서의 우리의 성적 행위까지 이제는 성교를 어떻게 할 것인가를 알려주는 대단히 과학적인 교범의 객관적 기준에 따라서 평가된다.[50]

이 다음 단계인 인간의 제조에 이르면 이렇게 괜찮은 구식 인문주의에 기초한 많은 반대의 목소리가 아무 효력이 없을지 모르나, 여기서 핵심은 그것이 아니다. 과학적 세계관을 인본주의적 세계관과 병치하는 것도 핵심이 아니다. 요는 역사와 비슷하게, 과학이 세계를 접수함에 따라 자신의 주요한 전제들을 부정해버렸다는 것이다.

근대과학은 한때 이의를 제기하는 운동이었다. 그때는 개념의 세계를 복수화시켰다. (…) 내가 시사하는 바는, 중세 이후 세계의 창조적 부수물이자 근대 권위주의에 대한 한 대안으로서 시작된 근대과학이 스스로 근대 권위주의의 심리적인 특징들을 많은 부분 자기 것으로 만들어버렸다는 것이다. 사실 모든 생명체와 무기물들에 대한 생체해부적 자세를 정당화하는 능력이라는 측면에서, 근대과학은 이제 열정이라고는 없는 새로운 깔리굴라(Caligula)의 절대적

자기애를 획득해가고 있다.[51]

난디의 과학 비평에 윤리적 동기가 깔려 있음은 지적해둘 만하다. 즉 『친밀한 적』의 맺음말을 떠올리자면, "윤리가 없는 지식은 나쁜 윤리라기보다는 열등한 지식이다."[52]

근대성의 삼각형에서 세 번째 모서리는 발전인데, 이는 과학과 기술에 대한 믿음에 의해 힘을 갖게 되었고 목적론에 의해 형성된 역사에 의해 정당화되었다. 과학과 기술은 식민주의를 근대화한 힘으로서 핵심적인 것이었다. "19세기 중반에 이르러 제국주의의 이론이라 할 만한 것이 그 모습을 갖추기 시작했을 때, 그 이론은 식민주의와 문명화의 과업을 정당화하는데 근대의 기술과 문화를 주로 이용했다. 말하자면 서구의 기술이 우월한 것은 서구인과 서구의 기술문화가 야만적 상대방들보다 기술적 성취를 위해서는 더 잘 준비되어 있었기 때문이라는 것이다."[53] 여러 다른 방식으로 발전단계들을 설명하기 위해 씌어진 역사는 이러한 주장에 대한 알리바이 역할을 했고, 그래서 내 식대로 설명하자면 단지 근대화와 발전에 도움이 된다고 여겨지는 과거들만이 환영받았고 근대성과 발전에 저항하는 것으로 비춰지는 과거들은 유감스럽게 여겨졌다.[54] 발전지상주의, 즉 발전 이데올로기는 공식적 식민주의보다 더 오래 지속되는, 아마도 가장 끈질긴 식민주의의 유산일 것이다.

발전이라는 개념이 갖는 문제는 그것의 실패가 아니다. 그 개념은 초기의 열렬한 지지자들의 꿈을 넘어서 승승장구했는데, 사실 그들은 자신들이 이제 전성기를 맞게 된 무언가를 생각해냈음을 상상도 하지 못했다. 발전지상주의는 서구 식민주의와 기독교 복음주의가 실패한 지점에서 성공해왔다. 그것은 우리 시대에 몇 안되는 진짜 보편개념들의 하나로서 자리잡아왔던 것이다. 그것은 살아남은 모든 문명의 본질적인 부분이 되어왔고 가장 접근하기 힘든 사회들에서조차 자신을 정의하는 방식을 변화시켰다. 발전은 개종시킬 수 없는 것으로 보였던 것까지 개종시켰다.[55]

여기서 나는 난디가 말하는 바를 약간 바꾸어서 발전지상주의의 승리는 식민주의의 궁극적 승리를 증명한다고 덧붙이고 싶다. 오늘날 전지구화는 근대화로부터 문명화 임무를 넘겨받아서 공식적 식민주의가 이룩할 수 없었던 과업을 마치게 되었다. 구미의 헤게모니나 전지구화에도 대항하여 자기 주장을 하는 인종중심주의는 그럼에도 불구하고 자신을 발전이란 견지에서 합리화할 정도로 식민지화되어 있다. 이 경우 '발전'에 '대안적'이란 형용사가 덧붙여진다고 해서, 발전이 길버트 리스트(Gilbert Rist)가 말하듯이 '전지구적 신념'[56]이 되었다는 사실이 진정으로 바뀌지는 않는다. 그래서 발전지상주의를 비판하는 데 비근대성과 비과학성, 비역사성, 다시 말해서 토착성이 중요한 것이다. 근대성을 향한 정치적·경제적 발전의 징후가 전혀 보이지 않는 세계의 여러 토착사회들은, '역사 없는 민족들'로서 시간 밖으로 떠밀려나와 실질적으로나 문화적으로 멸종되어도 상관없는 안전한 사냥감이 되었다. 역사가 발전지상주의와 공모하고 있음을 인식하게 되면, 그러한 역사 없는 사회들은 자체적인 여러 형태의 식민주의에 관계하고 있는 '문명들'보다 발전에 대한 대안에서 더 중요한 비판적 위치를 점하게 된다. 실제적으로나 문화적으로 살아남은 사회가 거의 없으므로 그저 패러다임으로서의 위치뿐이지만 말이다.[57]

글을 끝내며 해보는 생각

난디를 어떻게 읽어야 할까? 그의 글들에서 내가 끌어낸 생각의 일부는 인도의 맥락 내에서도 논쟁의 주제가 되어왔다. 난디는 식민주의에 대응하기 위해 인도사회를 '남성화'하려 함에 따라 토착적인 여성성의 이상이 뒤틀리게 된 예로서 사티(sati, 죽은 남편을 따라 산채로 아내를 화장하는 풍습—옮긴이)를 논한다. 그로 인해 그는 인도와 다른 나라의 페미니스트들로부터 공격을 받았다.[58] 다른 사람들로부터는 (파사 채터지를 포함한 그의 몇몇 동료와 함께) 공동체주의를 옹호한다고 해서 비판을 받았다. 세속주의에 반대하여 믿음을 옹호한 것 역시 비판을 받아왔다. 또 다른 이들은 과학이 준혜택을 손상시킬 뿐만 아니라 매우 억압적인 지식체계를 높이 사는 그의 (그리고 그의 동료들, 특히 두드러지게는 반다나 시바의) 과학과 기술에 관한 논의에서 드러난 '객관주의'에 집중해왔다. 아이자즈 아마드(Aijaz Ahmad)같은 사람들은 난디가 인도의 전통을 옹호하는 것이 식민주의를 비난함으로써 억압적 고유 전통들을 은폐하는 것이라고 본다.[59]

　이 글을 시작하면서 설명했듯이, 이러한 논쟁의 하나에라도 관여하려는 것이 나의 의도는 아니다. 종교분쟁이 일상 정치의 한 부분이고, 사티의 관행이 계속 묵인되며, 공동체적 분쟁으로 찢겨진 한 사회 내부로부터의 시선으로 난디의 글을 바라보는 비평자들의 관심사는 나도 잘 인식하고 있다. 내게 있어서 의문은 그 결과에 대한 두려움 때문에 난디와 그의 동료들의 견해가 공적인 논쟁에서 철회되어야 하는건지 아니면 오히려 바로 그런 상황이 그런 견해를 퍼뜨릴 것인지이다. 인도사회의 남성화를 애석하게 생각하는 사상가에게 반페미니즘이란 비난을 씌우는 것이나 다원주의의 필요성을 강조하는 식으로 인도의 역사를 다시 쓰고자 하는 일이 공동체의 폭력을 용서하는 것으로 나타나야 한다고 주장하는 것은 정말 대단히 역설적이다.

　나는 앞에서 난디의 사고가 갖는 복잡성을 강조했다. 이 복잡성은 공감하지 않은 이들에게는 모순으로 보일지도 모른다. 역사가 비판적 시각에 도움이 된다고 인정하고 '역사의 역사화'까지 요구하는데도, 그가 진정 역사를 부정하는가? 과학이 한때 비판의 원천으로 복무했음을 인정하고 자신의 입장을 주장하기 위해 그 자신도 근대 심리학의 발견을 자유롭게 끌어들이는데도, 진정 그는 과학이 단지 권위주의의 도구라고 믿는가? "문화상대주의는 (…) 인류의 어떤 핵심적 가치들의 보편주의를 받아들이는 한에서만 받아들일 수 있다"[60]라고 진술하는데도, 그는 지식이란 문제에 있어서 상대론자인가? 이 사회도 '어두운 면'을 갖고 있었다고 인정하는데도, 그는 진정 인도사회의 모든 악이 식민주의에서 비롯되었다고 주장하는가? 사회들에 대한 다소 통합적 견해를 가지고 있는데도, 그는 이 문명의 어두운 면이 밝은 면과는 아무 상관이 없다고 생각할 정도로 순진한가? 그가 주창하는 다원주의와 관용이 상당히 세속적 세계관에 의해 형성된 것인데도, 그는 진정 세속주의를 반대하는가? 현재의 사고에 그가 주로 공헌한 부분이 발전지상주의에 대한 비판인데도, 그는 정치경제학의 중요성을 인식하지 못하고 있는가? 마지막으로, 그가 말하는 것 중 그렇게 많은 부분이 탈역사적인데도, 그는 진정 역사의 짐을 인식하지 않는가?

난디의 저서들을 모두 읽었고 이 장을 쓰면서 또 그 저서들을 통해 사고해본 결과, 나는 이 질문들에 모두 아니다라고 대답한다. 난디에게 있어서나, 예전의 대답들과 그 대답들을 유발했던 질문들이 더이상 충분치 않아 보이는 이때 우리 시대의 근본적 문제들을 이해할 수 있는 급진적 질문을 찾으려 하는 현재 (인도나 해외의) 지적 무대의 다른 많은 이들에게나, 이 질문들은 열린 채로 남아 있고 또 그래야만 한다. 근대성의 문제에 대면하려 했던 초기의 급진적 노력들이 실패한 것은 지금 그 문제들을 더 깊이 찾으려는 노력을 추동하는 정도만큼 이득이 되었다. 우리가 세계를 사고하는 방식은 분명히 그 근본적인 문제들 중 하나다. 난디의 글을 읽으면서 어떤 문제를 논의할 때도 그의 저서들을 관통하는 하나의 중심적 내용이 있는 듯 느껴지는데, 그것은 근대성의 목적론들에 의해 억압되고 지워져온 것을 기억해냄으로써 근대성 자체가 그 문화적 목록을 더 풍부하게 만들고, 그 기원에 놓여 있는 비판적 충동들을 다시 한번 회복할 수 있도록 한다는 것이다. 그외의 모든 것은 '진리를 가지고 실험하는 일'뿐이다.

| 주(註) |

1 Ashis Nandy, *The Intimate Enemy: Loss and Recovery of Self under Colonialism* (Delhi: Oxford University Press 1993), x면.

2 파농이 심리학자였다는 사실은 이 글의 논의와 아무런 관련이 없다.

3 Frantz Fanon, *Black Skin, White Masks*, trans. Charles L. Markmann (London: Macgibbon & Kee 1968). 프랑스어 원저는 1952년에 출판되었다. 이하 *BSWM*으로 약칭한다.

4 '문화심리학'에 대해서는 Ashis Nandy, *At the Edge of Psychology: Essays in Politics and Culture* (Delhi: Oxford University Press 1993), vii면 참조. '사회진단'에 대해서는 *BSWM*, 13면 참조.

5 비판적 논의로는 Henry Louis Gates Jr., "Critical Fanonism," *Critical Inquiry* 17 (Spring 1991), 457~70권 참조.

6 Frantz Fanon, *The Wretched of the Earth*, trans. Constance Farrington (New York: Penguin Books 1977). 프랑스어 원저는 1961년에 출판되었다. 또한 Ashis Nandy, *Traditions, Tyranny, and Utopias: Essays in the Politics of Awareness* (Delhi: Oxford University Press 1987).

7 여기서 방법론적으로나 정치적으로나 중요한 지적을 하는 것이 적절하겠다. 헨리 루이스 게이츠 2세(Henry Louis Gates Jr.)는 파농을 하나의 '유형'으로 만들어 그의 역사성과 모순 그리고 그가 청중이나 독자들과 맺었던 문제적 관계 등을 그에게서 박탈해서는 안된다고 경고한다 (Gates, "Critical Fanonism," 459면, 468~69면). 옳은 지적이다. 파농을 그가 살던 시대의 혁명의 서사나 이후 탈식민적 서사에 끼워넣게 되면, 의심의 여지 없이 그의 역사적 특수성이 침해된다. 한편 파농은 인종과 인종 간의 차이라는 특정한 문제를 넘어서는 혁명적 변화 같은 폭넓은 문제를 제기했고, 그의 호소력은 인종의 차이가 만드는 경계선에 머무르지 않았다. 우리는 텍스트 자체에 근거하여, 그의 언급과 그것이 당시 어떻게 받아들여졌는가 그리고 다른 지역에서 그것이 어떻게 받아들여졌는가를 구분할 수 있어야만 한다. 물론 난디에 대해서도 같은 얘기를 할 수 있을 텐데, 그 역시 특정한 인도의 문제들에 초점을 두지만 또한 그 시대의 광범위한 문제들도 거론한다. 앞으로의 논의에서 드러나듯이 중요한 한 가지 차이가 있는데, 그것은 파농의 독자로서 난디가 어느 정도는 파농과 해방의 문제에 대한 파농의 분석에 대응한다

는 것이다.

8 Ashis Nandy, "Towards a Third World Utopia," in *Tradition, Tyranny, and Utopia*, 20~55면, 인용은 33~34면.

9 Gates, "Critical Fanonism," 470면 주.

10 마니교의 세계에 대해서는 Fanon, *Wretched of the Earth*, 31~40면 참조. 파농을 탈식민적으로 읽는 것에 대해서는 Gates, "Critical Fanonism," 456~60면 참조. 파농의 마니교주의를 긍정하는 비평에 대해서는 Abdul R. Jan Mohamed, "The Economy of Manichean Allegory: The Function of Racial Difference in Colonial Literature," *Critical Inquiry* 12 (Autumn 1985), 59~87, 59~60면 참조.

11 마찬가지로 난디는 『친밀한 적』의 서문에서 파농에 대해 이렇게 이야기한다. "파농이 생산한 서구에 대한 가장 폭력적 거부는 싸르트르(Sartre)식의 우아한 문체로 씌어졌음을 잊지 말자. 서구는 단지 근대 식민주의만을 생산한 것이 아니라 식민주의에 대한 대부분의 해석까지 형성한다." 그러나 이 경우, 그는 "서구는 심지어 이 해석에 대한 해석에까지 영향을 미친다"(xii면)라고 덧붙임으로써 파농과의 거리를 다소간 좁히기도 한다.

12 내가 찾을 수 있었던 탈식민주의 지식인들에 대한 언급은 역사학과 관련하여 디페시 차크라바티(Dipesh Chakrabarty)와 가이언 프라카시(Gyan Prakash)에 대한 언급뿐인데, 난디는 역사에 대한 그들의 문제제기에 탄복하면서도 그들의 비판이 충분치는 않다고 주장한다. Ashis Nandy, "History's Forgotten Doubles," *History and Theory* 34, no. 2 (1995), 44~66, 52~53면 참조.

13 Nandy, *Intimate Enemy*, xi면. 현재의 시기 구분에서 '탈혁명적'(postrevolutionary)이란 개념을 좀더 자세히 논의한 것으로는 Arif Dirlik, "Postcolonial or Postrevolutionary? The Problem of History on Postcolonial Criticism," in *The Postcolonial Aura: Third World Criticism in the Age of Global Capitalism* (Boulder, Colo.: Westview Press 1997) 참조.

14 Nandy, *The Intimate Enemy*, 2면.

15 Nandy, 같은 책 39면.

16 Nandy, 같은 책 xv면.

17 Nandy, 같은 책 75~76면.

18 『지구의 비참한 자들』 34면에서 파농은 "식민지 사람들에게 가장 필수적인 가치는, 가장 구체적이기 때문에, 무엇보다도 토지다. 그들에게 빵과 무엇보다도 존엄을 가져다줄 토지 말이다"라고 말한다.

19 Nandy, *The Intimate Enemy*, 2면.

20 풍부한 상상력에 있어서나 촌락을 상상 속의 문제로 드러낸 점에 있어서나 주목할 만한 글인 Ashis Nandy, "The Decline in the Imagination of the Village," *Emergences* 7/8 (1995~1996),

146~54면 참조. 여기서 나의 논의는 전적으로 난디의 글에서 정치경제학이 차지하는 위치에 근거한다는 점을 지적해야겠다. 개발도상사회연구쎈터는 맑스주의에서 영향을 받은 파농의 접근방식과는 꽤 다른 방향이긴 하지만 정치경제학의 문제들에 많은 관심을 갖고 있다. 그 연구소 내의 노동분업이란 견지에서 보면, 난디의 접근방식은 내가 여기서 이해하는 것과는 다르게 나타날 것이다. 그렇지만 그것은 내가 앞으로 다룰 문제들을 시사해준다.

21 Nandy, *The Intimate Enemy*, xi면.

22 Nandy, 같은 책 11면.

23 Fanon, *Wretched of the Earth*, 4장; Fanon, *BSWM*, 8장.

24 Fanon, *BSWM*, 226면.

25 Samuel P. Huntington, "The Clash of Civilizations?" *Foreign Affairs* (Summer 1992), 22~49면.

26 Arif Dirlik, "Confucius in the Borderlands: Global Capitalism and the Reinvention of Confucianism," *Boundary 2* 22, no. 3 (Fall 1995), 229~73면.

27 Ashis Nandy, *The Illegitimacy of Nationalism: Rabindranath Tagore and the Politics of Self* (Delhi: Oxford University Press 1994), 2면.

28 Nandy, *The Intimate Enemy*, 75면.

29 Nandy, 같은 책 26면.

30 '비판적 전통주의'에 대해서는 Nandy, 같은 책 xvii면, 인용은 27면 참조. 난디가 이 말을 처음 언급했을 때 그 정의를 내리지 않았기 때문에, 여기서 나는 난디가 '비판적 전통주의'로 의미하는 바를 내 식대로 해석했다.

31 "진보의 수사학은 외부 식민주의에 종속된 사회의 문화들을 전복하기 위해 내부 식민주의의 사실들을 이용하고 (…) 내부 식민주의는 다시 자신을 영속화하고 정당화하기 위해 외부의 위협이란 사실을 이용한다." Nandy, 같은 책 xii면; Partha Chatterjee, *Nationalist Thought and the Colonial World: A Derivative Discourse?* (Atlantic Highlands, N.J.: Zed Books 1986) 참조.

32 Nandy, *Illegitimacy of Nationalism*.

33 Ashis Nandy et al., *Creating a Nationality: The Ramjanmabhumi Movement and Fear of the Self* (Delhi: Oxford University Press 1995), 9면.

34 Nandy et al., *Creating a Nationality*, vi면; D. L. Sheth and Ashis Nandy, eds., *The Multiverse of Democracy* (New Delhi: Sage Publications 1996) 참조. 여기서 기고자들(대부분 해외의 근대성 비평가들)은 근대 국민국가가 다양성과 민주주의를 축소하는 데 어떻게 공헌했는지를 논한다.

35 Nandy, *The Intimate Enemy*, 28면.

36 Nandy, 같은 책 103면.

37 Nandy, 같은 책 107면.

38 Nandy, 같은 책 57면.

39 *Nandy*, 같은 책 59면.

40 *Nandy*, "Third World Utopia," 48~49면.

41 Dipesh Chakrabarty, "The Modern Indian Intellectual and the Problem of the Past: An Engagement with the Thoughts of Ashis Nandy," *Emergences* 7/8 (1995~1996), 168~77면.

42 Nandy, "Third World Utopia," 55면.

43 Chatterjee, *Nationalist Thought*, 1장.

44 Nandy, "History's Forgotten Doubles," 44면.

45 물론 이는 자유주의 역사학에서보다는 맑스주의 역사학에서 더욱 문제일 것이다. 이에 관한 논의는 Arif Dirlik, "Marxism and Chinese History: The Globalization of Marxist Historical Discourse and the Problem of Hegemony in Marxism," *Journal of Third World Studies* 4, no. 1 (Spring 1987), 151~64면 참조. 이 잡지는 쉽게 구독할 수 없기 때문에, 이 글은 "Marxisme et histoire Chinoise: La globalisation du discours historique et la question de l'hégémonie dans la référence marxiste á l'histoire," *Extreme-Orient Extreme-Occident* 9 (August 1987), 91~112면에도 실려 있다.

46 Nandy, "History's Forgotten Doubles," 46면.

47 Nandy, "History's Forgotten Doubles," 53면. 이런 문제들에 대한 심도있는 논의로는 Vinay Lal, "History and the Possibilities of Emancipation: Some Lessons from India," *Journal of the Indian Council of Philosophical Research* (June 1996), 97~137면; Arif Dirlik, "History Without a Center? Reflections on Eurocentrism" 참조.

48 Ashis Nandy, "Modern Science and Authoritarianism: From Objectivity to Objectification," *Bulletin of the Science and Technology Society* 7, no. 1 (1997), 8~12면. 이 글은 *Traditions, Tyranny, and Utopias*, 95~126면에 실린 글의 축약본이다.

49 Ashis Nandy, "Modern Science," 9면.

50 Ashis Nandy, 같은 글 10면.

51 Ashis Nandy, 같은 글 11면.

52 Nandy, *Intimate Enemy*, 113면.

53 Ashis Nandy, "The Traditions of Technology," in *Traditions, Tyranny, and Utopias*, 77~94면, 인용은 87면. 과학과 기술의 '문명화 임무'는 최근 갈수록 많은 관심을 받아왔다. 두드러진 두 예로는 Michael Adas, *Machines as the Measure of Man: Science, Technology, and the Ideologies of Western Dominance* (Ithaca, N.Y.: Cornell University Press 1990); Lewis Pyenson, *Civilizing Mission: The Exact Sciences and French Oversea Expansion* (Baltimore:

Johns Hopkins University Press 1993) 참조. 난디의 저작과 개발도상사회연구쎈터에 있는 그의 동료들이 다른 점은 과학과 기술을 비판할 때 기초로 삼는 근대성 비판과 대안의 추구다.

54 Ashis Nandy, "Development and Violence," working paper, Zentrum für Europäische Studien, University of Trier(Germany) 1995, 2면.

55 Nandy, "Development and Violence," 1면.

56 Gilbert Rist, *The History of Development: From Western Origins to Global Faith*, trans. Patrick Camiller (London: Zed Books 1997). 최근 전지구화의 위기와 함께 식민주의의 언어가 다시 한번 정치적 담론으로 돌아왔다는 것은 흥미롭다. 필리쁘 아리에(Philippe Ariès)의 저작에 근거하여, 난디는 발전지상주의적 역사란 17세기에 등장한 유년기라는 새로운 개념, 즉 유년의 아이를 더 작은 성인이 아니라 열등한 성인으로 여기는 것과의 유사관계에 기초했다고 설명했다(*Intimate Enemy*, 14면). 마하티르 모하메드(Mahathir Mohamed) 같은 사람들이 이제 새로운 식민주의를 말할 때, 구미의 상대자들이 동남아시아 사회들이 자본주의의 경험이 부족하여 '미성숙'했기 때문에 동남아시아의 위기가 생겨났다고 주장하는 점은 흥미롭다.

57 자세한 논의는 본서 제9장 참조.

58 Ashis Nandy, "Sati: A Nineteenth-Century Tale of Women, Violence, and Protest," in *At the Edge of Psychology: Essays in Politics and Culture* (Delhi: Oxford University Press 1993), 1~31면. 이 책이 처음 출간된 것은 1980년이다.

59 이런 비판을 부분적으로 보여주는 글로는 Sumanta Banerjee, "Reviewing a Debate," review of *Secularism and Its Critics*, ed. Rajeev Bhargava, *Economics and Political Weekly* (11 July, 1998), 1826~28면; Meera Nanda, "Reclaiming Modern Science for Third World Progressive Social Movements," *Economic and Political Weekly* (18 April, 1998), 915~23면; Sarah Joseph, "Politics of Contemporary Indian Communitarianism," *Economic and Political Weekly* (4 October, 1997), 2517~23면; Nivedita Menon, "State/Gender/Community: Citizenship in Contemporary India," *Economic and Political Weekly* (31 January, 1998), 3~10면 참조. 내가 이 비평들에 관심을 갖게 해준 비나이 발(Vinay Bahl)에게 감사한다.

60 Nandy, "Towards a Third World Utopia," 54~55면.

제6장

포스트모더니즘과 중국역사

포스트모더니즘과 중국역사

이 장에서 논의하고자 하는 것은 특히 중국 역사기술 내의 쟁점들과 관련하여 포스트모더니즘에 의해 제기된 문제들이다. 만일 내가 중국 역사기술보다 포스트모더니즘에 관한 문제들을 풀어나가는 데 더 많은 시간을 할애한다면, 그것은 포스트모더니즘에 대한 문제들이 중국사 연구에 의미가 있을지에 대해 어떤 평가를 내리기 전에, 그 문제들에 대한 적지 않은 해명이 필요하기 때문이다. 포스트모더니즘이 중국사 연구에 끼친 영향은 사실 불과 지난 수년 전부터 가시화되기 시작했다. 탈근대적 중국사를 쓴다고 자처하는 몇몇 노력들에 대해 몇몇 역사가들은 대개 탈근대적 역사기술이 초래할지 모르는 결과에 대한 (풍자화는 아니더라도) 오해에 근거하여 대체로 사려 깊지 못한 적대감을 표현했다.[1] 공정하게 말하자면, 이 적대감은 부분적으로는 그러한 새로운 접근방법을 주창하는 사람들에 의해 야기된 것이다. 그들은 자신들의 새로움에 이끌려서 탈근대적 혁신에 대한 주장을 과장했는데, 그런 주장은 **그들이** 벗어나려는 역사기술에 대한 풍자에 의해서만 유지될 것이다. 그러나 이 적대감은 적절한 역사기술 방식이라고 여겨지는 것에 대한 보수적 집착과 더욱 보수적인 치안 분계선에 대한 충동에 의해 야기된 면도 있다. 우리는 탈근대적 역사기술의 남용과 그것이 야기하는 적대감의 남용 모두에 대처할 필요가 있다. 왜냐하면 관련된 문제들이 너무나 중요해서, 종종 **단지** 사소한 전문적 정치학으로 보이는 미궁에 빠져버려서는 안되기 때문이다. 더욱 근본적으로 얘기한다면, 문제가 되는 것은 분과학문과 인식론으로서 역사가 중국에서든 미국에서든 좀더 광범위한 문화적 환경과 갖는 관계다. 그리고 이것이 바로 이 글의 관심사다.

포스트모더니즘의 역사화

한스 베르텐스(Hans Bertens)는 "포스트모더니즘은 짜증나는 용어다"라고 말했다. 왜냐하면 "1950년대 말 이후 그 용어를 쓴 엄청나게 쏟아진 책과 글에서, 포스트모더니즘은 개념적 추상의 여러 차원에서 우리가 현실이라고 불러온 대상들과 현상들에 광범위하게 적용되어왔기" 때문이다.[2] 베르텐스가 제시하듯이 그 용어에 부과된 의미가 예술의 영역에서 달랐을 뿐만 아니라, 특히 탈근대와 근대의 관계에서는 그 의미가 상충하는 것이었다. 탈근대가 그 자체의 지적·예술적 양식을 만들어냈다면, 그 영역도 지적 발전에 관한 탈근대의 관념—1980년대 등장했던 포스트모더니즘보다 앞서서 등장했으며 그것에 아무런 영향도 받지 않았다—속에 포괄되면서 확장되어왔다. 지지자든 비판자든 모두 1980년대에 등장한 포스트모더니즘을 포스트모더니즘이라고 간주함으로써 탈근대와 근대의 구별을 더욱 어렵게 만들었다.

포스트모더니즘의 다양하고 모순된 모습은 그 용어에 대한 어떤 쉬운 정의도 불가능하게 한다. 대신 탈근대에 관한 담론의 구체적 역사성을 통해 가장 잘 이해될 수 있음을 시사한다. 역사와의 관계에서 탈근대가 어떻게 등장하였는지는 이 장에서 어느 정도 상세하게 논의할 것이다. 당장은 역사와 포스트모더니즘의 명백히 대립적인 관계를 고려할 때, 역사기술 내의 발전은 포스트모더니즘의 탄생과 그 범위의 확장 모두에 공헌했다는 생각은 역설적이라고 말하는 것으로 충분하다. 한편 포스트모더니즘은 한층 사치스런 모습에서 역사와 적대적인 것처럼 보인다. 반면 그것은 역사를 근대성의 목적론으로부터 구출할 수도 있고, 과거에 대한 우리의 이해와 현재와 과거의 관계를 풍부하게 해주는 과거에 대한 사유방식들을 정당화해왔다. 역사와 포스트모더니즘의 모순적 관계는 그 자체로 희망과 환멸이 섞여 있는 — 역사에서 새로운 출발점을 만들고 근대성의 체제에서 역사에 부연된 문화적·정치적 의미에 발본적인 의문을 제기하고자 했던 — 1960년대의 문화적 유산과 얽혀 있다.[3]

탈근대와 근대의 관계는 대단히 모호하다. 왜냐하면 근대야말로 끊임없는 변화에 전념하기 위해 자기실현으로서 탈근대를 만들어내지만, 근대성의 바로 그 논리에 의해 자기실현은 끊임없이 연기되어야 한다고 주장할 수 있기 때문이다. 다시 말하면, 탈근대는 근대의 변증법적 부정으로서 매 계기마다 근대의 내부에 존재한다. 그러나 탈근대가 근대와 관계를 끊고 역사에 대한 자신의 권리를 주장하며 근대에 대항하는 순간이 존재할 수 있을까? 이것이 프레드릭 제임슨(Fredric Jameson)과 데이비드 하비(David Harvey) 같은 맑스주의자들의 포스트모더니티의 시기 구분에서 제안된 것이다. 이들은 자본주의 생산방식에서 모더니티와 포스트모더니티의 공통된 물적 토대를 인식하지만, 제임슨이 말한 것처럼 새로운 '문화적 논리'[4]를 요구하는 자본주의 내의 의미심장한 변형을 인정한다. 역사와 관련해서, 지적 단절은 근대성의 목적론을 거부하는 데서 가장 도발적으로 나타난다. 그래서 포스트모더니즘은 더 이상 근대성의 변증법적 표현만이 아니며 근대성의 변증법적 권리 주장에 저항한다. 그리고 그것은 모든 '메타서사들'을 거부하기 위해 과거에까지 확장된다.[5] 그렇다면 탈근대적인 것들은 근대성을 '다시 읽을' 수 있는 새로운 입지점을 제공하며, 이를 통해 그 표면과 멀리 떨어지지 않은 채 존재했던 근대성의 '이면'을 노출시키는 한편, 더 중요하게는 이성, 과학, 역사에 대한 권리 주장에 근거한 근대성의 문화에 근대성이 끼친 해악을 문책하려고 하는 것이다.[6] 지난 20여 년간의 '문화적 전환'은 문화를 물질적 구조들의 기능으로서뿐 아니라 근대성 만들기에 작용하는 자율적인 힘 자체로서 새롭게 인식한 데서 기인한다. 정보기술과 통신기술이 자본의 작용에 중요해짐에 따라, 이같은 인식은 자본의 작동에서의 '문화적 전환'에 의해 강화되었다.

포스트모더니즘이 역사적 시기 구분의 한 원리로서 문제가 되는 것은 포스트모더니즘의 시기 구분이 논리(즉 **로고스logos**)를 부인하는 '문화적 논리'고 자신을 넘어서는 어떤 것도 지시하지 않는다는 점이다. 인간의 활동을 강제하고 근대성의 대안들을 지워온 구조들과 메타서사들을 부인한다는 점에서 포스트모더니즘은 해방적이지만, 포스트모더니즘이 약속하는 해방은 공간적·시간적 깊이를 갖지 않는다. 접두어인 포스트에 내포되어 있듯이, 포스트모더니즘 자체는 자체의 내적 논리도 없이 단지 거부하는 것을 통해 스스로를 정의하기 때문에 항상 잔존(殘存)적이다. 실제로 그런 모든 논리의 가능성을 거부하는 것이 근대와의 단절에 관한 탈근대적 주장들의 핵심에 놓여 있다. 근대성의 산물들이 탈근대성의 도처에 존재하지만, 그 산물들은 근대성이 부여했던 역사적 또는 구조적 일관성도 없이 분열의 형태로 나타난다. 탈근대적인 것은 단지 근대적 해방의 끝없는 해체를 명명하는 방법일지 모르지만, 억압에 대한 관용을 포함해서 차이에 대한 외견상의 무한한 관용은 문제가 된다. 베르텐스는 포스트모더니즘이 "(계몽주의와 가지각색의 반계몽주의 모두의 해방과 자유의 전망 그리고 그와 동등하게 진지한 묵시록적 전망을 망라하는 수많은 비판정치적 (critico-political) 유토피아와 디스토피아를 화해시키는 데" 기여한다고 지적한다.[7]

에른스트 카씨러(Ernst Cassirer)는 "계몽주의철학이 자연과 지식 모두에 대한 순수한 내재성의 원칙"을 선언했다고 하며, 그 때문에 자연과 지식에 대한 합리적인 이해가 가능하게 되었다고 분석했다.[8] 내재성의 원리는 계몽주의 이후 역사적 사유에 힘을 불어넣었고, 맑스주의에서 비타협적으로 표현되었다. 특히 전문적인 역사가들에 의해 역사의 실천은 자신의 '문화적 논리'와 공적 정당성을 어떤 가정으로부터 도출해냈는데, 그 가정은 바로, 이성은 그 어떠한 과거든 그 과거의 증거를 규명하면서 자신의 내적인 작용의 진실에 도달함으로써, 문화적 차이를 포함한 모든 차이의 보편적 이해를 주장하는 하나의 역사로 포섭할 수 있다는 것이다.

그러나 과거를 아는 방식으로서 역사에 대한 보편주의적 주장과 계몽주의적 진보 이데올로기가 요구하는 과거에 대한 단선적 설명은 구별되어야 한다. 다음 두 세기 동안 유럽이 인류 발전의 정점에 놓인다는 그런 단선적 설명 말이다. 내재성의 원리는 이성에 대한 보편주의적 주장에 중요했을 수 있지만, 그 원리는 자연과 사회의 원리로서 차이를 인식하게도 한다. 우리가 알아왔던 역사는 계몽주의적 보편주의에 대항하여 차이를 주장함으로써 생겨난 것이다.

계몽주의 이후의 역사는 계몽주의사상의 모순으로부터 기인한 모순적인 두 가지 목표 모두에 대한 추구가 특징이다. 계몽주의는 차이를 인식하려는 동시에, 곧바로 차이로부터 보편적 명제들을 정식화하려 했다. 인간을 다르게 등급화하는 공통의 역사를 전제한 계몽주의의 보편주의적 논리는 그렇게 등급이 매겨질 수 없었던 다른 역사들을 만들기도 했다. 왜냐하면 그 다른 역사들은 바로 계몽주의적 '내재주의'의 논리를 통해 그 자신의 합리성, 이 경우 역사적 합리성을 주장하는 상황에 처했기 때문이다. 일단 차이가 인식되고 또 역사 발전에서 그 차이의 정당한 위치가 자리매김할 가능성이 있으면, 계몽주의는 내재성의 관념으로 그 분열의 씨앗을 봉쇄했다.

계몽주의가 근대성의 헤게모니적 또는 억압적인 결과에 책임이 있다고 주장하는 게 요즘에는 유행이 되었다. 그래서 계몽주의가 보편성과 차이를 모순적으로 주장했다고 생각하지 않으려 한다. 이 점은 계몽주의 이후의 역사기술에서 억압되었으나, 그렇다고 소멸되지도 않았다. 이런 시각에서 보면, 포스트모더니즘은 근대성의 기원에 있었던 모순들이 다시 표면화된 것으로 보일 수도 있다. 그 모순들은 계몽주의의 문화적 논리에 의해서가 아니라 유럽중심주의를 정당화하는 데 그 문화적 논리가 전유됨으로써 그 후 두 세기 동안 억압되었던 것이다. 그리고 그러한 전유를 추동했던 것은 자본의 논리였고, 그 논리는 그 이데올로그들과 반대자들—주로 맑스주의자들—모두에 의해 역사해석에서 중앙 무대를 차지하게 되었다. 계몽주의의 유산은 의심의 여지 없이 문화적 억압과 삭제란 목적에 기여해왔다. 기억할 필요가 있는 것은 그러한 억압과 삭제를 고무시키기도 했던 해방의 충동이다. 이 충동은 현재 계몽주의 탓으로 돌려지는 억압성만큼이나 계몽주의 이후 역사의 일부분이기도 하다. 사유로서의 포스트모더니즘은 무엇보다도 먼저 이 해방의 충동이 근대성의 체제하에서 취하는 형태에 환멸을 표한다. 이것이 왜 포스트모더니즘이 계몽주의를 완화되지 않은 문화적 억압의 하나로 묘사하는지를 설명해준다. 이 이미지는 1968년의 유산과 많은 관계가 있다.

민족적 차이의 창안에서 우리가 아는 역사를 창안하려 했던 독일의 계몽사상가들과 더불어 과거와 관련한 계몽주의적 전제의 모순들이 등장했다면, 똑같은 모순들은 과거—자본주의, 제국주의, 식민주의라는 동인들을 통해서 전지구화된, 계몽주의의 보편주의적 전망과 관련하지 않고는 이해하기 힘든 과거—에 대한 일견 끝없는 주장의 현장을 폭발시킴으로써 역사에 대한 탈근대적 분열을 우리 시대에 가져다주었다. 만약 계몽주의적 보편주의에 대한 불만이 한때는 역사를 창조했고 다른 때에는 역사의 폐지를 요구한다면, 국가에서 문화에 이르기까지 그리고 성에서 종족성에 이르기까지의 변화는, 이제 문제가 되는 바로 그 근대성에 의해 힘을 부여받은 구성원들의 확산과 관계가 있다고 해도 무방할 것이다. 근대성에 헤게모니적으로 연루되어 있다 할지라도, 역사는 이런 권능을 부여해왔고, 또한 성

공적 권능 부여의 희생자였다고 할 수도 있다.[9]

1968년의 열정의 실패는, 그 열정을 고무했던 급진적 전망들 못지않게 이제는 포스트모더니즘과 그 제3세계적 변형인 탈식민주의를 생산하는 데 동참했다. '1968년'은 이전의 한 해였던 것이 아니라, 수많은 지역들에서 다른 지속 기간과 경계들을 가졌던 시간성의 상징이다.[10] 중요한 것은 1968년이 역사에 관한 과거의 사유방식과 단절하려는 충동을 뚜렷하게 보여준 해였다는 것이다. 지금은 익숙해지긴 했지만, 여성사에서 종족사에 이르는, 거시역사에서 '역사에서 이탈한 민중'의 역사에 이르는, 그리고 방법론적으로 가장 중요하게는 문화사에서 문화의 창안에 관한 역사——언어라는 매개체를 통해 문화가 역사 생산의 일차적 위치를 차지하게 된다——에 이르는 그런 많은 역사들은, 일찍이 억압되어왔던 많은 것들을 역사의식의 표면으로 부상시킨 급진적 충동의 산물들이었다. 이 점이 당시까지 역사의 적당한 영역으로 고려되어왔던 것을 무한히 복잡하게 만들었다. 이제 포스트모더니즘의 특징들로 여겨지는 이 역사들은 단지 근대적 전망의 성취, 즉 발언 기회를 얻었을 때 계몽주의 이후 역사기술의 가장 근본적인 전망에 의문을 제기했던 근대적 전망의 성취를 나타낼 뿐이다. 그에 따른 가장 중요한 귀결은 대안적 목소리를 억압하는 데——역사에 관한 담론과 재현을 포함해서——담론과 재현이 수행한 역할에 새로운 관심을 기울이는 것이었다.[11] 그 새로운 역사들은 탈근대성의 결과들이 아니라 근대성의 결과들이었지만, 근대성의 역사기술에서 그 역사들이 억압되었던 방식에 의문을 제기함으로써 역사에서 당당히 포스트모더니즘을 만들어내는 데 기여했다.

1968년의 급진적 전망이 실패하면서 역사가 나침반도 없이 표류함에 따라, 과거와의 발본적인 단절은 급진주의의 종말을 가져왔다. 그리고 새로운 역사들은 역사에 대한 다른 전망을 내놓기보다는 근대 급진주의에 힘을 불어넣었던 바로 그 전제들에 의문을 제기하는 데 그쳤다. 근대 급진주의는 스스로 반대했던 헤게모니적 구조들처럼 보편주의적 전제들에 의해 동기 부여가 된 것이었다. 현존하는 현상을 역사의 종말이라고 가정하는 역사가들이 역사의 끝에 그 현상을 놓았다면, 급진적 역사가들은 이와 다를 뿐 아니라 역사의 종말을 가정한 역사학자들보다 한층 더 나은 일을 수행하고 있다. 더 정확히 말하면, 일찍이 급진주의를 추동했던 유토피아주의가 이제 억압적인 근대성의 결과의 하나로 등장함에 따라, 미래의 발전에 대한 모든 전망이 의심되었던 것이다.[12] 두 세기에 걸쳐 여러 종류의 급진주의자들은 억압을 사회구조에 위치시켰고, 미래에 대한 이런저런 전망에 부합하는 사회변혁을 통해 그 억압을 극복하려고 했다. 권력과 억압의 원천이 담론과 재현의 장으로 재위치됨에 따라, 사회변혁의 쟁점들은 배경으로 물러갔고, 해방에 대한 희망은 담론과 재현의 해체에 맡겨졌다. 담론과 재현은 겉으로 보기에 해체의 과업이 끝없는 분열 속으로 지칠 줄 모르게 소용돌이쳐 들어가도록 추동한다. 그런 분열이 역사에 주는 의미는 명백하다. 두 세기 동안 사회적·문화적 차이를 선고하는 과업이 부여되었던 역사는 이제 사회적·문화적으로 제한된 인식론처럼 여겨져 과거를 아는 가능한 여러 방법들 중 하나가 된 것이다. 그 과정에서 역사는 비중이 줄고 방향을 잃었다──현재의 정치적 배치를 정당화하기 위해 과거를 사용하는 권력자들만큼이나 미래를 위한 방향을 제시하기 위해 과거를 끌어다쓰는 급진주의자들에게도 그러했다. 포스트모더니즘과 탈식민주의는 1968년의 급진적 전망들의 상속자이자 실패에 직면한 그 전망의 붕괴를 물려받은 상속자인 것이다.

1960년대부터 나온 역사기술적 발전의 한 측면은 이 논의의 맥락에서 특별한 중요성을 지닌다. 바로 제3세계의 등장이 그것이다. 포스트모더니즘에 관한 논의들은 유럽과 북미에서의 그것의 맥락과 상관 없이 진행되었다. 이런 사실은 대단히 기묘한 것이다. 왜냐하면 포스트모더니즘이 탈구조주의에 의해 형성되었듯이, 포스트모더니즘은 1968년의 사건들에서 구체화된 바로 1960년대의 산물이라는 광범위한 합의가 있기 때문이다. 그리고 구미인들의 의식 전면에 이제 역사에서 발언할 기회를 요구하는 탈식민 사회들, 즉 '제3세계'가 등장했다는 것을 제외하면 1960년대는 무엇이었는가? 그 결과는 계몽주의에 대한 유럽 내의 토론보다 훨씬 더 광범위했다. 이제 그 토론이 유럽 또는 구미의 문화적 공간 내부에 수용될 수 없는 사회들을 포함시키게 된 것이다. 그 사회들은 역사의 중심에서 구미를 쫓아내기 위해 자신들의 공간을 요구했다. 우리가 아는 포스트모더니즘은 갈등하는 1968년의 문화적 유산에 대한 반응이기도 하다. 명백하게도 포스트모더니즘은 문화를 인식론의 결정요소로 강조함으로써 근대의 역사기술을 고무했던 유럽중심주의로부터 후퇴함을 의미한다. 그러나 포스트모더니즘은 유럽중심주의의 재확인이기도 한데, 유럽 바깥 세계의 혁명 경험을 맑스주의에 통합하려 한 1960년대의 맑스주의적 구조주의로부터 — 알뛰쎄르(Althusser)의 맑스주의처럼 — 후퇴한 것이다. 구미 밖의 세계는 탈구조주의의 인식론에서 대개 존재하지 않는다.

하지만 자주적인 역사에 대한 제3세계 사회의 요구를 구미의 의식에 통합하는 것은 역사의 탈근대화에서 중대한 역할을 수행했다. 제3세계 지식인들이 역사에 관한 탈근대적 가정들을 내면화함으로써 우리 시대에 탈식민적 비평이 등장하게 되었다. 그러나 포스트모더니즘이 처음에 자신을 고무했던 급진적 전망과 단절했듯이, 탈식민주의 비평도 마찬가지로 초기의 민족해방의 전망과 단절했다. 포스트모더니즘과 탈식민주의 비평은 나름의 방식으로 제1세계나 제3세계에서 이해되어온 근대성을 해체하려고 노력해왔다.

포스트모더니티에 관한 여하한 논의는 그 자체로 역사적 구체성 속에서 검토될 필요가 있는 근대에 대해 일정한 가정을 한다. 물질적 조건에 기초한 공통의 근대성이 있을 수 있지만, 근대성의 경험이 특히 역사와 관련해서 같지는 않다. 유럽의 근대성은 위압적인 권력을 갖고 전세계적으로 유럽의 우월성을 목적론적으로 확인하는 역사를 구성할 수 있었다. 동유럽에서 시작하여 제3세계에 이르기까지 근대성의 수혜자들은 역사의 상실로서, 그리고 모든 과거와의 연계의 상실로서 근대성을 경험했다. 유럽 밖의 역사가들이 근대성의 요구들에 따라 과거를 재구성하기 시작했을 때, 제3세계 역사가들이 구성한 역사들은 실패에 대한 설명들로 나타난다. 이런 역사들을 이끈 의문은 항상 부정적인 것이었다. 바로 왜 우리는 유럽이 이룩한 것을 이루지 못했을까라는 의문이었다. 역설적으로 이 의문에 대한 빈번한 대답은 '역사의 잉여'였는데, 이는 전통이라는 말로 번역되었다. 즉 전통이 우리를 지연시켰다는 것이다. 전통을 극복하기 위해서, 우선은 전통을 '창안'해온 바로 그 원천인 구미의 비판적 역사학에 의지해야 했다. 감옥에 가두었던 근대성이 그 감옥으로부터 탈출하는 길도 보여주었다.

전통을 극복하려는 충동은 유럽으로부터 수입된 연구 방법들의 도움을 받았다. 중국 역사가들은 20세기 초에 일어난 역사기술 혁명에 관해 언급한다.[13] 과연 그 역사기술이 채용한 역사적 해석들과 방법들에는 혁명이 있었다. 고고학과 언어학의 도움을 받는 경험주의적 역사기술은, '신성하'고 고전에 근거한 역사기술의 '황금시대'가 후일의 이데올로기적 구성물임을 드러냈다. 새로운 역사기술은 신성한 역사가 '신화'임을 드러냈다. 즉 스스로 시간에 구애받지 않는다고 공표하는 고전의 내용에 힘입어 신성한 역사는 시간성의 해석 속에 끼워넣어진 것이다. 문화에 기반한 역사기술의 설명은 맑스주의가 역사의 영역을 차지하자, 유물론적 설명방식을 발견하여 낙후성에 대한 경제적·사회적 설명을 제공했다. 발전을 당연시하는 역사기술은 중국사회의 '자연적' 발전은 외부로부터의 침입에 의해 오도가도 못하게 되었다는 주장에서 마침내 정당화된다. 외부의 침입은 지역적(종족의 침입) 또는 유럽에 기원을 둔 제국주의 형태 중 하나의 성격을 띠면서 중국사회가 '자연스러운' 운명을 완성하는 것을 방해해왔다고 주장하는 것이다.

목적론은 나쁜 질문들을 만들었지만, 결실 있는 대답을 방해하지는 않는다. 중국의 맑스주의 역사가들은 일원론적 역사 개념을 받아들이면서 정치적 영역의 역사에 경도된 유교적 역사기술과 자유주의적 역사기술에서 억압되어온 중국의 과거에 관하여 많은 것을 들춰냈다. 1930년대에 이르러, 맑스주의 역사기술은 이전의 역사기술에서는 알려지지 않았던 중국사회에 관한 많은 것을 드러냈기 때문만이 아니라 역사적이기도 하면서 넓게 보면 문화적인 문제들에도 답을 제공했기 때문에, 맑스주의 역사기술이 중국 내어서 승리를 구가할 수 있었다는 주장은 논란의 여지가 있다. 후 스(胡適)에서 천 인커(陳寅恪)에 이르는 경험주의적 경쟁자들의 연구의 폭이 아무리 넓다 해도, 그들은 연구의 과학성에 의존할 뿐 발견한 것을 근거지을 대서사를 갖고 있지 않았다. 그들의 발견이 민족 정체성을 규정하고 현재의 세계에서 그 정체성의 운명을 설명하는 역사의 역할 같은 '더 큰' 문제들을 호피했다는 점은 매우 주목할 만했다.

(자유주의적 담론과 맑스주의적 담론의 외양에 공통적으로 존재하는) 근대화담론의 전제들은 제3세계 역사학에서 내면화되었는데, 이 전제들은 1968년 직후 구미의 사상과 제3세계 발전에 대한 자기 주장 모두에서 도전에 직면하게 되었다. 문화대혁명기의 중국은 많은 지역에서 1968년을 위한 영감이 되었는데, 중국은 마찬가지로 1968년에 대한 환멸에서도 중요한 역할을 했다는 사실은 흥미롭다. '제3세계주의'는 1968년에 중요했고, 지속되던 '문화혁명'과 함께 (베트남과 더불어 생존을 위한 투쟁에 종사한) 중국은 제3세계주의에 많은 영향을 주었다. 미국에서 중국에 관심이 집중된 것은 1968년이었고, 그때까지 '이데올로기적' 학문이라고 무시되었던 중국 맑스주의 역사기술의 자극을 미국의 중국학계로 수용한 것도 1968년 세대였다. 그 세대는 더 이상 자신의 질문들이 현 세대에 적절하지 않게 됨에 따라 포위되기에 이르렀다. 무엇을 반대해야 하는지를 기억조차 하지 않으며, 같은 이유로 그런 반대를 이해하지 못한다. 가장 흥미로운 것은, 현 세대가 역사의 해체를 애도하면서 그 해체에 자신들이 어떤 식으로든 기여했을 수도

있다는 점을 인식하지 못한다는 것이다.

한편 중국에서는 역사가들이 정치적 종속에서 풀려난 것을 기뻐하며, 반 세기 만에 처음으로 역사적 진실이 요구하는 대로 역사를 창조할 수 있다는 것을 인식한다. 그러나 거기에도 위기가 존재하는데, 현재와 과거 사이에 틈새가 계속 벌어짐에 따라 역사가 현재를 이해하거나 현재를 미래로 이끄는 데 적절한지가 문제다. 역사는 계속해서 신화로서, 고대와 근대의 문화적 가공물의 저장소 역할을 한다. 그 저장소는 중국에 대한 상반되는 전망들을 정당화하는 근거가 될 수 있겠지만, 역사의 자의성만을 더욱 강조할 수도 있다. 구미의 모습으로 전통의 힘을 참칭했던 근대성은 중국의 역사적 맥락에서는 과거의 유산들에 대한 부정으로서 나타난다. 그리고 모순되게도, 바로 그 동일한 유산들에 대한 권리 주장을 그대로 내버려두는 가처분 관계로 나타난다. 중국 역사기술에서 탈근대적인 것은, 완수되지 않은 욕망으로 남아 있는 근대성을 폐기하는 데 있는 것이 아니라, 역사가들이 더 이상 근대성의 발전 구도 안에 질서지우거나 포함시킬 수 없는 많은 시간성들에 공존한다는 데 있다. 그리고 이런 사실은 오히려 역사가들의 문화적 역할에 대한 문제를 제기한다.

포스트모더니즘과 역사

영화분석가 비비언 쏘브책(Vivian Sobchak)은 영화 「포레스트 검프」(*Forrest Gump*)와 관련하여, 그 영화에서 "(단수나 복수로 대문자나 소문자 중의 하나인 h를 갖는) 역사와 역사인식이 한편으로는 '마지막에는'으로 종종 묘사되고, 또 한편으로는 전례없는 공공의 관심과 논쟁의 대상이 된 현재의―그리고 밀레니엄의―한 계기의 징후이자 해석으로 나타난다"[14]라고 말한다. 역사의 위상과 관련하여, 현재의 논의에서 쉽게 맞닥뜨릴 수 있는 다른 역설적인 것들을 생각하기란 그다지 어렵지 않다. 즉 지배와 해방에 대한 담론의 매개체로서의 역사, 역사성에 편향된 학제들을 가로지르는 증거주의 대 과거의 인식가능성에 대한 회의주의, 과거가 지속적인 짐이라는 관념에 대항하는 해석적 주의주의(主意主義) — 심지어 인간의 역사를 형성하는 가장 중요한 힘은 인간의 통제 밖에 존재할 것이라는 생각 — 그리고 가장 역설적으로는 역사적 지식의 방식·조직·목표들에 대한 통제를 우리가 잃고 있는 것처럼 보일 때조차도 과거에 대한 우리의 이해는 넓어지는 것, 이런 것들이 바로 그런 역설적인 것들이다. 다른 것들도 있겠지만, 이 논의에서 내가 다루려는 주제들을 예시하기에는 이것으로 충분할 것이다. 즉 학제와 인식론으로서 역사를 복잡하게 고려하는 것, 역사의 문화적 의미에 관련된 요소들의 산물인 역사에 (다시 한번) 위기가 왔다는 것, 그 위기가 희망도 없는 역사의 분열 또는 역사적 실천에서의 패러다임의 전환을 시사하는지 분명치 않다는 것, 마지막으로 우리가 지난 100여 년 동안 알아왔고 실천해왔듯이 역사의 전환은 그 결과가 무엇이든 역사의 끝이나 과거에 대한 관심의 끝을 의미하지 않는다는 것이다. 탈근대적 역사가 현재의 모습이라면, 그것은 중대한 계기로서의 역사를 봉쇄한다는 의미에서 역시 매우 탈역사적일 것 같지만, 탈근대적 역사는 역사를 부정하는 데서도 역사의 힘을 일깨우는 역할을 할 수 있다. 한편 이는 역사에서 문화의 역할이 근대성의 체제하에서 그것이 누렸던 것에 비해 상당히 줄어들었다는 것을 함축한다.

현재의 위기는 — 적어도 아직까지는 — 그 자체로 역사의 학제적 실천에 존재하는 위기는 아니다. 확실히 지난 30여 년에 걸쳐 역사가들은 끊임없이 역사와 과거의 관계 그리고 더 한정된 방법론에 관한 문제들을 재고하도록 요구하는 도전들에 직면했다.[15] 이 도전들 중 일부는 역사학 학제 내로부터 제기되었다. 그런 경우가 역사이론에서의 언어적 전환 또는 서사적 전환이었는데, 그 전환은 역사적 진실의 가능성에 의문을 제기하는 데 그쳤다. 그리고 새로운 사회적·문화적 역사들이 출현했는데 이러한 역사들은 역사적 묘사를 (기어츠Geertz의 표현으로는) '두텁게 하는' 동시에 과거에 관한 통일적(holistic) 이해의 가능성에 회의를 표했다. 역사의 포스트모더니티에 대한 이런 경향들은 탈구조주의의 등장과 확산에 의해 강화되면서, '공간'과 '시간'에서 '주제' '문맥' '사건'까지 역사가들이 활용하는 개념 모두를 의문시하고, 그 과정에서 사회적·정치적 권력과 역사의 공모관계를 강조하게 되었다. 중요한 역사적 문제를 어떻게 다루어야 할지에 대한 것은 말할 필요도 없고, 무엇이 중요한 역사적 문제인지를 결정하는 것조차 거의 불가능해 보일 정도가 되어버렸다. 자신의 과거에 대한 새로운 사회적 구성원들의 주장들이 확산된 것은 이미 새로운 사회사를 만드는 데 중요한 계기가 되었다. 그런데 이산적 정체성에 대한 확신이 역사 분석의 적절한 단위가 무엇인지를 더욱 혼란스럽게 만듦에 따라, 그 주장들은 1980년대 이후 힘을 얻었다. 국가 차원이든 전지구적 차원이든 다른 과거에 대한 주장들은 근대 서구의 문화적 가공물로서의 역사를 가장 근본적으로 부정하게 되었다. 만약 다른 문화적 전통이 자신만의 현재적 목소리를 얻는다면, 그러한 역사는 거부되어야 한다는 것이다. 마지막으로, 만약 역사가들이 과거에 대한 해석을 독점한다고 자처할 수 있다면, 그런 허세 부리기는 새로운 시각매체와 전자매체들이 과거의 재현에 대한 자신의 권리를 주장하는 것과 마찬가지로 그 어느 때보다도 신뢰할 수 없어 보인다.

역사가들은 이 도전들의 일부는 흡수했지만 다른 것들은 간단히 무시했다. 낸씨 파트너(Nancy Partner)의 말처럼, "이론에 젖어 있는 그 직업의 세련됨에도 불구하고 역사적 정보에 기여하거나 의존하는 모든 관련 학제의 학자들은, 랑케(Ranke)나 기번(Gibbon) 이후 그 문제에 관해서는 아무것도 변한 게 없는 것처럼 본질적인 방식으로 연구를 계속 수행한다. 마치 인식론의 보이지 않는 수호천사들이 사실, 과거의 실상, 올바른 설명, 진정한 해석을 보호하려고 날개를 항상 펼치듯이, 그리고 그다지 확정적인 것은 아니지만 상당히 옹호할 만한 해석이 우리가 진정 필요로 했을 때 항상 존재하는 듯하다."[16] 얼마나 오랫동안 이런 학제적 탄력이 유지될 수 있을지는 여전히 문제다. 왜냐하면 만약 역사의 실천에 명백한 위기가 없다면, 역사의 문화적 의미의 위기에 대해서는 물을 필요조차 없기 때문이다. 스스로 역사의 합리성을 옹호하는 게오르그 이거스(Georg Iggers)는 "역사적 진실이라는 개념에 대한 도전 그리고 이에 따른 과거 연구에 대한 도전, 말하자면 과학적이거나 학술적인 합리적 기준들을 적용할 수 있을 것이라는 믿음에 대한 도전은 좁은 의미에서 역사적 사고의 한 흐름으로 생각될 수 없고, 근대적 존재의 변화하는 조건하에서 근대적 인식이 폭넓게 재정향(再定向)되는 것으로 생각될 수 있다"라고 날카롭게 지적한다.[17] 그러나 역사적 사고에 대한 현재의 재정향은 유럽 근대성의 과거에 뿌리를 두거나 과거의 전례에 근거를 둔다. 그러나 우리는 그것이 더 구체적으로는 1960년대의 사회적·지적 환기의 산물이고, 유럽 근대성보다 더 폭넓은 범위의 문화적 원천에 근거한다는 점을 지적할 수 있다. 그리고 그것이 새로운 종류의 정보와 재현들뿐 아니라 인간됨의 새로운 의미들도 만들어낸 새로운 과학기술적 변혁에 힘입어 형성된다는 것을 지적할 수 있을 것이다. 지난 수십 년간의 역사기술적 재정향은 새로운 사회사들과 문화사들 못지않게 다음과 같은 신념, 즉 "학자들은 투쟁적인 사회개혁가들이 학문공동체에 정당하게 요구했던 역사와의 '연계'와 '관련성'을 위해 1960년대의 위기를 진지하게 다루기 시작해야 한다. 역사의 문화적 효용에 대한 근본적 문제제기만이 (…) '사상가들로서 우리의 의무인 인류라는 종(種)의 구원에 공헌할' 수 있다"[18]는 신념에 힘입었다. 1960년대 제3세계로의 전환이 계기가 되어 역사의 유럽중심적 보편주의 개념들과 실천들에 대한 공격이 시작되었다. 결국 그러한 전환은 1980년대 전지구화와 다문화주의라는 이데올로기의 등장과 함께 재정향을 겪게 되기는 했다. 구미가 세계에서 차지하는 위치의 변화와 그것이 고무한 역사기술의 변화에 직면하여, 프랑크 앙커스밋

(Frank Ankersmit)은 "서구의 역사기술에 가을이 왔다"[19]라고 발빠르게 진단했다. 한편 근대주의적 전제들이 여전히 분과학문의 역사적 실천을 인도하겠지만, 학자들은 새로운 시각적 매개체를 통한 탈근대적 재현들이 부족하지 않음을 알고 있다.[20]

1960년대와 1970년대의 역사에 관한 논쟁을 조사한 후, 리처드 밴(Richard Vann)은 1970년대 중반에 이르러 "패러다임의 전환 같은 것이 발생했다. 그후 20년간 설명이나 인과관계(다른 말로 하면 역사적 지식과 과학적 지식의 관계)가 아니라, 역사가들의 언어가 대부분의 역사에 대한 성찰의 중심 주제가 된다"라고 결론짓는다.[21] 이러한 '패러다임의 전환'을 가장 두드러지게 보여주는 것은 "지난 25년 동안의 철학사에서 가장 혁명적인 책"[22]인 헤이든 화이트(Hayden White)의 『메타역사』(Metahistory)였다. 이 책으로 인해 이미 확산되던 서사에 대한 논의는 관심의 초점이 되었다. '언어적 전환'은 1970년대와 1980년대 탈구조주의가 급속히 확산됨으로써 더욱 탄력을 받게 된다. 그 결과 과거의 복구라는 역사에 대한 실증주의적 관심에서 역사가들이 과거를 구성하는 방식에 대한 관심으로 이론의 방향이 재설정되었다.

역사가들에게 그 실천적 결과는 불확실했지만 그 함의는 광범위한 것이었다. 밴이 시사하듯이 역사철학에서 패러다임의 전환이 있었다고 해도 무방하다. 그러나 우리가 패러다임의 전환을 토머스 쿤(Thomas Kuhn)이 사용한 의미처럼 지식이나 해석을 체계화하는 새로운 방식으로 이해한다면, 언어적 전환이 대변하는 새로운 패러다임은 가장 뚜렷하게는 역사적 지식의 탈체계화(dis-ordering), 나아가 그 불가능성까지도 의미한다. 이것이 화이트가 말한 역사기술의 '혁명'이 또 다른 저명한 역사기술학자인 이거스에게 나타나는 방식이다. 이거스가 화이트에 대해 말하고자 하는 바는 길게 인용할 만하다. 왜냐하면 그가 말하는 것이 역사에서의 새로운 혁명이 가지는 중요한 측면들을 다루기 때문이다.

역사를 문학의 형태로서 새롭게 강조하는 것은 역사를 언어로 환원하는 것과 관련이 있다. (…) 모든 역사적 텍스트가 문학적 텍스트이기도 하며, 그렇기에 그것이 문학적 기준에 의해 통어된다는 화이트의 주장은 상당히 옳다. 그러나 화이트는 이를 넘어서 역사적 텍스트는 본질적으로 문학적 텍스트, 소설만큼 상상력과 깊이 연관된 시적 창조에 불과하다고 결론짓는다. 역사가들이 쓰는 역사는 그들의 연구 주제에 근거해서가 아니라 문학적 결정에 의해, 즉 '줄거리 짜기'와 '수사어구의 선택'과 같은 문학적 결정요소들이 허용하는 제한적 선택에 의해서 궁극적으로 결정된다.[23]

이것이 화이트의 작업에 대한 정확한 독법인지 여부는 의문의 여지가 있다. 씨드니 모나스(Sidney Monas)는 화이트의 요점이 오히려 그가 다룬 역사철학자들과 역사가들 사이의 차이들은 "누가 옳았고 누가 그릇된 것이고, 누가 '객관적 실제'에 접속되고 누가 그렇지 않은가라는 견지에서 설명되어서는 안되고, 오히려 기질(temperament)의 차이들이나 기질과 장르, 양식, 줄거리 짜기의 관계라는 견지에서 설명되어야 했다. 그 어느 것도 증거를 부적절하게 사용한 것은 아니다"라고 조금 다르게 평가한다.[24]

다른 말로 하면, 문제는 역사가들이 증거를 배제할 수 있는지 또는 과거를 자의적으로 조작하는 데 간여할 수 있는지 여부가 아니라, 오히려 무엇이 증거를 넘어서는 역사 저작, 특히 과거에 관한 우리의 이해에 근본적인 중요성을 지닌 위대한 역사 저작에 기여하는지 여부다. 역설적으로 화이트의 저작은, 텍스트에서 저자를 부재하게 만듦으로써 가장 잘 달성될 수 있는 과거의 진실의 전달자로 나타나기보다는 이제 역사의 창조자, 텍스트의 주체로 나타나는 역사가의 역할을 감소시키는 것이 아니라 확장시킨다.

이런 점들은 서사의 전환에 의해 제기된 더욱 불가피한 문제, 즉 서사와 증거의 관계가 아니라 서사(그리고 함축적인 의미에서는 증거)와 객관적 진실 사이의 관계를 지적하기 때문에, 이를 인식하는 것이 중요하다. 서사의 전환이 가져온 가장 중대한 결과는 똑같은 사건(들) 또는 과거(들)에 대해 복수의 서사가 가능해져서 과거의 진실에 관해 동등하게 유효한 주장을 할 수 있다는 점을 확인했다는 것이다. 게다가 그 결과, 역사적 진실에 대한 다른 주장은 증거에 근거함으로써만 판명된다는 전문적 역사가들의 전제가 거부되었다. 우리는 "역사적 텍스트는 그것이 참조하는 맥락과 관련하여 이해되어야만 하고, 그 맥락은 역사가의 주관성, 완전히 동일하지 않은 객관성의 요소, 역사적 연구 방법의 상호 주관적 요소들을 가정하는 합리성의 요소를 포함하고 있다"[25]라는 이거스의 말에 기꺼이 동의할 수 있을 것이다. 그러나 그것은 역사 자체의 역사성에 관한 문제와 (역사적 '사건' 못지않게) 역사적 '맥락'은 역사의 조건이자 산물일 가능성에 대해 여전히 의문의 여지를 남긴다.

대부분의 역사가들은 자신들이 역사의 끝에 서 있다고 생각하고 역사를 쓸 수 있다. 과거가 우리의 뒤에 놓여 있을 수도 있지만, 역사—과거를 쓰고 이해하려는 노력—가 항상 미래로 확장되는 프로젝트라는 것은 특히 근대의 '과학적', 전문적 역사의 가정이다. 근대성의 '진실들'처럼 역사의 진실들은 지연된 진실들이다. 한편으로 그것은 미래가 현재보다 진실에 더 잘 다가갈 수 있을 것 같다는 것을 의미하고, 또 한편으로는 어느 때라도 역사적 작업에는 고유한 퇴행이 존재한다는 것을 의미한다. 베리(J. B. Bury)의 말에 의하면, "이 작업 [역사 쓰기 작업]은 나무 자르기와 물 대기로서, 신념—인류 역사에 대한 가장 작은 사실들의 완전한 조립이 마침내 말을 할 것이라는 신념—을 갖고 행해져야만 한다. 그 노동은 후대를 위해, 멀리 떨어진 후대를 위해 행해진다."[26] 축적된 진실에 대한 이 신념은 시간과 공간에 관한 후대의 개념이 현재의 개념과 완전히 다를 수도 있다는 점에는 개의치 않는다. 현재는 과거와 다르다거나, '나무 자르기'는 역사의 진술을 하나의 포괄적인 전체로 통합하지 않고 그것을 쪼개버리는 것으로 귀결될 수 있다는 식으로 말이다. 정확하게도, 이는 과거에 관한 상충하는 서사들이 동등하거나 적어도 필적할 만한 유효성을 지닌다는 인식을 함축한다. 그리고 그 유효성은 미래는 진실에 가까이 가는 것에 대한 어떠한 보장도 약속하지 않는다는 것도 시사할 것이다.

그 함축적 의미들은 역사의 목표를 넘어서 실천의 영역에 파급된다. 역사가는 단지 과거의 진실의 합리적 발로자가 아니라 상상력이 풍부한 과거의 창조자가 됨으로써, 모나스의 용어를 빌리면 자신의 '기질'이 적어도 이성과 방법에 대한 주장들만큼 창조에서도 중요해진다. 말하자면 이데올로기와는 다르게, 역사가의 기질은 합리성의 수준에서 쉽게 분석되지 않고, 그/그녀의 주관성에 직면할 것을 요구한다.[27] 한편 줄거리 짜기와 텍스트의 구성 등에 주어진 새로운 중요성으로 인해, 역사 쓰기 작업이 참조하는 맥락에서, 적어도 부분적으로는 자율적 실체로서 그 자체로 읽혀지거나 다른 텍스트들과의 관계 속에서 읽혀져야 할 텍스트로 관심의 이동이 촉발되었다. 저자에 대한 분석 못지않게 텍스트에 대한 분석은 엄격한 역사 읽기에서 문학적 분석으로의 방향전환을 의미한다. 그런 과정에서 역사는 문학의 아종(亞種)이 된다.

가장 중요하다고 할 수 있는 것은, 그런 문제들이 협소한 인식론적 문제들이 아니라 광범위한 문화적 함의를 갖는 인식론적 문제들이라는 것이다. 앎의 과정에서 역사적 방법과 과학적 방법이 차지하는 위상을 둘러싸고 벌어진 대립을 축으로 문화적 진공 상태에서처럼 진행되었던 역사기술에 대한 초기 논의와는 달리, 서사적 전환은 거의 인식하지 못할 정도로 문화와 역사 사이의 문제들로 관심을 이동시켰다. 화이트는 시작부터 그의 작업을 문화적 프로젝트로 묘사했다. 역사적 실천에 대한 비판은 '역사적 문화'의 문제들, 즉 역사의 사회적·정치적 함의들뿐 아니라 역사 자체의 넓은 문화적 맥락의 관계를 포함했다. 앞에서 언급한 1973년 논문에서 그는 "사회적으로 혁신적인 역사적 전망"으로서 메타역사적인 것을 역사적인 것과 대조했고, 왜 '메타역사가들'이 영미에서보다 유럽대륙에서 쉽게 거처를 발견했는지에 대해 역사적/문화적 설명을 제시한다.

유럽대륙에서는 역사에 대한 사변철학이 생생하게 살아있을 뿐 아니라, 그것이 제시하는 여러 문제들과 제기하는 의문들은 역사 연구의 목적과 역사인식의 문화적 유용성에 관한 논쟁의 한가운데에 있다. 이는 의심할 여지 없이 대륙에 널리 퍼진 철학적 전통에 어느 정도 기인하는 것이다. 19세기를 통해 유럽의 사상은 영국이나 미국의 사상보다 더 형이상학적 입장으로 남아 있었다. 유럽의 사상가들은 형이상학을 대체하는 과학의 힘을 훨씬 덜 확신하는 상태였다. 그러나 아마 더 중요하게는, 두 차례의 세계대전과 파시즘에 대한 대륙의 경험이 윤리적 사고와 존재론적 연구가 다른 방향으로 나아가는 데 기여했다.[28]

화이트는 또한 역사가들이 활용할 수 있는 선택권에 한계를 부여하는 것으로서의 문화라는 문제를 제기했다. 10여 년이 지난 후, 그는 다음과 같이 말했다. "진짜 사건에 대해 주어진 모든 서사적 설명이 그럴듯한 것은" 첫째, "역사가의 지시 대상으로 쓰이는 일련의 사건들의 의미를 재현하는 데 주어진 줄거리 구조가 적절하다고 인식되기 때문이고," 둘째, "역사가들이 이 사건들에 의미를 부여하는 데 활용하는 수많은 전략들은 역사가 자신의 문화에서 활용되는 수많은 장르적 이야기 형태들과 동일한 범위 내에 있기 때문이다."[29]

역사는 역사가가 만들어낸 문화적 맥락에 의해 조건지어진다는 전제는 역사기술의 새로운 전환을, 포스트모더니즘이나 탈구조주의와 연관되는 1968년 이후의 지적 전개 내부로 정확히 자리매김했다. 역사기술에 관한 미국 내 논의에서의 서사로의 전환은 롤랑 바르뜨(Roland Barthes)의 역사에 대한 문제제기와 일치하고, 장 프랑수아 리오따르(Jean-François Lyotard)

같은 탈구조주의 사상가들의 '거대'(grand)서사나 '지배'(master)서사에 대한 공격과도 일치한다. 리오따르는 국부적 서사와 이야기들을 선호하며 포스트모더니즘을 궁극적으로 지배서사에 대한 부인으로 정의하고, 과거의 진실에 접근하는 더 나은 방법으로서 기록된 증거가 제공한 것보다 서사의 틈새와 균열에 주의를 기울였다. 서사와 재현에 대한 공통적 관심으로 인해 쉽게 그런 두 가지 전개 방식이 혼동되긴 하지만, 새로운 문화적 맥락의 구성에서 교차하는 공통된 역사적 상황 내부의 독립적 전개방식으로서 그 둘을 생각하는 것이 최선일 것이다. 이렇게 보면 화이트, 루이스 밍크(Louis Mink)와 다른 이들에 의해 제의된 역사에 대한 새로운 견해들은 그것들과 겹쳐 있는 탈구조주의 사고의 확산으로부터, 그리고 과거에 대한 탈근대적 재현들의 점증하는 인기로부터 ─ 그들이 후자를 조장해왔듯이 ─ 상당한 혜택을 얻게 되었다.[30]

역설적으로 역사의 진실에 대한 주장의 유효성에 의문을 제기하기를 거부하고 1960년대와 1970년대의 사회적·정치적 환경이 쏟아낸 문제들에 대한 역사적 분석으로 돌아선 역사가들이, 마침내 역사의 분열에 공헌했다 ─ 그리고 역사적 작업에서 문화와 서사의 중요성을 전면화하는 데 기여했다. 역사적 실천의 문화적 맥락에 대한 새로운 인식은, 화이트를 비판한 한 사람으로 내가 앞에서 인용한 이거스와 듀크(Duke)대학의 프랑스사 연구자 해럴드 파커(Harold Parker)가 1970년대 말에 펴낸 책에서 꽤나 명백하다.[31] 이거스는 그후 이 문제를 계속 연구해왔는데, 그 문제는 역사가들로부터 점차 관심을 얻게 되었다. 그런 연구 자체가 '포스트모더니즘적' 또는 '문화주의적' 의도를 가리키지는 않는다. 왜냐하면 역사기술에 대해 전세계적인 그물망을 넓게 펼치는 것이 반드시 다양성을 감수해야 한다는 것을 의미하지는 않지만, 초기 유럽중심적 보편주의의 편협함을 극복하기 위한 새로운 보편주의에 대한 추구가 여기에 동기를 부여할 수 있기 때문이다.[32] 그러나 초기의 역사주의를 옹호하거나 문화적 맥락을 염두에 두지 않고 역사적 진실의 개념에만 집착하는 역사가들조차 역사의 문제, 역사를 위한 문제로서 문화의 문제를 제기하는 데 함께해야 한다는 것은 중요하다.

더 중요한 것은 1970년대부터 대두한 여러 '새로운' 역사들의 결과였다. 그것들은 일관되고 통합된 역사에 대한 개념을 더욱 침해했지만, 문화를 (시간적 의미뿐 아니라 공간적 의미에서도) 급속히 역사화함으로써 문화의 개념을 무너뜨리기도 했다. 톰슨(E. P. Thompson)과 에릭 홉스봄(Eric Hobsbawm)같이 1960년대에 이미 사회운동에 관한 맑스주의적 분석에 문화를 도입했던 역사가들의 저작에 고무되어, 노동운동뿐 아니라 그때까지 역사에서 빠져 있던 집단— 여성들에서 종족집단들과 토착민족들에 이르기까지—을 다루는 새로운 사회역사학자들은 집단들의 자기규정에서 문화와 역사가 차지하는 중요성을 보여주는 역사를 만들었다. 호미 바바 (Homi Bhabha)의 적절한 표현을 빌린다면, '문화의 위치'는 국가 수준에서 집단 수준으로 옮겨졌다. 더 중요하게는 이 집단들은 자신들의 특수한 경험과 관련이 있는 자신들의 역사의식을 갖는다는 점이 드러났다—이는 사회 내 지배적 집단의 '역사의식'에 도전했을 뿐 아니라, 지배적 역사의 형성과 공고화에서 중요한 역할을 수행한 역사가들의 역사의식에도 도전한 것이었다. 물론 문제는 확산되는 이러한 서사들을 어떻게 통일적 전체 속으로 통합시킬 것인가, 어떻게 사회사를 정치사·문화사에 연결시킬 것인가, 어떻게 확산하는 역사의식을 조정할 것인가이다. 바로 그 역사적 지식의 심화와 기존의 경계를 뛰어넘는 그러한 지식의 확장은 이미 1970년대 말 국가 역사들(national histories)의 '발칸화'에 대한 불평으로 이어졌다.[33] 일관성의 문제는 인류학, 특히 기어츠의 '두터운 묘사'(thick description)에 관한 생각에 고무된 새로운 '미시사'뿐 아니라 공동체연구에서도 역연(歷然)하다.[34] 이 모든 경우에서, 문제는 단순히 별개의 역사적 서사를 조직하는 기술적 내지 이론적 문제가 아니라, 다른 역사적 인식론들에 직면한다는 것이다. '밑으로부터의 역사'는 초기 역사기술에서 억압되었던 이야기들과 역사들을 드러냈지만, 이제 과거에 대해 자기 주장을 펼치고 도 역사가들의 주장에 도전하기에 이르렀다——결과적으로 화이트 같은 역사가들이나 리오따르 같은 탈근대론자들의 추상적 사변을 추인하게 된 것이다.[35] 실제와 가상의 구별을 거부하는 것을 비롯한 탈구조주의적 전제들은 새로운 문화역사가들에 의해 명시적으로 채택되었다. 그리고 마크 포스터(Mark Poster)와 앙커스밋 같은 역사가와 철학자들이 역사에 포스트모더니티가 도착했음을 선언했다.[36] 그러나 이번에는 포스트모더니티가 역사가들의 실패에 대한 대응이 아니라, 역사가들이 역사의 진실들에 도달한 데 대한 바로 그 성공의 산물이 되었다. 그 진실들은 너무 복잡해서 체계적 서사들이나 이론적 체계들에——또는 하나의 인식론에——담길 수 없다고 판명된다. 과거에 대한 주장의 확산은 전문적 역사학 분야 내에서 서사들이 확산하는 것을 의미할 뿐만 아니라 전문적 역사가들의 서사가 여러 서사들 중의 한 경향으로 축소됨을 의미한다.[37] 문제는 더 이상 역사가 객관적 의미에서 진실인가의 여부가 아니라 진실들이 역사라고 불리는 것에 담길 수 있는지 여부다.

이 문제는 1980년대 이래 대두한 전지구적 변혁에 대한 새로운 인식과 함께 극적으로 전면에 부각되었다. 근대화 패러다임이 전지구화 패러다임으로 대체되었다는 우리의 묘사에는 여러 차원이 존재한다. 그 범위는 새로운 집단에 대한 인식, 다른 집단의 권능 부여, 적절한 정치적·경제적·문화적 단위로서 국민국가에 관한 문제에서 근대성에 대한 유럽중심적 목적론의 역설적인 (구미의 정치적·경제권 권력의 침식과는 구별되는) 침식에 수반된 자본주의에 대한 사회주의적 대안의 소멸까지 다양하다. 이것이 프랜씨스 후쿠야마(Francis Fukuyama)의 '역사의 종언'이라는 논제를 고무한 현상들이었다.[38] 역사를 종언시키는 후쿠야마의 이데올로기적 이유들은 엉뚱한 것들이지만, 후쿠야마의 이유와는 반대로 역사의 종언을 고려할 만한 다른 이유가 있을 것이다. 나는 여기서 그것을, 근대성의 목적론에 대한 광범위한 거부에 수반한 시간의 가역성에 대한 인식, 그리고 가장 중요하게는 지난 두 세기의 위대한 혁명의 경우에서 그러한 거부에 수반된 역사상의 수많은 반전들에 대한 인식으로 묘사하고자 한다. 근대성의 체제하에서 가시화되지 않았거나 단순히 무시된 역사, 과거에 위임된 다양한 역사에 대한 주장들이 다시 등장했고, 전지구적인 사회적·정치적 관계가 재편성됨에 따라 그 주장들은 의식의 수면 위로 떠오르면서 현재의 세계에 출몰했다.

만약 역사에서 포스트모더니즘이 어떤 의미가 있다면, 적어도 그것은 현재에 대해 권리를 주장하는 과거의 확산을 가리킨다. 그런 확산은 현재의 실천과 미래에 대한 상상을 위해 끌어올 수 있는 과거의 저장고를 풍족하게 하는 한 해방적이다. 그러나 그 확산이 해석의 여지가 있는 대화가 아니라 역사의 증거에 반하여 상상된 문화적 정체성들 주위로 경계선을—외래적인 것으로 구성된 것을 배척할 뿐 아니라, 더 심각하게는 내부의 다양성을 억압하기 위해—그을 것을 요구하며 현재 부활하고 있는 문화주의로 이어진다면, 그 결과는 파괴적이기도 할 것이다. 정체성이 자유분방한 타협의 산물이 아니라 여전히 여러 종류의 특권적 권력에 좌우되는 세계에서, 후자의 가능성은 그만큼 크다고 할 수 있다. 역사에 생기를 불어넣었던 목적론의 부인은 대안적 미래에 대한 일신된 희망으로 인도하기보다 오히려 미래를 불투명하게 만들었다. 즉 혼돈스러운 현재가 현재 자신이 풀어놓은 과거들을 봉쇄하려는 모든 노력을 비웃을 때, 미래는 영감을 주거나 인도하는 힘을 박탈당해 무시무시한 현재의 불안에 사로잡히게 되는 것이다.

여기서 그런 목적을 위해서는 두 가지 예를 드는 것으로 충분할 것이다. 첫째는 1980년대 이후 '기억'문학의 확산이다. 역사가들은 오랫동안 기억을 역사의 근원자료로, 과거의 진실에 이르는 수단으로 간주해왔다. 앞에서 논의한 1970년대의 새로운 역사학이 기억에 상당한 위상을 부여했다면,

가장 최근의 모습에서 기억은 역사와 대립하는 경쟁자로 등장했다.[39] 기억은 서로 다른 환경에 있는 서로 다른 집단에게 서로 다른 목적으로 쓰일 수 있다. 최근의 기억문학은 유대인학살이나 문화대혁명 같은 정신적 충격을 준 사건들과 가장 밀접하게 연관되어 있다. 화이트가 말하듯이, 유대인학살 같은 사건은 "심지어 그 사건을 **묘사**한 **어떤** 언어로도, 그것을 **재현**한 어떤 — 언어적, 시각적, 구두적, 거동적(gestural) — 매개체로도 파악될 수 없을 것이다. 하물며 그것을 적절하게 **설명**하는 역사적 내용은 말할 것도 없다."[40] 그런 경우에는 역사가 묘사하거나 설명할 수 없는 것을 외상적 사건들의 경험에 대한 기억들을 이용해 제대로 성취할 수 있을 것이다. 기억은 또한 역사에서 지워진 집단에게 과거의 어렴풋한 상을 그리는 데 도움을 줄 수도 있다. 한편 (제2차 세계대전 기간 소개되었던 일본계 미국인들 같은) 자신들의 불관에 대한 인식을 추구하는 집단의 경우, 기억은 역사에 도덕적 힘을 더해준다. 기억은, 역사의 희생자로서 자신들의 이미지를 극복하려는 새롭게 힘을 부여받은 집단들이 자기 이미지를 지탱하는 데 기여한다.

역사에 대한 자신감 상실이 이 논의에 딱 들어맞는 이유일 것이다. 삐에르 노라(Pierre Nora)는 "설명 원칙의 상실은 우리를 조각난 우주로 내던지지만, 도든 대상 — 심지어 가장 비천한 것, 가장 사실 같지 않은 것, 가장 다가갈 수 없는 것 — 에 역사적 신비의 위엄이 부여되도록 재촉했다. 과거가 다음에 어떻게 만들어질지 아무도 모르기 때문에, 불안이 모든 것을 하나의 흔조이나 징후, 즉 모든 사물의 순수성을 오염시키는 역사의 암시로 변모시킨다"라고 말한다.[41] 과거 헤게모니(노라의 표현으로는 '불연속성의 체제'[42])의 쇠퇴는 말대꾸하는 기억의 확산, 즉 가장 뚜렷한 최근의 기억뿐 아니라 역사에 도전하기 위해 돌아온 잊혀졌던 먼 기억들의 확산까지도 허용해왔다. 그 결과는 "개별적인 역사들을 요구하는 사적 기억들"[43]의 증가다. 역사가들이 자신들의 목적에 부합하지 않은 기억들을 종종 잊거나 억압했다면, 기억은 자신을 구성하는 역사나 역사들에 면역된 것처럼 보인다. 역설적으로 기억과 역사의 대면이 양자 사이의 차이를 없앨 것을 약속하는 듯하기도 하다. 기억의 확산을 우리는 역사의 불가능성을 시사하는 것으로 볼 수 있을 것이다. 또한 이것을 역사들, 일관성 없고 그럴 희망도 없는 많은 역사들의 확산으로 볼 수도 있을 것이다. 이것이 '사회적 기억의 민주화'[44]가 치르는 댓가일지도 모른다.

만약 기억이 역사에 대항하여 자신의 진실을 주장한다면, 그 기억은 또한 새로운 역사를 창조하기 위해 역사를 전도시키려고 할 것이다. 여러모로 이런 현상은 억압된 역사들을 회복하려 했던 이제는 무너진 공산주의 체제의 사람들 사이에서 지금 일어나고 있다. 그러나 그 현상은 역사에 의해 희생되었지만 그 역사가 일단 설명되어 먼 기억 속으로 물러나자 자신들의 새로운 이미지를 만들려 했던 다른 사람들에게도 똑같이 일어나고 있다. 손실된 유대인재산 보상투쟁을 주도하는 한 유대인 율법박사(rabbi)는 "전쟁 이전 유대인의 삶의 이미지, 줄무늬 죄수복을 입은 수용소의 깡마른 죄수들로서의 이미지를 몰아낼 그런 이미지를 재구성하고 (…) 전쟁 이전 유대인의 이미지를 희생자로서가 아니라 하나의 사회로서 적절히 그려내"려고 노력한다.[45] 세계의 다른 한쪽에서는 태평양 연안의 민족들이 식민화에 대한 기억을 지움으로써 자신들의 희생을 잊으려 한다.[46] 실제로 식민화, 희생, 억압하는 자와 억압받는 자 간의 구별에 대한 기억을 대체하는 것이 이른바 '탈식민주의 비평'의 프로젝트에서 핵심적이다.

우리는 여기서 '역사 없는 민족'에서 역사, 즉 복잡한 과거 속의 민족으로 복원하는 것을 넘어 표준적인 역사적 서사의 반전으로 논의를 옮겨왔다. 이 작업에서 과거 다시 쓰기를 이끄는 가장 중요한 문제는 정체성이란 현재의 요구다.

반전의 두번째 예는 국가가 있는 민족들이나 없는 민족들의 반전뿐 아니라 일찍이 제1세계와 제3세계 사이의 관계로 간주되었던 것의 문화적 반전이다. 이것 역시 탈식민주의 비평의 주요한 관심사의 하나다. 이 반전은 또한 '제2세계'라고 불리곤 했던 지역에 대한 역사적 판단의 반전을 내포하는데, 그 세계는 희망과 해방의 이미지보다는 죽음과 파괴의 이미지를 남기고 역사에서 사라졌다. 그 세계의 소멸은 남아 있는 다른 두 세계가 직접 대면하여 '전지구성'이라는 새로운 상황에서 문화적 관계를 재협상하도록 추동했다. 역사는 그런 재협상에서 핵심적이다. 선진 자본주의 세계의 역사가들은 그런 새로운 상황을 다문화주의적인 역사 다시 쓰기를 통해 조정하려 한다. 이러한 시도는 역사에서 배제되거나 낙후하다고 낙인찍힌 사람들의 역사를 다시 쓰려는 것이다. 그 과정에서 구미 근대성을 역사의 중심부에서 주변부로 옮기기도 한다 — 세계사를 다시 새롭게 선점하려는 사례처럼, 보편주의의 잔여물을 재활용하려고 노력하지만 말이다. 쇠퇴하는 문화적 헤게모니를 회복하려는 그런 노력들이 필연적으로 구미 근대성의 '타자들'에게 받아들여질 수 있는 것은 아니다. 타자들은 자신들의 과거를 재확인함으로써 자신의 주장을 재역설한다. 근대화주의적 역사에 의해 과거로 내쫓기고, 1960년대와 1970년대의 비판적 지식인들에 의해 유럽중심적 날조물이라고 거부된 '전통'이 이제 대안적 근대성, 즉 근대성에 대한 대안을 주장하는 타자들에 의해 옹호되고 있다. 토착민족들의 침묵과 억압이 문명이란 미명하에 전지구화되었는데, 그들도 비슷하게 역사를 완전히 부정함으로써 '문명화된 사람들'의 역사에 대한 주장에 저항하며 자신들의 과거를 재역설한다. 실제로 역사에 대한 가장 급진적 도전은 대안적 역사를 요구하는 것이 아니라, 광범위한 제3세계 지식인들이나 인도의 아시스 난디(Ashis Nandy)와 미국의 바인 델로리아 2세(Vine Deloria Jr.) 같은 토착 지식인들의 주장처럼 '역사의 대안들'을 요구하는 것이다. 난디는 다음과 같이 말한다.

역사적 양식이 지구상 대부분의 지역에서 과거를 구성하는 지배적인 양식이겠지만, 그렇게 하는 가장 인기있는 양식은 확실히 아니다. 그런 지배는 역사에 관한 사고가 근대 국민국가, 세속적 세계관, 과학적 합리성에 관한 베이컨(Bacon)식 개념, 19세기 진보이론들, 최근에는 발전이론들과 더불어 만들어온 연결들로부터 나온 것이다.[47]

난디는 그런 지배를 끝내려면 과학과 역사 모두에 대한 거부가 필요하다고 결론짓는다. 이 구절들은 색다른 학술잡지에 실렸던 것이 아니라, 약 30여 년 전 '패러다임 전환'의 매체 역할을 했던 『역사와 이론』(*History and Theory*)에 실렸다. 30여 년 전 보편주의적 방법론의 주장에서 벗어나, 이제 역사는 문화적으로 속박된 인식론으로 그려진다. 이는 "지식인으로서 우리의 의무인 인류라는 종의 구제"를 위해 이러한 인식론을 초월해야만 한다.

이러한 전환들은 우리에게 역사를 문화적 산물로 생각할 수 있도록 합당한 이유를 제공해주었고, 거기에는 상당한 이점도 있다. 그러나 그것은 1960년대와 1970년대의 역사들에 힘을 실어주었던 것과는 사뭇 다른 방향이다. 찰스 매이어(Charles Maier)는 "기억의 포화는 역사적 자신감을 나타내는 것이 아니라 변혁적 정치로부터의 후퇴를 나타낸다. 이는 시민의 참정권 향상과 평등의 증진이라는 미래지향적 설정의 상실을 입증한다. 그리고 헌법이나 입법권, 시민권의 확대에 기초한 포괄적인 공동체의 대체물로서 협소한 종족성에 새롭게 초점을 맞추는 것을 반영한다"[48]라고 기억의 확산에 대해 말한다. 종족화는 역사의 의미와 상태를 둘러싼 전지구적 문화 갈등에서 더욱 극적으로 드러난다. 난디와 델로리아 2세 같은 세계주의적 지식인들의 비판은 자의식적으로 탈역사적인데, 이들의 수중에서는 역사에 대한 공격이 예리한 비판적 목적에 기여한다. 하지만 그 공격은 마찬가지로 가장 편협하고 반동적인 본질주의와 예외주의에 전유될 수 있다.

이런 관점에서 우리는 역사를 하나의 '꼴라주'(collage)로 보는 탈근대적 시각을 상당 부분 넘어선다. 유럽중심적 목적론이 예전의 유토피아만큼 구식이 된 세계에 서로 다른 시간성들이 변동하는 공간적 배치 속에 병존하면서, 역사 자체가 서로 다른 수많은 과거의 판본을 포함하는 꼴라주의 일부가 된다. 꼴라주 자체는 탈역사적이다. 역사가 없다면 그리고 그 역사에 힘을 불어넣어주고 역사를 전지구적으로 추동했던 근대성이 없다면, 단지 흩어진 시간들과 공간들 이외의 꼴라주는 없을 것이다. 그러나 그 역사는 우리를 어디에 내버려두는가?

역사의 초기 위계질서를 폐지하는 것이 아무리 환영할 만한 것이라 해도, 역사의 헤게모니에서 해방되기 위해 지불해야 할 댓가는 있다. 그 댓가는 바로 현재와 과거를 이해하는 데 도움을 줄 수 있는 미래에 대한 전망의 상실이다. 설상가상으로 이 전망의 상실로 인해 우리는 바로 자신이 창조한 힘에 좌우되도록 스스로를 내버려둘 수밖에 없다. 현재의 분위기를 '우려'로 묘사하는 헤일브로너(Heilbroner)는 "앞으로 다가올 일의 모양새가 비인격적 힘들에 의해 지배되는 것처럼 보였던 시기가 있었다면, 그 시기는 바로 우리 시대"라고 말한다.[49] 미래를 향한 유일한 선택이 끝없는 유희거나 그런 비인격적인 힘들에 의한 지배라면, 역사에 어떤 의미가 있겠는가?

역사가들에 의해서건 메타역사가들에 의해서건, 1960년대와 1970년대 역사기술의 '혁명' 또는 패러다임의 전환은 역사를 민주화하려는 충동에 의해 자극받았던 것이고, 그 점에서 너무나 큰 성공을 거두었다 ─ 그러나 그것은 역설적으로 역사와 역사가들 모두의 주변화에 기여했고, 이는 민주주의에 반드시 유리하지만은 않은 결과였다. 역사의 민주화는 인기있는 문화적 소비재로서의 역사물에서 뚜렷하게 드러난다. 그런 역사물들은 또한 역사와 민주주의의 곤경을 보여주기도 한다. 몇 년 전 역사가들이 버지니아에 미국사 테마공원을 건설하려는 디즈니의 계획에 반대했을 때, 디즈니의 대표는 역사는 전부 구성된 것이므로 디즈니도 역사를 독점하려는 역사가들만큼 과거를 구성하는 특권을 갖는다는 말로 대응했다! 테마공원 건설은 과거와 민주주의의 중요한 지표를 상품화하면서 몬티쎌로(Monticello)

와 맥도널드를 나란히 세워둔다는 것이었다. 역사가들은 자신들의 과거 구성과 테마공원 건설은 큰 차이가 있다고 반대할 것이다. 그러나 그런 반대는 해석상의 경계가 흐려지고, 역사가들이 과거의 '대중적인' 재현을 인증하는 데 연루될 때 설득력이 떨어진다.

후자는 영화와 텔레비전 같은 시각매체에서 더 즉각적으로 확인될 수 있을 것이다. 하루 만에 전지구상의 수백만 명에게 다가갈 수 있고, 저작의 소비자들인 소수의 동료학자들보다 폭넓은 구성원들에게 자신들의 메씨지를 보내고 싶어 하는 전문적 역사가들까지도 그런 시각매체에 점점 매력을 느끼는 듯하다. 영화 속의 역사는 적어도 당분간은 (예술과 비슷한) '재현'이 (문학과 비슷한) 해석이나 서사보다 역사가들의 일을 더 잘 표현한다는 앙커스밋의 주장을 확증할 수도 있다.[50] 로젠스톤(Rosenstone)은 영화가 "소리, 이미지, 말과 생각의 시적 겹치기를 통해서" 현실과 가상 내지 실재와 복제를 뒤섞으면서, 과거에 대한 상이한 다중매체적 비전을 제시한다고 주장한다.[51] 관례적 의미의 역사, 즉 '말과 생각'이 영화의 일부일 수 있지만, 역사는 사실 더 방대한 재현 언어의 일부다. 그것은 다른 방식으로 과거의 진실에 생명을 불어넣는다. 의논의 상대나 실제 참여자로서──영화와 텔레비전의 역사적 서사를 인증해주도록──요청을 받은 역사가들은 자신들이 더 이상 과거 생산의 주체가 아니라 일부가 되어버리기에 이른다. 저명한 역사학자 헥스터(J. H. Hexter)는 1967년의 논문에서 '각주'를 역사 관련 글쓰기의 독특한 특징으로 지적했다.[52] 영화 속의 역사에서 역사가들은 복잡한 서사를 논평하고 다듬기 위해 서사에 삽입된 각주 역할을 한다. 역사가들의 '각주 달기'는 역사가들이 여전히 탈근대적 텍스트의 인증을 위해 필수불가결함을 의미한다고 생각될 수 있다.[53] 그러나 그것은 역사 생산에서 역사가들의 역할이 줄어들었음을 함축하기도 한다. 포스트모더니스트의 관점에서 보면, 영화나 텔레비전의 역사에서 역사적 이해나 진실을 필연적으로 뒤엎는 것은 아무것도 없다. 그러나 시장성이 지식의 추구보다 필연적으로 우위에 있고 대중이 소비자로서 가장 중요하다는 것을 고려한다면, 역사의 생산이 제기한 문제들을 우리가 피할 수 있는 것은 아니다. 이 문제들 중 적잖이 중요한 것은 그런 역사 생산이 기술적 물화의 조장에 연루되어 있다는 점이다.

우리가 탈근대적인 것을 19세기 근대성의 중심으로 되돌릴 준비가 되어 있지 않다면, 과거에 대한 이런 재현들에는 탈근대적이라 할 만한 것이 없을 것이다. 현재의 테마공원들은 19세기 세계박람회에서 그 뿌리를 찾을 수 있는데, 세계박람회 역시 과학기술 '문명' ──현재의 서구가 그 절정을 대변한다── 의 도움을 받긴 했지만 전체성으로 역사를 대변한다.[54] 영화 속의 과거 재현은 영화라는 매체의 역사만큼 오래되었다. 그리고 시각적인 과거 재현에 상응하는 역사소설은 더 오래되기도 했다. 물론 정치적 동기에서 상업적 동기, 민주적 동기에서 반민주적 동기에 이르는 다양한 동기들로 과거를 전유함에 있어 새로운 것은 별로 많지 않다. 새롭다고 할 수 있는 것은 미래에 대한 변혁적 전망 속에서 앞에서 언급한 모든 것들의 대응물이 사라졌다는 것, 그리고 과거를 아는 것이 그 전망의 실현에 있어 일정한 가치를 가질 수 있다는 확신이 희박해졌다는 것이다. 루츠 니트함머(Lutz Niethammer)는 이를 다음과 같이 표현했다.

각종 '포스트'(post) 개념들의 인플레이션은 더 이상 우리가 어디에 있고 어디로 가기를 원하는지에 대한 내용을 명확히하려 하지 않거나 명확히할 수 없다는 것을 시사하는 듯하다. 그리고 우리는 단지 우리가 어디에서 왔는지 알려고만 한다는 것을 시사하는 듯하다. 자명하거나 바람직한 것으로 나타나곤 하던 것이 그 순수함을 잃었고, 이제 우리는 다소간 말을 잃었다. '탈역사'는 이 개념들 중에서 파급력이 가장 큰데, 왜냐하면 그것이 역사의 어느 국면(근대성, 혁명, 산업 등)에 있는 어느 특징적 요소의 미래뿐 아니라 역사 자체에 대

한 생각의 미래도 보여주지 않기 때문이다.[55]

포스트모더니즘은 여러 측면에서 매우 해방적이고, 다른 측면에서는 자기파괴적이라고 판명되었다. 역사가 없는 포스트모더니즘은 다양한 이유로 전유되었을 뿐 아니라 자신의 출현에 힘을 불어넣어준 민주적 목표들을 침해하는 데 기여할 수도 있다. 파트너는 "역사성의 협약(protocol)을 변덕스럽고 기회주의적으로 위반하는 것에 내재한 위험은 정말로 수백만의 사람들이 분명히 이것 또는 저것을 믿게 될 것이라는 점에 있는 것이 아니라, 수백만의 사람들이 냉소적이고 미망에서 깨어난 듯 조심스럽게 아무것도 믿지 않으면서 정치조직과 자신과의 연관을 전혀 느끼지 못하게 될 것이라는 점이다"라고 말했다.[56]

크게 보아 문화적·정치적 문제인 이런 중대한 문제에 대해 역사가가 할 수 있는 것은 아마 많지 않을 것이다. 금방이라도 인간을 제조하려고 저울질하는 세계에서 역사를 제조한다는 것은 별로 이상하지 않을 것이다. 라인하르트 코셀렉(Reinhardt Koselleck)이 시사하듯이, 역사적 시간이 '경험과 기대 사이의 긴장'에 의해 발생한다면, '기대'가 다음에 소비될 것 이상의 의미는 없게 되며 미래의 전망을 망각하는 데 동반되거나 영원한 현재의 일상적 경험 속으로 사라지기 때문에, 역사적 시간은 점점 의미가 사라질 것이다. 포스터는 사실 이것이 공간과 시간의 개념들을 붕괴시키고 미래를 현재화하는 전자매체에서 일어나는 일들이라고 주장한다.[57]

역사적 실천이 여러 해 동안 역사가들이 이해한 대로의 진실을 추구하는 일을 포기해야 할 어떠한 이유도 없다. 그러나 역사가들이 계속해서 지난 30년간의 문화적 도전이 역사에는 별로 의미가 없었던 것처럼 대응하거나 현재의 매우 현실적인 도전을 계속 거부해서는 안되는 충분한 이유가 존재한다. 꾸준히 역사를 옹호해온 리처드 에번스조차 다음과 같은 결론을 내린다.

포스트모더니즘은 한층 건설적인 양식 속에서 역사가들이 기록을 더 세심하게 토고, 기록 표면에 생긴 녹을 더 진지하게 대하며, 텍스트와 서사를 새로운 방법으로 생각하도록 고무해왔다. 포스트모더니즘은 전에는 고갈된 듯한 많은 주제들을 의제로 되돌려놓는 한편, 많은 새로운 연구 주제와 영역들을 개방하는 데 기여했다. 포스트모더니즘은 역사가들이 자신들의 방법과 절차를 이전에 없던 방식으로 심문하도록 강요해왔고, 그러한 과정에서 역사가들은 더 자기비판적인 자세로 변했다. 이는 모두에게 좋은 것이다.[58]

과제는 역사에서 구성주의가 기초하고자 하는 증거에 맞대면하는 일이자 과거의 풍부한 자료들을 통해 미래의 대안적 전망의 가능성을 구성하는 일이다. 그 전망들은 인간의 위엄과 해방이라는 오래된 전망들에 힘입을 뿐 아니라, 변하는 시간들이 쏟아내는 문제들을 설명한다. 그런 전망들이 만약 과거와 현재의 현실에 근거하기만 한다면, 결국 역사가 아직 제공하지 못한 많은 것을 드러내는 데 유효할 것이다.

포스트모더니즘과 중국 역사기술

중국 역사기술이 지난 30여 년 동안 역사의 발전으로부터 또는 중국의 문화환경의 변화로부터 벗어나 있었다고 주장하는 것은 거의 불가능하다. 왜냐하면 특히 중국 내의 사건들—가장 중요하게는 혁명을 불명예롭게 하는 사건들—이 그 환경의 형성에 공헌해왔기 때문이다. 역사가들이 문학가나 인류학자들보다 이런 발전에 대해 덜 민감해 보였다는 것은 사실이다. 역사의 실천에 불가피한 중요성을 지닌 이 세 학제들 사이의 경계가 흐려졌다는 것 또한 사실이다.

내가 다른 지면을 통해 길게 논의한 중국 역사기술 내의 최근의 변혁을 여기서 깊이있게 파고들 이유는 없다.[59] 1968년의 사건들은 미국 내 중국 역사기술의 방향을 재설정하는 데 상당히 중요했다고 말하는 것으로 충분하다. 그러나 역사적으로 되돌아보면, 아마도 더욱 중요한 것은 1970년대 중화인민공화국에서 혁명의 거부와 함께 일어난 변화들과 다른 중국인 사회들이 가시화되고 대두한 상황이다. 이 변화들은 중국 출신 학자들이 미국 내 중국사학계에 유입되었고 다른 역사적 시각 사이의 대면이 격화됨으로 인해 중국사를 통해 무엇을 이해할 수 있을지가 무한히 복잡해졌다는 점에서 적지 않은 중요성을 갖는다. 이런 변화 중에서 쟁점이 된 것은 패러다임의 변화가 아니라 기존 패러다임의 해체인데, 이것이 중국 역사기술에서 탈근대성을 나타내는 가장 분명한 지표일 것이다.

미국 내 중국 역사기술상의 변혁은 20년을 두고 발행된 두 정기간행물을 대조함으로써 가장 효과적으로 예시될 수 있을 것이다. 하나는 1960년대의 직접적 산물인 『모던 차이나』(Modern China)이고, 다른 하나는 1980년대 일어난 변화의 산물인 『포지션스』(Positions)다. 1975년부터 간행되기 시작한 『모던 차이나』는 1960년대 반제국주의적 분위기에 의해 급진화된 역사가들의 작품이었고, 근대화주의—그리고 지배적인 반공산주의—적 전제들을 가진 자유주의적 역사기술에 대한 반발을 대변했다. 자유주의적 역사기술도 문화가 근대성을 향한 진보를 앞당기거나 그것을 방해하는 기본적 요소라고 지적하는 등 뚜렷하게 문화주의적이었다. 이에 대한 반발이 중국 공산혁명의 역사적 정당성을 확인하는 형태를 띠었다는 것은 놀라운 일이 아니다. 또 이전에 '이데올로기적이고 실없는 소리'로 무시되던 중국의 맑스주의 역사가들의 저작에서 연구 성과가 더 많이 받아들여지게 되었다. 이데올로기에 대한 비난은 이제 자유주의적 역사기술로 향하게 되었는데, 새로운 세대의 눈에는 자유주의적 역사기술이 미국 제국주의에 정당성을 제공하는 등 거기에 연루된 것으로 보였다. 『모던 차이나』와 관련된 역사가들 대부분은 문화주의적 유산을 의심하면서, 구미 근대성의 보편주의적 주장에 의문을 제기하는 다른 역사적 궤적이 중국사에 널리 퍼져 있었다는 사실을 보여주기 위해 사회적·경제적 발전 문제에 집중했다. 그들은 일찍이 정치사, 외교사, 지성사에 대부분의 관심을 쏟았던 상의하달식 역사에 대항하여, 토대 수준에서 중국의 발전 문제를 파악할 수 있는 역사적 자료들을 발견하는 데 헌신했다. 이 시기에 대두한 이른바 '새로운 사회사'에 대한 일반적 관심, 즉 밑으로부터 중국사를 다시 쓰려는 움직임은 일찍이 중국사에서 제외되었던 사람들을 역사로 편입시키는 작업도 포함하고 있었다. 농민, 노동자 그리고 장기적으로 가장 중요해질 여성들이 바로 그들이었다. 그 세대 역사가들은 자신들의 저작에서 사회학적, 인류학적 통찰력을 요청했지만 그들은 역사적 방법의 유효성에 결코 의문을 제기하려 하지 않았다. 그러나 그들은 그런 학제에 있는 통찰력에 근거해서 역사적 해석의 유효성을 강화하는 방법을 찾았다. 실제로 그들은 이데올로기와 문화의 문제에 대한 불만 때문에 실증주의적 경향을 보여줬는데, 새로운 자료의 발견을 통해 자신들이 역사의 진실에 더욱 다가갈 수 있다고 굳게 확신했다─사실 많은 면에서 그러했다.

『포지션스』는 거의 20년이 지난 1993년부터 간행되기 시작했다. 『포지션스』의 지향은 자의식적인 탈근대였지만, 탈근대의 제3세계적 분파인 탈식민주의 비평으로 굴절된 탈근대였다. 『포지션스』가 정치경제학의 문제들을 거부하지는 않았지만, 자신을 1980년대 문화적 전환의 산물로 특징지으며 그러한 담론과 재현에 몰두했다. 이로 인해 정치경제학의 문제들은 가려졌고 의심의 여지 없이 뒤로 물러났다. 『모던차이나』는 정치경제학, 지역주의와 계급의 문제들을 역사적 논의 속으로 강제로 불러들였고, 『포지션스』는 새로운 세대의 관심을 정체성─특히 근대국가의 대두뿐 아니라 식민적 충돌 과정에서 형성되고 재형성된 성, 종족, 민족 안에서의 정체성─의 문제로 표현했다. 이러한 경향은 또한 정치경제학의 문제들을 논의에 등장시킬 정도로 경제적·사회적 '현실'의 문제들에 앞서나가면서, 그 시대 현실들을 사변적으로 구성하려는 시도에 호의적이다. 만약 이것이 중국 역사기술에 '문화주의'가 복귀했음을 의미한다면, 문화는 이제 이전과는 다른 의미, 즉 태도, 행동, 지식의 형성적 계기를 함축하지만 사회적·정치적 충돌의 과정에서 지속적으로 조정되고 변형되기도 한다는 의미를 함축한다. 특히 주목할 만한 점은 세계를 인식하는 방식과 문화가 대면한 것인데, 이로 인해 현재의 지식과 학제들을 형성하는 데 문화가 해온 역할에 의문이 제기된다. 당연하게도 이러한 연구에서 사회적 충돌의 산물로서의 역사 자체가 강한 논란에 휩싸이게 되고, 역사적 진리의 주장은 종종 다른 역사적 진리의 주장을 희생함으로써 유지된다. 자신의 식민주의적 과거를 알고서 이제 의식적으로 자기비판적이 된 인류학은 이 잡지에 두드러지게 등장한다. 그러나 이 잡지가 행한 가장 중요한 학제적 혁신은 역사, 문학, 의사소통연구(communication studies)의 새로운 발전 사이에 존재하는 경계를 해체한 작업일 것이다.

『포지션스』가 과도한 문화주의와 (현재의 포스트모더니즘과 탈식민주의가 가지는 일반적 문제들로서) 세계를 잘 이해하기보다는 학문적 유행을 재생산하는 일에 봉사한 정체성에 집착하면서, 『포지션스』가 보여준 사소함과 자기도취증, 그리고 그 결과로 빈번히 나타나는 학문적 부주의와 피상성은 비판받을 만한 것이 많다. 하지만 우리는 그 잡지가 지적 실천의 시간적·문화적 조건들을 인식하기를 거부하는 학문적 반계몽주의의 위험까지 무릅쓰면서도 제기하려 한 문제들을 무시하고 있는지도 모른다. 이 문제들은 현존하는 학제로서의 역사학에는 위협적일 수 있지만, 그 문제들이 역사적 현실이나 거기에 다가갈 수 있는 능력에 대해 의구심을 제기할 때조차도 그것들이 역사적 '현실'에 더 가까이 안내하는지 여부를 묻는 것 또한 중요하다.

내가 앞에서 시사했듯이, 이는 포스트모더니즘의 일반적 문제다. 우리는 포스트모더니즘을 과도하게 신뢰하여 역사의 혼란을 자초하는 듯하다. 그리고 그때 포스트모더니즘이 하는 일이라고는 과거에 내재하는 일관성의 부재를 인식하고, 그런 근거를 기반으로 기록물을 통해 과거에 접근할 수 있는 능력에 의문을 제기하는 것뿐이다. 또한 포스트모더니즘 자체도 자신의 구성 환경에 의해 제한을 받는 지적 구성 활동을 통해 일관성을 부여하려는 노력에 의문을 제기하는 것뿐이다. 우리가 할 수 있는 일이란 과거를 '창안하는'(invent) 것이다. 그것을 무(無)로부터의 창조(creation)와 혼동해서는 안된다. 『포지션스』는 미국 내 중국 역사기술과 관련하여 이런 문제를 제기하는 데 중요한 역할을 해왔다.

하지만 『포지션스』의 등장을 1970년대 초기 이후의 발전이란 맥락에서 바라볼 필요가 있다. 이는 이 잡지가 대변하는 역사기술적 입장이 근대성이나 탈근대성의 산물인지 여부에 대한 문제를 제기한다. 그것은 내가 앞에서 지적했듯이 모호한 구별이다. 포스트모더니즘이 일관성 없는 과거를 드러내고 역사의 진실에 대한 주장이 공허하다는 사실을 들춰낸다는 것은 (즉각 비판자들에 의해 시인된) 포스트모더니스트들의 자부심이다. 그러나 포스트모더니스트들은 포스트모더니즘 그 자체에 빚진 것이 거의 없고, 근대성에 의해 촉진된 문제의 산물들로서 포스트모더니즘의 생산에서 중요한 역할을 했던 지적 경향들을 자신들의 것이라고 주장함으로써 그 자부심을 정당화한다. 결과적으로 그들은 포스트모더니즘 자체의 역사를 억압하는 셈이다. 그런 주장은 포스트모더니즘의 새로움을 강화하겠지만, 포스트모더니즘 자체가 출현하면서 지워버린 것을 일축해버리는 주장이면서, 자신의 한계를 가리키는 주장이다. 포스트모더니즘에 가장 새로운 것으로는 이미 존재했던 것을 다시 명명하는 것인데, 그 과정에서 기존의 것에 새로운 의미를 부여한다.

지난 30여 년 동안 역사 자체의 유효성을 거부하지 않거나 포스트모더니즘적 참신함을 주장하지 않으면서도 일반적으로 받아들여진 역사인식과 역사 쓰기의 방법들에 의문을 제기하는 데 공헌한 저작들은 꽤 있었다. 『모던 차이나』와 같은 시기의 『우려하는 아시아 학자들의 회보』(The Bulletin of Concerned Asian Scholars)는 중국학계와 제국주의 사이의 공범관계를 시사함으로써 역사학계와 권력의 관계에 의문을 제기한 최초의 학술지였다. 더구나 두 학술지 모두가 일찍이 역사에서 제외되었던 사람들, 가장 중요하게는 여성이고 공식적 역사에서 억압되었던 종족집단, 소수민족들과 토착민족들에 목소리를 부여하는 학문을 지원했다. 이런 학문들이 중국사에 대한 우리의 이해를—하나의 일관된 서사 속으로 이 모든 역사들을 포함시키는 작업이 거의 희망이 없다는 사실이 이제는 명백해졌다—복잡하게 만들었다. 한편 역사학에 대항하기보다 역사학 내에서의 쇄신으로 받아들여진 역사적 방법뿐 아니라 역사에 대한 관념의 경계를 위반한 중요한 예들도 있다. 가장 주목할 만한 것으로는 조너선 스펜스(Jonathan Spence)의 저작들일 것이다. 그는 『왕 여인의 죽음』(The Death of Woman Wang, 1978)과 『후의 질문』(The Question of Hu, 1988) 같은 저작에서 과거에 대한 상상적 재구성을 통해 역사와 소설의 뚜렷한 경계를 없앰으로써 역사적 기록의 불충분함을 극복하려 했다. 폴 코언(Paul Cohen) 같은 이들은 과거에 살았던 사람들과 과거에 대해 쓰는 사람들 사이의 역사 경험상의 차이뿐 아니라 역사학에서의 국가적 차이에 관해 문제를 제기했다. 코언은 『중국에서 역사 발견하기: 중국의 최근 과거에 대한 미국의 역사 쓰기』(Discovering History in China: American Historical Writing on the Recent Chinese Past, 1984)에서는 후자를 주장하고, 가장 최근 저서인 『세 가지 핵심에서 본 역사: 사건, 경험, 신화로서의 의화단』(History in Three Keys: The Boxers as Event, Experience, and Myth, 1997)에서는 역사적 해석에 대한 「라쇼몬」(羅生門, 쿠로사와 아끼라黑澤明 감독의 영화—옮긴이)식의 연구다. 여러 면에서 전자와 유사한 것이 록샌 프라즈니악(Roxann Prazniak)의 『낙타 왕들과 다른 것들에 대해서: 청(淸) 말 근대성에 대한 농촌의 반란들』(*Of Camel Kings and Other Things: Rural Rebels Against Modernity in Late Imperial China*, 1999)인데, 여기서는 역사가가 과거를 이해하는 방식과 과거에 살았고 과거를 만든 사람들이 말하는 이야기를 대조시킨다. 살아있는 경험으로서 역사 대 추상적 재구성으로서의 역사라는 문제는 최근의 중국사에서 외상적 사건들에 기원을 둔 기억문학이 역사학의 작업에 제기한 문제들에서 더욱 격렬한 쟁점이 되고 있다. 다른 견지에서, 역사를 통한 민족적·종족적 정체성의 구성에 관한 문제들은 인류학자들뿐 아니라 『고아 전사들: 만주 세 세대와 청 세계의 종말』(*Orphan Warriors: Three Manch Generations and the End of the Qing World*, 1990)에서 볼 수 있듯이 패멀러 크로슬리(Pamela Crossley) 같은 역사가에 의해서도 제기되었다. 내가 아는 한, 이 역사가들 중 그 누구도 탈근대적 역사를 쓰려는 동기가 있었던 것은 아니다. 내 저작도 탈근대적이라고 묘사되어왔는데, 그럴 수 있겠지만 그것이 결코 자의식적인 포스트모더니즘적 의도의 산물은 결코 아니었다.

나의 의도는 앞에서 거론한 저작들에 관심을 두면서 탈근대적 영감을 주장하는 역사학에 새로운 것은 없다는 사실을 시사하려는 것이 아니라, 다만 주창자들과 반대자들 모두에 의해 무시된 듯한 양자 간의 흐릿한 경계를 상기시키려는 데 있다. 포스트모더니티를 주장하지 않는 역사 전개에서 묵시적으로 탈근대적인 많은 것을 발견할 수 있다면, 탈근대적인 것 안에는 근대적인 것도 많다. 그러나 1980년대에 점차 의식적 형태를 띠었던 특징을 지적하는 것은 가능하다. 『포지션스』 같은 간행물 주위에 몰려든 대부분의 역사가들 (그리고 다른 사람들) 자체가 1968년 이후 전개된 지적 열기의 산물이지만, 그들이 주장하는 포스트모더니티(또는 탈식민성)는 1980년대 탈구조주의적 관념의 확산에 의해 매개된 것이다. 이것이 앞에서 지적한 역사가들의 저작에서 발견되는 포스트모더니티의 시사점들과 이들의 포스트모더니즘이 구별되게 하는 것이다. 근대 중국 역사기술의 자의식적 포스트–모더니즘(post-modernism)은 1990년대에 성숙했다. 그리고 1968년 직후의 예전 급진주의자들 사이에서 이에 대한 상당한 반대가 있었지만, 제임스 히비아(James Hevia)의 『멀리서 온 사람들을 따뜻하게 대하며』(Cherishing Men From Afar)가 탈근대적 저작이라 하여 학술상을 받은 데서 입증되듯이 이러한 포스트–모더니즘은 어느 정도 존중받는 지위에 올랐다.

일단 그렇게 탈근대적이라고 이름을 붙이자, 역사학에서의 포스트모더니티에 관한 다른 많은 표현들처럼 이러한 역사기술의 경향이 근대 역사학의 바로 그 관행으로부터 나온 것이라고 지적하는 게 가능해졌다. 대안적 시각에서 보면, 포스트모더니티에 대해 주장된 새로움에 의문을 제기하는 것 역시 가능하다. 또한 포스트모더니티의 혁신을 역사 지식의 바로 그러한 진전이 야기한 모순을 더욱 드러내는 것으로 보거나, 변화하는 역사적 상황에 대한 대응으로서 역사가들에게 이전에 보이지 않던 문제들을 제시하는 것으로 볼 수 있다. 혁신에 대한 주장은 이따금 상당히 공허하고, 단지 상당한 기간에 걸쳐서 이어져온 역사적 문제들의 재명명으로 구성된다. 프라쎈지트 두아라(Prasenjit Duara)의 『국가로부터 역사 구출하기』(Rescuing History from the Nation)의 경우에서처럼, '탈식민적'이라는 새로운 꼬리표를 국가에 관련된 오랜 문제들에 붙이고, 새로움이란 주장을 강화하기 위해 가상의 공격목표를 만들어내는 것이다.[60] 히비아의 『멀리서 온 사람들을 따뜻하게 대하며』 같은 저작은 오래된 자료에 대해 진정으로 새로운 독법을 만들어내기 위해 오래된 문화주의적 편견을 극복하고, 그 과정에서 그 작품이 이해하고자 하는 역사적 상황으로 우리를 더 가까이 인도해준다는 점에서 더욱 설득력이 있는 것 같다. 그의 성취가 "다른 종류의 역사—원인과 결과라는 단순한 개념을 중심으로 조직된 각각의 단위들보다 이질적인 동인들 간의 관계망에 관심을 두는 역사", 즉 "과거와 현재, '우리'와 '그들' 사이에 전제된 간격이 근대주의적 허구"임을 들춰내는 '잡종화된'

역사와 어떤 관련이 있는지는 별도의 문제다.[61] 이러한 역사관은 좋은 관점이지만, 과거의 객관화를 회피하려는 욕망과 시간성의 철폐를 구별하지 못하는 관점이다. 시간성의 철폐는 현재의 의식으로 과거를 침해할 수 있는 만큼이나 역사가들을 잡종화시킬 수 있는 것이다. 이 또한 오래된 문제다.[62]

그러나 그 오래된 문제는 탈근대적 역사의 텍스트화에 의해 악화된다. 그러한 텍스트화는 과거에 작용하는 현재의 권력이나 한 사회에 작용하는 다른 사회의 힘을 극복하려는 바로 그 충동 때문에 역사의 과정과 역사가들의 과거 읽기의 틀을 만드는 권력의 구조를 일축하는 데 그치고 만다. 히비아가 요구하는 새로운 역사는 궁극적으로 역사를 극복하는 것을 전제하고 있다. 왜냐하면 "과거와 현재 사이의 간격 메우기"가 과거의 탈역사화 외에 무엇을 시사할 수 있겠는가? 이것이 역사 또는 역사들을 구성하는 시간적·공간적 차이들을 역사가의 독법, 재현과 해석의 문제로 만드는 포스트모더니즘 역사학의 주요한 문제다. 이 문제는 두아라의 국가와 민족주의에 대한 접근에서도 현저한데, 이러한 접근으로 인해 다른 상황에서 다른 정치적 중요성을 전달했던 이 개념들의 다른 의미들은 무시된다. 그리고 이 문제는 정체성 문제에 대한 수많은 논의들에서 명백한데, 그런 논의는 사회적, 정치적, 문화적 권력구조들에 의해 부과된 부담에서 벗어나 정체성이 마치 상황적 타협의 산물로 이해될 수 있다는 듯이 그것을 다룬다. 이 모두에 공통점은 역사해석상 자의성의 기미가 보인다는 것이다. 권력구조와 관련 없는 포스트모더니즘은 역사적 상황에 우리를 더 가까이 인도할 수 있지만, 그것은 그 상황으로부터 역사를 배제함으로써 가능한 것이다.

중국 내 중국역사가들은 포스트모더니즘을 덜 선호했다. 우선 포스트모더니즘은 중국 지식계에서 비교적 새로운 것이다. 그것은 1980년대 중반에서야 중국에 도입되었고, 1990년 이전에는 별다른 영향력이 없었다.[63] 더 중요한 것은, 중국의 역사가들은 물론 상대적이지만 새롭게 발견한 자유, 즉 1970년대 말 이후 그들이 쟁취한 정치적 통제로부터의 자유를 즐기기에 너무 바빠서 역사에 대한 탈근대적 문제제기에 흥미가 없었다. 공식적 역사기술은 맑스주의−레닌주의(Marxism-Leninism)가 여전히 역사 연구의 궁극적 지침임을 재확인했지만, 역사가들은 역사의 진실을 파헤치기 위해 경험주의적 연구에 전념하면서 1949년 이전의 비맑스주의 역사가들을 재발견했다. 이전에는 생각할 수 없던 주제와 해석들이 역사기술 속에 편입되면서, 역사 연구의 폭 역시 같은 성장을 누렸다.[64] 중국의 역사가들은 현재 역사의 연구방법들과 문화적 의미에 문제를 제기하기보다는 독자적인 방법론을 지닌 전문적 역사학을 정립하는 데 더욱 관심이 있는 듯하다. 19세기풍의 역사주의가 이곳 미국에서는 인기가 시들해졌을 때, 중국 역사가들 사이에서는 생생하게 살아있다고 말하는 것은 솔깃한 일이다.

지난 10여 년간 (다른 '포스트들'과 함께) 포스트모더니즘은 '포스트학'(postology)이나 '포스트주의'(postism)와 같이 다양하게 번역되는 후학(後學)이라는 새로운 용어를 등장시키며, 중국 지식계에서 현저한 진전을 만들어왔다. 그러나 역사기술에서 포스트모더니즘의 징후는 거의 없다. 같은 시기 (거의 관에서 주도했지만) 최고의 역사 학술지인 『역사연구(歷史研究)』의 설문조사에 따르면, 그 기간 발행된 『역사연구』 60권 중에서 포스트모더니즘/탈구조주의를 다룬 논문은 겨우 두 편이었다고 한다. 하나는 미셸 푸꼬(Michel Foucault)의 역사사상을 개괄한 것이고, 다른 하나는 히비아의 『멀리서 온 사람들을 따뜻하게 대하며』와 관련하여 포스트모더니즘과 중국학 연구의 연관성을 논의한 서평 논문이었다.[65] 푸꼬에 관한 글은 합리성과 불합리성 사이의 이분법을 초월하려는 그의 노력을 논의했으며, 히비아의 책에 대한 서평은 포스트모더니즘에 상당히 공감하긴 하지만, 포스트모더니즘이 역사학에 지속적으로 공헌하기 위해서는 역사의 해체로부터 그에 대한 더욱 건설적인 접근으로 계속 이동할 필요가 있다고 결론짓는다.

그러나 『역사연구』 같은 학술지가 포스트모더니즘에 거의 관심을 두지 않았다는 사실은 오해를 초래할 수도 있다. 보통은 중앙에 있는 기관보다는 지역의 기관에서 정치적 통제 정도가 약하기 때문에, 더욱 철저히 조사한다면 특히 지역의 역사학술지가 포스트모더니즘에 의해 제기된 문제들에 많은 관심을 가지고 있다는 것이 드러날 수도 있다. 요즘 중국의 역사가들은 지난날보다 역사적 실천에서 더 많은 자유를 누릴지 모르지만, 그것이 정치적 통제가 없다는 것을 의미하는 것이 아니라 다만 역사가들과 정치당국 사이의 타협 가능성이 더 커졌다는 것을 의미할 따름이다. 그러나 정치적 통제가 역사가의 직업 밖으로부터 부과될 필요는 없다. 다른 곳에서와 같이, 중국사의 정통(正統)은 내적 통제에 의해 가장 효과적으로 유지되고 정통에 충실한 역사가들이 그 직업을 차지함으로써 보장되는 것이다. 그리고 역사가라는 직업을 계속 차지했던 구세대의 역사가들이 무엇이 용인될 수 있는 역사의 실천이고 또 무엇이 그렇지 않은지 결정할 때, 외부의 도움을 거의 필요로 하지 않았다는 충분한 증거가 있다. 포스트모더니즘은 전문적인 또는 국가적인 관심사는 아닌 듯하다. 이러한 사실이 역사가들에게는 커다란 관심거리다.

과거와 근본적으로 다른 것은 중국 역사가들이 민족이라는 경계에 의해 더 이상 구속되지 않는다는 것이다. 이제 중국의 역사기술이 중국 내의 역사가들에게 제한된 것처럼 말하는 것은 더 이상 가능하지 않다. 만약 우리가 폭넓은 정의를 사용한다면, 포스트모더니즘은 실제로 해외에서 활동하지만 중국 내 역사가들이 그 견해에 쉽게 접근 가능한 역사가들을 통해서, 그리고 중국에서 활동하지만 자신들의 저작을 해외에서 출간할 수 있는 역사가들 사이에서는 이미 중국 역사기술의 한 특징이 되었다. 내가 앞에서 지적했듯이, 1980년대 미국에서 교육을 받은 많은 중국인 역사가들은 자신들의 존재 상황 때문에 탈근대적이고 탈식민적인 정체성 문제에 상당한 관심을 가져왔고, 『포지션스』 같은 정기간행물의 기고자 중에서 그 이름을 찾아볼 수 있다. (다른 무엇보다도) 중국적 정체성에 대해 그들이 제기한 문제들은 중국 내 역사가들에게도 충격을 주었는데, 중국 내 역사가들은 중개인을 통해서나 자신들이 글을 투고하겠다고 직접 요청함으로써 그런 간행물에 접근할 수 있었다.

학제적 경계의 상대적인 투과성 **때문에** 중국 내 중국 역사기술은 비역사가들이 생산한 역사 저작의 침입에도 더욱 개방되어 있다는 것은 거의 틀림없는 사실이다. 중국의 역사가들이 즉각 문학적 장치들을 그들의 저작에 편입시키듯이, 문학 연구자들은 그들의 학제적 충실성에 따라서 평가받기보다는 역사기술의 문제들을 새롭게 조명하는 데 얼마나 공헌했느냐에 따라 평가받는 역사적 저작을 생산해냈다.[66] 직업적 전문화에 대한 근대의 압력에서 살아남은 중국 내 지적 생활의 공통적 특징처럼, 그런 실천들에는 물론 새롭거나 '탈근대적'인 것은 거의 없다. 근대성과 탈근대성에 대해 판단할 때 문화적 실천에서의 차이에 특별한 주의가 요구된다. 앤드루 플랙스(Andrew Plaks)는 20년 전 "중국문학에서 서사의 범주를 어떻게 정의할 것인가에 관한 문제는 결국 전통적 문명 내부의 두 가지 주요한 형태인 역사학과 소설에 공측성(commensurability)이 내재하는지 여부다"라고 말하는데, 이 문제에 대한 그의 대답은 양자 사이에 분명한 구별은 사실상 없다는 것이었다.[67] 그런 실천은 맑스주의 역사학을 포함한 근대 역사학에서 유지되어왔는데, 그 역사학은 역사와 문학뿐 아니라 역사와 기억을 분명하게 구별하지 않는다. 중국의 역사학자들이 자료를 느슨하게 다루기 때문이 아니라, 자료와 역사의 관계에 대해 다른 견해를 갖고 있기 때문이다. 그런 실천이 더 전문적인 태도를 견지하는 중국 역사가들의 비난을 샀지만, 중국 내에서 그들의 지적 영향력은 과소평가되어서는 안된다.

꽤나 중요한 것은 중국 내의 문화적 환경이다. 비록 그 환경이 직접적으로 역사가들의 작업에 영향을 주지 않을지라도, 그것은 역사의 문화적 의미에 대해 문제를 제기한다. 중국의 역사가 몇몇에 따르면, 아직 근대성을 통과하지 않은 중국에서 포스트모더니즘의 여지가 있을 수 없다. 이런 기계적 진보주의는 마치 국가들이 발전을 동일하게 경험했던 것처럼, 계산의 단위로서 국가에 초점을 맞춘다. 중국이 전지구적 체제에 통합된 것(또는 반대로 전지구적 실천들이 중국에서 통합된 것)의 함의를 무시하는 것이다. 오늘날의 중국은 복수의 시간성과 공간성을 갖는 나라인 듯한데, 이 때문에 탈근대성이라는 개념이 중국을 이해하는 데 더욱 적절해지는 것이다. 역사와 관한 한, 중국에 대한 연구는 비록 더 애국적인 중국인들에게는 거의 받아들이기 힘든 것일지라도, 다수의 중국들(Chinas)이라는 문제뿐 아니라 대중의 삶에 존재하는 전례없는 시간성의 혼란을 다루어야 한다. 그 시간성의 범위는 가장 최근의 전지구적 문화 실천들에서 공산주의혁명의 역사에 대한 지속적 확인과 중화민국사의 부활에 이른다. 또한 민족주의적 충동에 고무된 근대 중국혁명 전체에 대한 부정에서 근대 역사기술이 한때 근거했던 고대신화들의 재확인에 이르는 것이다. 더구나 이 충돌하는 시간성들은 역사가들이 생각하는 그 어떤 것보다도 더 광범위한 문화적 영역을 가지는 미디어에서 일상적 표현을 발견한다. 그렇지 않으면 그 시간성들은 미디어의 요구에 부응하는 법을 배우지 못한다. 더욱 핵심적인 것은 역사가들이 이 쟁점들을 두고 나뉘어 있고, 그들의 작업은 상상된 역사 단위에 대한 다담하고도 쇼비니즘적인 선언들에도 불구하고 일관성 있는 구성체에 저항하는 등 과거의 분열에 공헌한다는 것이다. 물론 공식적 교시하에서, 적어도 공산당이 잠정적으로 공산당의 과거에 대한 상이한 독법을 화해시키려고 애쓰는 만큼이나 타협된 과거가 만들어질 가능성은 항상 존재한다.[66] 그러나 그런 해결책은 그저 임시적 해결책일 뿐이다. 그런 오명에 근접했던 사람들은 1980년대 말의 그 창조적인 작가들이었을지 모른다. 그들은 '신역사소설'로 알려지게 된 것을 생산하면서, 역사를 가지고 뭔가 할 수 있는 것을 발견했다. 포스트모더니즘 역사가들이 '현재와 과거의 간격'을 없애버리는 것이 적절하다고 생각했듯이, 그 시간성들이 작가의 경향에

따라 적절하게 분리되고 결합될 수 있는 것처럼 생각했다.[69]

중국 역사학의 주장들은 과거의 역사 실천의 영향들에 대처하려 할 때 역사가들이 만들어낸 역사 지식상의 위기의식을 거의 가려내지 못한다. 그러나 그 위기는 역사학의 문화적 환경 변화와 관계가 있기도 한데, 그 변화들은 우리가 알아온 역사의 타당성에 의문을 제기한다.「사학은 어디로 갈 것인가?(史學往哪里走)」란 심각한 제목을 갖고 10년 전 타이완에서 열린 학술회의에서, 저명한 역사가 뚜 웨이윈(杜維運)은 경제적 진보와 그에 대한 정신적 적응 간의 늘어나는 간격이 야기한 역사학의 위기가 존재한다고 말했다.[70] 오늘날 중국의 역사가들도 그런 위기를 인지하고 있는데, 이제 이 위기를 '시장사회주의'와 상품화가 야기한 위기로 바꾸어 말한다.[71] 역사학의 위기는 어느 경우에도 명백하고, 그 위기는 미국과 마찬가지로 전문적 역사가들에 의해 만들어진 역사에 대한 관심의 감소에서 분명하게 드러난다. 한편 이와 동시에 대중들을 열광하게 만든 문학작품들과 대중매체 속의 역사에 대해 관심이 쇄도하는 것 같다. 부분적으로 그것은 역사가들이 대면할 수 없거나 대면하려 하지 않는 가까운 과거의 난제들과 씨름하는 문학, 영화, 텔레비전의 능력에 기인할 것이다. 그러나 나는 그것이 어떤 문화적 상황에서 과거를 상상적으로 재구성하는 일이 갖는 호소력과도 관계가 있다고 말하고 싶다. 그런 문화적 상황에서는 무엇보다도 역사를 일상적 경험의 내부로 불러들이기 위해서, 복잡한 현실이 과거의 인식들과 필요성에 부합하는 복잡한 과거, 현실만큼 복잡한 과거의 재창조를 요구한다. 한국의 문학비평가 김우창(金禹昌)은 한국의 문화적 상황과 관련하여 "역사와 정치는 인간을 물질적 한계, 사회적 강제, 도덕적 의무 같은 외적인 것들의 소산이 되게 했다. 문학을 포함한 문화는 이런 외적인 것들을 변형하거나 재구성하여 그것들이 마치 인간의 내면성의 일부처럼 보이도록 하는 끊임없는 시도"라고 말한다.[72] 과거에 대한 상상적 구성물들이 역사적 실상에 대한 역사가들의 생각에 공공연히 도전할지 모르지만, 그런 이유로 인해 그것들이 덜 현실적인 것은 아니다. 왜냐하면 그것들은 일상적 삶의 실상들에 의해 분출된 문화적 필요성에 대한 대응이며, 우리가 알아온 역사는 단지 그 실상들 중의 하나이기 때문이다. 역사가들에 의한 역사 실천과 역사에 대한 문화적 요구들 간의 간격이 새로운 것은 아니다. 중국 내 현재 상황에서 다른 곳에서처럼 새로운 것이 있다면, 그것은 역사의 대안들이 주장하는 정당성이다. 그리고 이것이 역사 내에서 포스트모더니티가 갖는 궁극적 중요성일 것이다.

맺음말

포스트모더니즘은 역사가들이 받아들일 수도 있고 받아들이지 못할 수도 있다. 그러나 새로운 문제들을 지속적으로 분출하고, 역사가들이 전문적 훈련이나 순응에 의해 익숙해져온 그런 질문들과는 다른 종류의 질문들을 던지는 포스트모더니티의 조건이 있는 듯하다. 중국에서건 미국에서건, 역사가들은 역사적 방법의 문제뿐 아니라 역사의 문화적 의미에 직면하고 있다. 역사학이 이런 새로운 발전들과 함께 사라져버릴 것 같지는 않다. 이 발전들은 오히려 역사가들의 본원적 임무인 기록 보관자로서의 역할을 강화해줄 것이며, 급속히 변화하는 시기에는 정체성의 확인을 역사학에 의존하게 되면서 더욱 중요해질 것이다. 그러나 이는 19세기 이래 역사가들이 맡아온 역할에서 상당히 강등된 것이다. 과거의 역사가들은 과거와 미래의 인도자들로서 보수주의자들과 혁명가 모두를 세속적 지혜의 원천인 역사로 이끌었다. 포스트모더니즘은 그 모든 장단점들에도 불구하고, 이 새로운 문화적 상황에 대한 인식으로 심각하게 받아들여질 필요가 있다.

주(註)

1 매카트니 사절(the McCartney Embassy)에 대한 제임스 히비아(James Hevia)의 연구인 *Cherishing Men From Afar* (Durham, N.C.: Duke University Press 1995)에 대해 조지프 에셔릭(Joseph Esherick)이 이유없이 공격한 것을 의미한다. Joseph W. Esherick, "Cherishing Sources from Afar," *Modern China* 24, no. 2 (April 1998), 135~61면. 나는 히비아가 스스로 만든 '혁신'이라는 주장에는 의구심을 갖고 있지만, 히비아는 역사적 해석에서 문화를 사용하는 것과 관련된 문제를 제기한다. 이 문제는 언어학적으로 사소한 것을 문제삼음으로써 묻혀버려서는 안되는 것이다. 에셔릭이 사용한 전략은 하찮은 것을 따지는 전략으로서 중국학의 가장 나쁜 전통이다. (변명이 되진 않겠지만) 히비아에 대한 에셔릭의 공격은 이해할 만하다. 왜냐하면 '포스트모더니즘'이 역사가 아닌 문학에나 적절한 것이라고 그가 생각하는 듯하기 때문이다. 그런데 그것은 일부 역사가들이 갖고 있는 공통적인 생각으로서, 포스트모더니즘이 제기한 당면한 지적 도전을 보지 못하고 지적 반계몽주의를 희생하면서까지 학제에 대한 위협을 극복해야 한다고 생각하는 등 문화적 환경에 대한 역사의 망각을 드러내는 것이다. 에셔릭의 포스트모더니즘에 대한 언급은 董正華·韓毓海「晚淸以來的中國歷史和現代化的進程」[조지프 에셔릭과의 인터뷰], 『戰略與管理』 2期 (1996), 45~50면, 특히 49면. 이 쟁점들에 대한 에셔릭의 입장을 보면서, 과연 그가 공산당을 '사회적 구성체'라고 언급할 때 그것이 무엇을 의미하는지를 알고 있는지 궁금하다. Esherick, "Ten These on The Chinese Revolution," *Modern China* 21, no. 1 (January 1995), 45~76면, 특히 61면.

2 Hans Bertens, *The Idea of the Postmodern: A History* (London: Routledge 1995), 3면.

3 탈구조주의와 관련해서 포스트모더니즘이 중대한 변화를 겪어야 했고 실제로 그러했지만, 이것이 '포스트모더니즘'은 1960년대의 산물이었음을 시사하기 위한 것은 아니다. 이 용어에 대한 역사로는 Bertens and Perry Anderson, *The Origins of Postmodernity* (London: Verso 1998) 참조.

4 Fredric Jameson, *Postmodernism, Or the Cultural Logic of Late Capitalism* (Durham, N.C.: Duke Univerity Press 1991); David Harvey, *The Condition of Postmodernity* (Cambridge, M. A.: Basil Blackwell 1989). 마누엘 까스뗄스(Manuel Castells)는 '네트워크사회'의 등장에서 자

본주의의 변혁을 본다. Castells, *The Rise of the Network Society* 참조. 나는 그런 변화의 전지구적 차원에 대한 관점으로 '전지구적 자본주의'와 연관된 관점을 선호한다. Arif Dirlik, *After the Revolution* 참조.

5 Jean François Lyotard, *The Postmodern Condition: A Report on Knowledge*, trans. from the French by Brian Massumi (Minneapolis, M.N.: University of Minnesota Press 1984).

6 Francis Earker, Peter Hulme and Margaret Iverson, *Postmodernism and the Re-reading of Modernity* (Manchester, UK: Manchester University Press 1992).

7 Bertens, *The Idea of the Postmodern*, 12~13면.

8 Ernst Cassirer, *The Philosophy of the Enlightenment*, trans. by Fritz C. A. Koelln and James P. Pettegrove (Boston: Beacon Press 1951), 45면.

9 20세기 역사학에 대한 최근 조사에서, 게오르그 이거스(Georg Iggers)는 역사가 20세기 내내 도전받았고 19세기 사상에서 차지하던 탁월한 지위에서 쫓겨났지만, 이러한 도전들은 과거에 대한 인식 능력에 문제를 제기하지 않았다. 이는 탈근대적 도전이 제기하는 쟁점이다. Georg G. Iggers, *Historiography in the Twentieth Century: From Scientific Objectivity to the Postmodern Challenge* (Hanover, N.H.: Wesleyan University Press 1997).

10 더 자세한 논의로는 Arif Dirlik, "The Third World in 1968," in Carole Fink, Philip Gassert, and Detlef Junker, eds., *1968: The World Transformed* (Cambridge: Cambridge University Press 1998), 295~317면 참조.

11 Jane Flax, "Is Enlightenment Emancipatory? A Feminist Reading of 'What is Enlightenment?'" in Marker, Hulme and Iverson, eds., *Postmodernism and Re-reading of Modernity* (Manchester and New York: Manchester University Press 1992), 232~49면.

12 Russell Jacoby, *The End of Utopia: Politics and Culture in an Age of Apathy* (New York: Basic Books 1999).

13 戴逸「世紀之交中國歷史學的回顧與膽望」,『歷史研究』6期 (1998), 5~16면.

14 Vivian Sobchack, "Introduction: History Happens," in Vivian Sobchack, ed., *The Persistence of History: Cinema, Television and the Modern Event* (New York and London: Routledge 1996), 1~14면, 인용은 3면.

15 이러한 도전들과 그 도전들의 역사적 함의, 그리고 그 도전들이 제기하는 방법론적 문제들은 여러 훌륭한 저작에서 논의되었다. 가장 좋은 예로는 Robert A. Canary and Henry Kozicki, ed., *The Writing of History: Literary Form and Historical Understanding* (Madison, W. I.: University of Wisconsin Press 1978); Henry Kozicki, ed., *Developments in Modern Historiography* (New York: St. Martin's Press 1993); Peter Burke, ed., *New Perspectives on Historical Writing* (Cambridge, UK: Polity Press 1993); Frank Ankersmit and Hans Kellner,

ed., *A New Philosophy of History* (London: Reaktion Books 1995) 참조. Peter Novick, *That Noble Dream: The "Objectivity Question" and the American Historical Profession* (Cambridge, UK: Cambridge University Press 1988)은 그런 새로운 발전이 미국 내 역사가들에게 준 충격에 대한 흥미로운 논의를 제공한다. Dominick LaCapra and Steven Kaplan, ed., *Modern European History: Reappraisals and New Perspectives* (Ithaca, N.Y.: Cornell University Press 1982)와 Mark Poster, *Cultural History and Postmodernity: Disciplinary Readings and Challenges* (New York: Columbia University Press 1997)는 탈구조주의와 역사의 관계에 대한 중요한 논의를 제공한다. 포스트모더니즘에 대항하여 가장 광범위하게 역사를 옹호하는 것으로는 Joyce Appleby, Lynn Hunt, and Margaret Jacob, *Telling the Truth About History* (New York: Norton 1993); Richard J. Evans, *In Defense of History* (London: Granta Books 1997)를 들 수 있다.

16 Nancy F. Partner, "Historicity in an Age of Reality-Fictions," in Ankersmit and Kellner, eds., *A New Philsophy of History* (Chicago: University of Chicago Press 1995), 21~39면. 헨리 코지키(Henry Kozicki)는 "현재의 이론적 혼란에도 불구하고 역사학제는 적절히 이해된 전통적 실천들에 굳건히 입각하고 있다"라고 자기만족적으로 말한다. Kozicki, *Developments in Modern Historiography*, 서문(xi~xii면), xiii면.

17 Georg G. Iggers, "Rationality and History," in Kozicki, *Developments in Modern Historiography*, 19~39면, 21~22면.

18 Hayden White, "The Politics of Contemporary Philosophy of History," *Clio* III, 1 (1973), 35~53면, 53면.

19 F. R. Ankersmit, "Historiography and Postmodernism," *History and Theory* 28, no 2 (1989), 137~53면, 인용은 149면.

20 Partner, "Historicity in an Age of Reality-Fictions"; Robert A. Rosenstone, "The Future of the Past: Film and the Beginnings of Postmodern History," in Sobchack, 201~18면 참조.

21 Richard T. Vann, "Turning Linguistic: History and Theory, 1960~1975," in Ankersmit and Kellner, 40~69면, 69면.

22 Ankersmit, "Historiography and Postmodernism," 143면. Hayden White, *Metahistory: The Historical Imagination in Twentieth Century Europe* (Baltimore, M.D.: The Johns Hopkins University Press 1973)을 가리키는 것이다.

23 Iggers, 앞의 글 28면.

24 Sidney Monas, "Introduction: Contemporary Histporiography: Some Kicks in the Old Coffin," in Kozicki, 1~16면, 6면.

25 Iggers, 앞의 글 19면.

26 J. B. Bury, "The Science of History," quoted in Allan Megill, "'Grand Narrative' and the Discipline of History," in Ankersmit and Kellner, 151~73면, 인용은 159면.

27 Linda Orr, "Intimate Images: Subjectivity and History—Stael, Michelet and Tocqueville," in Ankersmit and Kellner, 89~107면, 90면. 예를 들면 이를 Jean Chesneaux, *Pasts and Futures, Or What Is History For?* (London: Thames and Hudson 1978)와 대조해보면, 후자에서 그 주장은 역사의 형성에서 합리적으로 이해할 수 있는 계급과 사회의 이해를 토대로 전개된다.

28 Hayden White, "The Politics of Contemporary Philosophy of History," 49면. 화이트는 또한 열정을 갖고 "대륙에서는 아무것도 당연한 것으로 여겨지지 않았고, 모든 것에 대해, 역사인식 자체의 유용성에 대해서까지도 의문이 제기되어왔다"라고 말한다(52면).

29 Hayden White, "Historical Pluralism," *Critical Inquiry* 12 (Spring 1986), 480~93면, 인용은 488면.

30 리처드 밴은 그런 변화에 대한 설명에서 독립적 발전을 제시한다. Vann, "Turning Linguistic," 59면. 화이트는 명백히 '메타서사' 그 자체에 반대하지 않고, 반맑스주의에 의해 움직인 리오따르와는 다르게 유럽의 맑스주의적 전통에서 비판적 영감을 발견한다. 그러나 최근의 글에서 화이트는 ('메타역사'의 배경인) '근대적'인 역사서술 방법과 '탈근대적'인 역사서술 방법 간의 특징을 구분할 필요가 있을지 모른다고 시사한다. 즉 "모더니즘 이후, 역사적 글쓰기든 문학적 글쓰기든 이야기하기(story-telling)의 문제라면 전통적 서사기법들은——패러디를 제외하고는——사용할 수 없게 된다." 그는 또한 어떤 형태의 '사건들'이 특히 전자매체에서 제시될 때, '실제로 일어난 사건이 무엇인지에 대해서 단 하나의 권위있는 이야기만을 말한다는 것은 불가능하다. 이는 그 사건에 대해 가능한 이야기가 수없이 많다는 것을 의미했다'라고 말한다. 아마도 모더니즘과 포스트모더니즘의 구별을 너무 확대해서는 안될 것이다. 내가 보기에 화이트는 모더니즘을 포스트모더니즘의 발전 형태로 어느 정도 간주하는 듯하며, 이 둘을 아주 엄격하게 구별하는 것을 원하지 않는다. H. White, "The Modernist Event," in Sobchak, 17~38면, 24면.

31 *International Handbook of Historical Studies: Contemporary Research and Theory* (Westport, C.T.: Greenwood Press 1979).

32 이러한 내 견해는 적어도 어느 정도는 여러 학술회의에서 겪었던 나 자신의 경험에 기초한다. 그 학술회의들에 나는 이거스, 더욱 명백히 재구성되지 않은(나는 우호적으로 이렇게 말한다) 보편주의자인 요른 루젠(Jorn Rusen)과 함께 참석했다. 한 예로 Rusen, "Some Theoretical Approaches to Intercultural Comparative Historiography," *History and Theory* 35, no. 4 (December 1996), 5~22면.

33 Samuel P. Hays, "Theoretical Implications of Recent Work in the History of American Society and Politics," *History and Theory* 24, no. 1 (1987), 15~31면, 15면. 이러한 경향은 동

일 집단의 역사 내에서도 드러난다. 여성사를 통합하는 과정에서 발생한 문제들에 대해서는 Joan Scott, "Women's History," in *Burke*, 42~66면. Novick, "Every Group Its Own Historian" 은 이런 발전에 대한 상세한 내용을 제공한다.

34 Giovanni Levi, "Microhistory," in *Burke*, 93~113면.

35 이 언급은 르 루아 라뒤리(E. Le Roy Ladurie), 긴즈버그(C. Ginzburg), 단튼(R. Darnton), 내틀리 데이비스(Natalie Davis)와 같은 역사가들의 저작들을 말하는 것이다. 어떻게 '이야기들' 이 과거의 진실로 인도해줄 수 있고 역사의 진실들을 뒤집을 수도 있을까라는 것이 데이비스의 *Fiction in the Archives: Pardon Tales and Their Tellers in Sixteenth-Century France* (Stanford, C.A.: Stanford University Press 1987)의 주제다. 나의 영역인 중국사에서의 최근 예로는 Roxann Prazniak, *Of Camel Kings and Other Things: Rural Rebels Against Modernity in Late Imperial China* (Boulder, C.O.: Rowman and Littlefield 1999) 참조.

36 Poster, 앞의 책, 특히 서문; Ankersmit, "Historical Representation," in F. R. Ankersmit, *History and Tropology: The Rise and Fall of Metaphor* (Berkeley, C.A.: University of California Press 1994), 97~124면. 두 저작을 '탈근대적'이라고 표현하는 것이 그 기원에 대한 정확한 평가인지 아니면 그 저작들을 탈근대적인 것에 전유하는 것에 불과한지는 논쟁의 여지가 있다. 두 저자는 자신들의 저서를, 앙커스밋이나 포스터 같은 분석가들이 구별하는 만큼 근대와 분명히 구별되는 탈근대적인 것으로 보지는 않는다. 리처드 에번스(Richard Evans)는 방대한 역사 '옹호' 작업을 진행하면서, 역사가의 작업과 관련하여 제기된 많은 '탈근대적' 쟁점들은 역사가들에게 오랫동안 문제가 되어왔다고 말했는데, 이는 타당한 지적이다. 한편 그 기원에 존재하는 영감이 무엇이었든 간에, 그런 저작들은 탈근대담론에 공헌한다고 말할 수 있다.

37 이러한 맥락에서, 나는 역사가 전문적 역사가들의 독점적 소유 대상이 결코 아니었다는 명백한 사실을 일괄하여 다루고 있다. 역사소설과 기자들에 의해 생산된 역사들이 그 예다. 최근에는 경제사회학, 역사사회학, 문학과 같은 더욱 동떨어진 학제에 의해 역사를 '더 잘' 말할 수 있다는 주장마저 등장했다. 현재 중요하다고 할 수 있는 것은, 그런 주장이 분명하게 인정된다는 것과 아울러 이전에 무시되고 소외되었던 집단들이 주장하는 역사마저 인정되고 있다는 것이다.

38 Francis Fukuyama, *The End of History and the Last Man* (London: Hamish Hamilton 1992).

39 Jacques Le Goff, *History and Memory*, trans. from the French by Steven Rendall and Elizabeth Claman (New York: Columbia University Press 1992), xi면.

40 White, "The Modernist Event," 30면(강조는 원저자).

41 Pierra Nora, "Between Memory and History: Les Lieux de Mémorie," *Representations* 26 (Spring 1989), 7~25면, 인용은 17면.

42 Pierra Nora, 같은 글 17면.

43 Pierra Nora, 같은 글 15면.

44 Le Goff, 앞의 책 99면.

45 Richard Wolffe, "Putting a Price on Barbarity," *Financial Times* (March 6/7, 1999), weekend supplement 1면.

46 Kalus Neuman, "'In Order to Win Their Friendship': Renegotiating First Contact," *The Contemporary Pacific* 5, no. 1 (Spring 1994), 111~145면.

47 "History's Forgotten Doubles," *History and Theory* 34, no. 2 (1995), 44~66면, 인용은 44면. 델로리아 2세의 역사와 과학에 대한 거부는 더욱 총체적이다. Red Earth, *White Lies: Native Americans and the Myth of Scientific Fact* (New York: Scribner 1995) 참조. 역사에 대한 거부는 스스로 거부하는 역사에 의해 화해된다는 점에서 '탈역사적'이다. 이로 인해 역사에 대한 거부는 사소해지지 않고, 오히려 그 거부가 그럴듯하다는 것을 강화한다. 호주의 원주민 일부가 오래된 전통을 보존하기 위해 신이 인류학자들을 보냈다고 믿는 것처럼, 1920년대와 1930년대 터키의 역사가들은 터키학을 연구하는 유럽인 학자들의 학문을 민족역사를 창조하기 위해 사용했다. 또한 난디류나 델로리아 2세류의 학자들은 자의식적으로 현재를 자신들의 출발점으로 삼기 때문에, 그들의 역사에 대한 그런 거부를 회고적이라고 표현하는 것은 오류라 할 수 있다. 이에 대해 나는 최근에 "History Without a Center? Reflections on Eurocentrism," in Eckhardt Fuchs and Benedikt Stuchtey, ed., *Historiographical Traditions and Cultural Identities in the Nineteenth and Twentieth Centuries*; "Reading Ashis Nandy: The Return of the Past, or Modernity with a Vengeance"(본서 제5장); "The Past as Legacy and Project: Postcolonial Criticism in the Perspective of Indigenous Historicism"(본서 제9장)에서 심도있게 다루었다.

48 Charles Maier, "A Surfeit of Memory? Reflections on History, Melancholy and Denial," *History and Memory* 5, no. 2 (Fall/Winter 1993), 136~151면, 인용은 136면.

49 Robert Heilbroner, *Visions of the Future: The Distant Past, Yesterday, Today and Tomorrow* (New York: Oxford University Press 1995), 69면, 13면.

50 "Historical Representation."

51 Rosenstone, 213면.

52 Vann, 53면.

53 이는 각주에 대한 그래프튼(Grafton)의 훌륭한 책의 결론 부분을 알기 쉽게 고쳐서 이야기한 것이다. "각주는 그 자체로 아무것도 보장하지 않는다. 진실의 적들은──진실은 적들을 갖는다──정직한 역사가들이 자신의 주장을 뒷받침하기 위해 사용한 각주를 똑같은 사실을 부인하기 위해 사용할 수 있다. 사고(ideas)의 적들은──사고도 마찬가지로 적들을 갖는다──어떤 독자도 관심을 갖지 않는 인용을 축적하기 위해 또는 새로운 주제와 유사한 무언가를 공격하기 위해 각주를 사용할 수 있다. 각주는 없어서는 안되는 것, 즉 예술과 과학의 산란한(messy) 혼

합물인 근대역사를 형성한다. 비록 그런 산란한 혼합물의 산란한 부분일지라도 말이다."
Anthony Grafton, *The Footnote: A Curious History* (London: faber and faber 1997), 235면.

54 Paul Greenhalgh, *Ephemeral Vistas: The Expositions Universelles, Great Exhibitions and World's Fairs, 1851~1939* (Manchester, UK: Manchester University Press 1988); Robert W. Rydell, *All The World's a Fair* (Chicago and London: University of Chicago Press). 그러나 역사가들, 그리고 특히 인류학자들이 자문 역이나 감독자 등을 맡아 세계박람회에 열정적으로 참여했다는 것은 흥미롭다. 그들은 박람회가 자신들의 저작과 학제를 널리 알릴 수 있는 황금 같은 기회라고 믿었다.

55 Lutz Niethammer, in collaboration with Dirk Van Laak, tr. by Patrick Camiller, *Posthistories: Has History Come to an End?* (London: Verso 1992), 10면. 역사의 종말을 의미하는 '탈역사적'이라는 용어는 내가 앞에서 쓴 의미와는 상당히 다르다는 것을 주목하라. 니트함머도 그 개념의 기원을 1930년대 독일의 우파지식인들까지 거슬러올라간다. 결국 그 용어는—1968년 이후—좌파지식인들에 의해 채택되었다.

56 Patrner, 39면.

57 Poster, 67~70면. 코쎌렉의 언급은 Poster, 68면에서 재인용. 포스터는 시공간에 대한 새로운 인식들에 물질적 맥락을 제공하는 새로운 기술과 그 인식들이 밀접하게 연관되어 있으며, 이런 인식들에 의해 제시된 문제들의 해결책으로 포스트모더니즘을 제시한다.

58 Evans, 248면.

59 Arif Dirlik, "Reversals, Ironies, Hegemonies: Notes on the Contemporary Historiography of Modern China," *Modern China* 22, no. 3 (July 1996), 243~284면.

60 Prasenjit Duara, *Rescuing History from the Nation: Questioning Narratives of Modern China* (Chicago: University of Chicago Press 1995).

61 Hevia, 247~248면.

62 예를 들어 강회제(康熙帝) 때 청을 방문한 포르투갈과 네덜란드 사절들에 대한 연구인 John E. Wills, *Embassies and Illusions: Dutch and Portuguese Envoys to K'ang-Hsi, 1666~1687* (Cambridge M.A.: Harvard University Press 1984)은 히비아의 연구와 유사한데, 히비아의 새로운 역사가 이에 비해 어느 정도 더 나아간 것인지 판단하기는 어렵다.

63 중국 내 포스트모더니즘의 일반적 상황에 대해서는 Arif Dirlik and Zhang Xudong, eds., *Postmodernism and China* (Durham, N.C.: Duke University Press 2000) 참조. 이 책은 *boundary 2* 24, no. 3 (Fall 1997) 특별호의 증보판이다.

64 戴逸「世紀之交」; 林甘泉「新的起點: 世紀之交的中國歷史學」,『歷史硏究』4期 (1997), 5~17면.

65 高毅「福柯史學芻議」,『歷史硏究』6期 (1994), 142~155면; 羅志田「後現代主義與中國硏究:〈懷柔遠人〉的史學啓示」,『歷史硏究』1期 (1999), 104~120면.

66 예를 들면, Xiaobing Tang, *Global Space and the Nationalist Discourse of Modernity: The Thinking of Liang Qichao* (Stanford: Stanford University Press 1996); Wang Hui, "Modernity and 'Asia' in the Study of Chinese History," in Eckhardt Fuchs and Benedikt Stuchtey, ed., *Historiographical Traditions and Cultural Identities in the Nineteenth and Twentieth Centuries* (Washington, D.C.: German Historical Institute) 참조.

67 Andrew Plaks, "Towards a Critical Theory of Chinese Narrative," in Andrew H. Plaks, ed., *Chinese Narrative: Critical and Theoretical Essays* (Princeton: Princeton University Press 1977), 309~352면, 311~312면.

68 鄧小平「對起草『關於建國以來黨的若干歷史問題的決議』的意見」(1980.3~1981.6),『鄧小平文選(1975~1982)』(北京: 人民出版社 1983), 255~274면.

68 여기서 언급하는 사람들은 쑤 퉁(蘇童), 챠오 량(喬梁), 리 샤오(李曉), 우 삔(武斌), 우 화(余華) 같은 작가들이다. 이들은 1980년대 후반에 지명도를 획득했다. 논의로는 王彪「與歷史對話: 新歷史小說論」,『文藝評論』 4期 (1992), 26~32면; 宋曉萍「把玩兒舊瓶的遊戲: '新歷史小說'之我見」,『華中師範大學學報』 4期 (1995), 94~95면, 孫先科「'新歷史小說'的意識形態特徵」,『當代文壇』 6期 (1995), 8~10면 참조.

70 杜維運,「史學往哪里走」, 6면.

71 戴逸, 13~14면, 15~16면; 林甘泉, 16면.

72 Uchang Kim, "The Agony of Cultural Construction: Politics and Culture in Modern China," in Hagen Koo ed., *State and Society in Contemporary Korea* (Ithaca, N.Y.: Cornell University Press 1993), 163~195면, 인용은 192면.

제7장

전지구성의 형성과 급진정치

전지구성의 형성과 급진정치

    이 장에서는 두 가지 과제를 다룬다. 첫째는 전지구성에 관한 몇몇 영향력 있는 재현들을 개관하고 구별하면서 그 재현들이 어떤 식으로 상호 보완되고 모순되는지를 지적하는 것이다. 둘째, 이 재현들이 전지구성의 조건에 대해 언급하는 것을 바탕으로, 현 상황하에서 급진정치의 가능성에 관한 일정한 결론을 내리는 것이다.

    보통 지정학에 관한 논의에서는 아마도 어떻게 급진주의를 소멸시킬까라는 관심을 제외하고는 급진주의에 관심을 두지 않는다. 반면 맑스부터 마르꼬스(Marcos)에 이르는 급진주의자들은 지정학적 문제들에 직면할 수밖에 없었다. 그것은 지정학에 대한 이해가 혁명전략을 짜는 데 핵심적이기 때문만은 아니다. 더욱 근본적으로는 급진주의가 자신만을 위해 급진정치에 자의적으로 몰두하는 것으로 받아들여지지 않으려면, 급진주의가 급진적 변화의 방향과 형태 및 필요성을 설명하기 위해서 스스로가 그 산물이기도 한 사회적·정치적 상황과 씨름할 필요가 있기 때문이다. 이 글이

  * 이 장은 본래 "Formations of Globality and Radical Politics," *Review of Education/Pedagogy/Cultural Studies* 21. no. 2 (1999), 300–338면에 실렸던 것이다. 이 글을 여기에 다시 실을 수 있도록 허락해준 데 감사의 마음을 표한다.

권력과 전략이란 문제에 대해 거의 언급하지 않듯이, 이 글의 논의는 용어상의 엄밀한 의미에서 지정학적이지는 않다. 오히려 이 글은 최근 몇 년간 전지구적 관계의 재편성에 주안점을 둔다. 왜 그같은 변화들이 대부분 사회주의와 관련된 급진주의의 초기 형태들을 부적절하게 만들었는가 그리고 왜 현 시기의 비가시적인 급진활동들 태반이 과거에 취했던 그런 형태를 답습하는가가 문제인 것이다.

논의의 출발점은 지난 십 년간 근대화를 대신해서 변화의 패러다임—그리고 사회적 가상—이 된 전지구화다. 전지구화담론은 중요한 지점에서 초기 근대화담론과 단절을 주장한다. 가장 눈에 띄는 것은 변화에 관한 유럽중심적 목적론의 폐기인데, 이는 유럽중심주의에 대한 경제적·정치적·문화적 도전 때문에 여러모로 강요되어왔던 것이다. 이것이 그럴듯하게 된 데는 몇 가지 이유가 있다. 새로운 경제적·정치적 세력의 중심이 출현하고, 외견상의 문화적 공통성 가운데서 문화적 다양성에 관한 주장들이 경계를 흐트러뜨리는 사람들의 움직임을 강화시켰으며, 민족과 지역을 넘어서는 문제들을 다루는 새로운 전지구적 제도의 형태가 등장했다. 이 모든 것은 유럽중심적 근대화 과정에서 형성된 제도적 장치들이 세계의 문제들을 다루고 파악하는 데 더 이상 충분치 않다는 것을 시사한다. 전지구화는 국제주의, 평등, 민족 간의 긴밀한 연계 등에 줄곧 헌신해왔던 정치적 좌파들에게는 분명한 호소력을 갖는다. 전지구화에 대해 가장 눈에 띄는 반응들이 정치적 우파들로부터 나온다는 점이야말로 좌파의 열망 내지는 최소한 자유주의적 좌파의 열망을 향한 움직임으로서의 전지구화의 이미지를 강화시킨다.

그러나 전지구화에 대한 행복감은, 과거의 구습일 뿐 아니라 새로운 발전의 산물이기도 한 바로 현실의 사회적·경제적 불평등들을 숨겨왔다. 전지구화가 유럽중심적 근대화의 끝을 나타내는지 아니면 완성을 나타내는지에 대해서는 약간의 의문이 있다. 하나의 담론으로서 전지구화는 점점 확산하는 듯 보일 수 있다. 그러나 전지구화담론은 그것에 생기를 불어넣어주는 헤게모니적 열망들에 대한 의구심을 더욱 부채질하는 이전의 권력 중심들, 가장 현저하게는 미국으로부터 가장 열광적으로 전파되고 있다. 경제적·정치적 권력은 이전보다 더 탈중심화되었는지 모르지만, 전지구화는 자본주의의 전지구적 승리와 관련짓지 않고는 이해하기 힘들다. 그리고 '시장과 민주주의'를 전지구화하기 위한 압력은, 그것이 한때 근대화의 핵심이었듯이 바로 전지구화의 핵심이다. 유럽중심적 근대화의 산물인 이념적·제도적 영역에서의 문화적 마찰은 이전보다 훨씬 더 명백하게 감소되었다. 마침내 유럽중심주의에 대한 도전은, 초기의 사회주의와 제3세계의 대안들과는 달리 주로 자본주의 근대성을 바로 자신들의 것으로 만드는 데 성공함으로써 힘을 갖게 된 국가들에서 나왔다. 그들의 도전은 그런 근대성의 언어로 표현되고, 대안에 대한 비전은 자본주의 세계경제로의 통합이라는 렌즈를 통해서 어쩔 수 없이 굴절되었다. 전지구화가 일으킨 모든 새로운 종류의 갈등들에도 불구하고 전지구화는 자본주의적 모습으로(그 사회주의적 대응물은 더 이상 쟁점이 아니므로) 발전지상주의의 보편화를 대변한다고 할 것이다.

다시 말하면 유럽열강에 의해 전지구화되어가듯이, 전지구화가 자본주의적 근대성의 역사의 마지막 장인지 아니면 그 어떤 구체성을 가지면서 아직 등장하지 않은 다른 무언가의 시작인지는 분명치 않다. 그러나 명백한 것은 전지구화담론이 전지구적 관계에서 변화하는 외형—새롭게 분열되는 것들과 새롭게 통일되는 것들—과 그러한 변화들을 파악하기 위한 새로운 인식론의 필요성 양자 모두에 대한 반응이었다는 것이다. 그러나 전지구화가 다른 것보다 약간 더 나은 이익을 위해 봉사하는 새로운 전지구적 상상에 따라 세계를 재구성하려고 하기 때문에, 전지구화는 이데올로기적이기도 하다. 초국적자본뿐 아니라 세계주의적 자유주의자들이나 좌파들에게도 매력적이기도 한 전지구화에 대한 승리자적 설명은, 지속되고 있는 문제가 과거의 유산뿐 아니라 전지구화 이데올로기 속에서 끼어든 발전지상주의적 전제하에서 진행된 바로 그 전지구화 과정의 산물이라는 사실을 간과하면서, 임박한 세계의 단일화를 축복한다. 구미인들 외에도 다른 이들이 그 과정에 지금 참여하고 있다는 사실이 결과적으로 그 과정을 덜 이데올로기적이고 덜 파괴적인 것으로 만들지는 않으며, 다만 계급의 전지구적 형태 변화를 보여줄 따름이다. 이런 점에서 전지구화담론이 유럽중심주의 문제에 집착하는 것은 새로운 형태의 권력에 대한 대처를 산만하게 만든다.[1] 전지구화의 해방에 대한 약속, 전지구화 자체가 새로운 형태의 경제적·정치적 착취와 소외를 만들며 영원히 미래로 연기시킨 약속은 바로 그런 것이다. 전지구화가 야기한 몇몇 문제들, 그중 가장 중요한 환경문제들은 전지구화의 공학도들에 의해 인식되었다. 과거의 유산들이야말로 나머지 문제들을 대변하는데, 그 유산들은 전지구화가 그 약속을 달성하면 사라질 것이다. 전지구화 이론가들은 모두를 위해 많은 것을 약속할지 모르나, 많은 연구들이 밝혀왔듯이 전지구화가 약속하는 것에 관한 실제 예측은 훨씬 더 비관적이다. 즉 중심부 사회에 있는 많은 이를 포함한 세계 인구의 대다수가 소외된다는 것이다. 경제적 소외는 또한 정치적 소외를 의미한다. 민주주의를 보급하는 와중에 인간의 삶에 관련된 가장 중요한 결정들이 유권자들의 손에서 점점 멀어져갔다. 세계는 재편성되겠지만, 그 재편성은 새로운 환경, 새로운 형태로 그 자체의 세계 구성에 내포된 불평등을 지속적으로 재생산하는 자본주의체제에서 일어난다.[2]

이것이 근본적인 비판을 예전처럼 오늘날에도 합당하게 하고, 예전보다 더 합당하게 만드는 것이다. 그러한 비판이 의미가 있으려면, 그 비판은 자신의 역사적 유산에 향수병적으로 집착하는 것보다 변화된 상황에 대한 인식을 통해 새로운 활력을 되찾아야 할 것이다. 따라서 현재의 현상으로서 전지구화에 관해서 새로운 것이 무엇이고 새롭지 않은 것이 무엇인지 간략히 언급하면서 논의를 시작하는 것은 중요하다.

전지구화: 오래된 것과 새로운 것

전지구화에 대한 논의들에는 역설적인 것이 존재한다. 전지구화 주창자들은 전지구화를 현 세계의 새로운 현상이자 **동시에** 인류의 기원 이래 인간의 조건을 특징짓는 하나의 과정이라고 표명한다. 경우에 따라서 후자는 초기 전파론자(diffusionist)들의 논점과 쉽게 구별할 수 없는 그저 그런 형태들을 띠기도 한다. 2백여만 년 이전 동아프리카의 어디에선가 인류가 기원한 이래, 인류가 계속 이동해왔다는 것은 그다지 큰 뉴스가 아니다. 과거에도 사회 간에 상호접촉이 계속해서 있었고 그 접촉의 일부는 연속적이었다고 하는 견해에서 본다면, 그것은 커다란 발전도 아니었다. 우리가 사회들의 역사를 고립이란 견지가 아닌 이러한 관계의 측면에서 분석해야 한다는 것은 중요한 인식론적 주장이지만, 이 주장도 꽤나 오랫동안 존재해왔다. 그 주장은 아마도 헤로도투스(Herodotus)와 사마천(司馬遷)에게까지 거슬러올라갈 수 있지만, 가장 뚜렷하게는 역사에 대한 계몽주의적 관점으로까지 거슬러올라갈 것이다. 적어도 미국에서 현재와 관련하여 새롭다고 할 수 있는 것은 전지구성에 대한 현재의 인식을 과거 전체에 투사하는 것이다. 그럼으로써 사회 간의 물질적 상호접촉에서뿐 아니라, 더 중요하게는 전지구성에 대한 인식에서 서로 다른 전지구성의 형태와 차원 간의 중요한 역사적 차이들을 지우려는 것이다. 그 프로젝트는 또한 그것 자체의 출현 조건에 대한 비판적 의식마저도 지워버린다.

이런 차이에 대한 혼동은 또한 현재의 전지구화가 바로 직전의 역사적 선례를 포함하여 그 역사적 선례에 끼친 물질적·정신적 영향력과 맺고 있는 관계를 설명할 필요성을 없애버린다. 그 변화가 다른 시간에는 다른 의미를 갖고, 권력의 전지구적 배열에서 다른 자리를 점유하는 다른 사람들에게 다른 의미를 갖는 경우가 아니라면, 전지구화에 대한 의식이 역사적 상황에 대응하여 변하는 것이 가능한가? 만일 그렇다면, 권력과 전지구화의 이데올로기들 사이의 관계는 무엇인가? 한편, 만일 전지구화를 향한 세속적인 경향이 있다면 우리는 과거에서 그 경향을 어디에 위치시키는가?

마지막 질문의 유력한 답은 자본주의의 기원이다. 왜냐하면 바로 자본주의의 등장과 함께 경제적 활동뿐 아니라 정치와 문화에서도 전지구화의 지속적인 경향이 발견될 수 있기 때문이다. 내가 앞으로 제시하겠지만, 이는 전지구화나 전지구화에 대한 의식의 '흥망성쇠'가 그로 인해 사라졌다는 것을 의미하지는 않는다. 오늘날 우리가 알고 있는 세계의 배치가 18세기에 최고조에 이르렀다는 사실을 차치하더라도, 자본주의는 전지구화를 위한 지속적인 동기를 제공해왔을 뿐만 아니라 새로운 유럽의 헤게모니하에서 세계의 단일화를 위한 매체가 되어왔다. 만일 자본주의의 기원이 그전 시대의 초기 생산양식에 있다고 할지라도, 그 사실이 세계의 단일화 과정에서 자본주의의 역사적이고 전례없는 역할을 부정하지 않을 뿐만 아니라, 자본주의의 구조들보다 인류역사 전체를 현재의 전지구화를 위한 역사적 맥락으로 만들지도 않는다. 칼 맑스와 프리드리히 엥겔스(Friedrich Engels)가 19세기 중반에 쓴 다음 대목은 당시에는 터무니없는 것처럼 보였을지 모르나 우리 시대에 대한 오싹할 정도로 적절한 묘사다.

아메리카 대륙의 발견, 희망봉의 우회는 부상하는 부르주아지를 위한 새 지평을 열어주었다. 동인도와 중국 시장, 아메리카의 식민화, 식민지와의 교역, 일반 상품과 교역수단의 증가는 상업·항해·산업에 전례없는 자극을 주었다. (⋯) 근대 산업은 세계시장을 만들었는데, 아메리카의 발견이 그 길을 열어주었다. (⋯) 역사적으로 부르주아지는 가장 혁명적인 역할을 해왔다. (⋯) 부르주아지는 지속적인 생산수단의 혁명 없이는 존재할 수 없고, 이를 통한 생산관계 및 제반 사회관계의 혁명 없이는 존재할 수 없다. (⋯) 상품시장을 지속적으로 확장해야 할 필요성은 전지구상에서 부르주아지에게 강요된다. 부르주아지는 어디든 자리잡아야 하고, 어디든 정착해야 하며, 어디든 연결망을 건설해야만 한다. 부르주아지는 세계의 착취를 통해 모든 국가의 생산과 소비에 세계주의적 성격을 부여했다. (…) 오래전 성립된 모든 산업은 파괴되었거나 나날이 파괴되고 있다. 과거의 산업은 새로운 산업에 자리를 물려주었고, 그 새로운 산업의 도입은 모든 문명국가에 생사가 걸린 문제가 된다. 그 산업은 더 이상 자국산 원료를 가공하는 산업이 아니라 멀리 떨어진 지역에서 끌어온 원료를 가공하는 산업이고, 그 생산품은 단지 국내에서뿐 아니라 지구 전역에서 소비되는 그런 산업이다. 자국의 생산물에 의해 충족되는 예전의 욕구를 대신하여 먼 대륙과 나라의 생산물에 의해 충족되는 새로운 욕구가 나타난다. 예전의 지역적·국가적 고립과 자기충족성 대신에 모든 방향에서의 교류와 전세계적으로 국가 간의 상호의존이 생겨난다. 그리고 물질에서와 마찬가지로 지적 생산에서도 그러하다. 개별 국가의 지적 생산은 공유재산이 되었다. 국가가 일방통행성과 편협함을 고수하는 것은 점점 불가능하게 되고 무수한 민족적·지역적 문학으로부터 세계문학이 나타난다. (…) 부르주아지는 모든 생산수단의 급격한 개선과 엄청나게 촉진된 통신수단을 통해 가장 야만적인 국가까지 포함한 모든 국가를 문명으로 끌어들인다. 부르주아지의 값싼 상품들은 중국의 모든 장벽들을 때려부수는 중화기들인데, 이를 통해 야만인들이 가진 외국인들에 대한 완고한 증오를 굴복시킨다. 부르주아지는, 소멸하지 않기 위해 부르주아의 생산양식을 채택하도록 모든 국가를 강제한다. 또한 이른바 문명을 그 국가들의 내부로 받아들이도록 강요한다. 즉 부르주아 그 자체가 되게 하는 것이다. 한마디로 부르주아지는 자기의 이미지에 따라 세계를 창조하는 셈이다.[3]

마지막 부분의 말 중 일부는 유럽중심적 편향을 뒤집을지 모르나 현재의 시각에서 보면 확실히 공격적이다──거기에서조차 저자들이 (이른바 문명이라고) 소개한 역설이 간과되어서는 안될 것이다. 그리고 마지막 문장은 단일한 부르주아지의 '자기이미지'라는 전제가 문제적이다. 이 전제는 실제로는 부르주아지가 세계주의적이 되면서 다양한 자아상과 이해의 출현 가능성에 눈감았으며 이후 자본주의의 역사를 특징짓는 수많은 내적 모순에 길을 열어주었다는 것이다. 그 구절이 물질적이고 문화적인 전지구화에 대해 말해야 하는 바가 다른 식이었다면 여기에 동의하기란 어렵지 않다. 지오바니 아리기(Giovanni Arrighi)가 최근 주장했듯이, '자본주의적 세계체제'로 인식될 수 있는 구조화되고 구조화하는 실체가 있기 전에도 자본은 언제나 전지구화되어왔다.[4] 아리기는 또한 페르낭 브로델(Fernand Braudel)의 작업에 의거하여 유럽 세계체제의 등장을 분석하면서, 다수의 지역적 세계체제가 상호작용하며 존재한다는 점을 주지한다. 그런 체제로 진입함으로써 유럽의 부르주아지들은 유럽 세계체제를 우선 만들어내고, 이후에 범위가 전지구적인 세계체제를 만들어내기 위해, 유럽의 세력권으로 이러한 다른 세계체제를 끌어들일 수 있게 한 경제적·정치적 제도들을 창안한다는 것이다.[5]

자본주의적 세계체제가 15세기에서 17세기 사이에 등장하면서 현재의 전지구화를 위한 역사-구조적 맥락을 제공했지만, 자본주의의 역사 자체와 앞에서 내가 언급한 '흥망성쇠'를 그 과정과 전지구화에 대한 인식 차원에서 설명하기 위해서는 현재의 전지구화의 특별한 면모를 이해하는 것이 필요하다. 적어도 맑스와 엥겔스가 『공산당선언』을 썼던 시기에서 보면 전지구화는 돌이킬 수 없는 과정으로 비춰질 수 있다. 그리고 전지구성에 대한 인식이 제국주의와 식민주의를 통해 그 인식을 더욱 광범위한 세계 구성원들에게 강요하는 구미인들 사이에서만 빨리 진전된 것은 아니다. 그러나 맑스와 엥겔스가 부르주아지가 일컫는 '문명'에 대한 역설적 언급에서 지적했듯이, 전지구화의 과정은 유럽 부르주아지의 지역주의를 포함한 그 자신의 지역주의를 만들었다. 만약 전지구화가 빠져나올 수 없는 현상이 되었다면 그것은 식민주의, 민족주의, 사회주의를 통해서인데, 이것들은 곧 전지구화의 산물들이자 민족주의와 사회주의의 경우에서처럼 어떤 면에서는 이를 만들거나 심지어는 억제하려는 노력이었다. 현재 전지구화에 대한 개념화의 선두주자는 (대부분 미국의) 부르주아지가 '문명'이라 부른 것과 사회주의 근대화가 그 문명에 대안으로 제공한 것에 기초를 두고 있는 바로 근대화담론이다. 이 두 대안들은 극단적으로 반대 입장에 서 있지만 역설적으로 발전지상주의에 매몰되어 있다는 점을 공유하고, 각자는 식민주의의 유산들을 극복하고 국가의 자주성과 힘을 강화할 만큼 발전할 것을 열망하며, 각자의 궤적 내로 탈식민 세계의 국가들을 끌어들이려고 노력했다. 더욱이 근대화담론의 '세 개의 세계'는 국가 단위라는 견지에서 근대화를 인식했는데, 이는 '세 개의 세계'라는 생각과 국가에 대한 생각이 전지구화에 관한 이전의 가정과 과정을 전제하는 근본적인 방식들을 은폐했다.[6]

전지구성의 현재 형태들과 그에 관한 인식들의 직접적인 배경은, 먼저 제3세계란 생각을 점차 의심하게 만든 변혁에 관한 사회주의적 대안의 연이은 몰락이나 그 대안의 포기와 더불어 붕괴한 세계의 배치다. 이미 1960년대 말과 1970년대 초에 중요한 대안들은 국가에 기반한 문화주의적 근대화담론의 가정들에 의문을 제기하면서 등장했다. 1980년대에 새로운 전지구적 상황이 자본주의 내의 지형변화, 가장 중요하게는 미국의 헤게모니에 대항한 경쟁국들의 등장으로 인한 경제권력의 탈집중화와 함께 등장하면서, 자본주의에 대한 분석 자체가 더 복잡한 양상을 띠게 되었다. 마침내 1990년대 초기 '새로운 세계질서'라는 탈냉전의 약속은 새로운 종류의 무질서라는 증거에 자리를 내줌에 따라, 근대성보다 오래되지는 않았을지라도 그만큼이나 오래된 동일성에 관한 자료를 바탕으로 전지구성을 분석하는 다른 작업들이 긴요하게 되었다.

전지구성에 대한 현재의 분석들은 대체로 자본주의의 정치경제학상의 변화를 강조하는 분석과 그 지향이 기본적으로 문화주의적인 분석으로 나뉜다. 내가 보기에 전자에서 가장 중요한 것은 세계체제분석이다. 세계체제분석은 1960년대 근대화담론에 대한 급진적 대응에 그 기원을 두고 있으며, 1980년대부터 등장한 '새로운 국제노동분업'에 근거한 분석과 아주 최근에는 '네트워크사회'라는 마누엘 까스뗄스(Manuel Castells)의 주장에 의해 뒷받침되었다. 문화주의적 접근은 정치경제학적 접근을 회피하거나 그 접근에 명백히 비판적인 자유주의 좌파 성향의 전지구화 주창자들과 세계의 새로운 균열 속에서 통합의 힘이 아닌 분열의 힘을 문화적으로 인식하는 쌔뮤얼 헌팅턴(Samuel Huntington)의 훨씬 더 보수적인 문화주의를 통해 가장 잘 드러난다.

전지구화의 정치경제학

'세계체제'란 용어는 1970년대 초에 통용되었는데, 주로 자본주의의 기원에 대한 월러스틴의 연구들과 연결되어 있다. 그러나 그것이 준 충격을 이해하기 위해 월러스틴의 연구를 1970년대의 맥락 안에 두는 것이 필요하다. 세계체제분석은 무엇보다 제2차 세계대전 종전 이후 미국과 유럽의 사회과학을 지배해온 근대화담론에 도전했기 때문에 열광적으로 받아들여졌다. 그것이 대부분 제3세계의 학생들이었고 1960년대에 학자로서 성년기에 접어든 젊은 급진학자들 사이에 가장 커다란 반향이 있었다는 사실은 놀라운 일이 아니다. (제도적은 아니더라도 지적으로) 동등한 영향력이 있었던 학자들은 싸미르 아민(Samir Amin), 안드레 군더 프랑크(Andre Gunder Frank) 그리고 이론적 가정들과 정치적 결론에서 월러스틴의 저작과 많은 공통점을 갖고 있으며 근대화담론에 대한 대안들을 제시한 라틴아메리카의 '종속'이론가들이었다. 모든 경우에서, 발전에 관한 논의의 새로운 접근들은 제국주의에 대항한 1960년대 급진운동에 의해 제공되었다. 월러스틴의 저작은 유럽에서의 기원부터 20세기 전지구화까지 자본주의 등장에 대한 체계적 내용을 제공하기 위해, 당대의 발전에 관한 문제를 넘어

서려고 노력한다는 점에서 특징적이었다.[7]

지난 20여 년간 세계체제분석은 발전과 저발전에 대한 문제들을 설명함으로써 근대화담론에 대한 첫 번째 대안을 제공했다. 제2차 세계대전 이후 형태를 갖춘 근대화담론은 기본적으로 발전에 대한 문제들을 설명하는 방식이 문화주의적인데, 이는 발전에 대한 문제를 먼저 '근대성'과 '전통'이란 말로 표현한다는 점에서 명백하다. (유럽과 북미의, 그리고 곧 일본도 합류하게 될) 근대사회들은 합리적 사고방식과 합리적 제도들을 만들기 위해 과거의 지배로부터 스스로를 어떤 식으로든지 해방시켜온 그런 사회들이다. 전통적 사회들은 문화적으로나 제도적으로나 모두 과거에 집착한 채로 남아 있어서, 근대성으로 들어갈 수 없었던 그런 사회들이다. 이런 구분에서 낙후와 전통은 거의 동의어인 반면, 발전은 구미사회들에 의해 구체화된 어떤 기준을 향한 진보와 매우 밀접하게 관련되어 있다. 1980년대 이전 근대화 주창자들은 자본주의를 언급하며 '근대성'을 거의 얘기하지 않고, 오히려 모든 사회가 낙후성으로부터 빠져나오기 위해서 따라야만 하는 진보의 기준들로 구미의 근대성을 표현했다. 구미의 근대성에 관련된 가치들이 지닌 구범적 힘을 강조하는 열망에서 본다면, 근대화담론은 베버(Weber)적이다. 여기서 빠져 있는 것은 베버가 '합리화'를 비판했다는 것뿐만 아니라 (필요조건이지만 충분조건은 아닌) 물질적 조건의 근본적 중요성을 인식했다는 점이다. 근대화담론은 구미 근대성의 기준들을 끊임없는 인류의 진보를 보장하는 긍정적 가치로 간주했다. 마지막으로 우리는 근대화담론이 문화적 가치에 대한 강조 때문에 근대화 문제를 사회 간의 관계와 관련시키지 않고 사회의 내부적 문제로, 사회 자체의 내부적 제도나 가치 구조의 함수로 표상했음을 놓쳐서는 안된다. 그래서 유럽과 미국이 '전통적' 사회에 준 충격은 진보적 힘으로 나타났고, 진보의 장애물은 '낙후된' 사회들의 역사적 타성에서 유래한 것으로 여겨졌다. 과거의 짐에 대한 강조에도 불구하고 근대화담론은 구미 자본주의에 의한 **전통적 사회들의** 근대성을 무시할 뿐 아니라 그 사회 간의 커다란 차이도 무시한다. 이 점에서 알 수 있듯이 그것은 역설적이게도 상당히 비역사적이다. 비슷하게, 주로 공산주의 혁명으로 이해되는 혁명들은, 근대화담론에서 근대적 합리성이 혁명적 사회들을 추월했기에 이제는 사라져야 하는 진보에 대한 타성적 저항의 형태처럼 보였다.

1960년대 말 몇몇 근대화 이론가들, 특히 아이젠스타트(S. N. Eisenstadt)와 쌔뮤얼 헌팅턴조차도 근대화담론의 목적론적 가정에 대해 비판적으로 변했다. 그러나 그들은 근대화를 진보로 보는 전제들에 의문을 제기하기보다는, 근대화의 전 과정을 구성하기 위해 근대화로 인해 생긴 무질서를 어떻게 통제할 것인가라는 문제를 다루는 데 역점을 두었다. 예컨대 혁명이 역사적 타성이 아니라 바로 근대화 과정의 산물이라는 헌팅턴의 인식은 근대화의 정치학에 관한 의미있는 수정이었다. 그러나 그는 혁명이 근대화에 대해 말하고자 하는 것보다는, 권위주의적 정권들에 대한 확인으로 이끈 혁명의 등장—다시 말하면 민주주의를 뺀 근대화—을 조절하는 방법에 더 많은 관심을 두었다. 내가 뒤에서 논하겠지만, 그가 최근에 전지구화에 대해 말했던 것은 이러한 초기의 입장과 많은 면에서 연속적인데, 지금은 문명이란 지형으로 그의 관심이 이동한 것이다.[8]

근대화담론에 대한 주요한 도전은 세계체제분석에서 나왔다. 세계체제 분석은 제3세계의 시각에서 나온 네오맑스주의적 자본주의 이해가 제공한 것으로서, 근대화의 기본적 가정들에 의문을 제기하는 것이었다. 세계체제 분석이 근대화담론과 확연히 구별되는 근본적인 주장을 간략히 요약한다면, 세계체제분석은 자본주의를 근대성의 핵심 논거로 간주하고 하나의 생산방식으로서 자본주의에 의한 근대 세계의 구성을 이해하려고 한다. 여기에는 분명히 맑스주의가 영향을 미쳤다. 또한 자본주의가 개별 국가의 내적 발전이란 견지에서 이해될 수 있는 것이 아니라 국가를 초월하여 그 국가들에 형태를 부여하는 공간적 관계의 차원에서 이해되어야 한다는 주장에서도 보이듯이, 세계체제분석은 정통 스딸린주의적 맑스주의와는 다르다. 이로부터 '세계체제'라는 용어가 등장했는데, 이 용어는 전세계(이 경우는 그 체제의 궁극적인 완성을 의미한다)를 지칭하는 것이 아니라 상품 생산과 교환의 관점에서 다소간 독립적인 공간을 지칭한다. 세계체제의 한 주창자가 말했듯이, "세계체제론자들은 무역, 자본흐름, 노동교환을 통해 서로 관계를 맺은 국가들을 자명한 분석 단위로 간주하기보다, 이 분석 단위들이 양자간 또는 다자간 관계로 구성되고 반복적으로 재구성되는 것으로 본다.'[9]

세계체제분석은 발전에 대한 분석의 핵심 논거로서 공간을 도입한다. 상이한 사회(즉 진보된 사회와 낙후된 사회, 발전된 사회와 저발전된 사회) 사이의 관계는 단순히 시간적 관계가 아니라 공간상의 동시적 관계이기도 하다. 뒤에서 다시 언급하겠지만, 공간에 대한 이런 강조는 근대화의 목적론에 의문을 제기한다. 즉 모든 사회는 유럽과 북아메리카가 가장 앞서 있는 예들이 되는 단일한 시간성에 따라 움직여야 한다는 목적론에 대한 문제제기 말이다. 공간적 관계에 대한 분석에서 세계체제분석은 '중심부'와 '주변부' 사이의 관계를 가장 중요한 관계로 본다. 그 둘은 각각 경제구조에서 경제적·사회적 복잡성으로 특징지어지는 상대적으로 자율성을 지니는 자본의 중심들과 경제적·사회적·정치적·문화적으로 '중심부'에 의존하는 지역들을 지칭한다. 제3의 용어인 '반(半)주변부'는 그 어디에도 분명히 소속되지 않는 지역들이다. 이러한 전제들은 세계체제분석이 독립적이고 자치적인 경제적·사회적·정치적 단위들이 아니라 그런 단위들 사이의 관계와 그 단위들 자체가 어떻게 그런 관계에 의해 구성되었는가에 초점을 맞추고 있다는 것을 함축한다. 중심부—주변부의 관계는 자본주의 발전의 전제가 아니라 결과물이다. 발전과 저발전은 서로 독립적인 상태를 나타내는 것이 아니라, 자본주의 관계의 결과를 나타낸다. '저발전된' 사회들은 그 어떤 추상적 기준에 따라 저발전된 것이 아니라, 발전된 사회가 발전의 많은 부분을 다른 사회의 저발전에 빚지고 있듯이 중심부와 주변부 사이의 관계에 의해 저발전된 것이다(군더 프랑크의 기억할 만한 말로는 '저발전의 발전'이다). 이런 시각에서 보면 '근대적'이면서 '전통적'인 사회들은 없다. 자본주의 세계체제의 부분인 모든 사회들은 '근대적' 사회들이다. 차이점이란 어떤 사회들은 자본주의의 중심부에 속해 있고, 다른 사회들은 자본주의의 주변부에 속해 있다는 것이다. 그러므로 모든 사회들은 과거와 단절하자마자 진보할 수 있다고 주장하는 것도 가능하다. 주변부 사회들은 주변부적 위상 때문에 저발전의 운명에 처한다. 이는 또한 중심부-주변부 관계가 자본주의 구조에서 필수불가결한 것이기 때문에 자본주의 세계체제 내에서 모든 사회들이 진보한다는 것이 불가능함을 시사한다. 그러나 가능한 것은 이 관계가 중심부와 주변부가 공간적으로 이동하도록 재구성될 수 있다는 것이다. 자본주의적 생산·교환 양식이 세계체제를 구성하는 원리인 한, 사회주의는 '단절'(delinking, 이 용어는 싸미르 아민의 것이고 마오주의에서 영감을 얻은 것이다)이란 조건에서만 가능하다. 왜냐하면 자본주의 세계체제로의 통합이라는 말의 정의 자체가 자본의 요구보다는 지역의 요구를 만족시키는 경제조직의 가능성을 미리 배제하기 때문이다. 내가 주목하는 바로는, 이것이 레닌과 뜨로쯔끼(Trotsky)의 제국주의 분석에서 영향을 받은 1920년대 중국 맑스주의의 핵심 쟁점이었다.

앞에서 지적했듯이, 세계체제분석에 많은 영향을 준 브로델은 유럽이 지배하는 세계의 등장을 설명하기 위해 세계체제분석을 시간적으로 더 먼 과거로 가져갔다. 브로델에 따르면, 근대세계의 초창기에 여러 세계체제가 있었는데, 유럽의 체제는 그중 하나에 불과했고 주변부적인 것이었다. 또한 중국을 중심으로 한 동아시아와 동남아시아, 인도를 중심으로 한 남아시아, 오스만제국, 러시아제국, 중앙아프리카의 왕국들, 아메리카의 인디안제국들이 있었다. 이후 유럽인들이 다소간 독립적인 이 세계체제들 사이의 중개자로 서서히 끼어들기 시작했고 마침내 그 체제들을 유럽에서 확산된 하나의 자본주의 세계체제 속으로 편입시켰기 때문에, 근대 세계의 역사는 유럽에서의 자본주의의 등장인 것이다. 이것이 궁극적으로는 20세기경에 이르러 미국을 중심으로 한 전지구적 세계경제가 존재하게 된 과정이다.

나는 여러 관점에서 비판받은 세계체제분석의 장점과 단점에는 관심이 없다. 이런 비판들이 세계체제분석이 갖는 설득력을 훼손하지는 못했다.[10] 세계체제분석은 전지구화란 용어가 인기를 얻고 그 용어가 전지구적 구성체의 한 표상으로서 그 중요성을 획득하기 이전에 이미 전지구화를 전제로 해왔다. 그러나 이미 1980년대경에 자본주의 내의 변화들, 또 다른 중심부적 경제권 특히 동아시아의 출현, 사회주의사회들이 자본주의로 점점 눈에 띄게 선회함으로 인해 전지구화가 전면에 등장하게 되었고, 전지구성에 대한 다른 표상들을 생산해낼 새로운 분석이 필요하게 되었다.

비록 다른 이들이 자본주의의 이 새로운 단계를 '유연생산체제' '유연축적체제' '탈조직화된 자본주의'로 다양하게 표현해왔지만, 나는 전에 내가 사용했던 예에 따라 전지구적 자본주의로 표현할 것이다.[11] 이 새로운 전지구적 자본주의 구조에서 근본적인 것은 프로벨(F. Frobel)과 다른 이들이 '새로운 국제노동분업'[12]으로 묘사했던, (단 하나의 상품일지라도) 하청계약을 통해 생산과정이 전지구화되는 생산의 초국적화다. 세계체제론자들의 '상품사슬'(또는 '통합된 생산과정')은 자본주의의 역사만큼이나 오래된 것이라는 지적은 올바른 지적이지만, 데이비드 하비(David Harvey)가 '시간—공간의 압축'[13]으로 묘사한 것처럼 새로운 기술들이 전례없을 정도로 생산의 속도뿐만 아니라 그 공간적 연장을 확대했다는 것은 부인할 수 없다. 또한 이 새로운 실천들의 정치적, 사회적, 문화적 결과들을 부인할 수도 없다. 동아시아에서 시작된 이 새로운 관행들은 이전 세계의 윤곽들을 무너뜨리며, 생산과정 속에 제3세계 지역을 편입시켰다. 생산이 국가의 경계선을 초월하자, 국가가 보유하는 경제적 주권의 정의에도 의문이 제기되었다. 사회적으로 새로운 기술은 자본과 생산에 전례없는 기동성을 부여해서, 생산 지역은 지속적인 유동 상태에 있는 것처럼 보인다. 그 기술들은 자본의 활동에 대한 사회적·정치적 간섭을 회피할 뿐 아니라 노동에 대한 자본의 최대한의 이점(따라서 '유연생산')을 추구하는 것이다. 새로운 미디어의 실천들과 함께 결합된 그 문화적 결과물들 또한 대단했다. 새로운 자본주의는 정치적 경계를 초월하고 문화적 경계 또한 초월한다. 새로운 자본주의의 전지구화는 자본이 지역에서 지역으로 움직이면서 지역화를 동반한다.

여기에서 논의를 위해 1980년대에 등장한, 또는 그때 명백해지기 시작한 상황을 요약하면 다음과 같다. 먼저 자본의 전지구화의 산물이지만 또한 새로운 전지구성의 현실과 인식에 공헌한 새로운 중심들이 등장하면서, 자본주의가 탈중심화되었다. 동아시아가 가장 현저하긴 하지만 유일하지는 않다. 세계체제론자들은 세계체제를 펼쳐 보이는 데 있어 가능한 새로운 중심의 하나로 특히 동아시아를 지목했다. 최근 동아시아와 동남아시아에서 있었던 위기는 이행기의 산물로서 그저 일시적일 수도 있다. 한편, 그 위기는 새로운 '기적 같은' 경제에 근본적인 구조적 약점이 있음을 드러냈다. 그 약점은 줄곧 이 지역에 존재했지만 경제가 번창하는 동안에는 인식되지 않았던 것 같다. '고기술 한자동맹'(a high-tech Hanseatic League)——다시 말하면 전지구적 경제의 중심을 함께 형성하는 (싸스키아 싸쎈Saskia Sassen의 용어를 쓰면) '전지구적 도시들'의 네트워크——으로 표현된 새로운 경제적 편성이 함축하는 전지구적 관계의 재편성을 우리가 지금 목격하는 것 또한 가능한 일이다.[14] 오오마에 켄이찌(大前硏一) 같은 다른 평자는 이를 오히려 '지역경제들'의 네트워크, '정보고속도로'[15]에 의해 서로 연결된 많은 씰리콘밸리들로 파악한다. 따라서 그렇게 전망되는 중심부에서 핵심적인 것은 초국적기업들인데, 이들은 자본, 생산, 상품의 전달을 위한 수동적 매체를 제공하는 것뿐 아니라 그 전달의 성격과 방향을 결정하면서 경제활동 거점으로서의 역할을 국가의 시장들로부터도 인계받았다. 그렇게 전망되는 중심부에 관해 흥미로운 것은 그것이 주변부가 없는 중심부일 수 있다는 것인데, 왜냐하면 주변부였던 것이 점차 중심부의 작용에서 부수적일 수 있기 때문이다. 권력은 말할 것도 없고, 생존에 대한 희망조차 이런 상황에서는 중심부에 합류할 수 있느냐의 여부에 달려 있다. 말이 난 김에 여기서 내가 지적하는 것을 분명히하겠다. 스스로 대안적 공간 창출을 주장한 사회주의국가들이 몰락한 중요한 이유는 자본주의의 전지구화라는 적 때문이다. 그 국가들이 여기에 합류할지——대부분 국가들은 여기에 합류했다——아니면 여기에서 소외될지 양자택일에 직면했기 때문이다.

둘째, 생산의 초국가화는 전례없는 전지구적 단일성과 전례없는 체계적 분열(따라서 '무질서의 자본주의')의 원인이다. 전지구의 경제적·사회적·문화적 동질화는 『공산당선언』이 발표된 시대에는 때 이른 감이 있었지만, 결국 그때 맑스의 논평은 현실로 드러났다. 동시에 거기에 상응하는——전지구적으로는 자본주의의 중심이 없고, 지역적으로는 생산과정이 초국가적(supranational) 내지 국가 내적(subnational) 지역들과 장소들로——분열이 진행 중이다. 초국가적 지역조직들이 이 분열을 전지구적 차원에서 명확히하듯이, 한 국가 안에서 자본의 통로로 자리매김하기 위해 경쟁하는 지역들은 기본적인 지역 수준에서의 분열을 대변한다. 국가들 자체가 역사적으로 분열을 봉쇄하려는 시도를 대변한다고 주장할 수도 있다. 그러나 외부(초국가적 조직들)와 내부(국가 내적 경제지역과 장소들)로부터의 공격 아래에서 이 새로운 분열이 어떻게 봉쇄될지는 미지수다. 새로운 경제 편성이 긴급히 요구하는 전지구적 차원의 공치(共治)는 민족국가들이 구성원들에게 해답을 제시할 수 있는 능력을 더욱 제한한다. 동시에 국가권력의 분열은 민족국가에 의해 일찍이 봉쇄된 잠재적 갈등이 다시 표면에 떠오르도록 부추긴다.

자본의 초민족주의화가 주는 가장 중요한 최종 결과는, 자본주의 생산 방식이 자본주의 역사상 처음으로 역사적으로 특정한 유럽적 기원에서 떨어져나와 확실한 전지구적 추상개념으로 등장한다는 것이다. 다시 말하면, 자본주의의 서사는 더 이상 유럽역사의 서사가 아니다. 따라서 유럽적 자본주의 전지구화의 산물인 비유럽의 자본주의사회들이 처음으로 자본주의 근대성의 역사와 문화에 대한 자신들의 권리를 주장하게 된다. 전지구화에 동반된 외견상의 문화적 동질화는 문화적 분열을 스스로 만들어낸 것이다.

1980년대 이후 세계를 특징지어온 전지구화와 분열의 동시적 발생은 인구의 이동에서 새로운 초민족적인 제도의 등장, 유럽중심적 자본주의에 의해 탄생했던 바로 그 언어를 통한 유럽중심주의에 대한 도전, 일상적 문화 습성의 동질화 과정에서 나타난 인종적·종교적 근본주의의 부활 등에 이르기까지 다른 많은 현상에서 가시화된다. 그리고 자본주의적 근대성의 산물들과 자본주의와 민족국가에 의해 오랫동안 억압된 문화 습성들이 돌연히 동일한 단계에서 치명적인 갈등을 일으킬 뿐 아니라 협력하기도 한다는 것이 드러나기 때문에, 어느 지점에 이르면 나는 어떤 현상에 인과론적 우선성을 부여하기가 망설여진다. 과거의 헤게모니에 대한 도전은 현싯점의 중요한 과제지만, 그 도전 자체가 과거의 유산이나 현재의 상황을 뛰어넘어 생각할 수 있는 능력이 부족하기에, 그 지평에서는 한계가 있는 것처럼 보인다.

내가 글의 모두에서 제시했던 것을 반복하면, 전지구화는 1980년대에 등장했고 1990년대에 힘을 얻으면서 직접적인 과거에서 현저하게 이탈했지만, 자체의 긴요한 구성요소로서 자본주의적 역학관계의 오랜 특징도 포함하고 있다. 세계체제분석가들이 현재의 전지구화가 자본의 역사에서 단지 또 하나의 주기가 또 다른 구조적 질서를 확립하기 전에 새로운 중심부의 존재를 기다리는 것으로 보는 한, 그들의 분석은 틀린 것이다.[16] 그러나 전지구화가 새로운 출발이라는 주장은 자본주의 역사와 현재의 공통부분을 손쉽게 무시하는 주장이라는 그들의 지적은 전적으로 옳다. 그 최종적인 완성에서 자본주의적 근대성은 새로운 방향을 지향하면서 그 자신의 역사를 특징지었던 모든 모순들을 재생산하는 것이다.

전지구적 자본주의 분석들은 그 논리로 보면 세계체제분석과 많은 것을 공유하지만, 그들이 향하는 결론은, 가장 중요하게는, 권력의 전지구적 편성이라는 측면에서 세계체제분석과 상당한 거리가 있다. 가장 중요한 차이는 민족국가의 위상이다. 세계체제분석은 국가를 넘어선 공간성들을 지적함으로써 근대화담론을 새로운 틀로 고쳐 쓰지만, 국가 단위가 세계체제로부터 이탈하여 대안을 찾으려 한다는 단절 개념에서처럼 발전과 해방의 문제들에 관해서는 국가를 계속해서 분석의 단위로 간주했다. 전지구화에 대한 현재의 분석들에 대해서는 (사실 그러한 단절을 시도했던 사회주의사회들의 운명처럼) 더 이상 그것이 쓸 만한 선택지가 아니라고 말하고 싶다. 아주 순진한 사람조차 민족국가는 이미 과거의 것이라거나 민족국가가 전지구화의 효과에 대항하는 데 더 이상 아무런 역할을 할 수 없다고 말하지는 않을 것이다. 그러나 민족국가를 재개념화할 때, 국가의 형성을 결정하는 데 또다시 커다란 중요성을 획득했던 초국가적이고 국가 내적인 힘을 설명해야 한다는 것 또한 사실이다.

세계체제분석에서 핵심적인 중심부-주변부의 관계도 마찬가지다. 그런 관계들은 실제로 존재한다. 그러나 그런 관계들을 통해 '제3세계들' 내지 국가들의 공간성을 산뜻하게 그려내기란 점차 어려워졌다. 중심부가 유동적인 양상을 띠듯이 주변부도 마찬가지다. 제3세계 지역들에서 제1세계를 찾는 것이나, 제1세계에서 제3세계들을 찾는 것이 이제 가능하다. 민족국가의 경우에서도 그러하지만, 이같이 중심부와 주변부가 혼재된 상황은 정치권력의 문제뿐 아니라 발전의 문제에 관한 새로운 종류의 분석을 더욱 많이 요구한다.

그럼에도 불구하고 권력의 혼재를 권력의 소멸과 동일시함으로써 권력을 신비화하지 않기 위해 어느 정도 주의할 필요가 있다. 자본의 '탈조직화가 권력의 중심들이 더 이상 존재하지 않는다는 것을 의미하지는 않는다. 동아시아와 동남아시아에 있었던 최근의 위기와 그것의 해결을 위해 취해진 조치들을 보면, 전지구적 정책의 형성에서 자본주의적 중심이 갖는 권력을 알 수 있다. 초국적기업들은 그들의 권력을 어느 정도 국가의 조치에 의존하기 때문에 겉으로 보이는 것처럼 무국적이 아니다. 가장 강력한 기업들이 세계체제 속의 중심국가들과 동일시되는 기업이라는 것은 우연이 아니다. 제1세계에서 제3세계를 말하는 것이 제3세계 국가들을 어디에서나 똑같이 '제3세계성'의 상황으로 편입시키는 것은 아니다. 초국적 자본주의 계급이 등장했다는 것이나 중심부 국가들이 다른 국가들과 권력을 공유해야 할 필요가 발생했다는 것조차도 그로 인해 의존관계가 근절되었다는 징후는 아니다. 전지구화는 권력에 대한 새로운 현실들을 수용할 필요성을 시사한다. 한편 세계를 다시금 전체적으로 포괄하려는 노력은 중심부 국가들, 그중에서도 미국의 이데올로기들에 크게 영향을 받았다는 사실 또한 매우 명백하다. 그같은 전체성에 대한 시각이 전지구적 실천에 참여하는 모든 이들에게 통용되는 것은 아니다. 전지구적 혼란을 봉쇄하는 데 똑같은 관심을 갖고 그런 실천들에 참여하는 모든 이들에게도 그런 것은 아니다. 비록 그들이 어떤 식으로든 그 영향을 느끼겠지만 말이다.

마누엘 까스뗄스는 최근 글에서 전지구적 자본주의의 갈등 현상에 관하여 어느 정도 일관성을 갖춘 분석 방식 하나를 제시했다.[17] 까스뗄스의 현 자본주의 묘사에서 네트워크의 비유가 등장한 것은 그가 정보기술에 핵심적인 중요성을 부여했기 때문인데, 정보기술은 전지구적 관계의 재편성을 위한 패러다임으로 제공된다. 따라서 네트워크의 비유는 통합과 분리를 통해서, 그리고 전지구적 경제의 체계적 산물들인 거대한 공백과 충만을 통해서 새로운 전지구적 자본주의를 그리는 한 방법을 제공한다. 네트워크의 비유는 지구 표면에서 전지구적 경제의 결절점을 연결하는 '고속도로들'로 관심을 이동시킨다. 네트워크는 영속적인 경계 없이 즉각적으로 확장하거나 축소하며, 결절점들이 한 곳에서 다른 곳으로 움직임에 따라 네트워크 내부의 태치가 달라진다. 전지구적 경제에서 주변성은 수많은 네트워크 공백에 존재하는 수많은 내부 표현에서뿐 아니라 네트워크 외부에도 존재함을 의미할 것이다. 네트워크 흐름의 유도 효과가 그 많은 흐름에 직접 참여하지 않는 것들에게까지 영향을 주듯이, 주변성은 그 네트워크에 영향받지 않는다는 것을 의미하지는 않는다. 끝으로 네트워크의 비유는 권력을 설명하는 새로운 방식들을 제공한다. 전지구적 경제에서 가장 강력한 결절점들—예를 들면 싸스키아 싸쎈의 전지구적 도시들—은 경제적·정치적·문화적 권력의 결절점들이 일치하는 장소라 할 수 있다. 그 네트워크는 산뜻한 공간성을 방해하지만, 또한 권력에 대한 고려에서 그 공간성이 포함하는 것을 허용한다. 어떤 지역도 이 네트워크에 포함될 수 있지만, 가장 강력하고 통제적인 결절점들은 여전히 지배하는 전지구적 존재의 국가 공간에 놓여 있다.

이런 결론 중 일부는 까스텔스가 의도한 것을 넘어서는 것일지 모르나, 나는 이것이 그가 전지구적 권력의 '건축술'과 '기하학'에 대해 말하는 것과 일관성이 있다고 생각한다. 그의 말을 빌리면, "전지구적 경제발전의 형태를 만드는 기본적인 건축술이 있으며, 이것은 역사에서 물려받은 것이다."[18] 나아가 그는 다음과 같이 설명한다.

전지구적 경제의 건축술은 불균형한 상호의존적인 세계를 특징으로 한다. 그 세계는 세 개의 주요한 경제 지역을 중심으로 조직되다가, 점차 생산적이고 풍부한 정보를 갖는 풍요로운 지역들과 경제적으로 평가절하되고 사회적으로 소외된 빈곤한 지역들 사이의 대립축을 따라 양극화된다. 유럽, 북미, 아시아—태평양이란 세 개의 지배적 지역 중 아시아—태평양 지역은 다른 지역의 시장 개방에 의존하기 때문에, 가장 역동적이지만 또한 가장 취약해 보인다. 그러나 이 세 지역의 경제적 과정들이 서로 얽혀 있어서 이 지역들의 운명은 거의 분리될 수 없다. 일부 국가들이 점차 전지구적 경제에 통합되면서 각 지역의 주

변부에서는 경제적 오지가 만들어져왔다.[19]

그러나 "이런 가시적 구조 내에는 가변적인 기하학을 변화의 전지구적 경제체계에 주입하는 변화와 경쟁의 역동적 과정들이 있다." 까스뗄스는 이 '가변적인 기하학'을 다음과 같이 설명한다.

　내가 말하는 가장 새로운 국제노동분업이란 정보／전지구적 경제에서 대략 네 개의 상이한 지위로 구성되어 있다. 그것은 정보노동에 기초한 고가치 생산자들, 저비용노동에 기초한 대량 생산자들, 자연의 축복에 기초한 천연원료 생산자들, 평가절하된 노동으로 축소된 과잉 생산자들이다. (…) 중요한 문제는 이런 상이한 지위가 국가와 일치하지 않는다는 것이다. **그 지위들은 정보경제의 기술적 하부구조를 이용하면서 네트워크와 흐름 속에 조직되어 있다.** 그 지위들은 지구상의 일부 지역에 지리적으로 집중된 것을 특징으로 하기 때문에 전지구적 경제는 지리적인 차별성이 없는 것은 아니다. (…) 하지만 최근의 국제노동분업은 국가 사이에서는 발생하지 않고, 내가 지적했듯이 네트워크와 흐름의 전지구적 구조에 따라 네 개의 지위들로 자리잡은 경제행위자들 사이에서 발생한다. (…) 네 개의 지위들은 모든 국가에 침투한다. (…) 소외된 경제들조차도 방향탐지 기능의 작은 부분을 고가치 생산자들의 네트워크에 연결시킨다. (…) 그리고 확실히 가장 강력한 경제들은 주변화된 인구 일부를 평가절하된 지위로 자리매김한다. (…) 국제노동분업에서 지위들은 근본적으로 국가의 성격에 좌우되지 않고 노동의 성격과 (…) 전지구적 경제로의 편입의 성격에 좌우되기 때문에 변화가 일어날 가능성이 있고, 실제로 과연 짧은 기간 내에 그러한 변화가 일어난다. (…) 최근의 국제노동분업은 노동과 기술을 근간으로 조직되지만, 국가와 기업가들에 의해 실행되고 수정된다. 그같은 개선과 경쟁 과정의 결과인 가차없는 가변적 기하학은 역사적으로 만들어진 세계 경제질서의 건축술과 싸우면서 새로운 경제를 특징짓는 창조적 혼돈을 야기한다.[20]

까스뗄스의 분석은 현재의 변화와 과거의 유산들을 한데 묶어내고, 눈에 띄는 권력의 집중을 전지구적 경제의 불확실함을 조절할 수 없는 궁극적 무력함과 한데 묶어내고, 전지구화를 지역화 및 민족국가의 지속적 타당성과 한데 묶어내고, 초기의 전지구적 배치의 지속성을 그 재편성과 한데 묶어냄으로써 설득력을 지닌다. 세계체제는 줄곧 안정되었던 '체제'였다기보다는 체계화와 탈체계화의 과정이었을 것이다. 이것은 현재 전지구적 경제의 조건이며 그 과정은 질서와 무질서가 구별될 수 없을 때까지 가속화될지도 모른다. 자본주의 근대화의 완성은 근대화담론의 전망을 완성하는 것으로 끝나는 것이 아니라 그 전망의 최종적인 승리로 끝나는 것이다.

전지구화의 문화들

전지구화담론의 한 부산물은 문화의 귀환이다. 발전에 관한 논의에서 문화가 사라졌다는 것이 아니라, 발전에 관한 논의가 정치경제학과 사회적인 것에 편향──근대화담론이 문화주의적 전제와 절연함에 따라──되면서 문화가 잠시 동안 배경으로 물러났다는 것이다. 문화에 대한 현재의 편향은 하나 이상의 근거를 갖고 있다. 1970년대 말 이후 지속된 동아시아경제의 등장은 문화가 발전과 무슨 관계가 있는지에 대한 질문을 다시 한번 제기했다. 전지구화와 함께 경계가 뒤섞였지만, 인구의 이동이 점점 뚜렷해지면서 정체성에 대한 의문이 제기되었고 억압되었던 정체성들을 재주장하는 데도 힘이 실리게 되었다. 국가 내적 그리고 초국가적 종족성의 재등장은 전지구화에 동반된 가장 뚜렷한 현상의 하나다. 문화에 대한 강조는 (미디어를 포함한) 문화산업의 지배를 받는 거대권력에 의해 주창될 뿐 아니라, 아마도 훨씬 더 중요하게는, 기본적으로 문화적 힘의 원천인 정보가 생산과 소비에서 중요하기 때문에 주창된다.

정치경제학의 관점에서 전지구화에 문화주의적으로 접근하는 것은 이런 새로운 상황에 대한 표현일 뿐만 아니라, 일상생활에서 정돈되지 않은 것들에 어떤 질서를 부여하려는 노력이기도 하다. 나는 여기서 간략히 전지구성에 대한 현재의 문화주의적 패러다임을 다루는 두 가지 견해에 주목하고자 한다. 하나는 자유주의 좌파를 대변하는 견해로서, 현재의 문화적 구성체 안에서 세계에 대한 인간의 경험 내의 (동질화와는 구별되는) 전례 없는 전지구화를 인식하는 것이다. 다른 하나는 문화를 과거의 유산을 통해 전지구의 새로운 균열을 정의하는 특질로 상정하는 이른바 '지정학적 현실주의'다. 나는 이 두 접근방식을 '문화주의적'이라고 묘사하는데, 왜냐하면 이 둘은 다른 모든 요소보다 문화에 우월성을 부여하기 때문이다. 차이가 있다면 자유주의 좌파의 대안이 '현실주의적' 대안보다 정치경제학에 더 적대적이라는 점이다.

앤서니 기든스(Anthony Giddens)는 "우리가 사는 '세계'는 심오한 관점에서 (…) 이전 시기의 인간들이 거주하며 살던 세계와는 상당히 구별된다. 여러 면에서 지금은 단일한 경험의 틀을 갖는 (예컨대 시간과 공간의 기본 축의 관점에서는) 하나의 세계지만, 동시에 새로운 형태의 분열과 이산을 만드는 세계다"라고 말했다.[21] 기든스가 보기에, "멀리 떨어진 곳에서 발생한 사건들이 가까이에서 벌어진 사건들이나 자아의 친밀감에 영향을 주는 것이 흔한 일이 되어버린"[22] 것이 미디어를 통해서 가능하듯이, 미디어는 이 세계에서 '중심적 역할'을 한다. 그럼에도 불구하고 미디어는 세계를 동질화하지 않고 '단일한 틀'을 제공할 뿐이다. 기든스는 다음과 같이 지적한다.

근대성이 일조한 사회적 활동의 전지구화는 어떤 면에서는 진정하게 세계 전역을 연결─전지구적 민족국가 체제나 국제노동분업과 관련된 연결─하는 발전의 한 과정이다. 그러나 일반적으로 전지구화 개념은 시공간적 원격화

(distanciation)의 근본적 측면들에 대한 표현으로서 가장 잘 이해된다. 전지구화는 존재와 부재의 교차, 지역적 맥락에서 '떨어져 있는' 사회적 사건들과 사회적 관계들의 뒤얽힘에 관심을 둔다. 우리는 지역적 상황과 지역적 용건의 상습적인 변화와 원격화의 지속적 관계라는 견지에서 근대성의 전지구적 확산을 이해해야 한다. (…) 전지구화는 변증법적 현상으로 이해되어야 하며, 변증법적 과정에서 사건들은 원격화된 관계에 있는 다른 지점에서 종종 상이한, 심지어는 정반대의 사건들을 만들어낸다. (…) **지역적인 것과 전지구적인 것의 변증법은** (…) 근본적이다.[23]

전지구적인 것과 지역적인 것을 병치시키는 것은 전지구화에 대한 자유주의적 좌파 성향을 띠는 대부분의 글들에서는 흔하고, 전지구화에 수반된 새로운 종류의 분열을 시사하면서 전지구화에 대한 논쟁에 가장 주요하게 공헌한 관점을 대표한다. 지역적인 것이 경우에 따라서는 국가적인 것을 지칭하기도 하지만, 대개 그것은 전지구적인 것이 일상생활의 구체적 맥락과 만나게 되는 국가 이하 수준의 것들과 국가 내부 수준의 것들을 가리킨다. 이와 비슷하게, 이런 용법에서 전지구적인 것은 '국제적인 것'과 구별될 필요가 있다. 왜냐하면 전지구적인 것은 국가들 간의 관계, 심지어 지역들 간의 관계를 초월하여 거기에 맥락을 제공하기 때문이다. 덧붙이자면 전지구적인 것이 지역적인 것을 형성한다. 왜냐하면 지역적인 것이 그저 전지구적인 것의 수동적인 수용처는 결코 아니지만, 그럼에도 전지구적인 것이 지역화된 현대에서 작동하는 다양한 방식을 지적하는 데 지역적인 것이 가장 중요하기 때문이다. 지역적인 것은 전지구적인 것에 의해 작동해 왔기 때문에 지역적인 것이 반대로 전지구적인 것을 형성할 가능성을 생각하지 않는다는 점은 이 분석이 갖는 문제의 하나다.

과거와 현재의 단절이라는 기든스의 제안은 전지구화에 관한 자유주의적 좌파 입장에서 개진된 대부분의 견해들이 공유하는 바이다. 극단적인 문화주의만큼이나 전지구화에 대한 열정을 보여준 롤런드 로버트슨 (Roland Robertson)은 전지구화를 만들어낸 힘과 과정을 전지구화와 구별할 필요가 있다고 주장한다.

세계질서의 거대구조화에 대한 체계적 이해는 어떠한 형태든 현재의 이론의 생존에 필수적이고, 그같은 이해는 **일반적이고 전지구적인 동인(動因)-구조 (그리고/혹은 문화)라는 주제를 단일한 세계를 향한 전환을 촉진시켜온 요소들 — 예를 들면 자본주의의 확산, 서구 제국주의와 전지구적 미디어 체계의 발전 — 과 분석적으로 분리**하는 작업이 되어야 한다고 나는 주장한다. 이 두 종류의 문제들 사이의 경험론적 관계는 매우 중요하고 (물론 복잡하지만), 이들의 결합은 모든 종류의 어려움을 야기하고 현 세계질서의 **기본적이고 가변적인 조건**과 절충할 수 있는 능력을 봉쇄한다.[24]

로버트슨의 진술은 최신식 문화주의의 극단적 성격에서 전지구화에 대한 자유주의 좌파의 분석이 갖는 장점과 심각한 결점들을 모두 드러낸다. 전지구적 문화의 자율성에 대한 주장은 문화를 물질적 조건의 부산물로서가 아닌 전지구성의 구성요소로 보는 것이 중요함을 강조한다. 로버트슨이 문화에 대한 자신의 생각을 명확히하지는 않지만,[25] 그는 '전지구적 문화'의 힘을 전지구화의 혜택을 뚜렷하게 누릴 수 없는 사람들의 행동조차 결정하는 사회적 가상으로 본다. 이 관점은 옳은 것이다. 모호하긴 하지만, 문화도 자본주의만의 기능적 산물이 아니라 전지구성을 포함한 여러 원천에 의해 조성된 것이다. 그렇기에 전지구적 자본주의가 지속적으로 문화에 힘을 부여할지라도, 전지구적 자본주의의 기능에서 문화를 분리하여 보는 것은 일리가 있다. 세계에 대한 개념화를 재정립하는 전지구화의 힘을 고려할 때, 세계의 '거대구조화'를 그 기원과 별개로 이해하려는 노력은 현재의 전지구적 상황이 역사적 전례들과 어떻게 다른지를 밝히는 데 일정한 인식론적 가치를 가진다.

그러나 이런 장점들이 내게는 전지구화에 대한 지적·정치적 신비화라는 비용을 치르고 성취된 것처럼 보인다. 포르테(Forte)는 "로버트슨의 접근방식이 순전히 관념적 내지 상징적 의미에서 '문화적'"이며 로버트슨은 전지구성의 근거를 전지구적 인식—즉 전지구성에 관한 인식—의 확산에 두고 있다고 평가한다.[26] 로버트슨을 비롯해 전지구화에 대한 자유주의적 좌파 옹호자들은 전지구화는 자본주의적 근대성의 역사처럼 오랜 역사를 갖는다고 인정하지만, 현재의 전지구성과 자본주의적 근대성의 맥락에서 그것이 갖는 관계가 함축하는 바를 탐구하기를 꺼려하는 것처럼 보인다. 아마도 그것은 기능주의적 해석으로 후퇴하는 데 대한 우려 때문이겠지만, 또한 전지구성과 자본주의적 근대성의 관계에 대한 지나친 집착으로 인해 전지구화가 '대문자로 쓴 근대성'[27]으로 보일 수 있고, 전지구화에 대한 문화주의적 접근이 유럽중심주의가 빠진 근대화담론의 특징인 이 시대 문화주의의 한 변형으로 보일 수 있기 때문이다. 그러나 그렇게 하지 못하는 것이 현재의 전지구적 자본주의에서 전지구화담론이 차지하는 직접적인 맥락을 따져야 할 필요성을 명백하게 해주기도 한다. 현재의 전지구적 자본주의에서 유럽중심주의에 대한 부정만으로는 근본적으로 그리고 저절로 거기에서 벗어날 수 없다. 왜냐하면 자본주의는 전지구화 과정에서조차 자신의 기원과 근대적 발전이라는 소인(消印)을 지니고 있기 때문이다. 전지구화가 전지구적으로 모든 사람들에게 똑같이 관심의 대상이 되는 것이 아니라, 그것이 전지구적 경제와 정치의 미래를 지속적으로 주도한 초기의 전지구적 권력의 중심들에서 가장 열렬하게 주창되었다는 것을 고려한다면, 이런 사실은 더욱 명백해진다.[28] 이런 맥락에서 보면 유럽중심주의에 대한 도전은 전지구화에 적극 참여하지 않으면서도 그 영향력은 느낄 수 있는 대다수의 사람에 의해서 일어나지는 않는다. 그 도전은 전지구적 자본주의 경제에 참여함으로써 힘을 획득하고, 그에 따라서 공유된 경제적 이익이란 맥락 내에 존재하는 엘리뜨 내부의 투쟁에서 문화 배치(deployment)를 대변할 수 있는 전지구적 엘리뜨들에 의해 일어나는 것이다. 이런 점을 보여주는 예는 미국(또는 타이완)과의 협상에서 문화와 정치의 첨예한 문제들을 제쳐놓고——그렇다고 문화와 정치가 논쟁의 쟁점이 되는 것을 막지는 못하지만——협상의 초점이 경제적 쟁점들이 되어야 한다고 일관되게 주장하는 중화인민공화국의 '사회주의' 정부일 것이다.

문화적 전지구주의자들이 권력문제를 제기하는 데 실패함으로써 전지구화의 공간적·사회적 한계에 관한 문제들이 신비화되었다. 한편 전지구성이 초월적 지위로 격상됨으로써 전지구화가 신비한 힘이 되어 그 체제하에 있는 모든 이들에게 무슨 일이 있어도 자신의 명령에 따르도록 강요한다. 따라서 초국적자본, 중심부 국가들의 전지구적 권력, (레슬리 스클레어 Leslie Sklair의 용어로는) 부상하는 초국적 자본가 계급에 관한 전지구화담론과 이러한 전지구성의 표상이 맺고 있는 공모성에 관한 의문이 제기되었다. 로버트슨과 같은 전지구주의자들이 이데올로기로서의 권력구조와 전지구화의 관계에 대해서는 거의 언급하지 않고 오히려 세계체제론 같은 자본에 대한 정치경제학적 분석을 공격하는 데 상당한 시간을 보낸다는 것은 역설적이다. 전지구화에 부여된 거역하기 힘든 힘은 그런 관계를 훨씬 잘 아는 기든스 같은 분석가들의 저작에서조차 어느 정도 발견된다.

흥미롭게도, 최근 전지구화에 대한 가장 중요한 지적 도전은 좌파로부터가 아니라 오랫동안 보수주의적 성향과 부합해온 한 정치학자로부터 나왔다. 쌔뮤얼 헌팅턴의 전지구화에 대한 비판은 여러 면에서 그의 초기 근대화담론에 대한 비판과 일관성이 있다. 그가 일찍이 근대화는 민주주의가 아니라 무질서를 야기했다고 주장했듯이, 그는 이제 전지구화는 전지구적 통합이 아니라 분리와 무질서를 야기한다고 주장한다. 그의 초기 분석과 커다란 차이가 있다면, 그것은 그의 분석 단위들의 경계가 굳어지고 있다는 점이다. 민족국가는 중요하게 남아 있고 또 예견할 수 있는 미래에도 중요하게 남아 있겠지만, 민족국가의 관심은 민족에서 문명이라는 '문화적 통일체들'로 옮겨진다고 헌팅턴은 믿는다. 그는 자신의 입장을 처음으로 개괄한 논문에서 "상이한 문명의 사람들 간의 상호접촉은 그들 간의 문명에 대한 인식을 강화해 결국 깊은 역사적 뿌리를 갖는 차이 또는 그렇다고 생각되는 차이를 고무시킨다"[29]라고 지적한다. 그가 인식하는 문명 간의 갈등은 전지구화의 산물인데, 그것은 통일성 ─ 혹은 역사 지우기 ─ 이 아닌 역사적·문화적 유산에 따른 새로운 분열을 야기한다. 이러한 분열에 대한 그의 이해는 전지구화에 동반된 지식 습득이 종족화된 예이다. 헌팅턴의 출발점은 탈냉전 세계에서 "가장 충만하고 중요하며 위험한 갈등은 사회적 계급, 부자와 가난한 자, 경제적으로 다르게 규정된 집단들 사이의 갈등이 아니라 다른 문화적 통일체들 사이의 갈등일 것"이라는 전제다.[30] 그는 문화적 통일체들을 가장 넓은 수준에서의 문명이라는 관점으로 인식하는데, 그 문명은 '대문자로 쓴 문화(들)'이다.[31] 헌팅턴은 그 기원에서 근대성보다 훨씬 앞선 문명들을 중심으로 세계의 민족들을 재편성해야 한다고 생각한다. 일고여덟 개의 이런 문명들이 있는데, 그 가운데 그의 분석에서 가장 중요한 것은 서구문명, 동방정교회 즉 슬라브문명, 이슬람문명, 중국문명이다. 비록 그는 문화를 "한 민족의 전체적 삶의 방식"[32]으로 매우 넓게 보지만, 언어와 종교는 그의 분석에서 문명을 규정하는 가장 중요한 요소다. 역설적으로 오랫동안 과거의 것들로 인식된 삶의 방식들이 근대화의 결과로서 부활하고 있는데, 근대화는 한편으로는 비서구사회들의 경제적·군사적·정치적 힘을 강화해왔지만, 다른 한편으로는 소외와 정체성의 위기를 만들어왔다. 다른 말로 하면, 소외이자 동시에 권능부여(empowerment)인 셈이다.[33] 근대화와 여기에 동반된 민족들 간의 점증된 접촉은 서구화로 귀결되기보다는 오히려 외부인을 증오하는 인류의 경향을 강화해왔다.[34]

헌팅턴이 적시하고자 하는 문제는, 근대성 덕택에 재기한 비서구문명들이 서구적인 것에 대항하여 **그들의** 진정한 또는 상상된 문명적 유산의 보편성을 역설하면서 서구지배적인 근대세계에 도전할 때 어떻게 세계를 안전하게 할 수 있는가이다. 이런 상황에서 "보편적 문명이란 개념은 다른 사회에 대한 서구의 문화적 지배와 서구적 관행 및 제도를 모방하는 그런 사회의 필요성을 정당화하는 데 도움이 된다."[35] 이는 불가능하고 지속될 수도 없다. 왜냐하면 서구 자체는 다른 문명들의 표준에 쉽게 적용될 수 없는 가치들을 갖는 독특한 문명을 대변하기 때문이다.[36] 더 나쁜 것은 오만하고 위험하다는 점이다. "다른 문명의 일들에 서구가 개입하는 것은 [인권과 민주주의를 수출하는 최소한의 노력이 아니라] 아마도 다문명적 세계에서 대부분의 불안정함과 잠재적 갈등을 일으키는 유일한 원천일 것이다."[37] 서구가 할 수 있는 최선은 스스로 자신의 경계선 뒤로 물러나서 자신의 일에만 신경을 쓰고, "지역의 분쟁 해결과 봉쇄란 기본적 책임은 그 지역에서 지배적인 문명을 갖는 주도적 국가들"에 맡기는 것이다.[38] 헌팅턴의 분석에서 '서구' 요새의 형성이란 스스로의 독특한 유산을 보존하기 위해 '서구'로 오는 이민에 대한 통제도 포함한다.

헌팅턴의 문명적 단위들은 문화의 구성성이 구미, 특히 미국 학계의 지식인들 사이에서 신념의 문제가 된 싯점에서는 터무니없다고는 할 수 없지만 유별난 것처럼 보인다. 그 지식인들 가운데 다른 '문명들'에서 온 지식인들도 두드러진다. 방법론적으로 문명 사이에 있는 현재의 갈등과 임박한 갈등에 대한 그의 논의는 여기저기 흩어진 예들을 끌어와 이러저러한 인간의 경향에 대한 '상식적' 설교를 통해 묶어놓은 것이다. 과거의 권력에 대한 그 주장에도 불구하고 논의는 철저하게 비역사적이다. 헌팅턴은 문명을 가르는 경계의 침투성뿐 아니라 문화의 구성성과 문명에 내재한 차이들을 인정한다. 그러나 그의 논의는 이러한 참작 요소들을 살리지 못하고, 문명의 특징적인 가치들은 시간과 공간의 변형적 압력에 대항하여 지속한다는 전제에 의해 유지된다. 그 분석은 그가 대부분의 지역에서 상호혼합된 '문명들' 주위에 분명한 물리적 경계선을 그을 수 없다는 점 때문에 심각히 훼손된다. 그는 현 세계에서 갈등의 단위는 '문명들'이라는 입장을 밝혔지만, 결국 "문명들 간의 관계는 복잡하고 종종 양면적이며 변화한다. (…) 갈등 또한 명백히 문명 내에서, 특히 이슬람 내에서 발생한다. (…) 상대적으로 단순한 냉전의 양극화는 다극적, 다문명적 세계의 더욱 복잡한 관계에 자리를 양보하고 있다"[39]고 인정하는 것 외에는 별다른 수가 없다. 이 분석은 또한 자본주의의 전지구화와 그것이 만들어내고 있는 새로운 종류의 분열뿐아니라 공통의 이익에 대해서도 관심을 기울이지 않는다. 예컨대 그는 "인권에 대한 서구의 압력에 저항할 수 있는 아시아 정권들의 능력은 여러 요소에 의해 강화되었다. 미국과 유럽의 기업들은 급속히 성장하는 이 국가들에 대한 투자와 무역을 확장하기를 갈망했고, 자국 정부가 그 국가들과의 경제관계를 방해하지 않도록 자국 정부에 집중적 압력을 가했다"[40]는 자신의 꽤나 정확한 관찰을 경시했다. 아마도 가장 중요한 점은, 헌팅턴의 분석은 그의 근대화에 대한 초기 저작에서처럼, 그 문화적 상대주의에도 불구하고 구미 근대성의 역사에 뿌리를 둔 세계의 개념화와 일치하는 전지구적 질서를 공고히하려 한다는 것이다. 그러한 근대성을 합법화하는 민주주의와 인권 같은 가치들은 제외하고 말이다.

그럼에도 불구하고 헌팅턴의 분석을 단순히 유럽중심주의나 미국의 힘을 재확인하는 것으로, 또는 인종차별주의에 가까운 인종중심주의로 무시하는 것은 문제가 있다. 이는 단순히 헌팅턴이 미국 권력층의 정책 결정에 영향력을 미친다고 생각되기 때문만은 아니다.[41] 그의 분석은 미국 밖에서도 커다란 관심과 함께 받아들여졌다. 그가 주창하는 '세계질서의 재편성'은 자유롭게 미제국주의를 언급할 뿐만 아니라, 미국이 세계권력을 문명의 '핵심국가들'이라는 형태로 지역의 맹주들과 공유해야 한다고 제안한다. 말하자면 그런 권력배치가 '중국문명'의 지도자들에게 호소력을 가졌음은 명백하다.[42] 그러나 무엇보다 헌팅턴의 분석은 세계정치에서뿐 아니라 그것이 개념화되는 방식에서도, 점증하는 종족화/인종화의 예로서 호소력이 있다는 점을 나는 제시하고 싶다. 그러므로 그 분석은 헌팅턴이 주장하듯 실제 상황에 대해 말하고 있다. 헌팅턴 자신도 문화가 내적으로 분리되거나 구성되었음을 인식한다. 그러난 이는 크게 중요하지 않을 수 있다. 왜냐하면 문화가 구성되었건 아니건, 그 실재에 대한 믿음은 헌팅턴이 묘사하는 그런 종류의 결과를 낳기 때문이다. 모든 중국인은 유교도라는 신념도 마찬가지의 신념이다. 왜냐하면 그것도 현 세계의 구성물일 수 있기 때문이다. 헌팅턴 자신은 '서구문명'과 관련하여 그런 구성에 관여했을지도 모른다. 그의 분석의 이데올로기적 성격은 신념에 찬 자들을 설득하는 힘을 감소시키지 않는다.[43]

비판적인 시각에서 지적되어야 하는 것은 현 세계의 뚜렷한 현상들이기도 한 저항들이다. 이에 대해 헌팅턴은 거의 언급을 하지 않는다. 모든 이들이 문명의 재제조(remanufacturing)의 영향을 어쨌든 느끼긴 하지만, 이 세계의 모든 이가 동등하게 여기에 관여하는 것도 아니다. 전지구화 일반에 대한 문화주의적 논의에서처럼, 헌팅턴은 전지구화나 문명의 부활이 마치 보이지 않는 과정의 산물이라 여기며 문화와 권력의 관계에 대해 거의 설명하지 않는다. 상호모순적일지라도, 전지구화와 문명의 부활 두 경우 모두에서 문화의 물화는 허공에 뜬 수준의 전지구성과 문명들에 새겨진 삶과 문화가 아니라 생존과 민주주의를 위한 일상의 투쟁에 깊이 새겨진 삶과 문화를 둘러싼 갈등도 감춘다.

지역에 기반한 상상

전지구화에 대한 대안적 이해들이 상호보충적인 전지구성의 다른 면들을 볼 수 있는 통찰을 제공하지만, 그 모순적인 결론들에서 보이듯이 전지구적 구성체들의 복합성도 드러낸다. 자본주의적 근대성의 역사 내에서 그리고 자본 편재에서의 최근의 변화라는 견지에서 정치경제학적 분석은 현재 전지구화의 배경을 지적해준다. 제2차 세계대전 이후, 전지구적 시각을 채택하기 위해 근대화담론에 도전했던 세계체제분석은 자본주의체제에 내재한 구조적 불평등을 드러내주는 힘을 아직도 갖고 있다. 한편 이 구조적 불평등은 자본의 탈집중화, 지속적인 근거를 통해 체제를 '탈조직화'하는 자본의 작동 과정에서의 강화된 유동성 모두에 의해 어느 정도 가려져버렸다. 마누엘 까스뗄스가 제공하는 네트워크 분석의 장점은 현재의 전지구적 구성체의 두 측면을 중재한다는 데 있다.

정치경제학적 분석도 문화주의적 비평만큼 문화와 동인에 관한 문제에 대해 순수하지는 않고, 자본의 인격적 작용과 구조에 대해서는 편견을 드러낸다.[44] 정치경제학적 분석이 문화와 정치를 통합한 설명을 정식화하는 데 있어. 의식적으로 정치경제학과는 반대 입장을 취하는 문화주의적 분석보다 훨씬 훌륭한 작업을 해왔다고 주장하는 것도 논란의 여지가 있다. 한편 현명하게 적용된 문화적 전지구주의는 문화와 동인이 전지구화의 역동성에서 차지한 역할을 지적하는 데 귀중한 공헌을 했다. 내가 앞에서 묘사한 자유주의적 좌파의 문화주의는 전지구화의 과정과 그 결과로서 나타난 문화의 지역화를 강조하는데, 이는 정치경제학적 분석의 지적을 강화시켰다. 헌팅턴의 문화주의는 그것이 본질적으로 환원주의적임에도 불구하고 전지구화의 압력에 대응하여 역사적 유산들을 복구함으로써 거시적·미시적 차원에서의 전지구의 새로운 분열을 지적한다.

하지만 이 분석들은 전지구성을 구성하는 또 다른 방법에 여전히 소홀하다. 즉 관습적인 동/서·남/북의 분리, '문명적'·민족적 분리를 가로지르는 지역에 기반한 운동의 번성과 관련하여, 일부 분석가들에 의해서 '아래로부터의 전지구화'라고 불리는 것에 대해서 소홀하다는 말이다. 까스뗄스는 그 운동의 중요성을 인정한다. 그러나 그는 환경과 젠더에 기반한 운동을 선호하여, 아래로부터의 전지구화 운동을 2차적 역할에 귀속시킨다. 전지구성 속에 존재하는 지역성에 대한 자유주의적 좌파의 인식에도 내포되어 있듯이, 이러한 인식은 지역성에 존재하는 전지구성에 대한 인식에도 미치지 못하는 것이다. 지역에 기반한 운동들이 새로운 것은 아니지만, 한편으로는 근대성의 '생활세계에 대한 침범'을 완성하고, 또 한편으로는 새로운 정치를 위한 장소로서 '지역'(places)을 만들어내는 전지구화의 조건 하에서 새로운 중요성을 획득해왔다.[45] 지역정치학은 필연적으로 그 관심과 구성에서 지역마다 차이가 있다. 지역정치학이 전지구적이 되기 위한 조건은 기든스가 말하는 '단일한 경험의 구조'에 대응하여 전지구적으로 출현하는 것이다. 급진정치의 과제는, 전지구화의 참화와 불확실성에 대한 저항으로 제한된 지역의 대응적인 지역정치학을 어떻게 대안적 미래를 지적하는 순향적 정치학으로 해석할 것인가다. 이는 지역의 다양한 정치학을——다양성을 폐지하지 않고——하나의 협조적 운동으로 조정할 것인가라는 문제를 제기한다.

지역에 기반한 정치학을 가능하고도 필요한 하나의 선택으로 말하기 위해서는 월러스틴이 '사회과학으로부터의 탈피'라고 말한 것과 같이 급진적 정치학으로부터의 '탈피'를 필요로 한다. 전지구화에 대해 논의되는 다양한 분석들은 무엇보다도 한 가지를 공유하고 있다. 그것은 초기 급진정치의 형태들이 현재의 상황에서 대부분 부적절해졌다는 것이다. 자본주의는 너무나 탈중심화되어서, 사회주의에서 일찍이 전망되었던 체계적 변화에 대한 어떤 현실적 선택도 허락하지 않았다. 어쨌든 사회주의는 정확히 국민국가에서만 구체적으로 현현했다. 과거 사회주의의 경험이나 점차 문제가 되는 국민국가의 성격 모두 급진적 대안으로서 세계체제와 단절하고 대안적 미래의 길을 지적할 수 있는 국가에 기초한 운동은 배제한다. 노동·여성·생태 운동은 중요하지만, 헌팅턴이 말하는 정치의 종족화와 불균형한 발전이라는 역동적인 분열을 경험하고 있다. 하지만 그런 운동들은 지역 간의 필수적인 연계를 제공하는 데 상당히 중요하다. 그리고 그러한 연계는 초국가적 전망과 조직적 유연성을 요청하는 것이다.

전지구화의 헤게모니에 도전하고 국제적 즉 전지구적 책무를 포기하지 않으면서 급진적 운동들이 스스로를 근거지을 수 있는 방법을 찾으려 하기만 한다면, 이러한 급진적 운동들 또한 성공하리라는 희망을 가질 수 있다. 국민국가도 전지구화의 '창조적 혼돈'에 대항하여 보호막 역할을 수행할 수 있는 것처럼, 자체의 효용성이나 가능성들을 아직 모두 소진하지는 않았다. 분명한 것은 전지구화가 국가적이고 전지구적인 대응을 필요로 하지만, 가장 기본적으로는 기반 없이 존재하는 것이 인류의 운명이라는 전지구적 전제에 도전할 필요가 있다. 이것이 지역들에 대한 새로운 관심을 요청한다——불평등, 압박과 함께 과거로부터 물려받은 그대로의 지역들이 아니라, 근대성이 작동해왔던 지역들로서 일상생활에 대한 재확인에서 과거의 유산들에 반대하는 지역들 말이다. 정치적·경제적 민주주의 모두를 훼손하면서 생존을 위해 전지구적이 되라고 지역들을 재촉하는 대신, 현재 중요한 과제는 미래의 복지에 대한 전망에 대항하여 생계를 확보하고 일상적 삶의 우선권을 재확인하는 민주적 공간을 창조해내는 것이다.[46] 그렇게 인식된 공간들은 역사에 부여된 것이 아니라 실현되어야 할 프로젝트들이다. 만약 그런 프로젝트들이 유토피아적이라 해도, 무한히 연기된 약속들을 제공하는 전지구화보다 더하지는 않는다. 이 두 가지 프로젝트의 차이점은 유토피아주의의 정도에 있는 것이 아니라 권력과의 관계에 있다.

불행히도 전지구화의 전망에 사로잡혀 있는 어떤 좌파는 그 전제에 도전하기보다는 세계주의나 종족적 다문화주의에 대한 전제들을 찬미하고, 나아가 무너뜨리기를 원하는 바로 그 헤게모니에 공헌한다. 오늘날의 좌파 자유주의자들은 근대성에 집착하여 전지구화란 시류에 그들의 열정을 끼워넣은 듯하다. 거기에서 그들은 근대화 프로그램의 완성이 아닌 덜 바람직한 근대화의 유산 일부를 극복하는 방법을 희망적으로 감지한다. 반대로 전지구화가 (부르주아지에게서처럼 맑스주의자들에게서도) 근대성의 문제에 대한 답으로서 추가적인 근대화라는 희망은 환상에 불과함을 노출시켰다는 것은 논란의 여지가 있다. 전지구화가 더욱 가치있는 근대성의 일부 전제들과 타협하지만, 근대성의 가장 파괴적인 결과들을 일상적 삶의 (그리고 국가나 자본의) 통제를 넘어서는 곳에 위치시킨다. (현재 모더니즘과 짝을 이루는) 포스트모더니즘에서도 급진주의자들은 전지구화를 찬양함으로써 우리 모두가 자본의 명령에 따르도록 운명지어졌다고 설득해온 자본의 이데올로기를 강화한다. 그런 전지구화의 명령은 하나의 원천에서 나오는 것이 아니라 인류의 진보의 부스러기들이 축적된 결과를 나타낸다. 일부의 진보는 그 행보에서 자신을 정당화해주는 민주주의와 복지라는 바로 그 관념들을 계속해서 부정한다.

전지구화의 근본적 모순들을 인식하는 것은, 자본주의적 근대성과 그에 대한 대안 형성에 관한 어려운 질문들을 제기하는 데 필수적인 반근대주의를 가능하게 할 수 있다. 현재 전지구화에 대한 가장 뚜렷한 항변들이 특히 미국 내에서는 틀림없이 우익적 성격을 띠는 듯하다. 그것이 우익이라는 사실이 그 항변들 자체를 기각할 이유는 아니다. 그 항변들은 전지구화에 여전히 좌우된다고 생각하는 실존하는 사람들의 두려움과 걱정을 대변하기 때문이다. 동시에 이 항의들은 예전의 특권들을 보존하려는 노력에 지나지 않는데, 그렇기에 불평등과 불의라는 과거의 유산에 대해 말할 수 있는 능력은 매우 제한적이다. 실제로 그 항변들은 훨씬 덜 특권화된 집단 속에서 그들의 고통을 대신할 희생양을 찾음으로써 이러한 유산을 더욱 악화시킨다.

현재 우파가 전지구화의 문제들을 더욱 효과적으로 말하는 것처럼 보인다면, 그것은 좌파가 자신들의 세계주의적인 발전지상주의의 편견 때문에 정치적 우파에 기꺼이 자리를 내줄 준비가 되어 있기 때문이다. 우파는 이론적 일반화에 대항하여 기꺼이 특수성을 주장하려 하기 때문에 그 일에 더 능숙할 수도 있다. 지역을 이론화하는 것이 가능한 반면, 지역의 정치학은 궁극적으로 다양성과 차이에 근거한다. 왜냐하면 각 지역은 특수한 위치에 의해서만이 아닌 특수한 유산에 의해서도 특징지어지기 때문이다. 그런 점에서 '탈피' 이론에 과제가 있다면, 그것은 단지 치아빠스(Chiapas)나 양쯔(楊子)강의 싼샤(三峽)에서뿐만 아니라 오하이오의 클리블랜드(Cleveland)와 노스캐롤라이나의 더럼(Durham)에서도 이루어지기를 아직도 기다리는 일상의 정치적·경제적 민주주의의 과제일 것이다.

1 실제로 구미의 팽창을 가능하게 했던 자본주의의 무한한 힘과 유럽중심주의 사이의 관계에 대한 설명이 없다면, 유럽중심주의에 대한 비판은 새로운 모습으로 유럽중심적 전제들을 영속화할 것이다(3장 참조). 다른 글에서 내가 언급한 것을 반복한다면, 자본주의가 없었더라면 유럽중심주의는 그저 또 하나의 지역적 종족중심주의로 남아 있었을 것이다.

2 전지구화에 대한 중요한 저작으로는 Hans Peter-Martin and Harald Schumann, *The Global Trap: Globalization and the Assault on Democracy and Prosperity*, trans. Patrick Camiller (London: Zed Books 1997); Richard J. Barnet and John Cavanagh, *Global Dreams: Imperial Corporations and the New World Order* (New York: Simon & Schuster 1994); William Greider, *One World, Ready or Not: The Manic Logic of Global Capitalism* (New York: Simon & Schuster 1997). 마르틴과 슈만은 전지구주의자들을 인용하면서, 전지구주의는 '티티테인먼트'(tittytainment, 가벼운 의미에서 오락으로서의 포르노를 의미—옮긴이)에 의해 유지되는 '20 대 80'의 사회를 만들기를 원한다고 지적한다. 즉, 세계 인구의 20퍼센트만이 전지구화의 혜택을 입는 반면, 나머지는 오락에 의해 계속 점령당할 사회 말이다. '20 대 80'이란 수치는 유럽연합의 예측에서 유래했다. Ricardo Petrella, "World City-States of the Future," *NPQ*(*New Perspective Quarterly*) (Fall 1991), 59~64면.

3 Karl Marx and Frederick Engels, *Manifesto of the Communist Party* (1888; rpt. Peking: Foreign Language Press 1968), 31~36면.

4 Giovanni Arrighi, *The Long Twentieth Century: Money, Power, and the Origins of Our Time* (London: Verso 1994).

5 Fernand Braudel, *The Perspective of the World, vol. 3 of Civilization and Capitalism, Fifteenth to Eighteenth Century*, trans. Sian Reynolds (New York: Harper & Row 1986). 브로델은 자본주의 등장 이전의 다른 세계체제들을 인정하면서, 이매뉴얼 월러스틴(Immanuel Wallerstein)의 세계체제분석에 근거한다. 또한 그는 자본을 그 축적에 열심인 거대기업들과 동일시하면서 자본의 정의를 제한했다. 아리기는 강조점을 전지구화에서 금융의 역할에 두었다. 금융의 팽창은 영토국가와 전지구화하는 자본 사이의 연합을 필요로 했지만, 영토적 기반

에 대해 갈등의 소지가 있는 양자의 입장 때문에 그 둘 사이에서 모순이 생겨나기도 했다. 이 주장은 상당히 그럴듯하지만, 생산과 문화에 대한 문제들을 무시한다는 점에서는 문제가 있을 수 있다. 특히 18세기 이후 시기에 관련해서는 더욱 그러하다. 축적이 자본의 목적(그리고 본질적인 특징)이지만, 생산은 민족의 힘의 원천과 아리기의 분석에서 중요한 금융 축적과 산란(散亂) 주기의 단축 양자 모두를 이해하는 데 필수적일 수 있다. 한편 국민국가의 해체나 그 권력의 한정이 현재 전지구화의 하나의 특색인 듯한 반면, 국민국가의 생성이 왜 전지구화의 한 단계에서 축적의 기제(機制)를 동반했는지를 설명하는 것도 중요하다. 나는 그런 문제들은 축적, 생산, 민족시장 사이의 관계에 더 많은 관심을 둘 필요가 있다고 생각한다. 민족문화가 일단 존재하게 되었을 때, 그것은 국가와 자본 모두의 행동을 형태짓는 것은 아니지만, 국가와 자본에 자발적으로 영향을 주었다는 것을 인식하는 것 또한 중요하다.

6 더 상세한 논의는 Arif Dirlik, "Three Worlds or One, or Many? The Reconfiguration of Global Relations under Contemporary Capitalism," in *The Postcolonial Aura*, 146~62면. 이 글은 *Nature, Society, and Thought* 7, no. 1 (1994), 19~42면에 최초로 발표되었다.

7 월러스틴 자신은 "제3세계에 대한 당대 현실의 발견"을 세계체제분석이 생성됨으로써 형성된 중요한 시각으로 지적하는데, 그는 세계체제분석을 '이론'으로 묘사하는 것을 거부한다. Immanuel Wallerstein, "The Rise and Future Demise of World-System Analysis," *Review* 21, no. 1 (1998), 103~12면, 104면.

8 Samuel P. Huntington, *Political Order in Changing Societies* (New Haven: Yale University Press 1972). 1968년 최초로 출간되었고, 1972년에 이 책은 6쇄가 간행되기에 이르렀다. 근대화 과정에서 시장으로부터 민주주의를 연결시키지 않았다는 점에서 이 책은 매우 독창적이며, 이후에 큰 영향력을 갖게 된다.

9 Ravi Arvand Palat, *Pacific Asia and the Future of the World System* (Westport, Conn.: Greenwood 1993), 6면.

10 세계체제를 둘러싼 논쟁에 대해 간략하지만 많은 정보를 제공해주는 글로는 Giovanni Arrighi, "Capitalism and the Modern World-System: Rethinking the Nondebates of the 1970s," *Review* 21, no. 1 (1998), 113~129면.

11 Arif Dirlik, *After the Revolution.*

12 F. Frobel, J. Heinrichs, and O. Kreye, *The New International Division of Labor* (Cambridge: Cambridge University Press 1980)

13 David Harvey, *The Condition of Post-Modernity* (Cambridge, Mass.: Blackwell 1989).

14 Saskia Sassen, *The Global City: New York, London, Tokyo* (Princeton, N.J.: Princeton University Press 1991).

15 Kenichi Ohmae, *The End of the Nation State: The Rise of Regional Economies: How*

Capital, Corporations, Consumers, and Communication Are Shaping Global Markets (New York: Free Press 1995).

16 이후 어떻게 될 것인지에 대한 아무런 실마리도 없이 완전히 해체될 가능성 또한 있다. Immanuel Wallerstein, "The Global Possibilities, 1990~2025," in *The Age of Transition: Trajectory of the World-System, 1945~2025*, ed. Terence K. Hopkins and Immanuel Wallerstein (London: Zed Books 1996), 226~43면 참조.

17 Manuel Castells, *The Rise of the Network Society*, vol. 1 of *The Information Age: Economy, Society and Culture* (Malden, M.A.: Blackwell 1997).

18 Castells, 같은 책 146면.

19 Castells, 같은 책 145~46면.

20 Castells, 같은 책 146~47면(강조는 원문).

21 Anthony Giddens, *Modernity and Self-Identity: Self and Society in the Late Modern* Age (Stanford, Calif.: Stanford University Press 1991), 4~5면.

22 Giddens, 같은 책 4면.

23 Giddens, 같은 책 21~22면(강조는 원문).

24 Ronald Robertson, "Mapping the Global Condition: Globalization as the Central Concept," in *Global Culture: Nationalism, Globalization, and Modernity*, ed. Mike Featherstone (London: Sage Publications 1994), 15~29면, 인용은 23면. 길게 강조한 부분은 내가 한 강조이다.

25 Maximilian C. Forte, "Globalization and World-System Analysis: Toward New Paradigms of Geo-Historical Social Anthropology (A Research Review)," *Review* 21, no. 2 (1998), 29~99면, 80면.

26 Forte, 같은 글 79면.

27 Mike Featherstone, "Localism, Globalism, and Cultural Identity," in *Global/Local: Cultural Production and the Transnational Imaginary*, ed. Rob Wilson and Wimal Dissanayke (Durham, N.C.: Duke University Press 1996), 46~77면, 46면.

28 이런 점에서 주목할 만한 것은 '합리적 선택'(rational choice)을 주장하는 정치학자들의 전지구화에 대한 열망이다. 자신들의 시도가 과학성을 갖는다고 주장하는 데서 알 수 있듯이, 그들은 유럽중심적 과학주의의 산물이다. 문화적 특수성을 지울 만큼, 전지구화된 문화는 보편적 방법론의 가능성을 가정하는 정치에 접근하는 데는 꽤나 편리하다. 기든스와 같은 문화적 전지구주의자들이 전지구화의 지역적 변환을 인정하는 반면, 로버트슨과 같은 전지구주의자들은 '합리적 선택' 이론가들과 무언가를 공유할 것이다. 앞의 인용문에서 볼 수 있듯이, 뚜렷이 탈역사화하는 전지구화에 관해 언급한 목적은 누구의 이론인지에 대해 독자들에게 언급하지

않으면서 '현대의 이론'을 진보시키기 위한 것이다.

29 Samuel P. Huntington, "The Clash of Civilization," *Foreign Affairs* (Summer 1993), 22~49면, 26면.

30 Samuel P. Huntington, *The Clash of Civilizations and the Remaking of World Order* (New York: Simon & Schuster 1996), 28면.

31 Huntington, 같은 책 41면.

32 Huntington, 같은 책 29~35면.

33 Huntington, 같은 책 76~77면.

34 Huntington, 같은 책 130면.

35 Huntington, 같은 책 66면.

36 Samuel P. Huntington, "The West Unique, Not Universal," *Foreign Affairs* (November/December 1996), 28~46면; Huntington, *Clash of Civilizations*, 3장 참조.

37 Huntington, 같은 책 312면.

38 Huntington, "West Unique, Not Universal," 42면.

39 Huntington, *Clash of Civilizations*, 245면.

40 Huntington, 같은 책 194면.

41 이 논의를 다룬 헌팅턴의 글이 처음 출간된 후 워싱턴에서 '혼돈 다스리기'(Managing Chaos)란 주제로 비정부기구(NGO) 회의가 열렸는데, 헌팅턴은 그 회의의 기조연설자였다. 회의 프로그램에 따르면, 다른 기조연설자들로는 헨리 키씬저(Henry Kissinger)와 테드 코펠(Ted Koppel)이 있었다. '서구'의 권력을 지탱하려는 의도를 가진 헌팅턴의 정책건의(*Clash of Civilizations*, 312면)도 참조. 그런데 그의 주장과는 반대로 그 건의에는 세계질서를 재구축하기 위해 다른 나라들의 일에 서구가 '간섭'할 것이 포함되어 있다.

42 질서에 대한 헌팅턴의 초기 주장이 1980년대 말 중화인민공화국에서 '신권위주의'란 미명하에 꽤나 인기가 있었다는 것은 기억해둘 만하다.

43 자신의 책 결론 부분에서 헌팅턴이 "문화는 (…) 권력을 따른다"(*Clash of Civilizations*, 310면)라고 언급하는 것은 의미심장하다. 이 언급은 구미의 권력을 다시 주장하려는 그의 기본적인 동기를 고려한다면 그리 놀랍지는 않지만, 문명적 가치의 지속적 힘에 대해 그가 말하는 것에 비춰보면 다소 놀라운 일이다.

44 세계체제분석이 중심부-주변부 구조와 일치하는 것도 아니고, 일치하지 않는 것도 아니다. 기술이 기본적인 것이라는 인식은 문화, 동인, 정체성에 대한 문제들에 대한 망각을 필요로 하지도 않는다. 전자의 예로는 Wallerstein, "Global Possibilities, 1990~2025", 후자의 예로는 Manuel Castells, *The Power of Identity*, vol. 2 of *The Information Age: Economy, Society, and Culture* (Malden, Mass.: Blackwell 1997) 참조.

45 더 자세한 논의로는 Arif Dirlik, "Place-Based Imagination: Globalism and the Politics of Place," *Review* 22, no. 2 (1999), 151~87면 참조. 지역문제에 관한 씸포지엄에 대해서는 Arif Dirlik, "Globalism and the Politics of Place," *Development* 41, no. 2 (June 1998), 7~13면 참조. '생활세계 침범'이란 용어는 위르겐 하버마스(Jürgen Habermas)의 것이다.

46 이것도 전지구화와 함께 전지구적으로 많은 이들이 듣게 된 요구다. 이 주제를 다루는 저작의 예는 많다. 그 가운데 일부는 Dirlik, "Place-Based Imagination"의 참고문헌에서 찾아볼 수 있다. 가장 최근의 논의에 대한 충분한 예로는 Michael H. Shuman, *Going Local: Creating Self-Reliant Communities in a Global Age* (New York: Free Press 1998) 참조.

제8장

역사 되찾기

___ 이산, 잡종성, 지역, 역사에 대하여

역사 되찾기

이산, 잡종성, 지역, 역사에 대하여

1997년 12월 싱가포르에서 열린 국제회의에서 어느 미국 인류학자는 중국인의 이산(離散), 또는 그녀가 선호하는 표현으로는 중국인의 초민족성(transnationality)에 대해 기조연설을 했다. 그녀가 기조연설을 마치자, 저명한 싱가포르의 사회학자 한 사람이 일어나 자신은 싱가포르인이지 이산적 또는 초민족적 중국인이 아니며, 미국의 학자들은 언제나 다른 사람들에게 그와 같은 정체성을 부여한다고 덧붙이면서 그런 개념화에 반대했다. 뒤이어서 또 다른 저명한 화교 사학자는 모든 화교에게 이산적 정체성을 부여하기보다 최근의 이주자, 도착한 곳에 아직 정착하지 않은 이주자라는 관점이나 초민족성으로부터 이득을 얻을 수도 있고 착취를 당할 수도 있는 계급이란 관점이 훨씬 더 생산적이라고 보충설명을 했다. 이 두 학자들에게 쟁점은 싱가포르의 민족주의나 '본질적인' 정체성(싱가포르는 여러 면으로 다문화사회라는 자부심을 가지고 있다)이 아니라 초민족적, 이산적 정체성에 대비되는 지역 기반적 정체성이었다.[1]

* 이 장은 본래 "Bringing History Back In: Of Diaspora, Hybridities, Places, and Histories," *Review of Education/Pedagogy/Cultural Studies* 21, no. 2 (1999), 95~131면에 실렸던 글이다. 이 글을 다시 실을 수 있도록 허락해준 데 대해 감사를 표한다.

현재의 문화비평 대부분에서 이산 또는 이산적 정체성에 대한 논의는 민족정체성에 대한 문제점이나 이주문화들을 수용할 필요성에 초점을 맞추고 있다. 이산 또는 이산적 정체성의 개념은 민족문화적 동질성에 대한 주장을 해체하는 데 상당한 기여를 한다. 또한 초민족적 이동이 확산됨에 따라 문화적 차이를 조정하는 일이 전에 없이 절박한 싯점에서, 그 개념은 문화적 차이의 지평을 넓히고 문화적 헤게모니에 도전하는 데도 중요한 역할을 한다. 이산 또는 이산적 정체성에 대한 견해들이 제기한 문제들, 특히 그 문제들이 극복하려고 했던 바로 그 동질화와 이분법을 그 문제 스스로가 재생산할지도 모른다는 꽤나 심각한 문제들에 비교적 무관심했던 것은 이러한 쟁점들이 절박한 문제였기 때문일지도 모른다. 이 장에서 나는 이산적 의식의 등장으로 상당히 유명해진 잡종성(hybridity)의 문제에 일정한 관심을 두면서 이런 문제들을 다루려고 한다. 나의 목적이 이산의 여러 측면에 관한 논의를 활성화하는 데 있으므로, 엄밀한 일관성을 갖춘 주장을 하려고 너무 많이 노력하지는 않으면서 일련의 생각들을 제시하려 한다. 이산이 내 논의의 출발점이라면, 나는 그 근거를 지역과 지역의식에서 찾는다. 이는 내가 전지구주의와 이산에 대한 반론으로 제시하는 것이다. 경우에 따라서 내가 다른 집단을 언급할지 모르나, 이 글에서 나의 관심은 주로 이주하고 있는 중국인들에 있고 내가 예를 드는 것도 이들이다.

　　이산이나 초민족성이란 관점에서 화교를 재개념화하는 것은 이주사회들에 대한 재구성과 그 사회들의 정치적·문화적 재정향이라는 실제 상황에 대한 대응이다. 그러나 이산과 초민족성은 개념으로서도 사변적이고, 아마도 더욱 적절하게 표현한다면 가상적이다. 두 개념은 규범적 함의를 갖고 있는 것은 아니다. 이 개념들은 그렇게 묘사된 사람들과 이주 전후의 사회 간의 관계에서 작용하는 권력관계뿐 아니라——매우 푸꼬적인 의미에서——그들 내부의 권력관계를 언표화한다.[2] 이산담론은 민족의 문화적 동질성에 대한 전제에 대항하여 그것이 제공하는 비판적 가능성으로 인해 부인할 수 없는 호소력을 지닌다. 민족의 문화적 동질성은 역사적으로 보면 민족문화의 지배적 개념화에 동화되는 것에 저항하거나 그 문화로의 편입이 거부된 사람들, 곧 자신들의 문화적 복잡성이 쉽사리 민족문화라는 개념 내로 포함될 수 없는 사람들에게 완전한 문화적 (그리고 정치적) 시민권을 부인하게 되었다. 아프리카인들의 이산과 관련한 '이중의식'이라는 폴 길로이(Paul Gilroy)의 개념에서 단서를 얻어서, 옹(Ong)과 노니니(Nonini)는 이산 중국인들에 대해 다음과 같이 말한다. "그들은 근대성에 관한 여러 겹의 관점을 가지고—중국, 다른 아시아 국가들, 서구 등—많은 방향으로 향하게 된다. 그 관점들은 종종 체류, 부재, 향수 그리고 때로는 망명과 실종으로 특징지을 수 있는 여정을 거침으로써 상당한 댓가를 치르고 얻어진다."[3]

그러나 이산적 문화 개념이 이른바 이산민들의 사회적·정치적 복합성을 고려치 않고 사용된다면, 이러한 비판적 호소는 그 개념 자체의 물화로 이어지면서 새로운 형태의 문화적 지배와 조작, 상품화의 길을 열어줄 수 있다는 사실을 은폐할 수도 있다. 옹과 노니니의 말을 다시 인용하면, "이산적 문화에는 원래부터 해방적인 것은 없다."[4] 이산적 중국인 엘리뜨들은 자신들의 이익을 추구하면서 전제적 정치체제와 협력하고, 자신들의 관행을 실천하며, '중국성'(Chineseness)이란 개념을 자신들의 계급 이익의 보호막으로 이용해왔다. 물화의 위험은 현재의 문화주의에 내재한다. 즉 분석의 영역으로서의 문화에 자율성을 인정하는 것과 문화를 인생의 모든 면들에 대한 자족적인 설명으로 만들어서 문화를 또다시 여러 목적에 활용할 수 있는 허공에 뜬 현상으로 만드는 것을 구별하지 못하는 것이다. 더구나 문화와 문화적 정체성에 대한 논의의 대다수는 '문화연구'(Cultural Studies)란 새 학문에 의해 매개되었다. 따라서 문화연구의 언어를 보편화함으로써 사실상 다른 사람들의 경험상의 현저한 차이를 효과적으로 지우면서, 한 집단의 사람들과 관련된 논의와 발견을 비슷하게 위치한 모든 집단에 적용하는 경향이 있었다. 그 어느 경우에도 그런 지우기는 집단 간 그리고 집단 내 역사성의 차이를 구성하는 사회관계들을 지우는 것이다.

이산에 관한 담론이나 잡종성과 연관된 담론에서 보이는 모호함은 '이분법'을 극복하려는 프로젝트와 관련하여 상당히 신중을 기해야 함을 입증한다. 종족, 성 등의 구분들이 약화되는 경우, 그런 약화를 극복하기 위해 그 프로젝트들이 바람직하다는 점은 거의 의문이 없다. 하지만 그것이 현 세계에서 확산되는 구분, 특히 국가들 내에서나 전지구적으로 전례없는 부의 집중을 동반하는 새로운 형태의 계급 구분에 대한 이데올로기적 은폐물로 활용될 수도 있음을 지적하는 것도 중요하다. 어느 경우에도 그런 프로젝트들을 액면 가치로만 받아들이지 않고 구분을 극복하려는 진보적 노력들과 권력의 새로운 형태들에 봉사하는 그 프로젝트들의 조작을 구분하는 것은 중요하다.

이산담론이 제기한 문제는 민주당 전국위원회(the Democratic National Committee)의 기금을 조성한 중국계 미국인 존 황(John Huang)의 최근 경우를 통해 분명히 알 수 있다. 황이 해외 기부금으로 기금을 조성했다는 사실 **때문에** 부패 혐의로 기소되었을 때, 민주당 전국위원회는 즉각 기부자들이 외국인인지 아닌지를 확인하기 위해 중국 이름을 가진 모든 기부자들을 상세히 조사하면서 정치 부패라는 예사스러운 일을 인종문제로 바꾸어 버렸다. 이 위원회의 조처는 중국 이름을 가진 자는 십중팔구 외국인이라는 가정을 부활시키면서 암묵적으로 중국 이름은 인종적으로 외국인임을 나타내는 표지임을 재확인했다. 그후 일어난 일이 전적으로 새로운 것은 아니지만, 현재의 이산 '네트워크'(아마도 이 경우 더욱 적절한 표현은 '망'이다)란 견지에서 상당히 논리적인 듯이 보였다. 곧바로 인도네시아의 리아드(Ryad) 일가와 존 황이 연계되었다는 사실이 표면화되었다. 이러한 사실은 중국인 기부자들이 외국인일 것이라는 점이 강조됨으로써, 게다가 몇

몇의 다른 중국계 미국인 기금조성자 내지 기부자들이 남아시아나 동남아시아의 중국인들과 연계되었음이 드러남으로써 확인된 것처럼 보인다. 이 화교들이 중화인민공화국과 상업적으로 연계됨에 따라 작은 부패사건은 머지않아 뻬이징에서 흘러나와 화교들을 통해 중국계 미국인들에게 퍼져나가면서 그럴듯한 음모사건으로 변해버렸다.[5]

중국계 미국인들을 이산 중국인들이나 뻬이징정부와 연계시키는 것은 아시아계 미국인들과 많은 동조자들 사이에서 인종차별주의란 비난을 샀다. 확실히 거기에는 인종차별주의가 존재했다. 그러나 이것은 아시아계 미국인들에 대한 역사적 인종차별주의의 단순한 연장인가, 아니면 어떤 새로운 것을 나타내는가? 만약 새로운 것이라면, 적어도 일부 아시아계 미국인들이 새로운 종류의 인종차별주의적 담론을 생산하는 데 공모했다고 말할 수 있는가? 이 문제에는 어려움이 내포되어 있으며, 가장 큰 어려움은 책임을 피해자에게 돌린다는 데 있다. 그래도 이 문제는 제기되어야 한다. 내가 이 문제를 제기하는 것은 인종차별주의를 지우기 위해서가 아니라, 미국에서 그리고 나아가 전지구적으로도 인종과 종족성이 정치의 원리들로 받아들여졌다는 전례없이 심각한 문제를 강조하기 위해서다. 만약 민주당 전국위원회가 중국 이름을 인종적으로 외국인임을 표시하는 것으로 사용했다면, 중국정부나 신입사원을 모집하는 초민족적 중국인들도 똑같이 할 수 있지 않을까? 미-멕시코 국경의 미국 이민귀화국(Immigration and Naturalization Service) 직원들은 터키 출생을 나타내는 내 이름을 발견하고는 특별조사를 위해 나를 막아섰다. 또한 그 이름 때문에, 터키가 반쿠르드족 활동을 탄압하는 것을 비판하거나 터키가 아르메니아인 학살을 부인하는 것을 비난하는 데 반대할 목적으로 조직되고 있는 터키의 '민중'조직들이 내게 접근한 적도 있다. 내 이름은 짐이지만, 그 짐은 누구나 이기적으로 이용할 수 있도록 열려 있는 정치의 인종화와 종족화다.

적어도 현재의 상황에서 보면, 국가의 경계를 뛰어넘는 이산 또는 이산적 정체성에 대한 새로운 인식은 정치의 이런 인종화에 존재하는 하나의 중요한 요소다. 나는 여기서 존 황, 화교, 뻬이징정부를 연결하는 것 자체가 이산 중국인에 관한 새로운 담론에 의해 촉진되었다는 사실을 제시하고 싶다. 그러한 담론은 중국성을 물화시키면서 새로운 인종차별주의를 키워내는 비옥한 토양을 만들어낸다. 무엇보다 먼저 이산이라는 관념은 중국계 미국인들과 (중국을 포함한) 다른 곳의 중국인들 간의 차이를 없애버린다. 중국계 미국인들에 대한 차별의 유산은 그들로 하여금 중국이나 다른 중국인들과의 연계를 인정하는 것조차 머뭇거리게 했는데, 여기에 대응하여 일부 중국계 미국인들과 그 동조자들은 그러한 연계를 재확인하는 것을 너무나 갈망해왔다. 그리고 결과적으로 세계에 흩어져 있는 서로 다른 중국인들의 서로 다른 역사적 궤도에서 생기는 문화적 차이들을 억누르게 되었다. (자유주의적 '다문화주의'에서 가장 극명하게 표현된) 반(反)동화주의적인 분위기 자체가 타자의 문화를 모든 사회적·역사적 맥락에서 떨어져 나온 '대표적'인 종족적 요소나 텍스트──이것들은 일반적으로 이산민들의 자기를 재현하려는 목적, 그리고 그들의 사회의 축제에서 자기만족적 소비라는 목적을 충족시킨다──로 환유적으로 환원함으로써 그같은 문화적 물화에 상당한 정도로 공헌해왔다. 현재의 이산담론 대부분에서 차이를 나타내는 유력한 용어가 '문화'지만, 문화에 대한 문제는 길로이의 말처럼 "'인종'과의 인접성 때문에 거의 생물화되었"다.[6] 이산이란 현상이 여러 중국문화를 생산해왔다는 사실 **때문에**, '중국성'의 확인은 상당히 다른 역사적 궤적에도 불구하고 유지되는 공통의 기원, 즉 혈통에 의지하기만 하면 유지될 수 있을 것이다. 그래서 종족성과 인종이 중국인들과 그 문화들을 형성한 모든 다른──종종 분열적인──요소들보다 우선시되는 것으로 자리매김할 수 있을 것이다. 분화되고 있는 이산적 정체성의 구체화에서 민족문화적 동질성에 대한 초기 전제가 가진 인종적 편견을 극복하지 못하고, 여러 면에서 민족의 수준보다는 허공에 뜬 '초민족들'의 수준에서 비슷한 논리를 따른다. '황제(黃帝)의 자식들'은 민족이라는 정치적 범주와의 연계를 포기했기 때문에 그만큼 더 인종적인 범주에 가까워질 수 있다.

여기서 의미를 명확하게 하기 위해 몇 마디 덧붙이고자 한다. 이산이란 용어에 비판적 태도를 취할 때, 중국계 미국인들이 중국이나 다른 화교들과의 연계를 부인해야 한다고 제안하는 것은 아니다. 문제는 이 연계가 인식되고 언표되는 방식, 그리고 그 연계가 지구상의 다른 지역에 사는 중국인들 간의 매우 중대한 역사적 차이들을 지우는지 여부다. 나는 존 황의 경우를 참조함으로써 다시 한번 이를 예시하고자 한다. 매우 중요한 것은, 이 사건이 공개되는 데는 버클리(Berkeley) 소재 캘리포니아대학의 왕 링즈(王靈智) 교수가 큰 역할을 했다는 것이다. 그는 이 사건에 대한 정보를 모아 전자매체로 우리들 대다수에게 유포시킴으로써, 이 사건에 대한 관심을 환기시키는 한편 이에 대한 정보를 제공했다. 지난해 동안 왕 교수가 전해준 정보는 존 황의 사례로부터 전국에 걸쳐서 중국인 관리가 선출된 것, 여러 혐의에 대한 중화인민공화국의 변호, 동남아시아의 반중국 활동에 대한 보도에 이르기까지 광범위했다. 이 모든 요소들을 포괄하는 담론의 영역은 내가 이산담론이라고 부르는 것과 별로 다르지 않았다. 왜냐하면 그것은 지역과 무관하게 중국에 관한 정보를 한데 끌어모음으로써 시작되었기 때문이다. 그러나 이 영역이 혼란스러워진 것은, 그것이 당면한 상황의 구체적 문제에 확고하게 초점을 맞추었기 때문이다. 왕 교수는 시작부터 이곳(미국—옮긴이)의 중국인들과 선거자금을 낸 동남아시아 출신의 중국인 기부자들 사이에 국가적 경계를 그음으로써 아시아계 미국인들을 '외국의 돈'으로부터 재빨리 떼어놓았다.[7] 왕 교수의 전언은 중국계 미국인들의 공동체적 이익과 자신들만의 경제적·정치적 이익을 갖는 초민족적 경향의 이산 중국인들의 활동을 구별하면서, 시종일관 계급과 공동체 문제들을 강조했다. 그리고 이런 전자매체를 통한 담론은 미국의 선거자금 개혁 문제에 초점을 맞추었다. 돈의 색깔보다는 선거부패가 기본적인 문제로 규정된 것이다. 다시 말하면 이 담론은 초민족적 범위로 확장되었지만, 상당 부분 당면한 상황에 근거를 두었다. 내 생각에는 이것이 내가 이해하는 대로의 이산담론과 이 담론이 구별되는 지점이다.

나는 이러한 '근거성'(groundedness)의 문제를 이 장의 후반부에서 다룰 것이다. 먼저 나는 문화 영역에 속하는 이산담론의 두 산물을 간략히 살펴볼 텐데, 이 산물들은 표면적으로 꽤나 대조적이지만 놀라운 방식으로 서로를 강화시킬지도 모른다. 그 산물의 하나는 서로 다른 중국인들의 경계 지우기를 통한 중국성의 물화이고, 다른 하나는 잡종성의 개념을 통해 그러한 물화를 극복하려는 반대 움직임이다.

초민족주의 정치경제학 안에서 헤게모니적이고 이기적이며 종종 경제적으로 유리한 중국성의 물화에 직면하여 비판적 이산담론은 자신의 위치를 구체화하는 데 실패했다. 결과적으로 그것은 문화적 물화에 의해 가능해진 상품화와 조작의 포로가 되었고, 현재의 정치적·문화적 사유에서 종족성과 인종의 전경화(前景化)를 초래했다. 예를 들면 최근 학문, 출판, 예술과 문학 영역에서는 아시아인들과 아시아계 미국인들의 구분이 사라지는 분위기였다. 초기의 아시아 연구(Asian Studies) 전문가들이 아시아계 미국인 연구(Asian American Studies)와는 아무 관계가 없다고 부정했던 것과는 달리, 최근 학계에서는 아시아계 미국인 연구를 아시아 연구 속으로 통합하자는 요청이 있다. 이는 부분적으로 태평양을 가로지르는 인구의 흐름이 점차 두드러지는 현상을 반영하지만, 나아가 아시아계 미국인 연구를 그런 방향으로 재설정하는 것이 점점 더 유리해지고 유망해졌다는 것을 시사한다. 출판사들의 도서목록, 특히 '다문화주의'와 인종 연구에 초점을 맞춘 도서목록들은 아시아 연구를 아시아계 미국인에 관한 연구로 마음대로 제목을 붙이는데, 요즘 도서목록에서 『홍루몽(紅樓夢)』 바로 옆에 『여전사』(The Woman Warrior)가 있는 것을 보는 일은 드물지 않다. 노스캐롤

라이나다학의 '아시아계 미국인 영화'에 관한 영화 씨리즈는 불가사의하게도 아시아—미국계보다는 아시아계 영화를 더 많이 포함하고 있다. 그 이유는 이 씨리즈를 조직한 중국 전문가가 상상 속의 중국을 생각하고 있거나 이 씨리즈의 호소력을 높이려는 목적 둘 중 하나였을 것이다. 그러나 이데올로기적 효과가 같은만큼 그 이유는 그다지 중요하지 않을 수도 있다.

나아가 더욱 근본적으로는 (적어도 바로 최근까지) 번창한 태평양경제의 맥락에서 일부 아시아계 미국인들—대체로 중국계 미국인들—에게는 아시아와의 '교량' 역할이 주어져왔다. 그 유리한 전망 때문에 그들은 이 역할을 기꺼이 받아들였다. 아시아계 미국인들에 대한 묘사로서 교량이라는 메타포는 그다지 새롭진 않다. 헨리 위(Henry Yu)는 시카고 사회학파(the Chicago School of Sociology)와 아시아계 미국인들의 관계를 세밀하게 분석한 최근의 논문에서, 시카고 사회학자들과의 관계에서 제2세대 아시아계 미국인들은 자신들의 이미지를 미국사회와 아시아 출신사회의 교량으로서 내면화했는데, 이는 문화적 해석자 역할을 하기에 유리한 위치로 자리잡은 것이다.[8] 그러나 그 장점은 큰 댓가를 치렀다. 문화 간의 교량으로서 성공적인 임무를 수행하기 위한 조건은 주변성이었다. 두 사회 어느 쪽에도 완전히 속하지 못하면서, 문화 해석자의 역할을 가능하게 한 것은 '주변인'으로서의 그들의 위상이었던 것이다. 그같은 '주변인'의 하나인 카즈오 카와이(Kazuo Kawai)는 다음과 같이 말한다.

해석자가 되려는 내 결심은 양쪽 인종들과 나의 관계를 개선시켰다. 미국인을 어설프게 모방하려고 노력하지 않기 때문에 나는 기쁘다. 쓸데없이 진짜 일본인을 어설프게 따라하려는 노력을 하지 않기 때문에 나는 기쁘다. 나는 나 자신일 뿐이다. 나는 어떤 것도 모방하려 하지 않는데, 그래서 내가 그 어느 쪽으로부터도 배제되지 않게 될 때 결코 실망하지 않는다.[9]

물론 카와이는 해석자라는 용어가 갖는 그 어떤 중요한 의미에서 봐도 문화 해석자로서 자격은 없었다. 그는 태생은 일본인이나 문화적으로는 미국인이었고, 그가 주장하는 일본문화에 대한 접근은 미국사회에서의 소외가 그에게 강요한 것이다. 미국사회는 그를 배제했고, 부모의 출신사회와의 상상적인 유사성을 불가피하게 만들었다. 어느 사회에도 속하지 못한 사람들은 바로 그 이유로 인해 두 문화 사이의 문화 해석자로 일할 수 있는 자격이 있다는 생각은 문화적 지향의 근본문제들을 그럴듯하게 얼버무렸는데, 카와이나 그에게 조언한 시카고학파의 사회학자들은 이 문제들을 회피하는 듯하다. 여기서 중요한 것은 두 사회 간의 교량이라는 메타포는 궁극적으로 그를 외국인으로만 인정하는 사회가 낳은 소외의 산물이라는 점이다.

현재 소외는 명백한 사실은 아닐지 모르지만, 그럼에도 불구하고 교량이라는 메타포는 아시아계 미국인들의 이국성(異國性)을 계속 환기시킨다. 카와이의 경우보다 더 심한 것은 이산적 정체성이 필요성의 문제라기보다는 선택의 문제일 수 있다는 것이다. 더구나 현재의 교량들은 문화 해석자들이라기보다는 대부분 경제적 중개인들임이 분명하다. 하지만 이산민들 내부에 매우 다른 문화적 궤도가 존재함에도 불구하고, 그들이 사실이 아닌 그럴듯하게 상상된 문화적 유산들을 통해 도착지와 출생지의 간극을 메우는 교량이 될 것으로 기대될 때 인종화가 작동한다. 그래서 홍콩의 부동산회사 항룽개발그룹(the Hang Lung Development Group)의 로니 챈(Ronnie C. Chan)은 하와이의 중국계 미국인들에게 "우리 모두는 문화적 뿌리가 필요하지만, 그것을 잠시 제쳐놓고 진정으로 이중문화적인(bicultural) 사람이 되어라"라고 말하면서, '이중문화적인' 사람으로서 중국과 미국 산업 간의 교량으로 일하라고 재촉한다. 이 경우 뿌리가 역사에 우선하므로, 챈은 중국계 미국인들에게 다시 중국인이 되는 것을 배우지 말고 미국인이 되는 것을 배우라고 재촉한다![10]

346

태평양을 가로지르는 중국인들의 경제적 대두가 중국성의 문화적 재동 질화에 있어서 가장 중요한 요소일 것이다. 이 경제적 대두가 낳은 부수적인 결과 중 제일 중요한 것은 최근의 유교부활이다. 이로 인해 시간과 공간에 관계 없이 중국인들(또한 일본인들과 한국인들)의 경제적 성공 이유가 '유교적 가치들'의 지속에 있다고 생각되기에 이른다. 이 가치들은 일찍이 자본주의의 장애물로 여겨졌지만, 이제는 경제적 발전에서부터 '모범적 소수민족' 관계 창조에 이르는 모든 것의 원천이 되었다. 다른 글에서 내가 이 문제를 폭넓게 다루었기 때문에, 여기서는 간단하게 소위 말하는 유교의 부활이 초민족성의 맥락에서 가장 터무니없는 오리엔탈리즘적 편견을 재생산한다는 점을 지적하고자 한다.[11] 유교의 부활은 또한 그 자체가 초민족적 산둘이다. 왜냐하면 1970년대 말과 1980년대 초 유교가 등장한 배경에는 적어도 텍스트적 공모관계에 있는 중국철학 전문가들, 미국의 미래학자들과 동아시아·동남아시아의 권위주의적 정권이 있었다. 이를 더욱 열정적으로 주창하는 자들에 따르면, 의심의 여지 없이 검소, 근면, 교육적 성취, 가족에 대한 공경심, 규율, 조화, 권위에 대한 복종 — 이상적인 노동자나 피고용인에 대한 꿈을 적은 목록처럼 읽혀지는 항목들 — 이라는 유교적 가치들이 중국 (그리고 동아시아) 사람들을 자본주의적 발전에 헌신하게 만든 책임이 있다는 것이다. 좀더 사회적으로 근거있는 주장에 따르면, 유교적 가치들은 중국사회들에서 가장 중요한 혈연과 유사혈연의 끈으로 인해 유지되며, 그러한 혈연의 끈 자체는 유교적 가치들이 사회적으로 확산된 결과물이다. 즉 사회지향적인 중국 자본주의와 개인주의적이고 갈등에 시달리는 '서구' 자본주의를 구별하는 꽌시(關係)의 네트워크가 그것이다. 유교에 대한 주장에서와 마찬가지로, 사회관계와 네트워크에는 변화와 변동이 불가능하기 때문에 이런 사회적 주장에서는 시간이나 공간의 관념을 거의 볼 수 없다. 종합적 결과는, 꽌시를 통해 서로 연결되고 유교주의에 의해 추동되면서 전세계 중국인들이 하나의 '부족'이 되는 그런 그림이다. 태평양의 몽상가 조얼 코트킨(Joel Kotkin)의 말에 의하면, 이 부족은 끝없이 부를 추구하려 한다. 말할 필요도 없이, 이 네트워크들은 또한 중국인들을 아시아와의 이상적인 교량으로 만든다.

중국의 학자나 지도자들이 조장하는 이같은 주장의 일부는, 한 세기 동안 지속된 유럽중심주의의 문화적 헤게모니에 대항하여 중국인의 정체성을 재확인하기 위해 의심의 여지 없이 경제적 힘과 존재에 대한 새로운 인식에 근거를 둔다. 그리고 구미의 우월성에 대한 주장들을 뒤집기 위해 초기 오리엔탈리즘의 재현들을 활용하는 것이다. 그럼에도 불구하고 이 주장들은 경제적 성공과 그에 따른 유교적 가치, 그리고 중국의 상품화 문제에 눈에 띄게 집착했다. 앞에서 언급한 코트킨의 최근 글에 따르면, "헨리 황(Henry Hwang) 같은 중국계 미국인 기업가들은 중국에 대한 문화적, 언어적, 가족적 연계를 통해 세계에서 가장 인구가 많은 나라의 경제에서 주요한 지위를 탈환하려는 미국의 비밀병기임이 드러나고 있다."[12] '중국과의 문화적·언어적 연계'라는 논란의 여지가 있는 문제는 제쳐두더라도, 많은 중국계 미국인들에게 이러한 묘사는 중국계 미국인들을 중국 내 미국의 경제적 방파제로 그리는 코트킨의 묘사나 존 황을 워싱턴 내 중국의 정치적 방파제로 그리는 윌리엄 싸피어(William Safire)의 묘사와 크게 다르지 않다.

이런 최근 동향의 근저에 있는 태도가 중국인들과 다른 아시아인들에게 동정적이고 또한 그들에 의해 만들어졌다고 해서, 인종차별주의를 덜 만들어내는 것도 아니다. 그들의 동정심 자체는 심각한 변화가 있을 수 있다는 점에서 그다지 안정적인 것이 아니다. 그리고 경우에 따라서 그 반대로 전환될 수도 있다. 이런 일이 소위 아시아의 최근 경제위기와 관련해서 어느 정도 일어났다. '아시아적 가치', 그중 유교주의는 이로 인해 다시 한번 광채를 잃고 말았다. 이제 '아시아적 가치'는 필연적으로 경제적 몰락을 가져오는 부패한 '정실자본주의'(crony capitalism)에 대한 책임을 지게 되고 말았다.

중국인들은 다른 민족들보다 계급·성·종족·지역적 차이로 더 많이 나뉘어 있다. 이런 차이 중에서 지역과 역사의 차이는 상당한 정도다. 이산에 관한 구치화는 그같은 차이를 지우거나 적어도 흐리게 한다. 아파두라이(Appadurai)는 '종족의 풍경들'(ethnoscapes)에 대해 다음과 같이 말한다.

오늘날 세계에서 종족정치학의 중심적 패러독스는 (언어, 피부색깔, 이웃, 혈연관계 등 그 어느 것이든) 그 기저(primordia)가 전지구화되었다는 것이다. 정서상의 강력한 힘이 친밀감을 정치적 정서로 점화시킬 수 있었고, 지역성을 정체성의 수행 기반으로 변화시킬 수 있었다. 그런 정서가 집단들이 이동함에 따라 광대하고 불규칙한 공간으로 퍼져나가는 한편, 정교한 미디어의 성능을 통해 연결되는 것이다. 이는 그런 기저가 종종 창안된 전통이나 소급적 입적(入籍)의 산물임을 부인하는 것이 아니라 상업, 미디어, 국가정책과 소비자들의 환상이 분리되지 않는 불안정한 상호작용을 하기 때문에, 한때 하나의 (비록 큰) 지역성이란 병에 담긴 요정이었던 종족성이 이제 전지구적 동력이 되었음을 강조하는 것이다.[13]

의심할 여지 없이 종족성의 전지구화는 전지구적 재구조화에 공헌하는 추상적 힘과 밀접한 관계가 있다. 하지만 전통을 창안하고 소급적으로 입적시키는 데 활발히 관계하는 증인에 관심을 가지는 것은 중요하다. 만약 역사와 지역의 차이점들이 (아파두라이의 '종족의 풍경들'과 동등하다고 생각되는) 이산이라는 일반적 범주로의 관심 이동 때문에 지워진다면, 그런 지우기가 누구를 위한 것인가라는 문제를 제기할 필요가 있다. 뻬이징정부(혹은 이 문제만큼은 타이완정부)가 워싱턴정부나 미국의 초국적기업들보다 자신의 목적을 위해 이산 중국인들을 이용하려는 것을 더 달갑지 않게 생각한다고 추측할 이유는 없다. 한편 정치적·경제적 관점에서 보면, 일부 이산 중국인들은 다른 이들보다 훨씬 더 명백히 이용할 가치가 있고,

그들 역시 중국인 간의 차이 지우기로부터 이득을 얻는다. 그런 지우기로 인해 그들은 모든 중국인을 대변할 수 있는 것이다.[14] 다시 말하면, 이산이란 관점에서 중국인들을 재개념화하는 것은 경제적·정치적 계급 이익에 봉사한다(중국계 미국인 존 황이 리아드 일가와 관련이 있었다는 사실이 그를 여러모로 쓸모있게 했다는 것은 우연이 아니다).

잡종성이란 개념은 모든 종류의 문화적 정체성들을 동요시키려 하고, 적어도 표면적으로는 앞에서 묘사한 정체성의 물화에 분명한 대안을 제시한다. 다른 사람 중에도 스튜어트 홀(Stuart Hall), 폴 길로이, 호미 바바(Homi Bhabha), 그리고 에드워드 소하(Edward Soja) 같은 영향력 있는 이론가들의 글을 통해 인기를 얻은 잡종성은 현재의 문화연구에서 핵심적이다. 정체성에 대한 논의에서 이 용어가 널리 보급되었다는 사실로 판단컨대, 잡종성은 세계 도처의 지식인들의 자기 정체를 규정해왔고 실제로 그런 식으로 사회적 힘이 되었다. 아시아계 미국인 연구 분야에서 리싸 로우(Lisa Lowe)는 영향력 있는 논문을 발표함으로써 유명해졌다.[15] 아시아계 미국인들에게 잡종성을 적용한 나름의 계보가 있었는데, 잡종성과 주변성의 혈연적 관계를 고려한다면 이는 그다지 놀라운 일은 아니다. 일부 아시아계 미국인들이 자신들의 주변성이나 잡종성에서 희망의 근원을 찾은 반면, 다른 이들은 그것을 바람직하지 않은 조건, 극복해야 할 조건으로 보았다. 또 다른 시카고학파 출신 사회학자 로즈 홈 리(Rose Hum Lee)는 '주변부 인간'에 관한 논의에서 "'문화적 간극들'이 메워졌을 때 (…) 문화적 잡종은 더 이상 그 자신이나 다른 이들에게 문제가 되지 않는다. 그것은 문화의 변용과 동화 과정에서 야기된 것이다"라고 평한다.[16]

잡종성에 관한 현재의 생각은 기본적으로 로즈 홈 리의 생각과는 정반대다. ('중간성' in-betweenness과 '제3공간' third space 같은 관련용어와 함께) 잡종성은 현재의 관점에서 가장 중요한 문화적 정체성과 종족적·민족적·인종적 정체성의 동질화나 본질화에 도전하고자 한다(성과 계급의 정체성에 관한 논의에서도 역시 영향력을 발휘해왔는데, 특히 전자의 경우에 더 그러하다). 잡종성의 목적은 아마도 문화적 동질성을 근거로 한 민족성, 종족성, 인종을 중심으로 경계선이 그어진다는 가정을 해체하는 것이다. 잡종성이 이산적 특성을 띠는 이유는 그 주장이 기착사회(the society of arrival), 즉 지배문화가 이민자들에게 완전한 정치적·문화적 시민권을 위해 동화를 요구하는 그런 사회를 겨냥할 뿐 아니라, 기원사회(the society of origin), 다시 말해 이민이 불가피하게 기원 문화로부터의 거리 두기와 퇴보를 수반한다는 이유 때문에 이민자들에게 정치적·문화적 시민권을 주지 않으려 하는 그런 사회를 또한 겨냥하고 있기 때문이다. 그러므로 이민자는 두 사회의 가장자리에 위치하기 때문에 그들의 문화적 정체성과 자율성은 거부당한다. 현재의 문화에서 잡종성은 근본적인 관점에서 보면, 문화적으로 박탈당하거나 문화적으로 박탈당했다고 느끼는 사람들, 그리고 잡종성을 정체성의 자율적 근거로 주장할 뿐 아니라 더 나아가 권력 중심의 문화적 요구들에 도전하기도 하는 사람들의 반란이다.

틀림없이 그 도전에 많은 급진적인 요소가 있다. 그리고 왜 잡종성 개념이 문화적으로 박탈당한 사람들이 확산되는 시기에 호소력을 갖는지를 이해하는 것은 어려운 일이 아니다. 잡종성은 다른 이유, 더욱 지적인 이유로 인해 호소력을 갖는다. 잡종성은 정치적·문화적 실체들과 사회적·문화적 분석의 범주들을 붕괴시킴으로써 새로운 방식으로 세계를 인식할 수 있도록 상상력을 풀어놓는다. 이는 최근 에드워드 소하에 의해 가장 설득력 있게 설명되었다. 소하는 '제3공간'을 사회들 사이에 위치시킬 뿐 아니라 사회와 상상력의 사이에도 위치시키면서, 거기에서는 상상적인 것이 전통 사회과학의 실재만큼이나 현실성을 주장할 수 있다고 설명한다.[17]

그렇다면 왜 잡종성이 특히 사회적·정치적 의미에서 매우 문제성 있는 개념이며, 어떻게 잡종성은 그 의도가 정체성의 물화를 비판하는 것임에도 불구하고 정체성의 물화를 강화할 수 있는가? 내가 생각하기에, 문제는 잡종성이 그 모호함으로 인해 대단히 반동적이고 착취적인 주장들을 포함해 다양한 주장들에 전유될 수 있기 때문에 발생한다. 잡종성이라는 메타포가 오염이 안된 정체성들의 가능성을 환기할 뿐 아니라, 잡종성 담론에서 그러한 정체성들은 대화하는(dialogical) 타자로서 필수적이기 때문에 잡종성은 정체성의 물화를 강화한다. 잡종성 담론은 인종적·종족적·민족적 구분들에 대한 반응이지만, 인종·종족·민족을 전경화함으로써 지탱되기도 한다.

겉으로 보기에 투명해 보이지만 실제로 잡종성은 상당히 정의하기 어려운 개념이다. 그 개념은 그것이 적용되는 상황을 밝혀주는 것이 아니라 보이지 않게 만들어버린다──그런 상황을 감추는 것이 아니라 매우 다른 상황들을 흐리게 함으로써 서로 구별하기 힘들게 만든다. 프니나 워브너(Pnina Werbner)는 잡종성이 "강력한 개입력이 있다고 찬양되지만, 평범하고도 보편적인 것으로 이론화된다"는 점이야말로 잡종성이 가진 매혹의 '패러독스'라고 말한다.[18] 만일 잡종성이 진정 보편적이라면, 그것은 그 자체로도 의미없는 것이고──만약 모든 것이 잡종이라면, 잡종이라는 특별한 범주의 필요성도 없어진다──그것을 만드는 구체적인 역사적·구조적 위치로부터만 의미를 끌어낼 수 있다. 폴 길로이, 스튜어트 홀, 가야트리 스피박(Gayatri Spivak) 등 잡종성에 대한 일부 이론가들이 잡종성을 역사적으로, 그리고 구조적으로 구분하는 데 관심을 가져왔지만, 호미 바바와 에드워드 소하 같은 이들은 잡종성(그리고 그와 관련한 제3공간과 중간성)을 확실한 위치가 없는 추상적인 개념으로 만들어버렸다. 최근에는 잡종성의 적용이 보편화됨에 따라 그 개념 사용이 후자의 방향으로 전개되는 듯하다. 페로자 주싸왈라(Feroza Jussawalla)의 말대로 '보편적으로 표준화'되어 추상성이 증가되었으나 점점 의미를 박탈당하게 된 것이다.[19] 허공에 뜬 잡종성의 개념은 의심할 여지 없이 역사와 구조에 관한 탈근대적 의심, 특정하게는 탈식민적 의심에서 추가적으로 힘을 얻는다. 이러한 견지에서 보면, 잡종성을 역사화하려는 요구는 스스로 극복하고자 했던 범주적 편견 속에 그 개념을 가두어버리는 것이 되어버린다.

이것은 아마도 사실일 것이다. 결국 바바와 소하 같은 이론가들에게 잡종성이나 제3공간은 형이하학적인 기술(記述)의 의미에서 의도한 개념이 아니라, 사회적·역사적 범주의 헤게모니를 붕괴시켜 이분법적 사고방식을 극복하기 위한 개념이다. 한편 인식론의 차원에서 전략적 해체의 개념으로 작동하는 잡종성과 인간의 조건을 실제로 언표화한 잡종성 간의 차이가 거의 모든 잡종성에 관한 논의에서 생략되어 있다. 그리고 이 용어가 불명료하고 애매하다는 점을 설명할 수 있는 것이 바로 이 생략된 것이다. 그래서 캐서린 미첼(Katharyne Mitchell)은 바바의 경계 넘나들기를 "이 경계들이 엇갈리고 지워지는 실제의 물질적 공간들은 무엇인가?"라고 묻기도 하고, 또한 소하의 제3공간에 대한 해방적 주장에 관해 "이 공간이 이 모든 멋진 것들을 이룩할 수 있는데, 이는 바로 그 공간이 존재하지 않기 때문이다"라고 말한다. 내 생각으로 이는 상당히 옳은 지적이다.[20] 앞에서 지적했듯이, 잡종성은 더 이상 지적 전략이나 심리학적 전략처럼 보이지 않는다. 오히려 잡종성은 그것을 자기규정이라는 사회적·이데올로기적 힘으로 만드는 어떤 지역의 지식인들 사이에서 널리 퍼져 있는 개념인 듯하다. 그 잡종성이 (워크너가 잡종성의 평범함이라고 말한) '모든 사람'인지 아니면 '존재하지 않는 사람'(바우만Bauman의 표현으로는 기존 사물의 질서를 무너뜨리는 이방인)인지는 분명치 않다.[21] 이 두 가지가 뒤섞임으로써 다음과 같은 상황이 발생했다. 정치적인 온당함이나 보편적인 표준화에서 나온 잡종성의 장려는 다른 어떤 대안도 허용하지 않는 지적·윤리적 명령 형태를 띠게 되었다. 이안 챔버스(Iain Chambers)의 말대로 우리는 "민족, 민족주의, 민족문화를 넘어서 일련의 탈식민적 현실과 비판적 사유방식에 관심을 둔다. 그같은 사유방식은 유럽중심적 관심사들의 가부장적 경계와 그 추정적 보편주의를 넘어서까지 관심을 유도할 때, 바로 그 근대적 사유의 문법과 언어를 다시 쓸 수밖에 없다.[22] 잡종성은 더 이상 해체적이지도 않고 묘사적이지도 않은 대신 규범적이다. 당신이 잡종이 아니라면, 당신은 유럽중심적 가부장이다!

잡종성은 비판적 목적을 위해 사회역사학적 장치들에서 떨어져나갔다가 곧 하나의 추상적 개념으로 사회에 돌아왔다. 그리고 차이라는 이름으로 서로 다른 차이들 간의 중대한 구별점을 매우 심각하게 흐려버린다. 잡종성은 마치 (계급부터 성, 종족, 인종에 이르기까지) 혼합된 것의 특정한 성격이 문제가 되지 않는 듯이, 모든 복잡성을 '혼합의 표현'[23]으로 환원시킨다. 이는 부분적으로는 모든 '이분법'은 맥락에 상관없이 똑같이 바람직하지 않다는 그 본래의 가정에서 비롯된다. 더구나 혼합물들과 잡종화가 새로운 정체성을 만들 수 있다는 점을 무시하면서 모든 혼합물들 속에서 잡종성의 상태를 읽어낸다. 주싸왈라가 말하듯이, "혼합과 병합에도 불구하고 (남아시아) 작가들은 칵테일 제조통 속의 마티니처럼 혼혈이나 '잡종'이 되지 않았다. 우리는 순정성의 '척도', 즉 '연속변이'를 따라서 소외를 나타나는 '잡종성'에 이르기까지 중점(median point)을 필요로 하지 않는다."[24] 사실 추상화된 잡종성은 '주변적'이라 여겨지는 모든 이들을 잡종성의 상태로 환원함으로써 사회적 불평등과 착취를 조명하지 않고 은폐해버린다. 그리고 서로 다른 주변성 사이에는 상당한 차이가 있다는 사실을 감춰버린다. 이를테면 종족적으로 잡종화되고 주변화되었으나 좋은 자리를 차지한 사회적 엘리뜨들과, 종족적·계급적·성적 위치 때문에 무기력해진 같은 종족 구성원들 사이에는 큰 차이가 있다. 우리는 최근에 와서야 이에 대한 좋은 예를 발견할 수 있다. 인도네시아에서는 중국인에 대한 폭력이 격화되었는데, 보통의 중국인들은 그 폭력에 최선을 다해 대처해야 했지만 부유한 중국인들은 인도네시아인 장군들에 의해 점령된 같은 공간에서 서부 오스트레일리아로의 피난을 기획한다![25] 이런 불평등 아래, 주변성과 잡종성이 구별되지 않는다는 엘리뜨 쪽의 주장은 문화적 공간을 쉽게 여행하며 문화적 특권을 누리는 측과 그것을 박탈당한 측을 혼동한다. 결과적으로 주변성이 엘리뜨들에 의해 전유되어 그것이 엘리뜨 내부 경쟁의 도구로 활용되그 나아가 실제로 주변화된 사람들에 대한 관심을 지우게 되는 것이다. 프리드먼(Friedman)은 이에 대해 다음과 같이 지적한다.

> 잡종과 잡종화 이론가들은 그 용어로 자기를 규명하고/규명하거나 세계를 규명하려는 집단의 소산이다. 그것은 민족학적 이해의 결과가 아니라 자기규정—실제로는 자기본질화—행위다. 그 행위는 그러한 집단이 점유하는 권력구조 속에 내재한 사회화의 힘을 통해 다른 이들, 즉 미디어에 가까운 지식인들, 미디어 지식계급 자체, 어떤 의미에서는 세계주의적 정체성을 누릴 여유가 있는 모든 이들을 위한 규정이 된다.[26]

구체적인 사회역사학적 지시 대상에서 잡종성을 (미첼의 용어로) '떼어내는 것'은 잡종성이 극복하려 해온 바로 그 문화적 본질화를 뒷문으로 불러들이는 것이다. 이는 잡종성의 두 번째 문제다. 내가 앞으로 이야기하겠지만, 잡종성의 잡종화를 말하는 것이 가능할 수 있음에도 불구하고 잡종성에 대한 대부분의 글들은 이런 가능성을 무시한다. 아마도 그것은 영속적 조건으로서 잡종성에 대한 인정이 잡종성에 대한 주장을 상당히 약화시키거나 심지어 부적절하게 만든다. 이것이 워브너가 지적한 역설이다. 결과적으로 잡종성 담론은 잡종성 구성의 계기들이 순수하다는 암묵적 전제에 의해 유지된다. 그리고 그런 전제는 잡종성 담론이 급진적 대안을 제공한다는 주장에 의해 강화된다. 프리드먼이 말하듯이, "잡종성은 순수라는 메타포에 근거한다."[27] 구체적으로 바바의 잡종성을 언급하며, 나이라 유발-데이비스(Nira Yuval-Davis)는 이렇게 말한다. "그것은 뒷문을 통해 본질주의를 끼워넣는다—즉 왕년의 '다문화주의적' 본질주의의 동질화된 집단성 구성은 동질화된 집단성에서 기인하는데, 여기에서 '잡종'이 등장하여

'도가니'로서의 신화적인 사회상을 '뒤섞인 샐러드'로서의 신화적인 사회상으로 대체하는 것이다."[28] 역사에서 떨어져나온 잡종성은 그것을 구성하는 정체성들도 비역사화한다. 잡종성이 반드시 순수성이라는 가정에 의지하지 않는다 하더라도 그것은 이런 정체성들이 무엇인지를 묻지 않는다.

이 용어의 생물학적 연상으로 인해, 순수성이라는 전제는 강조되지 않을지 모르지만 적어도 잡종성 만들기에 참여하는 실재의 뚜렷한 인지가능성이라는 전제는 더욱 강조된다. 사실 분명히 인지할 수 있는 실재에 근거할 때 잡종성이라는 생물학적 개념은 심지어 그것을 수량화할 수 있는 것으로 만들어버린다. 이러한 수량화는 인간의 영역, 19세기 라틴아메리카에서 채용된 다양한 인종 범주 같은 데서 두드러졌고, 자국 원주민의 진성(眞性)을 규정하기 위해 미국에서 사용된 '정량의 피'(blood quantum)라는 말 속에 여전히 살아있다.[29] 이러한 수량화는 문화 영역으로 옮겨지기는 어렵지만, 잡종성 논의에서 묵살되는 문제들, 그중에서도 잡종성의 정도에 대한 문제를 제기한다. 즉 모든 잡종들은 똑같이 잡종인가라는 문제다. 다른 문제들도 있다. 로버트 영(Robert Young)은 잡종성의 개념화에 작용하는 생물학적 전제들의 중요성을 역사적으로 입증했다. 잡종성이라는 용어가 그저 그 용어가 가진 생물학적 연관의 자취이자 그 연관을 잊지 않게 해주는 기념물일 뿐이라면 잡종성이라는 말의 현재 용법은 관철된다. 영이 주싸왈라에 대해 말했듯이, "잡종성은 식물의 생물학적 혼합을 연상시킨다."[30] 문화적 잡종성을 말하는 사람들에게 인종적 의도가 없지는 않다고 탓하려는 것이 나의 의도는 아니다. 하지만 생물학적 용어가 문화와 사회에 대한 메타포로 사용된다면, 거기에는 문화적·사회적·정치적 실체가 인종적 실체와 혼동될 수 있다는 의미가 내포되어 있다. 이는 부인할 수 없는 사실이며, 특히 그 용어가 자체의 역사적·구조적 지시 대상들과 갈라서는 지점에서는 더욱 그러하다. 앞에서 지적했듯이, 물화된 이산 개념이 그런 경우다. 여기에서 문화에 관한 논의는 손쉽게 혈통을 통한 신원확인으로 미끄러지고 만다.

잡종성이 민족적·종족적·인종적인 것들보다는 계급과 성의 중간적 존재 같은 것들을 쉽게 지칭할 수 있는 반면, 잡종성에 대한 논의의 대부분이 전자의 범주들 주변에서 이루어진다는 것은 놀라운 일이다. 성·계급·인종 범주의 상호접합은 잡종성에 대한 최근의 논의에서 기본적인 관심사였다.[31] 하지만 인종과 종족성에 대한 문제들——종종 합성되는——이 다른 모든 문제들을 은폐한다는 사실은 주목할 만하다. 이는 생물학적 개념으로서 잡종성의 논리가 갖는 결과일 수도 있고 아닐 수도 있다. 그러나 잡종성에 대한 담론에서는 역사적·사회적 맥락의 한계들을 다루지 않으려는 경향이 있다. 그러나 잡종성 그 자체도 그런 맥락의 힘들에 좌우된다고 생각한다. 정체성의 요구들이 매우 생생하게 살아있고 또 번성하는 사회적·역사적 맥락에서 잡종성 자체의 조건은 꽤 불안정하다. 잡종성을 호의적으로 읽는 사람들은 그런 불안정 속에서 세계로의 개방 가능성을 인식한다. 그것은 사실일 수 있다. 그러나 그것은 잡종적 자아의 자율성에 대한 자유주의적 신념에 너무 많이 의존하고 있다. 잡종적 자아는 자신의 정체성을 마음대로, 말하자면 동등한 잡종적 자아들의 시장에서 다른 것으로 바꿀 수 있다. 또 다른 가능성도 있다. 즉 잡종성이 구성되는 근거인 정체성들 간의 동요 가능성과 일상생활의 압력에 대한 대응으로서 이런저런 정체성으로의 분열 가능성이다. 현 세계에서 동시에 발생하는 정체성들의 번창과 붕괴를 다른 어떤 방식으로 설명할까? 거기에는 관련된 개인적인 이해관계들도 있다. 문화적 충돌이라는 일상적 환경 때문에 학계 내에서조차 친숙해진 주싸왈라의 다음과 같은 논평은 숙고할 만하다. "진정한 잡종성은 성취될 수 없는데, 왜냐하면 잡종성을 최대한 대변하려 하는 사람들——토착민들, 문화연구의 내부자들, 즉 자신들이 탈근대적 조건을 가장 잘 재현하고 대변한다고 느끼는 사람들——은 자신들의 본질주의를 최대한 유지하고 싶어 하기 때문이다"[32] 잡종성은 학계의 학제 간 교류 비슷한 것이다. 학제의 방침에 따라 구체화되지 않으면 모든 사람이 상찬하지만, 실제로는 어느 사람도 원하지 않는 그런 것이다. 잡종성을 장려하는 동기가 대개 위협적이거나 헤게모니적인 억압에 의해 은폐된 문화적 정체성들을 가시화하고, 주변적인 것을 중심화하려는 데 있다는 느낌을 피하기는 어렵다. 여기서 상당히 곤란한 문제는, 앞에서 논의한 이산적 정체성의 경우처럼 상당히 중요하고 가치있는 목적을 어떻게 소외된 자들의 물화로 격하시키지 않으면서 달성할 것인가다. 특히 불공정한 권력이 존재하는 상황에서, 단순히 다른 것에 맞서 하나의 '본질주의'를 주장하기보다는 어떻게 진정한 대화를 성취할 것인가의 문제다.

이 개념의 내용이 상당히 불확실하기 때문에, 작동 중인 잡종성의 정치적 의미들이 똑같이 불명확할 수밖에 없다거나 잡종성이 급진적인 정치에서 혁명적인 정치에 이르기까지 다양한 종류의 정치에 차용된다는 것은 놀라운 일이 아니다. 또한 잡종성은 그 자체로 어떤 종류의 정치적 지표가 아니라 다른 정치적 목적을 위해 사용될 수 있는 해체적 전략이다. 벨 훅스(bell hooks), 스튜어트 홀, 호미 바바, 에드워드 소하 같은 사람들에게는, 인종·계급·성의 범주가 상호 개방되어 접합됨으로써 잡종성은 새로운 종류의 급진적 정치연대를 창조하는 중요한 수단이 될 수도 있다. 존 황과 같은 사람들이나 미첼이 말한 밴쿠버에 있는 홍콩 투자가들에게 잡종성은 상이한 국가들 사이 또는 민족적 자본과 이산적 자본 사이의 연대(교량)들을 만드는 수단인 듯한데, 그 의도된 바와는 반대로 그 결과는 그같은 급진적 연대들을 지운다. 이에 대해 미첼은 다음과 같이 말한다.

특히 정신분석적 접근을 전면에 내세우는 틀에서 추상적 메타포의 남용은 자주 물신숭배라는 성가신 문제를 만들어낸다. 잡종성 같은 개념들이 민족의 정체성과 서사가 펼쳐지는, 역사적으로 형성된 정치·경제적 관계에서 이탈함에 따라, 그 개념들은 자신이 만든 삶과 궤적을 드러낸다. 재독(再讀)과 삼독

(三讀), 차용, 개입, 상세화 등 이 모두가 일상생활의 사회적 관계에서 벗어나 있
는 한편, 바로 이러한 추상화 때문에 언제라도 전유될 수 있는 개념화에 공헌할
수 있다. '제3공간'이라는 꼼수는 공간과 시간을 '넘어선' 자리, 그리고 지역의
구체적 실천과 역사의 생생한 경험을 넘어선 자리를 차지하기 위한 것이다. 따
라서 공간은 확실하게 역사유물론과 페미니즘 내 일정 분야의 작업을 특징짓
는 국부(局部)의 본질화 같은 것을 초월한다. 그러나 맥락이 없는 이 '중간적' 공
간은 순회하는 저항의 장소보다는 유동적인 반동의 공간이 될 위험이 있다.[33]

추상화는 하나의 문제다. 잡종성 자체가 사회적·역사적 위치에서 분리
될 때, 그것은 다른 잡종들의 차별적인 권력관계를 은폐하고 봉쇄한다. 그
리고 그것은 현재의 대안을 마련하려는 사람들이 아니라 기존의 권력공간
에 진입하려는 사람들, 나아가 그 지배력을 공고화하려는 사람들에 의해
전유된다. 언어에 대한 탈근대적·탈식민적 몰두에 대해 피터 맥라렌
(Peter McLaren)과 앙리 지루(Henry Giroux)은 다음과 같이 언급했는데,
이는 담론적 해방으로서의 잡종성에도 적용된다고 생각한다.

이 이론적 침략들이 본질적이었음에도 불구하고, 그들은 권력을 희생시키
며 정체성에 집중함으로써 자신의 통찰력을 종종 남용한다. 이 텍스트들에서
언어는 차이를 기록하고 확증하는 담론적 지표가 되지만, 그렇게 함으로써 어
떻게 텍스트들이 광범위한 지배와 착취의 네트워크에 연결되는지는 설명하지
못한다. 이는 부분적으로 이러한 작업의 비역사적인 성격 때문일 것이다. 역사
적 맥락이 부족했기 때문에, 그것들은 비판적 교육학의 예전 방식을 특징짓는
정치적 프로젝트에 참여하지 못했고, 더 큰 사회적·정치적·교육적 투쟁들을
위해 자신의 정치학과 가치를 자리매김하는 데 실패하고 말았다.[34]

내 생각에는 이러한 정치적 프로젝트에 참여하기 위해서는 잡종성에 대

한 무조건적인 편향을 정당화하는 듯한 불안감을 극복할 필요가 있다. 워브너가 '인문학의 도깨비 단어'라고 묘사한 본질주의에 대한 불안감 말이다.[35] 본질주의는 확실히 현재의 문화연구에서 가장 부풀려진 단어들 중 하나다. 분명한 형태의 모든 집단적 정치행동에 필수적인 정체성의 승인을 포함해서, 정체성 승인은 무엇이나 본질주의라는 의심에서 자유로울 수 없을 듯하다. 그래서 반대하는 대상이 본질주의 자체인지 아니면 정치인지 종종 불분명한데, 이 경우 본질주의는 정치를 신뢰할 수 없게 만드는 가상적인 공격목표 역할을 하는 것이다.[36] 설사 그렇다 하더라도 논리를 그렇게 극단적으로 몰고간다면, 본질주의에 대한 의심은 자유주의적 개인주의의 수준에서만 해소될 수 있다. 왜냐하면 그저 그런 자유주의 역시 주체를 본질화하기 때문이다. 그런 극단주의에 의해 고무된 잡종성 개념은 모든 종류의 진지한 급진정치도 배제한다. 적어도 스피박이 타협을 통한 '전략적 본질주의'로 묘사한 급진정치는 공통성에 대한 어떤 전제를 필요로 하기 때문이다. 벨 훅스는 다음과 같이 언급했다.

> 문화연구의 흥미로운 영역은 본질적인 차이 개념에 대한 비판이다. 그렇지만 이러한 비판이 차이를 폐기하는 수단이나 경험의 권위를 무시하기 위한 이유가 되어서는 안된다. 종종 이러한 비판은, 흑인들이 자신들을 백인들과 '다르다'고 생각하는 모든 방식이 실제로 본질주의적이므로 구체적 근거도 없다는 점을 시사한다는 인상을 준다. 이런 식의 사고는 지배에 대한 저항을 가능하게 하는 바로 그 토대를 위협한다.[37]

반본질주의적 잡종성은 극단적으로는 '지배에 대한 저항' 가능성을 감소시켰다. 하지만 상당히 중요한 사실은 그것이 현 상태의 세계와 교섭하는데 실패함으로써 그 세계의 진정한 도전에 직면했다는 것이다. 잡종성에 대한 편향이 지식인들을 사로잡으면서, 전반적으로 현재의 세계는 종종 반

계몽주의의 본질주의적 모습을 띠면서 정체성의 요구가 확산되는 것을 경험한다. 이 역사적 현상을 이탈, 즉 잡종성의 원칙이 규정하는 일종의 정상 상태에서의 이탈로 무시하는 것은 도움이 되지 않는다. 이는 열린 결말에 대한 주장과는 반대로 잡종성을 물화할 뿐 아니라 현재의 지식인들의 담론이 얼마나 현실에 대한 검토를 필요로 하는지도 보여주는 것이다. 긴급히 대처해야 할 문제는 잡종성과 본질주의가 서로를 생성하는지 여부다.

나는 잡종성에 대한 이러한 논의를 워브너가 제시한 역설로 돌아감으로써 끝내려 한다. 즉 만약 잡종성이 진정으로 일상생활의 조건이라면, 잡종성과 관련하여 무엇이 급진적인 것일까? 바흐찐(Bakhtin)의 소설에서 로버트 영이 호출해낸 잡종성의 개념에서 이에 대한 가능한 답변이 제시되었다.[38] 영에 따르면, 바흐찐의 잡종성 개념은 그 자체로 잡종적이다. 바흐찐은 두 종류의 잡종성을 언급했는데, 그것은 무의식적인 '유기적 잡종성'과 '의도적 잡종성'이다. 바흐찐은 다음과 같이 말한다.

비의도적, 무의식적 잡종화는 역사적 삶과 모든 언어의 발전에서 가장 중요한 방식의 하나다. 심지어 언어의 고생물학적 과거뿐 아니라 언어의 역사적 과거에서도, 언어와 언어들은 단일 방언, 단일 민족어, 단일 어족, 상이한 어족을 가진 단일 언어군의 경계 내부에 병존하는 다양한 '언어들'을 혼합함으로써, 기본적으로 잡종화를 통해 역사적으로 변한다고 말할 수도 있다.[39]

〔한편〕 의도적 잡종으로 인식되는 언어의 이미지는 무엇보다도 (역사적이고 유기적이며 애매한 잡종 언어와는 별개로서) **의식적 잡종**이다. 의도적 잡종은 다른 언어를 통해 한 언어를 지각하고 다른 언어적 의식을 통해 그 언어를 조명하는 것이다. (…) 더구나 의도적이고 의식적인 잡종은 **비개성적** 언어의식 두 개가 혼합된 것(두 언어의 상관물)이 아니라 차라리 **개별화된** 언어의식 두 개(그저 단순히 두 언어의 상관물이 아니라, 구체적인 두 발화의 상관물)와 개

인적인 언어적 의도 두 개도 혼합된 것이다. (…) 다시 말하면, 소설적 잡종은 이중음성적이고 이중억양을 가지고 있으며 (…) 이중언어의 성격을 띤다. 왜냐하면 소설적 잡종에는 두 개의 개별 의식, 두 개의 목소리, 두 개의 억양이 있다. 게다가 여기에는 (유기적 잡종에서와 같이) 무의식적으로 혼합되는 것이 아니라, 서로 결합하여 발화의 영역에서 끝까지 싸우는 두 개의 사회 언어적 의식, 두 개의 기원이 있기 때문이다.[40]

영이 보기에, 바흐찐은 "침묵하고 불투명하게 남아 있는" 잡종성보다는 "정치화되고 논쟁적인 잡종성에 더 관심을 두었는"데, 그것은 후자가 그 결과로 보면 지금까지 더 급진적이었기 때문이다.[41] 영은 이어서, "따라서 바흐찐이 말한 이중적 형태의 잡종성은 문화적 상호접촉을 위해 특히 의미심장한 모델을 제공한다. 그 모델은 바로 유기적 잡종성인데, 이것은 의도적 잡종성과 갈등을 일으키며 융합되는 경향이 있다. 그리고 그것은 논쟁적 활동, 즉 문화적 차이들이 정치적 입장에서 대화로 맞서는 상황을 가능하게 한다."[42]

이 말에 약간 수정을 가하면, '유기적 잡종성'은 다른 말로 역사성이라고 부를 수 있는 것을 지칭하는 듯하다. 즉 우리에게 문화적 정체성인 언어는 역사의 과정에서 다른 의식과 매일 충돌하는 과정을 통해서 변형될 수 있기 때문에, 많은 충돌에 영향받지 않는 시간과 공간을 통해 움직이며 순수하고 자기폐쇄적인 의식을 말하는 것이 불가능해진다는 것이다. 더구나 그러한 변형은 명료화되지 않았지만 구체적이고 특정적이다. 한편 의도적 잡종성은 자의식적이고 논쟁적이다. 즉 유기적 잡종성에서 불명료하게 남아 있는 충돌을 해방하여 구조적 모순들로서 직면하는 것이다. 이것은 급진적인 것이다. 왜냐하면 일상의 충돌들을 모순으로서 드러내는 바로 이것이 의도적 잡종성이 일상생활 속의 불평등과 헤게모니를 표면화시키면서 일정한 해결책을 요구하기 때문이다.

이런 대립은 잡종성이 왜 보편적이고 급진적인지를 설명하는 데 도움이 되지만, 다른 문제도 제기한다. 만약 잡종성이 역사의 한 조건이라면, 왜 과거에는 잡종성이 목소리를 찾을 수 있었음에도 불구하고 대부분의 시간 동안 침묵했는가? 이 문제에 답하는 것은 어렵지만, 이 문제를 제기하는 것은 쉽다. 그러나 삶의 한 조건으로서의 일상생활을 구조적 대립으로 언표함으로써 적어도 그런 언표화의 위험을 무릅쓰면서까지 권능부여에 대한 일정한 인식이 필요하다는 점을 시사할 수 있다. 계급, 성, 일상생활의 종족적 구조화와 마찬가지로 문화적 잡종성에 대한 주장에서도 그럴 것이다.

더 난감하고 당면한 문제는, 구조적 모순들에 대한 인식이 언표화되었을 때 문화적 정체성의 역사성을 회복시키기 위해 이 모순들을 해결하는 것이 가능한지 여부다. 나는 이 문제가 몹시 중요하다고 생각한다. 바흐찐을 읽으면서, 영은 의도적 잡종성이 갈등적 성격을 지닌다는 점을 지나치게 강조하는 경향이 있다. 끝없는 논쟁과 갈등이 소설이나 학계에서는 자리를 차지할 수 있지만(이 또한 나는 의심스럽다), 어느 정도의 일관성과 통일성을 요구하는 일상적 삶의 그다지 바람직한 조건은 아니다. 바흐찐에게 의도적 잡종성은 단일한 목소리가 갖는 헤게모니에 대한 도전으로는 중요하지만, 내 생각에는 다른 의식에 의해 하나의 의식이 조명된다고 강조한 바흐찐의 말도 마찬가지로 중요하다. 이는 바로 그 논쟁에서—'모순'이라는 변증법적 개념을 즉각 생각나게 하는—'대립의 통일'로 논쟁자들을 한데 묶어버리는 것이다. 모순은 잡종성이란 용어보다 여러 면에서 오히려 나은데 왜냐하면 역사성과 구체성의 문제에 대한 관심을 유지시키면서도 잡종성과 똑같이 폭넓은 해석을 가능하게 하기 때문이다. 갈등으로 해석되는 의도적 잡종성은 일상의 삶에 깊이 새겨진 불평등과 헤게모니를 드러낸다는 점에서 급진적일 수 있지만, 집단을 비롯해 '대화적 자아' 자체도 분열시킨다.

후자의 용어는 휘베르트 헤르만스(Hubert Hermans)와 해리 켐펜

(Harry Kempen)에게서 빌린 것이다. 이들은 바흐찐의 개념을 개인심리학 연구에 적용한다. 두 사람은 대화적 자아 개념에 내포된 '다중의 성격들'을 '다중인격'의 병리적 상태와 혼동하는 데 대해 경고한다. 그 차이는 다중인 격의 경우는 다른 성격의 존재를 인식하지 못한 채로 차례대로 한번에 하 나씩 말하는 것인데 비해, 다중의 성격들은 대화에 참여할 수 있다는 점이 다.[43] 그 대화의 목표는 자아를 종합하여 "상이한 성격들이 공동체를 창조 하는 영역을 만들어내"는 데 있다.[44] 더구나 이 정신적 공동체는 다음과 같 이 개인의 사회적 맥락과 공명한다.

> 내부 세계와 외부 세계는 긴밀하게 상호작용하는 고도로 개방된 씨스템으 로서 기능한다. 자아는 고도의 맥락적인 현상으로서 문화적, 제도적 속박에 묶 여 있다. 지배관계는 외부 세계에 있을 뿐 아니라, 양자 간의 긴밀한 상호작용 에 의해 내부 세계에서도 조직된다. (…) 상상적인 입장의 그럴듯한 배치가 조 직될 뿐 아니라, 제도화 과정에 의해 제한되기도 한다. (…) 다른 입장들은 억 압되거나 격리되기도 하지만, 몇몇 입장은 강력하게 표현된다.[45]

합성 활동이 한정된 사회적 맥락 아래 일어나는데, 그 맥락은 성취된 합 성의 성격 내에 강력하게 존재한다. 잡종적 자아나 대화적 자아에 대한 탐 구는 자아를 잡종으로 환원하지는 않지만, 주체성의 형성에서 구체적 환경 이 대단히 중요하다고 강조하면서 자아의 사회적 맥락으로 우리를 되돌려 보낸다. 이것은 주체성의 한 형태인 의도적 잡종조차 구조의 영향을 받아 유기적 잡종성의 역사성으로 복귀한다는 점을 함축한다.

자아에서 집단성으로 복귀하면서, 우리는 이러한 합성 활동, 즉 잡종성 의 재역사화가 비헤게모니적인 문화적 정체성에 없어서는 안될 자의식을 포기하지 않으면서 어디에서 그리고 어떻게 가장 효과적으로 성취될 수 있 는지에 대해 당연히 의문을 제기할 수 있다. 필연적으로 또 다른 질문이 따른다. 그중 가장 중요한 것은 어떤 종류의 역사가 그 새로운 의식을 수용할 수 있는지, 그리고 어떤 종류의 사회변혁과 정치적 프로젝트가 그런 역사를 생산할 것인가라는 질문이다.

이산은 답을 제공하지 않는다. 국가라는 측면에서 보면, 이산적 가상은 동질적인 존재로서 인식된 세계를 분명히 혼란스럽게 만들 수 있다. 즉 이산은 국민국가의 경계를 침범할 수도 있지만, 현실과 동떨어진 물화된 의미에서만 새로운 정체성의 원천이 될 것이다. 이산의식은 역사를 갖지 않는다. 실제로 그 주장은 역사와 역사성에 대한 부정을 통해서만 유지될지도 모른다. 동질화된 형태건 잡종적 형태건, 이 의식은 여러 종류의 문화적 프로젝트를 위해 사용될 것이다. 그것이 어떤 진보적 정치 프로젝트를 생산할지 상상하기는 더욱 어렵다―지역의식을 갖추지 않는 경우라면 더욱 그러하다.

이산의식에 대한 비판이, 식민적이고 동질화되었으며 동화주의적인 이데올로기를 가지고 민족으로 귀환하려는 충동을 내포할 필요는 없다. 민족에 대한 최근 비판이 새로운 통찰을 가져다 주었지만, 민족의 경계를 지운다면 누가 가장 이득을 보는지에 대한 문제는 거의 다루지 못했다. 그 식민적 경향이 무엇이든, 아마도 민족은 여전히 아래로부터 통제되면서 그 경계 내어 있는 사람들을 보호할 수가 있다.[46] 따라서 사회적 쟁점과 공동체 건설에 헌신한 중국계 미국인들이 이산에 대한 주장이나 민족의 경계에 대한 문제제기를 의심한다는 것은 그다지 놀랍지 않다. 이 경우 역시 지역의식이 근본적인 쟁점인데, 왜냐하면 그 의식이 위로부터가 아니라 아래로부터의 민족 개념을 만들어내기 때문이다.[47]

지역문제를 제기하는 것은 계급, 성, 종족의 차이 등 차이의 문제를 전면적으로 제기하는 것이다. 또한 그것은 정체성에서 역사의 문제를 제기하는 것이기도 하다. 정체성은 다름아닌 역사적이기 위한 정체성이다(다른 종류의 정체성이 존재할까?). 이산의식의 대안적 표현으로 인기를 얻어온 헤게 모니화된 문화적 물화나 '모국'의 위치에 대한 애처로운 집착과는 반대로, 중요한 것은 사람들이 현재의 터전에서 편안하게 느낄 수 있도록 하는 것이다.[48] 이는 사람들에게 자신의 유산을 포기하도록 요구하는 것은 아니다. 그저 그들이 자신의 문화적 정체성이 가진 역사성을 인식하고, 그 정체성이 역사적 충돌 과정에서 변할 수 있다는 사실을 인식하기를 요구할 뿐이다. 인도 작가 파루크 돈디(Farrukh Dhondy)의 말에 따르면, "사람들을 만드는 것은 그들의 유전자가 아니고, 그들의 향수병도 아니다. 그것은 일상적 존재의 상호작용이다."[49]

정체성의 역사성은 결코 투명하지 않다. 왜냐하면 역사 자체가 사회적 위치라는 측면에서 의미가 있기 때문이다. 우리 시대 주요한 현상 중의 하나는 일견 화해할 수 없는 많은 공간들——가장 중요한 것으로는 종족적 공간——로 역사가 파편화된 것이다. 데이비드 로웬설(David Lowenthal)이 말하듯이, 서로 분명한 연계를 갖지 않거나 의식적으로 그런 연계를 거부하는 역사들의 확산이 유산에 의한 역사의 대체, 프레드릭 제임슨(Fredric Jameson)의 더욱 비관적 표현으로는 역사에서 모든 시간적·공간적 의미를 빼앗은 '정신분열증적 유명론'적 상황을 야기했다.[50]

그런 부정적 평가는 적어도 어느 정도는 일관성을 제공했던 유럽중심적 시간성의 붕괴에 기인하지만, 사실상 유럽중심적 시간성 자체가 아니라 역사들에 대한 억압의 댓가로 생긴 것이다. 덜 비관적인 시각에서 보면, 역사의 붕괴는, 이전에는 억압되었지만 이제는 자신의 존재를 주장하기 위해 가시권으로 회귀한 자들이 헤게모니적 역사를 공격한 것이라 생각할 수도 있다. 과제는 이런 파편화에서 어떻게 새로운 통합을 창조할 것인가인데, 이는 헤게모니적 역사만을 통해서 유지될 수 있었던 초기의 통합에 대한 미망을 초월하는 좀더 민주적인 통합을 이루기 위한 선행요건일 것이다. 더욱 중대한 문제는 이 새로운 역사 또는 역사들을 어디에 위치시킬 것인

366

가다. 의심할 여지 없이, 그 노력은 하나의 지점 이상에서 진행되어야만 한다. 그러나 필수불가결한 지점은 지역이다.

이산은 기억되는 어떤 고향 그리고 구체적인 어떤 지역에서의 분산이다. 특정한 출신 지역이 민족의 언어나 이산의 언어 속으로 통합되어도 그 지역의 가시성은 유지되지만, 고향이나 지역은 (적어도 지난 한 세기 동안) 사후에 민족이라는 견지에서 인식된 것이다. 또한 이산이라는 바로 그 사실 때문에 민족과 민족문화를 정의하는 노력이 방해받긴 하지만, 분산된 사람들이 다른 지역사회의 특정지역에 정착하는 것 역시 일국적 견지에서 파악된다. 왕 링즈(王靈智)는 이산적 상황에 대한 중국인의 메타포는 "도착한 곳에서 뿌리를 내린다(落地生根)"라고 말한다.[51] 민족에 대한 편견이 '민족의 땅'에 대해 말할 수 있게 하고 '민족문화'에 동화할 것을 요구하는 반면, 메타포로서 뿌리를 내린다는 것은 민족의 땅이나 문화가 동일하다는 쉬운 전제가 거짓임을 드러내는 구체적 지역을 필연적으로 지적한다. 캐슬린 닐스 컨전(Kathleen Neils Conzen)은 미국에 온 독일이민자들에 대해 "변화가 일어나면서, 문화변용과 동화란 친숙한 개념이 함축하는 질적 전환 같은 것 없이 변화는 진행될 수 있었다. 문화는 종족화보다 더 강력히 지역화—그 용어가 갖는 문자 그대로 식물적 의미에서 토착화—되었고, 일상생활의 구조는 미국사회 내의 일부 광범위한 요소의 구조로 동화되기보다 그들 자신의 유사한 궤도로 근대적 삶의 변형 압력에 대응했다"라고 말한다.[52] 이는 구체적인 지역기반성과 이산적 정체성의 역사성 모두를 지적한다. 제임스 클리퍼드(James Clifford)는 문화적 정체성의 시공성(時空性)을 파악하기 위해 '통로'라는 메타포를 사용한다. 나는 이를 단순하게 '지역을 관통하는 역사적 궤도'라고 표현한다.[53] 지역을 가로지르는 충돌들은 망각과 새로운 취득을 포함한다. 따라서 과거는 지워지지 않고 다시 씌어진다. 비슷하게, 새로운 취득은 새로운 환경으로 사라지는 것을 암시하지 않고, 오히려 미래의 가능성이 확산되는 것을 의미한다.

지역에 대한 관심이 시사하는 것은 정체성의 역사성이다. 컨전이 반대하는 '동화이론'은 비역사적이고 무지역적인 문화 개념을 전제한다. 동화는 한 곳에서 다른 것으로의 움직임을 의미하는 것이다.[54] 사람들은 중국인이면서 동시에 미국인일 수 없고, (그것이 무엇을 의미하든) 중국인이라는 것에서 (그것이 무엇을 의미하든) 미국인이라는 것으로 움직여야만 한다. 따라서 '완전히 미국인'이 되지 못하면, '이중인격'이라는 개념이 만들어질 수 있다. 이 개념은 미국인 되기를 미리 배제할 뿐 아니라 그런 정체성이 그 구성요소의 퇴보를 대변한다는 점을 시사한다. 이 문제를 바로 그렇게 정식화함으로써 우리의 입지에서 보면 당연한 대답인 듯한 것이 미리 배제되는 것이다. 즉 다른 중국인들처럼 되지 않으면서 중국인일 수 있고, 다른 미국인들 같지 않으면서 미국인일 수 있다는 대답이 그것이다. 어느 경우든 역사는 새로운 방식으로 통일되고 분리되는 새로운 정체성의 형성에서 중대한 차이를 만든다.

역설적으로 동화이론에 대한 현재의 비판이 지역과 역사를 무시하는 한, 그것은 비슷한 전제로 마무리된다. 다(多)문화주의는 일찍이 허용된 단일문화주의와는 다르게 잡종성을 평가할 수 있지만, 여전히 비슷한 문화주의적 전제들(잡종적 산물을 만들기 위해 미국성이라는 개념에 접합된 중국성이라는 개념)을 유지하고 있다. 그리고 문화주의가 여전히 차이의 증거에 역행하기 때문에, 여전히 잠재적으로는 종족성 그리고 궁극적으로는 인종의 물화를 만들어낸다. 만약 이산적 물화가 과거의 많은 역사적 유산을 지운다면, 잡종성은 미래를 허용하지 않는다. 어떻게 다른 '잡종성들'이 새로운 문화를 생산할 수 있는지를 명확히 설명하지 않는다면, 추상화된 잡종성은 결국 시간 속에 냉동된 채 문화 사이에 끼어 있는 존재만을 가리킬 뿐이다.

한편 지역의식은 아시아계 미국인들의 문학적 텍스트들 속에서 현저하게 나타난다. 이 저서들에 등장하는 거주자들은 선택이나 필요성에 의해 종족적 공간을 거쳐 이동하지만, 그 종족적 공간은 그 자체로 다양한 공동 거주자들이 존재하는 지역에 위치하고 있다. 고전적 예가 바로 까를로스 불로썬(Carlos Bulosan)의 『미국은 마음속에 있다』(*America is in the Heart*)인데, 이 책은 필리핀 지역에서 시작하여 이내 미국 서부연안의 여러 곳까지 문학적으로 옮겨다니는 저자의 움직임을 추적한다. 지역의식은 하와이문학 내 아시아계 미국인—밀튼 무라야마(Milton Murayama), 게리 박(Gary Pak), 윙 텍 룸(Wing Tek Lum) 같은 작가들이 대표적이다—의 현대문학에서 가장 뚜렷하게 드러나는데, 다른 종족집단의 역사 속으로 파고든 그들은 어쩔 수 없이 하와이인이라는 특징을 지니는 언어를 공유한다. 작가의 문학작품과 그의 더 공식적인 논의 사이에 존재하는 뚜렷한 차이를 보여주는 또 다른 아주 흥미로운 예로는 프랭크 친(Frank Chin)을 들 수 있다. 친의 문학작품은 지역과 중국계 미국인이라는 정체성의 역사성에 상당한 관심을 기울인다. 한편 정체성에 대한 공식적 논의에서 친의 중국적 정체성에 대한 재현은 초기 오리엔탈리즘의 가장 터무니없는 물화와 꼭 들어맞는다. 이 자체가 구체적 일상사의 묘사와, 일상사에서 상당 부분 구성되지간 역사를 초월하는 정체성을 대변하기 위해 일상사를 초탈하는 상상된 정체성 간의 괴리를 보여주는 것이다. 그런 차이는 초민족화와 이산의식이 종족성에 대한 지역 기반적 이해에 영향을 미칠 수 있는지에 관한 흥미로운 문제를 제기한다.

이산적 물화에 대항하여 지역을 강조하는 것은 추상적 의미에서 단지 분석적인 결과들만을 초래하는 것은 아니다. 무엇보다 그것은 지역에 기반한 다른 종류의 정치에 관심을 기울인다. 이산에 대한 과도한 관심이 초래하는 위험한 결과 중 하나가 이른바 이산민들을 당면한 환경에서 멀리 떼어놓아 일상사의 맥락에서 그들을 외국인으로 만들어버리는 데 있다. 만연한 미국사회의 갈등이 상호의심과 인종적 분열을 더욱 부추기는 물화된 정체성 뒤로 물러나기보다는 상이한 이산민들이 서로 대립하도록 한다는 점을 고려할 때, 차이가 교량이 될 수 있는 정치적 동맹과 서로 다른 사람들이 함께 살 수 있는 법을 배우게 만드는 공통의 사회적·문화적 유대를 창출하려는 정치적 프로젝트에 다른 이들을 참여시키는 것이 필요하다.[55] 로스엔젤레스에 사는 한 중국인은 홍콩에 있는 먼 사촌과 이해관계를 공유하기보다는 (두 종류의 관계가 제로썸이란 용어로 이해될 필요가 있다는 것을 함축하지 않으면서) 그/그녀의 아프리카계 또는 히스패닉계 미국인 이웃들과 이해관계를 공유한다. 앞의 주장의 논리를 따르면서, 나는 지역기반의 정치는 그런 목적을 이루는 가장 유효한 수단을 제공한다고 제안한다. 지역기반의 정치는 세계를 가로막는 공동체를 전제로 하지 않고, 상향식 사회를 건설하는 데 관심을 다시 집중시킨다.

지역기반의 정치가 급진적으로 (아마도 비현실적일 정도로 급진적으로) 비춰지지만,[56] 초민족주의를 유토피아화하는 가상의 전지구적 헤게모니에 도전하지 않으면 그 급진적 약속은 이행될 것 같지 않다. 내가 지역(places)이라고 말하는 것은 일부 탈식민주의 문헌에 등장하는 '지역(local) 논의와는 다소 다르다. 탈식민주의 문헌은 지역을 그 논의들을 고무시킨 더 큰 구조와 동떨어진 것으로 보는 경향이 있다. 또한 그 논의들의 구성요소가 되는 (계급이나 성 같은) 범주적 충실성과도 다르다. 따라서 지역을 다시 주장하는 나의 제안은 그런 더 큰 구조에 도전하지 않고, 또 그런 범주적 충실성을 극복하지 않고는 거의 이루어질 수 없다. 구조와 관련이 없다면, 역사성이라는 개념 자체는 개념 자체 이외에는 아무 의미도 없는 뒤범벅된 경험적 현상 속으로 즉각 해체된다. 오늘날 지역을 말하는 것은 지역을 새로운 전지구적 가상이나 초민족적 가상에 대항하도록 하고, 비역사적인 발전지상주의와 무지역적 공간에 대한 물신주의에 대항하도록 하는 것이다.

자유주의적 다문화주의는 다른 문화를 위해 공간을 만들어주는 것을 추구하지만, 자본주의의 구조 내에서 차이를 패권적으로 봉쇄하면서 모든 이에게 공통의 운명을 제공하는 척할 뿐이다. 이는 확장된 문화적 관용의 새로운 요구라는 미명하에 근본적 헤게모니를 영속화할 것이다. 역사 없는 문화주의는 (실제 그렇듯이) 헤게모니를 나눠갖는 데 쓰이겠지만, 또한 헤게모니를 공고히하는 데 쓰일 수도 있다. 초민족화된 지배계급들의 차원에서 바로 그런 헤게모니적 통합이 목격된다는 것은 그다지 놀라운 일이 아닐 것이다. 그 계급들의 문화적 차이에 대한 주장은, 같은 문화주의가 일반 사람들 사이에서는 무서운 갈등으로 종종 나타나는 것과는 반대로 공통의 이익이란 가정과 타협한다. 문화에서 역사로 복귀하는 것은 중요하다. 왜냐하면 바로 역사가 사람들이 어떻게 다른 문화적 유산에 의해서 지역 차원으로 단지 나누어지는지를 상기시킬 뿐 아니라, 공통의 역사와 이익——이것들이 없다면 차이 자체를 이해할 수 없을 것이다——에 의해 통합되는지를 상기시킬 수 있기 때문이다. 이런 차원에서 해결될 필요가 있는 것이 다른 기억들, 즉 다르게 기억되는 역사들만이 아니라 함께 기억되는 역사들이다.

과거와 현재의 차이를 해결하기 위해 역사가 제공하는 가능성과는 다른 이유에서 역사는 중요하다. 현재의 권력구조 내의 헤게모니적인 봉쇄로부터 풀려남에 따라, 다른 과거에 대한 인식은 필연적으로 미래를 다르게 전망할 가능성을 야기한다. 문화를 역사화하는 것——다른 역사적 궤도를 인정하는 것——은 다른 미래와 대화를 시작하는 데 중요한 역할을 할 수 있다. 그 지반들이 제공하는 다른 역사적 가능성을 설명하는 정치적 프로젝트는, 그런 가능성을 토대로 대안적 미래를 상상할 수 있다면, 급진적 전망을 달성할 수 있을 것이다.

또 다른 귀결 역시 정치적인데, 이는 학문적 정치라는 맥락에서 그런 정치적 목표의 실현에는 교육학적 영역이 존재하기 때문이다. 재단의 도움을 받은 이데올로기적 구성체들이 최근 '이산적' 미국학 또는 미국연구에서 종족성을 획득하도록 고무하는 것은 다소간 불행한 일이다. 특히 아시아계 미국인들에 대한 연구의 경우, 요즘 가장 선호되는 선택은 아시아계 미국인 연구를 자신의 연구 분야로 인정하고 그것을 다양한 민족적 구성요소(중국계, 일본계, 필리핀계 등)로 분해하거나, 미국학 또는 아시아 연구로 통합하는 것이다. 각각의 선택은 정치적 전제와 목표에 의해 고무된다. 한 분야로서 아시아계 미국인 연구는 일부 집단의 연구가 다른 집단의 연구를 지배하고 있기 때문만이 아니라 동질화한다는 함축적 의미 때문에도 내부로부터 공격을 받는다. 그러나 그 연구 영역을 분해하는 것은 기꺼이 받아들일 만한 어떠한 해결책도 제공하지 않는다. 그것은 대륙적 동질성을 민족적 동질성으로 바꾸는 것에 불과하기 때문이다. 말하자면 푸져우(福州) 출신의 미국인 연구 대신, 왜 중국계 미국인 연구가 있어야만 하는가? 그리고 왜 푸져우에 대해서는 주저하는가?

한편 아시아계 미국인 연구를 아시아 연구 또는 미국학에 흡수하는 것은 기껏해야 그 연구를 하나의 분야로서 기원사회나 기착사회 연구의 헤게모니 아래 복속시키는 일이다. 표면적으로는 미국학이 아시아계 미국인 연구의 적절한 거처일 듯하다. 아시아계 미국인의 역사는 미국역사에 근거하고 있으며, 미국역사는 아시아계 미국인의 경험에서 구체적인 위치를 계속 차지하기 때문이다. 한편 아시아계 미국인의 역사는 미국의 경계를 넘어 확장되고, 그로 인해 현재 구성되고 있는 미국학의 맥락에 쉽게 수용될 것 같지 않은 특별한 요구사항들——그중 가장 주요한 것은 언어——이 있다는 것 또한 분명하다. 이런 필요성 때문에 일부 학자들은 아시아 연구와 아시아계 미국인 연구 간의 일종의 합병을 옹호했다. 결국 아시아 연구는 아시아계 미국인들의 수가 더 많아졌다는 인식으로 인해 이득을 볼 텐데, 그러한 인식은 이득이 되는 그 결과와 더불어 아시아에 대한 개념을 복잡하게 만들 것이다. 한편 아시아계 미국인 연구가 아시아 연구로 더 긴밀하게 통합됨에 따라, 아시아계 미국인 연구에는, 그 연구의 경계를 확장해온 아시아계 미국인 학자의 숫자가 늘어난 데서 알 수 있듯이, 그 연구를 더 세련되게 수행하는 데 필요한 언어의 학제적 훈련뿐 아니라 출신사회에 대한 좀 더 면밀한 이해가 도입될 것이다. 여기서 우리는 유지 이치오카(Yuji Ichioka), 힘 마크 라이(Him Mark Lai), 말런 홈(Marlon Hom), 싸우링 웡(Sau-ling Wong), 스코트 윙(Scott Wong) 등 몇몇 학자들의 이름을 떠올릴 수 있는데, 이들은 비영어권 자료를 사용함으로써 그 분야의 연구를 더욱 풍부하게 만들어온 저작을 생산했다.

따라서 다른 분야 간의 대화는 바람직할 뿐 아니라 필요하기도 하다. 그러나 합병은 다른 문제다. 특히 정치적 시각에서 바라봤을 때, 이러한 합병 제안의 논거는 함정으로 가득 차 있다. 언뜻 보기에도 아시아계 미국인 연구를 미국학에 흡수시키는 것은 실상 다문화주의라는 미명하에 사라지지 않고 사실상 공고해지는 헤게모니를 영속화할 것이다. 아시아 연구의 경우는 더욱 문제의 소지가 있다. 왜냐하면 내가 앞에서 논의한 그 용어의 함축적 의미에도 불구하고 그 연구에 대한 정당화는 기본적으로 이산적이기 때문이다. 아시아계 미국인 연구의 가장 중요한 특징 중 하나는, 1960년대의 정치적 열기 속에 탄생한 종족연구(ethnic studies)가 그러했듯이 공동체 프로젝트와의 연계를 주장한다는 것이다. 이것이 오랫동안 아시아 연구자들이 아시아계 미국인 연구에서 이탈한 이유였다. 정치적 프로젝트와의 그런 명백한 연계는 학문의 견지에서 그 분야를 의심스럽게 만들었기 때문이다(물론 이는 다른 종류의 정치적 프로젝트와 연계했고, 권력과의 연계로 인해 존경받는 아시아 연구자들에게 적용되지는 않는다). 아시아계 미국인 연구 너에서 아시아 연구자들이 새롭게 관심의 대상이 된 것은 아시아계 학생 수가 폭증해서 갑자기 수요가 생긴 분야의 유리한 전망 덕분이겠지만, 세속적인 어떤 것 덕분이라고 할 수도 있다. 그러나 그런 집단적 모임이 그나마 참을 만한 것은 아시아계 미국인 연구가 초민족화하거나 이산화하면서, 즉 급진적 정치 프로젝트로부터 멀어진 댓가로 명망을 얻었기 때문이다. 최근 아시아연구협회 연례모임의 토론('경계 가로지르기: 아시아계 미국인 연구와 아시아 연구 연결하기'Crossing Boundaries: Bridging Asian American Studies and Asian Studies)은 틈새를 '연결하' 는데, 이는 아시아계 미국인 연구의 쟁점을 제기함으로써가 아니라, (아시아계 미국인과 구별되는) 진정한 아시아계 미국학자라고 인정되는 유일한 참석자 에블린 후–드하트(Evelyn Hu-DeHart)를 패널에 포함함으로써 가능했다. 수록 논문의 제목으로 판단하면, 패널들은 자체의 문제와 패러다임을 지닌 하나의 분야로서 아시아계 미국인 연구가 지닌 통일성과 일관성을 전혀 인식하지 못하고 있음이 드러난다. 그러한 패러다임의 지적·정치적 함의에 대한 인식은 두말할 나위도 없을 것이다.[57] 여기서 위험성(그리고 상당히 현실적인 가능성)은 아시아계 미국인에 한정된 문제들이 일부 모호한 이산의 영역으로 사라지는 데 있다.

교육이 정치와 어느 정도 관련되어 있다면—그리고 정치와 깊이 관련되어 있다면—종족적 분열을 극복하기 위해 밟아야 하는 현명한 과정은 종족연구 프로그램을 강화하여, 우선적으로 종족적 분열을 봉합하고 (공동체에 기반한) 공동의 프로젝트로 그런 봉합을 추구하는 종족연구 프로그램을 정립하는 것이다. 종족연구가 시작된 이후, 정치·교육의 기존 체계가 의심스런 눈으로 종족연구를 바라보았고, 종족연구 역시 내부 분열로 인해 고통을 겪어왔다. 이런 유산들이 극복될 수 있는지는 의문으로 가득 차 있다. 그 유산들이 미국사회와 학문기관의 구조에 깊이 각인되어 있기 때문이다. 역설적인 것은 종족연구가 이데올로기적으로 종족적 분열을 극복하는 데 도움을 줄 수 있지만, 종족 간의 정치적 협조가 종족연구를 신뢰하게 할 만큼 충분한 힘을 우선적으로 발휘하지 못한다면 종족연구는 그렇게 많은 지지를 얻지 못할 것이라는 점이다. 이산 이데올로기의 구성요소인 전지구화 이데올로기는 종족연구의 전망(그리고 존재)를 더욱 침해하려고 한다. 여기서도 지역에 기반한 정치는 이 시대의 이데올로기에 대항함에 있어 무언가를 제공할 수 있을 것이다.

주(註)

1 초민족성에 반하는 지역문제가 상당히 중요하긴 하지만, 이 경우 비평이 완전히 공평하지는 않다. 문제가 되었던 인류학자 니나 글릭―실러(Nina Glick-Schiller)는 초민족적 문화의 동질화와 재계나 정계의 이익이 문화의 동질화를 조종하는 데 대해 일찍부터 비판했던 사람 중 하나다. Nina Schiller, Linda Basch, and Christina Szanton-Blanc, "Transnationalism: A New Analytic Framework for Understanding Migration," *Annals of the New York Academy of Science* 645 (1992), 1~24면. 싱가포르의 학자들은 촤 벙홧(Chua Beng-huat, 蔡明發)과 왕 꿍우(Wang Gung-wu, 王賡武)였다. 홍콩의 학자 슈우 충(Siu-woo Cheung, 張兆和)도 중국인의 잡종성에 대한 그렉 리(Greg Lee)의 발표에 대해 비슷한 반응을 보였다. 다른 곳뿐 아니라 홍콩에서도 자신이 다른 중국인과 다르기 때문에 생긴 차이를 잡종성 같은 개념이 지워버렸기 때문에, 자신이 '침묵'했던 것 같다고 충은 나에게 말했다.

2 이같은 개념의 이중적 측면은 *Ungrounded Empires: The Cultural Politics of Modern Chinese Nationalism*, ed. Aihwa Ong and Donald Nonini (New York: Routledge 1997)에 실린 편집자의 서른과 여러 논문들에서 검토되었다.

3 "Chinese Transnationalism as an Alternative Modernity," in *Ungrounded Empires*, Ong and Nonini, 3~33면, 12면. 길로이에 대해서는 Paul Gilroy, *The Black Atlantic: Modernity and Double Consciousness* (Cambridge: Harvard University Press 1993) 참조.

4 Ong and Nonini, "Toward a Cultural Politics of Diaspora and Transnationalis," in *Ungrounded Empires*, 323~32면, 325면.

5 이에 관한 연구는 아직 전무하지만, 존 황 사건에 관한 자료는 꽤 많다. 존 황을 리아드가와 중화인민공화국에 파렴치하게 연계시킨 뻔뻔스러운 예로는 William Safire, "Listening to Hearings," *New York Times* (13 July 1997) 참조.

6 Paul Gilroy, "'The Whisper Wakes, the Shudder Plays': Race, Nation and Ethnic Absolution," in *Contemporary Postcolonial Theory: A Reader*, ed. Padmini Mongia (London: Arnold 1996), 248~74면, 특히 263면.

7 Ling-chi Wang, "Foreign Money Is No Friend of Ours," *Asian Week* (8 November 1997), 7면.

8 Henry Yu, "Thinking About Orientals: Modernity, Social Science, and Asians in Twentieth-Century America" (Ph.D. diss., Princeton University 1995), 162~89면.

9 Yu, "Thinking About Orientals," 184면에서 재인용.

10 "Entrepreneur Applauds U.S. Money Move," *Hawaii-Tribune Herald* (18 June 1998), 1면, 10면.

11 Dirlik, "Global Capitalism and the Reinvention of Confucianism."

12 Joel Kotkin, "The New Yankee Traders," *INC* (March 1996), 25면.

13 Arjun Appaduari, "Disjuncture and Difference in the Global Economy," *Public Culture* 2, no. 2 (Spring 1990), 1~24면, 15면.

14 이에 관한 중요한 논의로는 Peter Kwong, *Forbidden Workers: Illegal Chinese Immigrants and American Labor* (New York: New Press 1997), 특히 5장 "Manufacturing Ethnicity" 참조.

15 Lisa Lowe, "Heterogeneity, Hybridity, Multiplicity: Making Asian American Differences," *Diaspora* 1, no. 1 (Spring 1991), 24~44면.

16 Yu, "Thinking About Orientals," 229면에서 재인용. 잡종성의 중요성이 약해진다는 점을 강조하는 또 다른 연구로는 William Carlson Smith, *Americans in Process: A Study of Our Citizens of Oriental Ancestry* (1937; rpt. New York: Arno Press and the New York Times 1970).

17 Edward W. Soja, *Third Space: Journeys to Los Angeles and Other Real and Imagined Places* (Cambridge, Mass.: Blackwell 1996).

18 Pnina Werbner, "Introduction: The Dialectics of Cultural Hybridity," in *Debating Cultural Hybridity: Multi-Identities and the Politics of Anti-Racism*, ed. Pnina Werbner and Tariq Modood (London: Zed Books 1997), 1~26면, 1면.

19 Feroza Jussawalla, "South Asian Diaspora Writers in Britain: 'Home' versus 'Hybridity'," in *Ideas of Home: Literature of Asian Migration*, ed. Geoffrey Kaine (East Lansing: Michigan State University Press 1997), 17~37면, 20면, 21면. 로런스 그로스버그(Lawrence Grossberg)는 문화연구 내에서 문화연구를 정체성의 문제와 동일시하는 경향이 증대해왔다고 말하는데, 이는 아마도 잡종성을 추상화하고 보편화하는 것과 상당한 관계가 있을 것이다.

20 Katharyne Mitchell, "Different Diasporas and the Hype of Hybridity," *Environment and Planning: Society and Space* 15 (1997), 533~53면, 537면, 534면 각주.

21 Zygmunt Bauman, "The Making and Unmaking of Strangers," in *Debating Cultural Hybridity*, Werbner and Modood, 46~57면.

22 Iain Chambers, *Migrancy, Culture, and Identity* (London: Routledge 1994), 77면; Jonathan Friedman, "Global Crises, the Struggle for Cultural Identity, and Intellectual Porkbarrelling:

Cosmopolitans versus Locals, Ethnics, and Nationals in an Era of Global De-Hegemonisation," in *The Dialectics of Hybridity*, ed. Pnina Werbner (Cambridge: Zed Books 1997), 70~89면, 77면.

23 Friedman, "Global Crises," 87면.

24 Jussawalla, "South Asian Diaspora Writers," 26면.

25 계급 차이에 대한 논의로는 Leo Suryadinata, "Anti-Chinese Riots on Indonesia: Perennial Problem but Major Disaster Unlikely," *Straits Times*(Singapore) (25 February 1998). 인도네시아 내 중국인 엘리뜨들의 탈출 기획에 대해서는 "Elite Making Contingency Plans to Flee to Australia," *South China Morning Post* (28 February 1998). 이 엘리뜨들 중 일부가 존 황 사건에 연루되었다는 것은 기억해둘 만하다.

26 Friedman, "Global Crises," 81면.

27 Friedman, 같은 글 82~83면.

28 Nira Yuval-Davis, "Ethnicity, Gender Relations, and Multiculturalism," in *Debating Cultural Hybridity*, Werbner and Modood, 193~208면, 202면.

29 페루의 '잡종성'(mongrelity) 정도를 도표화한 것으로는 Robert J. Young, *Colonial Desire: Hybridity in Theory, Culture, and Race* (London: Routledge 1995) 참조. 또한 싼또도밍고 (Santo Domingo)를 비슷하게 목록화한 것으로는 Anthony P. Maingot, "Race, Color, and Class in the Caribbean," in *Americas: New Interpretive Essays*, ed. Alfred Stepan (New York: Oxford University Press 1992), 220~47면, 229면 참조. '정량의 피'에 대해서는 Mariana Jaimes Guerero, "The 'Patriarchal Nationalism' of Transnational Colonialism as Imperialist Strands of Genocide/Ethnocide/Ecocide"(paper presented at Asian Pacific Identities Conference, Duke University, March 1995) 참조.

30 Young, *Colonial Desire*; Jussawalla, "South Asian Diaspora Writers," 34면.

31 그럼에도 불구하고 바바나 소하처럼 추상적 잡종성을 주장하는 이론가들은 벨 훅스(bell hooks)의 상당한 근거가 있는 저작을 언급한다. 훅스는 흑인 페미니스트적 시각에서 그같은 명료화를 찾아낸다. bell hooks, *Yearning: Race, Gender, and Cultural Politics* (Boston: South End Press 1990)에 있는 글들 참조.

32 Jussawalla, "South Asian Diaspora Writers," 35면.

33 Mitchell, "Different Diasporas," 534면.

34 Peter McLaren and Henry Giroux, "Writing from the Margins: Geographies of Identity, Pedagogy, and Power," in *Revolutionary Multiculturalism: Pedagogies of Dissent for the New Millenium*, by Peter McLaren (Boulder, Colo.: Westview Press 1997), 16~41면, 인용은 17면.

35 Pnina Werbner, "Essentialising Essentialism, Essentialising Silence: Ambivalence and

Multiplicity in the Constructions of Racism and Ethnicity," in *Debating Cultural Hybridity*, Werbner and Modood, 226~54면, 226면.

36 리싸 로우가 1960년대 말과 1970년대 초 아시아계 미국인 운동에서 발견한 본질주의가 생각난다. 그 용어가 포함하는 집단이 어떤 종류의 종족적 또는 사회적(계급적, 성적) 동질성도 없다는 아시아계 미국인 급진주의자들의 주장이 담긴 아시아계 미국인 운동 관련 텍스트는 거의 없다. 첫째로 성의 차이를 지우는 것이 있었다면, 그것은 즉각 도전에 직면했다. 한편 그 운동은 아시아계 미국인들에게는 덜 바람직한 것이 되어버린 정치적 목표들을 갖고 있었다. Lowe, "Heterogeneity, Hybridity, Multiplicity" 참조.

37 bell hooks, "Culture to Culture: Ethnography and Cultural Studies as Critical Invention," in *Yearning*, 123~33면. 또한 정체성에서 역사와 지역의 중요성에 대해서는 Stuart Hall, "Cultural Identity and Diaspora," in *Contemporary Postcolonial Theory: A Reader*, ed. Padmini Mongia (London: Arnold Publishers 1996), 110~21면 참조. 홀은 '헤게모니화하는' 종족성의 형태를 잡종성의 형태와 구별하는데, 잡종성의 형태는 변할 수 있지만 그렇다고 잡종성이 종족적 정체성의 중요성을 부인하지는 않는다("따라서 차이는 연속성에 그리고 그와 함께 지속된다" [114면]). 이와 비슷하지만 종족성을 인종과 대조하며 재확인하는 것으로는 Werbner, "Essentialising Essentialism" 참조.

38 Young, *Colonial Desire*, 20~22면.

39 M. M. Bakhtin, *The Dialogic Imagination*, ed. Michael Holquist, trans. Caryl Emerson and Michael Holquist (Austin: University of Texas Press 1981), 358~59면. Young, *Colonial Desire*, 20~22면에서 재인용.

40 Bakhtin, *Dialogic Imagination*, 359~60면.

41 Young, *Colonial Desire*, 21면.

42 Young, 같은 책 22면.

43 Hubert J. M. Hermans and Harry J. G. Kempen, *The Dialogical Self: Meaning as Movement* (San Diego: Academic Press 1993).

44 Hermans and Kempen, *The Dialogical Self*, 93면.

45 Hermans and Kempen, 같은 책 78면.

46 아마도 놀랄 만한 자료로부터 국가를 옹호하는 것으로는 Subcommandante Marcos, "Why We Are Fighting: The Fourth World War Has Begun," *Le Monde Diplomantique* (August–September 1997).

47 유사한 주장으로는 Partha Chatterjee, "Beyond the Nation? Or Within?" *Economic and Political Weekly* (4–11 January 1997), 30~34면 참조.

48 나는 여기서 1997년 11월 초 뉴욕대학에서 열린 학술회의의 제목인 '어디가 모국인가?'

(Where is Home?, 이전에 미국에서 열린 중국인에 관한 전시회의 제목)를 말하는 것이다. 이런 집착은 특별히 자기도취적이고 기만적인 문화연구의 분파에 그 기원을 두고 있다. 모국을 향한 '동경'이 그런 자기도취의 귀결일 필요는 없다. 주싸왈라는 기착사회의 억압적 거부에 대응하여, 새로운 '모국'에서 몇 세대를 거주한 후에도 종족적, 인종적, 문화적 차이가 있는──이러한 경험은 사실 많은 이들의 경험이었다──진정한 정치적, 문화적 시민권을 인정하기 위해 자신의 '모국'에 대한 주장을 옹호한다. 한편 나는 "그 해답은 동화되는 것, 그러나 우리의 특성, 우리의 국적에 대한 관념은 지키는 것이다'라는 그의 대안을 받아들이기 어렵다고 생각한다(Jussawalla, "South Asian Diaspora Writers," 36면).

49 Jussawalla, "South Asian Diaspora Writers," 32면에서 재인용.

50 David Lowenthal, *Possessed by the Past: The Heritage Crusade and the Spoils of History* (New York: Free Press 1995); Fredric Jameson, *Postmodernism, or the Cultural Logic of Late Capitalism* (Durham, N.C.: Duke University Press 1991). 제임슨의 비관주의는 초기 사회주의의 계급정치에 대한 열망과 관련이 있다. 제임슨은 자신이 새로운 사회운동을 묘사하는 데 썼던 표현 그대로, 즉 일찍이 통일되고 일관성이 있던 역사와 정치의 '조각들'(rubbles)로부터 등장한 것으로 현재 진행되는 역사의 파편화를 묘사한다. 이 열망은 새로운 '조각들'의 진보적 가능성을 그가 볼 수 없도록 가린다.

51 Ling-chi Wang, "Roots and Changing Identity of the Chinese in the United States," *Deadlus* (Spring 1991), 181~206면, 199~200면.

52 Kathleen Neils Conzen, "Making Their Own America: Assimilation Theory and the German Peasant Pioneer," German Historical Institute, Washington, D.C., Annual Lecture Series, no. 3 (New York: Berg Publishers 1990), 9면.

53 James Clifford, *Routes: Travel and Translation in the Late Twentieth Century* (Cambridge: Harvard University Press 1997). 여기서 시간의 문제에 집착함으로써, 즉 추측컨대 공간의 문제를 무시함으로써 발생하는 역사에 대한 현재의 불만의 단면을 지적해야 할 것이다. 그것이 그런 종류의 역사에 대해서는 정당한 비판이겠지만, 그런 비판은 역사가들의 실제 실천보다는 19세기의 역사주의와 역사에 대한 개념에 더 많은 관심을 두고 있는 듯하다. 어쨌든 이 역사가들에게는 구체적 개념으로서의 역사성이라는 개념이 시간 **그리고** 공간의 위치와 분리될 수 없다──(소하의 '삼각논리'를 완성하기 위한) **사회적** 맥락 내에서 말이다.

54 헨리 위는 시카고 사회학자들이 '동양인' 주체들의 인생사의 단계를 정적이고 보편적인 범주로 만듦으로써 그들의 경험을 비역사화했다고 주장한다. Yu, "Thinking About Orientals," 185~188면.

55 내가 여기서 접근하는 이산담론이 분열된 결과는 '모범적 소수민족'이란 사고가 갖는 분열의 결과와 비슷하다.

56 그 어려움은 명백하지만, 그렇다고 우리가 그다지 많은 선택지를 갖고 있지는 않은 듯하다. 그녀가 말하는 '횡단의 정치'의 어려움에 관한 민감한 논의로는 Yuval-Davis, "Ethnicity, Gender Relations, and Multiculturalism" 참조. 나는 그 문제와 가능성을 "Placed-Based Imagination: Globalism and the Politics of Place," *Review* 22, no. 2 (1999), 151~87면에서 상세하게 논의했다.

57 '어디서 아시아와 아시아계 미국은 만나는가?'라는 제목의 부수적 원탁논의가 게일 노무라 (Gail Nomura)와 스코트 웡의 참가로 인해 더 전망있는 논의였을지 모른다.

제9장

유산과 프로젝트로서의 과거

__ 토착역사주의 관점에서 본 탈식민주의 비평

유산과 프로젝트로서의 과거

토착역사주의 관점에서 본 탈식민주의 비평

인간은 자신들의 역사를 만들지만, 자신들이 좋아하는 꼭 그대로 만들지는 않는다. 그들은 자신들이 선택한 상황하에서 역사를 만드는 것이 아니라, 직접 맞닥드리고 과거로부터 주어지고 전해진 상황하에서 만든다. 모든 죽은 세대들의 전통이 살아 있는 자들의 두뇌를 악몽처럼 짓누른다.

―칼 맑스, 『루이 보나빠르뜨의 11월 18일』

(*The 18th Brumaire of Louis Bonaparte*)

거의 150여 년이 지난 지금, 맑스의 언급은 과거의 짐에 대한 자유론적 망각과 인간적 동인의 가능성에 대한 결정론적 부정 모두에 반대하며, 여전히 역사성에 대해 가장 설득력 있는 확신을 제공한다. 그러나 내가 이 언급으로 이 글을 시작하는 데는 또 다른 이유가 있다. 사회와 역사에 대한 오늘날의 이론화 중 많은 부분이 맑스의 저작을 기원으로 한다. 하지만 이론에 광신적인 우리 시대에 대항하여, 추상적인 논리가 다시 한번 세계의 증거에 우선하는 듯한 우리 시대에 대항하여, 이 언급은 위안이 될 만큼 상식적이다.

역사성과 상식이라는 쟁점은 모두 이 장에서 다루는 문제와 관련이 있다. 그 문제는 현재의 문화비평과 정치의 역설에서 파생된 것이다. 포스트모더니티/탈식민성에 집착하는 현재의 학계에서, 민족은 '상상된' 것이고, 전통들은 '창안된' 것이고, 주체성이란 (만일 존재하기라도 한다면) 불안정한 것이고, 문화적 정체성은 신화라는 사실은 오늘날 신념의 문제다. 반대의 주장은 '본질주의'로 불리고, 세계에 대한 헤게모니적 구조의 영속화라고 무시된다. 지역화된 구조를 넘어선 문화적 권리 주장의 진정성을 부정하는 것은 현재를 인증하는 과거의 그 어떤 권위도 부인하는 일이 된다. 한 '탈식민주의 비평가'의 말에 의하면, 만약 비평이 철저히 반헤게모니적이려면, 그것은 '역사의 판결을 받은—정복, 지배, 이산, 추방을 겪은—사람들'의 경험으로부터 배울 필요가 있다.

> 〔이런 경험에 대한 인식은〕우리로 하여금 (…) 의미와 가치의 불균등하고 불완전한 생산으로서의 문화와 싸우게 한다. 의미와 가치는 종종 동일한 차원에서 비교할 수 없는 요구와 실천으로 구성되고 사회적 생존의 행위에서 생산된다. (…) 다양한 문화적 경험들을 가로지르는 비슷비슷한 상징들과 (…) 이 상징들이 특정한 맥락상의 위치와 사회적 가치체계 내에서 기호로서 유통될 때, 그러한 각각의 의미 생산의 사회적 구체성을 구별하는 것이 중요하다. 문화 변용의 초민족적 영역—이민, 이산, 추방, 격리수용—이 문화적 번역 과정을 복잡한 형태의 의미화 과정으로 만든다. '민족' '국민' 또는 진정한 '민간' 전통, 문화의 특수성에 깊이 새겨진 신화에 대한 토착적(토착화된) 통합 담론을 쉽사리 참고할 수 없게 된다. 이런 입장은 불안정하지만, 그것의 커다란 장점은 점차 문화의 구성과 전통의 창안을 인식하게 해준다는 데 있다.[1]

마치 탈식민적 주장을 비웃는 어떤 악마적인 구조에 따른 것처럼, 우리는 포스트모더니티의 전지구화에 따라 문화적 진정성이 사라지기보다는 번성하는 것처럼 보이는 이런 주장이 넘쳐난다는 사실을 알게 된다—이 주장은 결국 수백만 명에게 치명적인 결과를 가져왔다. 문화민족주의, 종족주의, 토착주의는 문화정치의 지표로서 전지구적으로 등장했다. 지난 십여 년간 종족성은 계급과 성에 대한 초기의 관심을 가리면서 정치의 중심으로 옮겨왔다. 더구나 문화적 진정성에 관한 주장들에는 현재의 정체성을 위한 토대로 진정한 과거를 발견하려거나 회복하려는 노력이 수반되었는데, 그러한 노력은 '역사의 판결'을 받은 사람들 사이에서 가장 절박하게 이루어졌다.

이런 역설적인 상황에 의해 드러난 가장 기본적 문제는 문화비평과 문화정치의 분리다. 문화비평이 심지어는 과거를 현재의 손에 쥐어진 장난감으로 만들어버렸기 때문에, 과거의 짐은 현재의 정치에 끊임없이 붙어다니며 문화적 정체성을 재주장한다. 이런 상황에 대해서 포스트모더니즘/탈식민주의 비평은 자신의 타당성을 더욱 비타협적으로 주장할 수밖에 없는 듯하다 포스트모더니즘/탈식민주의 지식인들의 관심사 중에서 본질화된 정체성과 진정한 과거를 거부하는 입장은, 과거의 (그리고 '토대적' 구조들을 거부하는 점에서는 현재의) 짐에서 자유로운 '중간적'(in-between) 공간에서 거의 자의적으로 역사와 정체성을 구성할 수 있다고 주장하는 자유론에서 최고조에 이른다. 그러나 역설적으로, 포스트모더니즘/탈식민주의 비평가들은 문화적 정체성을 주장하면서 과거를 불러내려는 사람들이 비슷한 자유를 주장하는 것을 인정하려 하지 않는다. 과거를 구성했다며 그러한 시도 모두를 무시하는 오도된(또는 이데올로기적인) 본질주의로 명명하는 것이다. '역사의 판결을 받은' 집단들이 내부적으로 분리되고 차별화되었다는 것은 특별히 새로운 견해가 아니다. 현재의 역사적 상황에서 새로운 것은, 역사의 판결에 대처하려는 노력, 특히 포스트모더니즘/탈식민주의라는 새 이데올로기를 반박하는 그런 노력들에서 차이라는 미명하에 그런 집단 간의 차이가 지워진다는 점이다. 중간성(in-betweenness)은 인간의 조건으로 보편화되고 과거로 확장되는 과정에서 자연스러워지지만,

또한 피할 수 없는 새로운 종류의 결정론이 된다. 동시에 본질주의라는 꼬리표는 그 원천이나 목적과는 무관하게 전면적으로 확장되면서, 어떠한 의미있는 정치적 판단도 전복하고 비판하는 식으로 문화적 정체성 형성의 상이한 방식을 구분해야 할 필요성을 없애버린다. 이 장에서 내가 다루는 것은 이같은 문화적 정체성 구성의 다른 방식들이 제기하는 문제들이다.

문화적 정체성이 모호하고 그것을 구성하는 역사자료들이 창안되었다고 역설하는 것은 어떤 측면에서는 명백한 무언가를 언급하는 것에 불과하다. 문제는 정체성 구성의 다른 방식들이 지적·정치적으로 무엇을 의미하는가, 그리고 그 방식들이 전제하는 현재와 과거의 관계들을 어떻게 파악할 것인가다. 이 정체성 형성들을 구별하는 데 중요하다고 생각되는 세 가지 문제들을 중심으로 논의는 진행된다. 세 가지는 첫째, 정체성 형성과 권력의 관계는 어떠한가, 둘째, 정체성 형성의 원천인 과거, 즉 역사적으로 인식되는 과거는 자신을 물화시켰는가, 셋째, 그 구성체들은 유산으로서의 과거와 프로젝트로서의 과거의 관계를 어떻게 정립하는가다. 권력의 합법화와 권력에 대한 탈근대적/탈식민적 대응 등 이 문제와 관련된 담론에 대한 나의 비판은 토착주의가 제공하는 시각에 의해 강하게 고무되었다. 내가 보기에, 토착주의는 전세계의 억압받고 주변화된 모든 민족들 중에서 최종적으로 주변화된 민족들이라 생각되는 — 최근에는 제4세계라 명명되는 — 그런 토착민족들의 해방 열망에 대한 이데올로기적 표현이다. 이 논의는 가장 직접적으로는 북아메리카, 작게는 태평양상의 민족들 간의 토착주의적 표현들에 근거를 둔다.

문화적 정체성과 권력

레슬리 마몬 씰코(Leslie Marmon Silko)는 소설 『의식』(*Ceremony*)의

첫 부분을, 자신이 하고자 하는 이야기가 하나 이상이라 것을 독자에게 말해주는 ('의식'이라는 제목이 붙은) 노래가사로 시작한다.

이야기들에 관하여 당신에게 어떤 걸 말해주려 합니다.
[그는 말했다.]
그 이야기들은 오락적인 것만이 아니니,
속지 마십시오.
실상 그 이야기들은 우리가 가진 전부지요.
우리가 열심히 싸워서 뿌리뽑아야 하는 모든 것
질병과 죽음.
당신은 아무것도 갖고 있지 않아요.
만약 당신이 그 이야기를 갖고 있지 않다면 말이죠.

그들의 악마는 강력하지만
그것은 우리의 이야기들에 맞설 수가 없습니다.
그래서 그들은 그 이야기들을 파괴하려고 하지요.
그 이야기들을 혼란스럽게 하거나 잊혀지게 하지요.
그들은 그것을 좋아할 겁니다.
그들은 행복해 할 겁니다.
우리는 그때 무기력해질 테니까요.[2]

씰크의 서사를 추동하는 생각, 즉 이야기들이 현실을 창조한다는 생각에는 탈근대적인 울림이 있지만, 그 의도는 결코 탈근대적이지 않다. 『의식』은 전쟁과 문화적 비일관성에 의해 파괴된 정체성을 옛이야기들의 해방을 통해 회복시키는 것에 대한 이야기고, 이 소설은 하나의 이야기 자체로서 토착민족들을 파괴하는 과정에 담겨 있는 현실과는 다른 현실을 토착민족들을 위해 창조하려고 한다. 구미 역사기술의 왜곡으로부터 토착적 과거를 구제함으로써 토착적인 정체성을 회복한다는 주제는 아메리카원주민들에서 오스트레일리아원주민들, 하와이인들에서 치아빠스(Chiapas) 인디언들에 이르기까지 토착민들 사이에서 공통된 주제다. 하와이인 주권운동의 지도자 하우나니-카이 트라스크(Haunani-Kay Trask)는 그것을 다음과 같이 말한다.

> 직선적이고 진보적인 역사 개념이 부담이 되어, 구미의 문화가 그 진보의 상층부에서 융성한다는 전제가 부담이 되어, 서구인들은 하와이의 역사가 필연적이었다고, 때때로 '원시적인' 하와이식을 누르고 서구 방식들이 달콤쑵쓸하게 승리했지만 필연적이었다고 말해왔다. (…) 우리 역사를 알기 위해 나는 우리의 책들을 치워놓고 토지로 돌아가야 했다. 사람들과 '아이나'(aina, 토지) 사이의 뗄 수 없는 관계를 이해하기 전에, 나는 땅에 타로토란(taro)을 심어야만 했다. 나는 자연의 정신을 다시 느껴야만 했고, 고대의 제단에 식물과 생선을 제물로 가져가야 했다. 내 선배들과 우리의 언어를 말하기 시작해야만 했고, 성장할 지혜를 키우기 위해 오랜 침묵을 버려야만 했다. 그러나 그 모든 것 이전에, 나는 연인처럼 그 언어를 배울 필요가 있었는데, 그럼으로써 그녀와 함께 떠들썩하게 즐기고 밤에는 그녀의 꿈꾸는 팔에 누울 수 있었다.[3]

세계토착민위원회(the World Council of Indigenous Peoples)의 초대 회장이기도 한 크리(Cree)족 소설가 조지 매뉴얼(George Manuel)에 따르면, "토착민들은 한 국가의 원주민들의 후손이고, 오늘날에는 자신들의 영토와 그 영토의 풍요함을 완전히 또는 부분적으로 빼앗긴" 사람들이다.[4] 그들은 또한 "제4세계: 가장자리, 주변부에 있는 세계"로 묘사되어왔다.[5] 아넷 제임스(Annette Jaimes)는 토착주의의 다양한 면을 다음과 같이 묘사한다.

경제적 측면에서 토착민족들은 공동재산, 자급자족, 물물교환, 로우임팩트 (low impact) 기술 사용과 집단생산을 특징으로 한다. (…) 정치적 측면에서 원주민들은 합의과정, 직접적 '참여' 민주주의, 구술로 전해내려온 법률을 특징으로 한다. (…) 사회적 측면에서 그들은 일반적으로 모계사회 대(對) 부계사회 대가족사회 대 핵가족사회, 인구밀도가 낮은 사회 대 인구밀도가 높은 사회라는 점에서 [근대사회와] 다르다. (…) 끝으로 세계관의 차이와 관련해서, 원주민들은 다신론적이고, 자연 질서의 규칙적인 반복과 삶의 주기에서 세계에 다한 이해를 구하고, 자연현상뿐 아니라 동물이나 나무들까지도 영혼을 가진 가념으로 본다.[6]

그렇다면 토착주의의 목적은 구미 역사기술에서 '원시주의'(primitivism)와 관련된 것으로 그려진 토착적 삶의 이런 특성들을 회복하는 것이다. 토착주의에서 근본적인 것은 토지와 토지와 더불어 토착적 정체성을 검증해주는 자연 사이의 특별한 관계가 복원되는 것이다.

'토착 이데올로기'는, 그 주창자들이 주장하는 것처럼, 포스트모더니즘/탈식민주의 비평과 관련된 모든 합의에 도전한다──토착 이데올로기가 토착민들에 대한 식민통치자들의 견해를 반복한다고 말하는 것이 공평할 정도다. 토착 이데올로기는 '진정한' 토착적 정체성의 가능성을 확인할 뿐만 아니라, 토착적 정체성의 토대이자 지역에 따라 길게는 5세기에 걸쳐 경험한 식민주의와 문화적 방향 상실을 견뎌낸 토착적 주체성을 역설한다. 토착 이데올로기는 식민 이전 토착문화의 정수를 회복할 가능성을 믿을 뿐아니라, 이 믿음의 토대를 역사적 시간 밖에 존재하는 영성에서 찾는다. 집단적 정체성을 묘사하기 위해 사용되는 인도인 또는 하와이인이란 그 개념들은 식민통치자들에 의해 창안된 범주들을 당연시한다. 그리고 그런 개념들은 구미인들이 식민화 과정 중에 공간을 재건설하고 다양한 사람들을 재배치, 재규정함으로써 식민지 사람들에게 부과되었다. 토착 이데올로기를 가장 잘 대변한다고 할 수 있는 워드 처칠(Ward Churchill) 같은 이는 이 용어를 사용할 뿐 아니라, 그렇게 묘사되는 집단성이 인도의 국민성이나 민중성을 나타내는 (앞에서 인용한 바바의 용어를 상기하면) '지시대상'이라고 역설한다.[7] 토착 이데올로기는 이같은 다른 방법들을 모두 동원해서 유럽중심적 근대화주의의 타자들이 지닌 특징들, 파비언(Fabian)이 『시간과 타자』(Time and the Other)에서 분석한[8] 그 특징들을 다시 보여줌으로써 '자기오리엔탈화'의 교과서적인 사례를 제공하는 듯하다. 마찬가지로 니컬러스 토머스(Nicholas Thomas)는 오스트레일리아의 '신시대 원시주의'에 대해 다음과 같이 언급함으로써, 토착 이데올로기 일반의 특징인 자기본질화를 잘 묘사한다. "인류의 기원 이래, 인간을 문화적으로 고정시키는 것은 인간이 비역사적 존재이고 변화할 능력이 없으며, 근대성을 헤쳐나갈 능력이 없다는 것을 의미한다. 또한 이 본질주의는 무엇이 적절하면서도 진정하게 오스트레일리아 원주민적인지, 그리고 무엇이 그렇지 아니한지 규정하게 만드는데, 이는 도시의 토착문화뿐 아니라 전통적인 수풀 채집과 긴밀히 연관되지 않은 모든 형태마저 주변화한다."[9]

　토착 이데올로기가 탈식민주의적 입장들이나 포스트모더니즘/탈식민주의 비평과 어느 정도 기본 전제를 공유하는 입장들로부터 비판을 받아왔다는 것은 놀라운 일이 아니다. 오스트레일리아의 저명한 탈식민주의 비평가 개러스 그리피스(Gareth Griffiths)는 "하위계층(subaltern)이 '말하는' 것처럼 보일 때조차, 우리에게 들리는 것이 진정한 하위계층의 목소리인지 아니면 더 큰 담론적 경제 내에서 하위계층이 차지하는 종속적인 위치에 의해 말해지는 것인지는 진정한 관심사다"라며 '하위계층'에 대한 억압에 항의하는 것을 의아하게 생각한다. 계속해서 그리피스는 다음과 같이 언급한다.

　〔내 목적은〕 오스트레일리아나 다른 지역의 원주민들이 그들의 전통적 토

지와 신성한 지역들을 돌려달라고 주장하거나 그들의 전통문화의 목소리들과 실천들을 주장하는 것이 정당한지에 의문을 제기하는 것은 아니라고 말한다. 백인사회의 일반화 경향들과 포섭전략에 저항하는 데 지역성과 특수성이 중요하다는 점에 의문을 제기하는 것도 아니다. (…) 이에 대해 논평하는 것은 내가 할 일이 아니다. 나의 관심사는, 지배적 담론에 의해 채택되고 선언된 진정성에 다한 담론을 통해 그 주장이 매개될 때 그 재현의 효과인데, 그 지배적 담론은 자신의 정당성이 토착민들의 실천이 아니라 우리의 욕망에 근거하고 있는 해석구조 내에서 토착민들에 대해 '말한다'.[10]

비슷하게 그러나 분명하게, 어느 캐나다인 탈식민주의 비평가는 토착적 감수성을 해치는 행위에 대해 거리낌없이 다음과 같이 말한다.

탈식민주의 이론가들은 잡종성과 이질성을 특별한 탈식민적 방식으로 받아들인다. 반면에 캐나다의 일부 본토박이 작가들은 자신들의 이야기에 대한 소유권을 주장하기 위해, 복화술로 이야기되거나 패러디되어서는 안되는 진정성에 대한 그들의 배타적 요구를 주장하기 위해, 탈식민주의 이론가들이 간주한 것이 불경한 전유라며 저항한다. 서구의 정전(正典)을 겨냥할 때, 상호텍스트성, 패러디, 문학적 차용 같은 포스트모더니즘적 기법들은 급진적인 것처럼, 그리고 잠재적으로는 혁명적인 것처럼 보일 수도 있다. 토착적 신화와 이야기들을 겨냥했을 때, 이 똑같은 기법들은 약탈과 도둑질이라는 제국주의적 역사를 반복하는 것처럼 보일 것이다. (…) 나는 자기규정을 주장하고 전유에 저항하는 전술적 전략이라면 그 주장들에 공감을 표시할 수 있지만, 그 주장들은 지속적인 주변성과 궁극적인 사망선고를 받은 문화적 진정성의 관점에 의지하기 대문에 전술적으로도 자멸적임이 입증된다. (…) 역설적으로, 그런 전술들은 토착민들이 현재의 삶이나 완전한 시민성과 단절하도록 조장한다.[11]

니컬러스 토머스는 미국 내 문화연구가 대개 아메리카원주민 문제에 침묵해왔다며, "인종을 다루는 미국 잡지는 식민주의적 갈등과 인종주의에 대해 아메리카원주민들의 투쟁보다는 다른 곳—남아프리카나 영국—에서의 투쟁을 더 많이 참조한다"고 주장한다.[12] 이 논의와 관련하여 주목할 만한 예외는, 하와이 독립운동이 문화적 진정성을 가지고 있다는 주장에 관해 인류학자 조슬린 리네킨(Jocelyn S. Linnekin)이 제기한 문제일 것이다. 1983년에 책으로 출간된「전통 정의하기: 하와이인들의 정체성 변이」("Defining Tradition: Variations on the Hawaiian Identity")란 논문에서, 리네킨은 하와이사회가 내적으로 차별화되었으며(따라서 동질화되지 않았다) 하와이 민족주의의 상징으로 사용되는—하와이인의 해상생활 능력이나 '토지에 대한 사랑' 같은—'전통들'은 창안된 전통이라고 주장했다. 특히 치명적인 주장은 미 해군의 폭격훈련장으로 사용되는 카후라위(Kahoolawe)섬의 전통적 신성함에 대한 문제제기와 지속적인 폭격을 정당화하는 법적 증거로서 해군의 그 훈련을 거론하는 데 대한 문제제기였다.[13]

이제부터는 이 비판이 토착 이데올로기에 대한 충분한 지식에 기초했는지를 다루려고 한다. 이를 위해 식민적 권력구조에서 토착적 자기주장과 그 맥락의 관계를 더욱 자세히 살펴볼 필요가 있다. 지배담론이 토착민에 대해 '말한다'는 그리피스의 우려는, 토착적 정체성의 물화가 지배담론의 전제들을 반복하는 것일 뿐 아니라 그런 물화로 인해 지배사회가 토착주의를 '소비'할 수 있는 길이 열린다는 점에서 중요한 문제제기다. 결국 역사 밖에 있는 사람들은 살아 있는 존재의 일부인 사람들보다 훨씬 쉽게 박물관이나 테마공원에 놓이게 되고, 이국적 문화들은 문화상품의 생산을 위해 미리 마련된 기금을 제공한다는 것이다.[14] 그러나 그리피스가 간과한 것은 더욱 중요한 문제가 그런 물화보다 바로 권력관계라는 점이다. 리네킨의 경우가 보여주듯이, 물화된 과거를 부정하는 것은 마찬가지로 권력에 의해 이용될 수 있다. 오늘날 디즈니(Disney)사는 모든 과거는 창안된 것이거나 구성된 것이므로 자신들의 역사 구성도 다른 사람들의 해석처럼 유효하다는 근거를 들며, 과거나 타자에 대한 자신들의 구성을 정당화한다. 역사적 진실이나 문화적 진실에 대한 탈근대적/탈식민적 부정은 하나의 창안과 다른 창안을 구별될 수 없게 만들어, 과거와 다른 문화들을 상품화하거나 착취하는 일을 더욱 용이하게 만든다고 주장도 가능하다. 진실에 형태를 부여하는 권력구조를 고려치 않고 모든 진실을 '부수적인' 진실로 간주하는 것은 하위계층을 침묵시키는 길을 열어놓아서, 하위계층이 학문적, 상업적 또는 정치적 권력장치들에 의한 '구성'에 저항하여 자신들만의 진정한 정체성을 보호해달라고 요구조차 할 수 없게 만든다.

정체성의 형성에 대한 판단에 있어서 권력관계를 설명하는 것이 얼마나 중요한지는 오늘날 번성하는 문화민족주의의 맥락 내에 토착 이데올로기를 자리매김함으로써 충분하게 예시될 수 있을 것이다. 토착 이데올로기와 문화민족주의는 지적 절차라는 측면에서 공통점이 많다. 이슬람 근본주의로부터 범아시아주의에 이르기까지, 일본의 '일본인성' 이데올로기(니혼진론 日本人論—옮긴이) 주장에서 중국인 사회 내에서의 유교부활에 이르기까지, 최근에 구미세계의 이념적 지배에 대항하여 그같은 근본주의적 민족주의나 문화주의가 부활했다. 이와 같은 부활은 어떤 면에서는 반헤게모니적이다. 하지만 자본주의적 발전에 성공을 거둔 후 갑자기 구미식 발전모델에 도전하는 입장이 되어버린 과거 제3세계 사회에서는 새롭게 등장한 권력이 이를 부추겼다. 또한 그런 발전의 해체적 결과들을 봉쇄하려는 노력에 의해 동기가 부여된 것이기도 하다. 동질화된 문화적 정체성들에 대한 주장은, 한편으로는 세계경제의 성공을 축하하고 다른 한편으로는 '서구' 상품문화의 해체적 위협, 자본주의적 발전에 의해 초래된 사회적 모순, 그리고 국민국가 공간과 민족문화를 동일시하는 데 문제를 제기해온 이산 인구들이 초래한 문화적 혼란을 봉쇄하려고 한다. 그러므로 중국인들 사이에서 유교가 부활한 것은, 유교적 윤리가 막스 베버가 유럽에서 자본주의 등장의 동인이었다고 간주한 '청교도윤리' 보다 우월하지는 않더라도 그와 동등하다고 주장할 만큼 자본주의적 발전의 종국적 성공을 나타낸다. 그래서 '베버화된' 유교가 시간과 장소에 관계없이 중국인성의 지표처럼 보인다. 유교 부흥을 주장하는 사람들이 추진한 '문화 중국'이라는 개념에서는 중국인성을 정의함에 있어 문화적 본질이 정치적 정체성을 대체한다. 동시에 중국계 국가들, 중국계 자본, (주로 제1세계의 제도권에 있는) 중국 출신의 학계 지식인들이 그런 생각을 촉진시키는 데 결정적인 역할을 해온 것이다. 이에 못지않게 중요한 것은, 학문적·상업적 제도와 긴밀히 연관된 미국 내 비중국인 학자들이 이 부흥에 참여해왔고 또 그것을 정당화하는 데 중요한 역할을 했다는 사실이다. 유교는 사회적, 경제적 질서에 도움이 되는 일부 윤리원칙들로 축소되는 과정에서 화합과 사회적 응집력에 대한 강조를 통해 구미 자본주의의 개인주의적 이데올로기보다 우수한 자본주의적 발전의 이데올로기로 해석되어왔다. 사회주의가 바람직하지 않은 사회적 경향들에 대항할 수 있는 윤리적 힘을 잃어버림에 따라, 유교에 대한 이런 해석에 자극받아 1994년 중화인민공화국정부는 유교가 적절한 토착적 대체물이 될 수 있을 거라는 근거 아래 '유교 부흥'을 선언했다.[15] 중국인성의 지표로 자연스럽게 받아들여진 유교는 또한 혁명적 과거의 기억들을 지우는 데 기여한다.

유명한 1993년 논문을 쓸 때, 쌔뮤얼 헌팅턴은 확실히 근본주의와 문화주의적 민족주의가 확산되어가는 흐름을 염두에 두고 다음과 같이 말한다.

세계정치는 새로운 단계로 진입한다. (…) 이 새로운 세계에서 갈등의 근본적 원천이 주로 이데올로기적인 요소나 경제적인 요소는 아닐 것이다. 인류의 커다란 분열과 갈등의 주도적 원천은 문화적인 것일 것이다. 국민국가들은 세계문제의 가장 강력한 행위자로 남을 테지만, 전지구적 정치의 기본적 갈등은 민족과 다른 문명집단 사이에서 일어날 것이다. 문명의 충돌은 세계정치를 지배할 것이다. (…) 냉전의 종식으로 국제정치는 서구적 양상에서 벗어나고, 그 중심은 서구문명과 비서구문명들, 그리고 비서구문명들 사이의 상호작용이 될 것이다. (…) 점차 문명의 정체성이 중요해질 것이고, 세계는 크게는 일고여덟 개 문명들 사이의 상호작용에 의해 형성될 것이다. 거기에는 서구, 유교, 일본, 이슬람, 힌두, 슬라브정교, 라틴아메리카, 그리고 가능하다면 아프리카 문명이 포함되어 있다.[16]

문화본질주의가 토착 이데올로기의 본질주의와 유교 부흥의 본질주의, 또는 토착 이데올로기의 본질주의와 문명들 간의 전쟁이라는 헌팅턴식 본질주의를 구분할 수 있는 명확한 수단을 제공하지 못한다는 비판은 방법론적으로는 정당화될 수 있을 것이다. 그러나 적어도 그 비판은 도덕적으로 무책임하고 정치적으로 음흉하다. '메타포적' 의미에서가 아니라 물질적 의미에서, 정체성에 대한 토착주의적 주장은 대부분 생존을 위한 필사적인 관심사와 연결되어 있다. 미국 내 인디언의 토지나 그 토지들 중 남아 있는 것은 지나간 식민의 과거를 상기시키는 것만은 아니다. 그것들은 처칠이 '방사능 식민지화'라고 묘사했듯이, 아직도 국가와 기업의 파괴 대상들이다.[17] 아넷 제임스에 따르면, 19세기 이래 만들어진 인종차별적 정책들에 따라서 미국 내 인디언의 정체성은 인디언 부족정부가 인정하거나, 인디언 사무국(the Bureau of Indian Affairs)이 특정인이 '인디언 혈통'의 정도인 '정량의 피'('1/4 혈통'으로 정해진 최소한의 자격)를 가졌다고 증명해 주어야만 결정된다.[18] '정량의 피'가 갖는 함의를 '산술적 인종 말살'로 묘사하는 처칠은 다음과 같이 언급한다.

그 생각은 간단하다. 역사가 퍼트리샤 넬슨 리메릭(Patricia Nelson Limerick)이 말하는 것처럼, "피의 정량을 4분의 1로 정하고 이를 인디언에 대한 정의로 엄격하게 규정하면서 여러 세기 동안 그러했던 것처럼 인종 간의 결혼을 진행시키면, 마침내 인디언은 존재하지 않는 것으로 정의될 것이다." 제임스와 리메릭이 행한 연구들의 타당성을 입증하는 것은 1900년에 이 나라 전체 인디언의 대략 반 정도가 '순종'이었다는 사실이다. 1990년에 이르면, 그 인구가 약 20퍼센트 정도로 줄어들었다. (…) 전체 인디언의 1/3은 정량의 피 1/4의 한계지점에 도달했다. 체로키(Cherokee)족의 인구통계를 연구해온 러쎌 손튼(Russell Thornton)은 순수한 인종적인 정의가 지속적으로 강요되는 상황에서, 아메리카원주민은 대략 2080년경에는 사라져버릴 것이라고 예견한다.[19]

문화적 정체성이 그런 상황에서는 '정체성의 정치'에 관한 문제가 아니라 생존의 조건이고, 그 함의는 권력구조와의 관련을 통해서만 이해될 수 있을 것이다. 국가와 자본에 의해 장려되고 있으며 정치적·경제적 권력의 전지구적 구조에서 한 자리를 얻어내려는 '유교적 정체성'과, 권력의 약탈에 대항하여 생존에 필수적인 사회적·문화적 정체성으로서의 토착적 정체성 사이에는 상당한 차이가 있다. 특히 미국 내에서 포스트모더니즘/탈식민주의 비평은 '잡종성과 이질성'을 부적합하게 주장함으로써 그런 차이에 대해 무감각했을 뿐 아니라, 앞에서 인용한 브라이든의 글이 제시하는 것처럼 '탈식민주의 비평가들'에게 허용된 것과는 다르게 과거를 '구성하'려는 모든 노력에 그다지 관대하지 않았다. 사실 브라이든의 '참여해라, 그렇지 않으면 입 닥쳐라는 식의 태도가 토착민들에 대한 식민주의자들의 태도와 어떤 의미에서 크게 다를 수 있는지 알기란 어렵다.[20]

그러나 토착 이데올로기를 중요하게 만드는 것은 그것이 포스트모더니즘/탈식민주의 비평의 실체를 드러내주기 때문이 아니다. 그것의 지적·정치적 중요성은 다른 데 있다. 즉 집단적 정체성에 대한 탈식민적 부정뿐 아니라, 그것을 봉쇄하는 권력구조에 도전하는 다른 역사성을 주장하는 데 있는 것이다. 문화를 물화시켰다고 토착 이데올로기를 비판하는 것은 기껏해야 그것을 불완전하게 읽은 것에 불과하다. 또한 그런 비판은 본토박이 작가들이 말해야만 하는 문화와 역사의 관계에 관한 사항의 복잡성을 은폐하는데, 그 관계는 명백한 문화주의가 시사하는 것보다 훨씬 이데올로기적으로 급진적이다.

문화적 정체성/역사적 궤도

최근 미국 문단에서 유명한 갈등 중 하나가 중국계 미국인 작가들인 프랭크 친(Frank Chin)과 맥신 홍 킹스턴(Maxine Hong Kingston) 간의 갈등이다. 1976년 킹스턴의 『여전사』(*The Woman Warrior*)가 출간된 후, 그 책이 중국인성을 잘못 재현했다고 친이 공격하기 시작했다. 그 공격은 오늘날까지 지속되지만, 이제 에이미 탠(Amy Tan)과 데이비드 황(David Hwang) 같은 다른 저명한 중국계 미국인 작가들도 공격 대상에 포함되었다. 친은 이들 모두가 중국문화를 상투화시켰고, 그가 보기에 그들이 중국 사회에 대한 '선교사들의' 견해를 받아들이면서 중국문화의 실체를 왜곡했다고 비판해왔다.[21]

이러한 친의 공격은 그의 여성혐오적 태도와 이들의 성공에 대한 시기심 탓으로 돌려졌다. 그런 비판에 장점이 있든 없든, 그가 자신의 비판에 정교함을 더하지 않은 것은 그의 명분에 도움이 되지 않았다. 자신의 입장이 유일하게 통용 가능하고 진정한 '중국인'의 입장이라고 주장함으로써 그는 더욱 고립되었고, 불행하게도 그런 주장은 소수집단이 자신들의 종족성을 구성할 때 역사문제에 관해 제기되어야 할 비판을 발전시킬 필요성을 없애 버렸다.[22]

이 특별한 논쟁의 중심은 킹스턴이 중국의 전설을 사용(오용)한 것과 그가 『여전사』에서 중국인 등장인물을 해석하는 데 자유(liberty)—여성의 성격을 노예의 성격과 관련시켰다——라는 개념을 사용한 것이었다. 킹스턴은 자신이 자유라는 개념을 사용했다는 점을 인정했지만, 그것을 문학적 허용이라는 견지에서 설명했다. 친은 이 변명을 받아들이기를 거부했다. 그에게 전설은 함부로 변용되어서는 안되는 문화적 진실을 의미한다. 킹스턴이 중국의 전설들을 왜곡한 정도는 더욱 심각하다. 왜냐하면 출판사의 요구에 따라, 그는 원래의 의도대로 『여전사』를 소설로 소개하기보다는 자서전으로 분류함으로써 자신의 왜곡에 진실의 위상이 부여되는 데 동의했기 때문이다. 그렇게 그는 주류사회의 상투적인 중국인성의 손아귀에서 놀아난 것이다.

킹스턴 자신은 실제로 『여전사』가 중국사회에 대한 묘사로 받아들여져 이국적인 중국이라는 이미지에 공헌하는 것에 유감을 표했다. 이것이 소수민족 문학이 처한 곤경에 대해 우리에게 무언가를 말해줄 수도 있다. 하지만 최근 프레드릭 뷰얼(Frederick Buell)이 말한 것처럼, 그것을 지배사회의 편협함 탓으로만 돌릴 것은 아니다.[23] 중국인성에 대한 킹스턴의 묘사에서 문제가 되는 것은, 중국의 전설이나 중국인 등장인물을 왜곡한 것이 아니라 (이것도 확실히 문제이기는 하지만) 『여전사』에서 과거와의 관계가 재현되는 방식이다. 이 관계를 친이 어떻게 재현했는지와 비교해보면 실마리를 얻을 수 있을 것이다. 친의 작품은 그 관계를 어떤 원초적인 특성과 관련시킴으로써 상투화하고 있다. 여전사로 구체화된 것처럼 킹스턴은 중국문화에서 억압과 이에 대한 투쟁의 지점을 인식하고 있는 데 비해, 실제로 친이 공식적으로 언급한 중국의 문화적 특성 개념은 킹스턴의 개념과는 대조적으로 일면적이라는 점에서 논란의 여지가 있다.[24] 하지만 친은 자신의 소설에서 이국적인 중국이라는 이미지로 전유되는 것에 저항하는 과거와의 관계를 제시한다. 하나의 재현이 전유에 저항하는데 왜 다른 재현은 전유되어야 하는가라는 중요한 문제는 논쟁 전체에서 회피되어왔다.

그런 차이를 이해하는 데 있어서, 중국계 미국인과 중국의 과거 사이의

398

관계를 매개하는 작업에서 역사가 차지하는 역할은 중요하다. 킹스턴이 묘사한 과거는 복잡하긴 하지만 중국적 공간에 귀속된 과거다. 그때 그 공간은 부담이나 전망으로서 중국계 미국인들에게 출몰하지만, 두 경우 모두 다른 시공간에서 나온 유물로서 등장한다. (킹스턴이 현재 속에 존재하는 과거를 묘사하기 위해 유령이라는 메타포를 쓰듯이, 거의 문자 그대로의 의미에서 '출몰한다'.) 친은 자신의 소설에서 중국문화에는 비교적 관심을 갖지 않는다──중국계 미국인과의 관계에만 관심을 가질 뿐이다. 심지어 친은 자신이 이해한 중국계 미국인 문화를 중국문화로 대체한다고까지 말할 수 있다. 그의 재현에서 중국문화와 중국계 미국인 문화의 관계는 동일성의 관계이자 차이의 관계다. 이는 중국의 시간성이 아닌 미국의 시간성에 근거를 둔 역사에 의해 매개된다. 두 재현의 차이는 중국계 미국인들에게 지속적으로 출몰하는 과거의 한 유산으로서의 중국문화, 그리고 환원될 수 없는 미국인성을 재확인하지만 '동화(同化)를 통한 죽음'을 거부하는 중국계 미국인의 정체성을 정의하기 위한 투쟁의 원천으로서의 중국문화, 양자 간의 차이다. 후자의 경우, 단지 과거가 중국의 유령들이 마침내 보이지 않을 만큼 희미해졌을 때 남겨질 유산에 불과한 것은 아니다. 오히려 역사가 중국적인 원천에서 멀어질 때조차 과거는 중국계 미국인의 역사를 창조하는 데 근본적 계기가 된다. 친의 전망을 동화만이 아니라 이국성(異國性)에 저항하게 만드는 것은 그 전망이 중국계 미국인의 역사성을 주장한다는 사실이다. 그 역사성은 미국의 지형 내부에서 과거의 유산을 재구성함으로써 그 궤도를 만들어낸다. 이것이 다름아닌 미국의 역사를 만들어내지만, 동시에 지배적인 역사기술에서 재현된 미국역사──역사에서 중국계 미국인을 배제하고, 그 과정에서 중국계 미국인의 미국인성을 부정해온 역사──와 다르고, 거기에 도전하는 역사성을 공표하는 것이다. 또한 이런 재현에서 주목할 점은, (친 자신의 바람에도 불구하고) 역사에 저항하는 문화적 유산에서 그 역사성이란 측면에서 문화적 정체성 문제를 바꿔 말하는

역사적 유산으로 강조점이 옮겨졌다는 사실이다.[25]

친은 주위 사람들 중 자신만이 유일하게 '진짜' 중국인이라고 주장해왔지만, 그는 모든 중국계 미국인 작가들 중에서 가장 '미국적'이라 할 수 있다. 그리고 그의 작품이 전유에 저항하는 급진주의적 특성을 지니는 것은 그가 중국인성을 강조했기 때문이 아니라 미국인성에 대해 대안적 시각을 제시했기 때문이다. 중국인성에 대한 친의 개념이 얼마나 복잡한지는 그의 소설 『도널드 덕』(Donald Duk)의 다음 대목에서 잘 드러난다.

> 100년 전, 미국 내 모든 차이나타운은 꽝뚱인(廣東人)들 소유였다. 그들은 꽝뚱어를 말했다. 도널드가 알아들을 수 있는 유일한 중국어는 꽝뚱어다. 도널드는 역사선생님인 민라이트(Meanwright) 씨를 좋아하지 않는다. 민라이트 씨는 자신이 도널드 덕보다 중국어에 대해서 많이 안다는 사실을 드러내고 싶어 한다. 도널드는 상관하지 않는다. 그는 중국에 대해서 아무것도 모른다. 그는 중국 표준어를 쓰지 않는다. 그는 차이나타운에 대해서도 별로 관심이 없지만, 민라이트 씨가 차이나타운에 대해 말할 때, 그는 근육이 모두 경직되고 민라이트씨가 입 닥치기를 원한다.[26]

중국계 미국문화는 차이나타운 문화고, 친이 전체 중국문화를 표현하는 환유로서 이 문화를 재현하는 자유를 누렸지만, 그의 주된 관심사는 중국계 미국문화다. 그는 초기부터 중국 출신 미국인들이 중국계 미국인들을 '진정한' 중국인으로 인정하지 않았다는 사실을 인식했을 뿐 아니라, 중국계 미국문화가 중국문화와 혼동되는 것에 대해 불평했다.[27] 흥미로운 것은, 현재의 관점에서 탈식민주의의 행복한 중간지역이 당시에는 아무도 없는 지역처럼 보였다는 점이다. 친과 제프리 챈(Jeffrey Chan)은 당시 중국계 미국인들에 대한 연구에서 널리 퍼져 있던 '이중인격'(섞일 수 없는 '동과 서의 혼합')이란 개념에 대해 다음과 같이 말했다.

이중인격이란 개념은 중국계 미국인으로부터 언어에 관한 모든 권위를 빼앗는다. 따라서 중국계 미국인에게서 경험을 성문화하고 전달하고 정당화하는 수단을 성공적으로 빼앗는다. 중국계 미국인은 외국인이기 때문에, 영어가 그의 모국어는 아니다. 중국계 미국인은 미국에서 태어났기 때문에, 중국어가 그의 모국어도 아니다. 중국 출신의 중국인, '진정한 중국인'으로 인해 중국계 미국인은 자신들이 중국어에 대한 권위를 결핍하고 있다는 사실을 깨닫는다. 백인계 미국인은 중국계 미국인이 사용하는 영어를 언어, 심지어 소수민족의 언어로조차 인정하지 않고, 그것을 잘못된 영어, 즉 하나의 '말투'로만 인정한다. 유기적이고 온전한 정체성, 즉 중국계 또는 백인계 아메리카 그 어느 쪽의 관점에서도 설명할 수 없는 인격이라는 개념은 (…) 이중인격이라는 개념에 의해 배제되어왔다. (…) 언어의 부정은 문화의 부정이다.[28]

이중인격의 실현, 즉 두 문화의 잡종이 아니라 역사적 경험의 산물인 이중인격의 실현은 단지 목표로서만 등장한다(아마 친이 자신의 성격을 묘사하기 위해 '차이나맨'Chinaman이란 경멸적 용어를 지속적으로 사용하여 인종차별적 용법에 역습을 가하는 것은 바로 여기서 비롯될 것이다). 그 경험의 근거는 대단히 미국적이다. 하지만 동화에 저항하기 위해서 그 경험은 중국의 과거에 근거해야 한다. 그때 그 과거의 진정성은 그럴듯한 중국계 미국인의 정체성에 중요한 위치를 차지한다. (친의 다른 글들은 말할 것도 없고)『도날드 덕』같은 소설의 중요한 주제는 미국역사에서 중국인을 지우는 것이다(중국인 노동자들이 쌔크라멘토Sacramento에서 시작되는 철도를 건설하는 데 많은 일을 했지만, 후에 유니언퍼씨픽the Union Pacific 철도가 쎈트럴퍼씨픽the Central Pacific 철도와 만나는 유타Utah 주의 프로몬터리 써미트Promontory Summit에서 찍은 사진에는 문자 그대로 그들이 존재하지 않는다). 목표는 그 역사를 백인사회의 그림자가 아닌 중국의 역사로 복원하는 것이다.

　　"미국인이 되기 위해서는 중국인이 되는 것을 포기해야 한다고 믿는 마지막 미국 태생의 중국계 미국인이 도널드 덕일지 모른다고 나는 생각한단다." 아빠는 말한다. "이 새로운 이민자들이 그것을 증명하지. 그들은 본래 꽝뚱인이고, 중국인이 되기를 원하지 않았단다. 중국이 남쪽을 정복했을 때, 이들은 더 남쪽인 베트남, 라오스, 캄보디아, 타이로 갔단다. 그들은 프랑스어를 배웠고, 이제는 영어를 배우고 있지. 그들은 아직도 자신들의 꽝뚱어, 자신들의 베트남어, 라오스어, 캄보디아어, 프랑스어를 쓰고 있단다. 그들은 무언가를 포기하는 대신 추가했던 것이지. 그들은 자신들이 아는 다른 모든 것들에 미국을 포함시켰단다. 그리고 이것이 나같이 미국에서 태어난 사람보다 강하게 만든단다. 중국에 대해 알려고 전혀 애쓰지 않는 사람들이 있는데, 그들은 자신들이 아는 모든 것이 양키가 만든 완전한 미제라면 다른 사람들이 자신들을 중국인으로 오인하지 않을 거라고 굳게 믿고 있는 사람들이란다."[29]

　『도널드 덕』에서는 전설적인 중국의 영웅들이 철도 현장감독으로 등장하고, 중국소설 『수호전』에 나오는 108명의 무법자들이 '천상의 유령 승객' 비슷하게 등장하여 도움을 준다.

　정체성의 역사성으로 인해 정체성이 덜 온전해지지도 않고, 과거의 구성성으로 인해 역사의 형성 과정에서 정체성이 덜 중요해지지도 않는다. 각 세대는 역사를 다시 쓰겠지만, 이전 세대의 과거 구성을 그 세대의 역사적 유산으로 받아들이는 조건으로 다시 쓴다. 특히 주변화되고 억압받은 사람들의 역사는 권력에 의해 지워진만큼, 그들에게는 자신들을 역사적으로 가시화하기 위해 과거를 복구하거나 다시 만드는 일은 중요한 작업이다. 왜냐하면 자신들을 가시화하려는 바로 그 노력이 역사적 정체성을 전제로 하기 때문이다. 그들의 역사성을 부인하는 '역사학적 식민주의'에 직면하여 역사적 가시화라는 목적을 위해서는, 역사의 진실, 즉 억압과 그에 대한 저항의 진실을 포착하는 일은 식민 이전의 과거를 끊임없이 참조할 것을 요구하는 근본적인 과업이다.[30] 그러나 정체성을 위한 투쟁에 관여하는 사람들이 과거를 비역사화하거나 물화시킬 여지가 가장 적다는 것 또한 사실이다. 왜냐하면 그 투쟁은 항상 현재를 위한 투쟁이고, 과거의 유산만이 아니라 현재의 문제도 다루어야 하기 때문이다. 그렇다면 문화적 정체성은 바로 문화적 정체성 자신이 고무하는 투쟁의 지대다. 물화되었건 잡종화되었건 또는 역사화되었건, 문화적 정체성에 대한 대안적 해석들에 부과된 의미는 그 맥락을 제공하는 투쟁의 전체성에서 분리될 수 없다. 유교 부흥, 중국에 대한 킹스턴의 페미니스트적 구성, 친의 종교적·문학적 민중 전통의 활용, 이 모두는 중국인성을 다르게 해석하지만, 또한 모두 문화와 역사의 관계에 대한 다른 함의를 갖고 있다. 그리고 사회적·정치적 권력에 대한 다른 관계를 함축하기도 한다.

친은 과거를 활용함으로써 문화적 구성이 (중국인과 미국인 둘 중의 하나인) '제로썸' 과정이나 (중국인도 아니고 미국인도 아닌) 잡종성 또는 중간성의 문제가 아니라, 과거의 유산과 현재의 환경 사이에 일어나는 변증법적 상호작용이 문화적 정체성들을 만드는 역사적 생산과정임을 설득력 있게 예시한다. 그 문화적 정체성들은 역사적이기 위해 적잖이 통합되고, 과거의 유산에 의해 형성되지만 과거의 의미를 변형해본 경험이 증가함에 따라 자연적으로 변화의 궤도를 끌어낸다. 이 과정에서 지역의 경험은 차이와 통합의 힘을 생산하기 위해 구조적 맥락과 상호작용한다. 문화본질주의는 그저 문화의 본질들을 규정하는 것으로 구성되지는 않는다. 그것은 문화와 역사의 단절을 필요로 하고, 그럼으로써 그 본질들은 문화적 정체성의 실재와 거의 관계가 없는 추상적 지표 역할을 하게 된다. 역설적으로 문화적 순수성과 잡종성이라는 개념은 서로 비슷하게도 문화적 본질주의를 전제로 한다. 문화의 역사성을 인정하는 관점에서 볼 때, 본질주의 문제는 상당히 부적절하다. 이런 의미에서, 문화적 순수성에 대한 주장뿐 아니라 잡종성 또는 중간성에 대한 주장들도 똑같이 문화주의적이다. 왜냐하면 문화의 공간성과 시간성을 거부하기 때문에, 그리고 과거와 현재 사이의 관계가 지닌 시간적 복잡성 문제를 공간적 차이로 해석하기 때문이다. 결과적으로 보면, 그런 문화주의에 대항하여 문화를 역사화하는 것은 문화적 공간이나 중간적 공간에 대한 다른 주장과는 달리, 문화적 통일성에 대한 전제들은 말할 것도 없고 문화적 다원주의 내에 포함될 수 없는 다른 역사들에 대한 요구에 길을 열어준다는 점에서 상당히 급진적이다. 따라서 전유에 저항하기 위해 문화를 역사화하자는 주장은 급진적이다.

중국문화를 역사화하는 친의 설명은 또한 역사의 새로운 지형에서 중국문화를 토착화하려고 한다. 그 지형에서 중국문화는 지배문화의 요구에 도전한다. 그러나 중국문화의 요구 자체는 다른 정착민들의 요구와 대립하는 일개 정착민 집단의 요구일 뿐이다. 즉 역사에 대해서 한 정착민 집단이 또 다른 정착민 집단과 동등한 요구를 할 수 있다는 것이다. 미래에 대한 대안적 전망이 있기라도 한다면, 이 대안적 역사에 무엇이 새겨질지는 불분명하다.

여기가 토착 이데올로기의 급진주의가 등장하는 지점이다. 친이 중국인성을 새로운 역사적 위치로 토착화한다면, 토착 이데올로기는 새로운 역사적 상황에 직면해서 토착주의를 역사화하지만 토착주의의 지형학적 주장과 그런 지형학에 깊이 새겨진 대안적 삶의 방식을 인정하지는 않는다. 다른 말로 하면, 토착 이데올로기는 다른 역사를 주장할 뿐 아니라 시간성과 공간성을 구별하기를 거부함으로써 정착민들이 촉발한 바로 그 역사 개념을 거부한다. 나는 앞에서 토착 이데올로기가 역사 개념을 거부하는 것을 단순히 문화본질주의 탓으로 돌리는 관점이 충분하지 않다고 말했다. '이질성과 잡종성' 개념을 고집하는 비평가들은 문화적 정체성을 긍정하는 모든 관점을 비역사적 문화본질주의로 간주하는데, 이들과는 반대로 토착적 목소리들은 변화에 상당히 개방적이다. 그 목소리들은 문화적 순수성이나 지속성이 아니라 자신들만의 특정한 역사 궤도의 보존을 주장한다. 그러나 이 경우, 그 궤도는 지형에 훨씬 더 밀접하게 기반한다. 그리고 정착민들의 역사들을 안내해주는 시간성 개념과 어긋난다.[31]

썰코가 다음과 같이 말할 때는 친의 주장을 되풀이하고 있는 듯하다.

> 오늘날 사람들은 의식(儀式)에 대한 어떤 관념을 갖고 있다. 그들은 의식이 과거와 항상 똑같이 진행되어야 한다고 생각한다. (…) 그러나 의식이 거행되기 한참 전부터 그 변화는 시작됐다. (…) 세대를 거치면서 다른 목소리로 노래를 부르기만 한다면 말이다. 사실 여러 면에서 그 의식은 항상 변화해왔다. (…) 한때는 과거 그대로 거행되는 의식이 당시 세계의 관례에서 충분했다. 그러나 백인들이 온 후로는, 이 세계의 구성요소들은 변하기 시작했다. 그리고 새로운 의식을 창조해야만 했다. (…) 변화하지 않고 성장하지 않는 것들은 죽은 것들이다. 그것들은 마법사들이 원하는 것들이다. 우리가 과거 방식의 의식을 고수하면 그 의식의 힘이 승리하여 그 사람들은 더 이상 존재하지 않을 것이라는 생각, 그것들이야말로 마법이 의지하고 있는 것들이다.[32]

변호는 필요하다. 그러나 그것은 의식의 역사 내에 봉쇄될 것이다. 그 경우 그 의식은 토지와 분리될 수 없다. 썰코의 서사는 영구적인 것과 한시적인 것의 공존에 대한 확인, 즉 영구적인 타당성에 대한 감수성과 그 감수성을 유지하는 데 필요한 변화들에 대한 확인이다. 인디언들은 둘 모두에 책임이 있다. 영구적으로 타당한 것을 위협하는 존재인 백인을 '창안한' 것은 인디언의 마법이다. (이를 빌미로 백인들을 비난하는 대신) 인디언들이 백인을 창안한 행위는 인디언들의 운명에 대한 책임이 바로 그들에게 있다는 것을 시사하지만, 그것은 백인들을 본질적으로 인디언들의 역사의 피조물로 만듦으로써 역사기술적 관계를 역전시킨다.[33] 인디언들은 마법을 극복해야만 삶을 유지하는 데 필수적인 감수성을 회복할 수 있는 것이다.

이렇게 인식된 토착주의는 (이런 관점에서는 종족성과 마찬가지로) 하나의 유산이자 프로젝트다. 장—뽈 싸르트르(Jean-Paul Sartre)는 『방법 모색』(*Search for a Method*)에서 문화주의의 '결정론'을 반박하면서 다음과 같이 말한다.

그 프로젝트는 객관성을 향한 객관성의 주관적인 극복으로서 환경의 객관적 조건과 가능한 영역의 객관적 구조 사이에 펼쳐지며, 그 자체로 활동의 중요한 결정요소인 주관성과 객관성의 통합 움직임을 나타낸다. 그때 주관적인 것은 그 객관적 과정에서 필수적인 계기로 등장한다. (…) 그 프로젝트만이 객관성의 두 계기를 매개해서 역사를, 즉 인간의 **창조성**을 설명할 수 있다.[34]

싸르트르가 지적하는 것처럼, 그 프로젝트는 '동시적이고 이중적인 관계'를 포함한다. "주어진 것과의 관계에서 **실천**은 부정이다. 그러나 항상 수반되는 것은 부정의 부정이다. 의도된 목적과의 관계에서 **실천**은 긍정이지만 그 긍정은 비존재에, **아직 존재하지 않았던** 것에 개방되어 있다."[35]

워드 처칠 같은 토착주의자에게 토착주의는 '부정의 부정'이다. 그러나 토착주의는 "인디언들의 미래를 위해 가장 살아있는 그리고 전망있는 것"을 주장한다.[36] 토착주의의 의미에 대해 처칠은 다음과 같이 이야기한다.

내 말은, 나 자신이 토착민들의 권리가 내 정치인생에서 최우선적인 것이라고 여기는 사람이며, 전세계적으로 원주민들이 수천 년에 걸쳐 발전시켜온 전통들——지식체계와 이에 상응하는 가치규범들——에 의지하는 사람이라는 뜻이다. 이것이 내가 현재의 사회적, 정치적, 경제적, 철학적 현상유지를 비판할 뿐 아니라 그에 대한 대안들을 개념화하는 근거다. 역으로 이는 내가 추구하는 목적과 목표 같은 것들, 내가 동조하는 전략과 전술 같은 것들, 내가 지지하려

는 여러 투쟁들, 내가 참여하려는 동맹의 성격 등을 형성한다.[37]

이런 토착주의의 출발점은 현재고, 그 목표는 지나간 과거를 부활하는 것이 아니라 새로운 미래를 창조하기 위해 과거에 근거를 두는 것이다. (이런 이유로 처칠은 '인디언'이라는 용어의 식민적 기원을 충분히 알면서도 그 용어를 사용한다. 프랭크 친이 '차이나맨'이란 용어를, 트라스크가 '하와이인'이란 용어를 쓰는 것도 마찬가지다.) 더구나 토착주의의 범위를 설정하면서, 처칠은 매우 현재적인 도전들, 이를테면 계급, 성차별, 동성애 혐오 같은 문제들도 설명하려고 애쓴다.[38]

마찬가지로, 아넷 제임스는 토착주의를 "21세기의 문턱에서 미국 인디언의 정체성에 대한 기본 개념들을 (⋯) 손질하는 것"으로 묘사하고, 트라스크는 대부분의 본토박이 작가들처럼 하와이 독립을 억압받는 세계인들의 투쟁과 연계시킨다.[39] 알버트 웬트(Albert Wendt)와 에펠리 하우오파(Epeli Hau'opa) 같은 태평양 작가들의 경우도 마찬가지다. 그들은 원주민의 정체성과 역사를 되찾으려는 노력은 식민주의가 야기한 역사적 변화를 인식하면서도 식민주의에 반대하는 투쟁에 의해서만 진행될 것이라는 점을 재확인했다.[40] 유럽중심주의와 식민주의를 극복하려는 노력은, 구미의 식민주의가 핵심적 부분이었던 얼마 되지 않은 과거를 인정하고 구미의 지배가 엄연한 현실이었던 역사를 통과한 정체성을 전제한다.[41]

그러나 여기서 근본적으로 중요한 (그리고 이 주장을 탈식민주의와 구별해주는) 관점은 식민통치자들과 식민지 사람들을 통합하는 공동의 역사는 분열의 역사였다는 인식이다. 식민통치자들은 통합으로서 경험했을지도 모르는 일이 식민지 사람들에게는 원주민적 정체성의 억압적 부정으로 경험된다. 별개의 역사성에 대한 요구는 이런 분열감에 의해 추동된다. 즉 '역사기술적 식민주의'로부터 본토의 역사를 해방시키기 위해서 필요한 것은, 식민 이전의 과거에 대한 기억들을 부활시키는 작업뿐 아니라, 식민 이전의 과거가 어떻게 억압되었고 그러한 과거가 식민주의에 대한 과거의 투쟁을 어떻게 고무시켰는지 기술하는 작업이다. 오스트레일리아의 본토박이 작가 무드루루 나로긴(Mudrooroo Narogin)은 다음과 같이 말한다.

일부 오스트레일리아원주민들이 선언했듯이, 과거는 끝났고 또 잊혀져야 한다고 선언해봐야 소용없다. 그 과거는 단지 200년 전 과거일 뿐이다. 오스트레일리아원주민들에게 그 과거는 너무나 가깝게 여겨져서, 그들은 그 과거와 과거의 영향을 무시할 수 없다. 오스트레일리아원주민들은, 자신들이 직면한 문제 중 대다수가 아직도 자신들 내부에 살아 있는 과거에 근거하고 있다는 사실을 깨달아야만 한다. 이 사실을 인식하지 못한다면, 그들은 지속적으로 발생하는 자기 파괴적이고 공동체 파괴적인 행동들을 단지 실업, 나쁜 주거환경, 열악한 위생상태 탓으로 돌리며, 이것들이 일단 제거되기만 한다면 모두 좋아질 거라고 여길 것이다.[42]

무드루루는 역사에 대한 투쟁이 더 이상 식민통치자들과 식민지 사람들 간의 투쟁이 아니라 식민지 사람들 사이의 투쟁, 가까운 과거를 잊으려는 사람들과 그 과거를 기억해야 한다고 주장하는 사람들 간의 투쟁임을 보여준다.[43] 가까운 과거를 기억해야 한다고 주장하는 것은 식민 이전의 문화적 지표들을 물화시키는 것과 구별된다. 따라서 그런 주장은 현상유지가 문화적 다양성과 차이의 관점에서 재정의될 때조차 현상유지를 근본적으로 위협한다. 질리언 카울리쇼(Gillian Cowlishaw)가 말하듯이, "4만 년의 역사, 그리고 토지와의 정신적 유대가 불의를 고발하거나 평등을 위한 투쟁 과정에서 얻은 옛 상처를 진열하는 것보다 더 동정적인 발언 기회를 얻는다."[44] 그 이유는 그렇게 복잡하지 않다. 즉 식민 이전의 과거를 물화하는 것이 원초적 전통과 가까운 과거의 투쟁에 근거를 둔 대안적 미래를 건설해야 한다는 주장보다 훨씬 쉽게 문화적 다원주의 내부에 수용될 수 있기 때문이다.

408

그 차이란 사회적·정치적·경제적 현 상황에 도전하지 않으면서 동화를 용이하게 해주는 다문화주의와, 현존하는 관계의 전체성 및 그 관계를 정당화하는 역사의 미래에 의문을 제기하는 다역사주의(multihistoricalism) 간의 차이다.

더구나 역사에 대한 토착적인 도전은 '메타포적'이지 않고 매우 물질적이다. 토착적 정체성의 기초로서 토지와의 특별한 관계를 주장하는 것은 정신적인, 즉 생태적 감각의 확인하는 것일 뿐 아니라, 식민주의적 또는 탈식민주의적 공간배치의 변혁을 요구하는 것이기도 하다. 다시 말해, 토착주의는 상이한 종족성 간의 관계에 도전할 뿐 아니라, 사회적·정치적 관계에 궁극적인 맥락을 제공하는 경제체제, 즉 자본주의 또는 국가사회주의에도 도전한다. 이런 도전 속에, 토착주의가 사회적 변화에 대한 다른 급진적 주장에 개방될 가능성이 존재한다. 다문화주의는 비역사적인 문화적 지표들을 통해 인식되는 다중의 종족성이 공존한다는 것을 전제하면서 종족성을 사회적 삶의 결정원리로 격상시키지만, 정치·경제체제 전체에 관해서는 별다른 언급을 하지 않는다. 다문화주의와는 달리 토착주의적 주장의 역사성은 열린 결말을 가진 프로젝트의 구상을 가능하게 한다. 식민적 과거의 유산이 이데올로기적으로만이 아니라 물질적으로도 지워지자마자 그 같은 프로젝트는 진정한 공동의 역사를 약속한다.

결론

하와이 독립운동에 대한 조슬린 리네킨의 비평을 비판하면서, 제프리 토빈(Jeffrey Tobin)은 정치적 운동과 그 운동에 의한 원주민적 정체성 구성을 평가할 때는 맥락에 더 많은 관심을 두라고 요구했다. 그는 "억압을 자연스럽게 만드는 담론과 저항을 자연스럽게 만드는 담론을 구별하는 작업은 중요하다"고 지적한다.[45] 비슷하게 제임스 클리퍼드(James Clifford)와 에드워드 싸이드(Edward Said)의 '본질주의' 비판에 대응하여, 니컬러스 토머스는 다음과 같이 언급한다.

> 이 비판들이 간과하는 것은 (…) 휴머니즘과 본질주의가 서로 다른 맥락에서 얼마나 다른 의미와 영향을 갖는가 하는 문제다. 클리퍼드는 그 문제를 그저 지적인 문제로 취급한다. 즉 차이와 잡종성은 인간의 동일성이나 제한된 형태들을 주장하는 근거라기보다 전지구적으로 일어나는 문화적 전환이란 현재 상황을 분석하는 근거로 더욱 적절하다는 것이다. 나는 동의하지만, 이것이 본질주의 담론을 사용하는 사람들에게 영향을 주지는 않는다. 그들의 프로젝트는 분석보다는 동원(mobilization)과 관련이 있기 때문이다. 정치적 프로그램이나 정부 이데올로기로서의 본토주의(nativism)가 대체로 유해했다고 싸이드는 주장할 수 있겠지만, 단지 본토주의적 의식이 비역사적이기 때문에 그리고 무비판적으로 식민적 상투화를 재생산하기 때문에 그것이 바람직하지 않다고 여겨져서는 안된다. 주요한 문제는 이것이 학문적 (그리고 아마 틀림없이 종족 중심적) 기준을 비학문적이고 비서구적인 재현들에 부과한다는 것이 아니라, 역설적으로 그것이 정치를 획일적으로 몰아감으로써 본토주의를 본질화한다는 것이다.[46]

또한 토머스는 "본토주의적-원시주의적 이상화가 즉각적 관심사에 의해 보완되고, 치명적-충격적 서사에 대한 제국주의적 향수를 단순히 되풀이하는 것을 넘어선 역사로 표현되는 한 (…) 그것은 생산적일 수 있다"는 점을 인정한다.[47]

역설적으로 역사에 대한 탈식민주의적 주장을 강조하는 것은 '이질성과 잡종성' 이데올로기에 숨어서, 지역적인 것을 결코 구별하지 않으려는 그 심각한 비역사성을 은폐한다. 그런 주장은 '정체성 정치' 차원의 억압을 제외한 다른 억압에 저항하는 능력을 무력화하는 주장이기도 하다. 과거가 창안되었다거나 구성되었다는 주장이 탈식민주의 자체가 창안되었다는 아주 예리한 자기인식에 수반되어서는 안되고, 리네킨의 경우에서처럼 오히려 공평무사하게 진실을 추구해야 한다는 주장에 의해 가려져야 한다는 점은 역설적이다. 이런 시각에서 보면, 탈식민주의 자체가 어떤 제한된 집단의 타고난 자질을 영원한 인간의 조건으로 물화시키는 여러 프로젝트 중 하나인 듯하다.[48] 그러나 이 경우, 그것은 미래가 없는 프로젝트고, 종족의 주변부적 존재—자신의 주변성을 극복하려고 노력하지만 그 노력이 즉각적으로 비난받는 그런 주변부 사람들을 포함한—에 대한 배려 없이 모든 사람들을 비난하는 프로젝트다.

정체성 구성에 대한 평가에서, 정치적 맥락에 더 많은 관심을 기울이도록 요구하는 것은 사소하다고 할 정도로 상식적인 일이다. 불행하게도 상식은 전혀 투명하지 않고 이데올로기적 전제들로 넘쳐난다. 정체성에 대한 포스트모더니즘적/탈식민주의적 문제제기는 그 자체가 꽤나 상식 밖이다. 그 문제제기가 지적으로 반대의 결과를 가져오고 정치적 대안들의 가능성을 없애버려서 정치적으로 궁지에 다다르게 된 것은, 자신의 전제들로부터의 이탈을 허용하지 않을 만큼 그것이 일반화되고 보편화되었을 때다. 정체성의 구성성 또는 역사의 구성성에 대한 예리한 인식이 정치적·도덕적 선택을 더욱 복잡하고 어렵게 만들었을 수도 있다. 하지만 선택의 필요성을 제거하지는 않았다. 포스트모더니즘은, 테리 이글튼(Terry Eagleton)의 말을 빌리면 패배의 이데올로기거나 아이자즈 아마드의 말을 빌리면 '계급의 문제'일지 모른다. 그 어느 경우에도 포스트모더니즘은 단지 우리 시대의 조건에 불과한 것들을 일반적인 분석원칙 내지 정치원리로 물화한다.[49]

나는 최근의 어떤 글에서, 현재의 정치에서 토착주의가 전지구적으로 중요한 패러다임이 될 수 있다고 시사했다.[50] 이 언급의 의미가, 신시대(New Age) 토착주의에서 말하는 것처럼 토착주의가 미리 준비된 유토피아를 제공한다는 것은 아니다. 토착주의를 옹호하는 토착민 출신의 연구자들은 토착사회의 다음과 같은 문제들을 잘 알고 있다. 우선 자신들의 사회가 수세기에 걸쳐 식민주의에 의해 탈조직화되었고 식민주의의 정치적·문화적 특권들에 따라 재조직되었으며, 그로 인해 토착적 정체성이 총체적으로 혼란스러워져서 그 혼란을 극복하려면 무수한 노력을 쏟아부어야 할 뿐 아니라 그 혼란으로 인해 사회적·정치적 분열마저 야기되었다. 또한 그들의 문화가 관광산업과 신시대 문화소비주의에 지속적으로 잡아먹히고 있으며, 거기에 종종 토착민 스스로가 공모하기도 한다. 마지막으로, 물질적·정신적 생존 둘 다에 중요한 토지 회복의 꿈은 그야말로 일장춘몽에 불과하다는 것이다.[51] 토착민 작가들이 역사의 과정을 '실제 그랬던 상태대로' 회복해야 한다고——자신들에게——주장하는 것은 그들의 사회가 이와 같이 역사적으로 심각하게 파괴되었다는 인식에서 비롯된 것이다. 토착민들은 역사에서 배제되어 '비역사화'되었기 때문에, 어떤 과정을 거치며 그들이 역사에서 지워진 것인지를 자료와 함께 세심하게 정리하는 작업은 더욱 필요해졌다.[52]

별개의 역사를 주장하는 것 자체가 문제가 없는 것은 아니다. 특히 지식을 종족화하거나 생물화하는 경향으로 인해, 세계에 대한 공통된 이해 가능성뿐 아니라 공통된 정치적 프로젝트의 가능성마저 위협받고 있는 오늘날에는 더욱 그러하다. (여행객이나 인류학자가) 토착문화를 잡아먹을 가능성이 매우 크지만, 바로 그런 현실이 토착 프로젝트를 비토착 프로젝트에서 분리시킨다는 사실은 여전하다. 정체성에 관한 논란이 내부자들에게 개방되어 있는 영성을 둘러싸고 진행되었을 때는 특히 더하다.

그럼에도 불구하고 토착주의가 토착적 감수성의 표현이라는 점과 마찬가지로 이 문제들을 봉쇄하고 극복하려는 유토피아적 열망이라는 점도 확실하다. 똑같은 유토피아주의, 즉 프로젝트로서의 역사도 마찬가지로 공동투쟁과 공동목표에 대한 가능성을 제공한다. 토착 이데올로기는 별개의 역사를 주장하지만, 그것이 제기하는 문제는 다른 역사들과 공통의 지반을 갖는다. 특히 토착 이데올로기를 우리 시대에 타당하게 만드는 것은, 자본주의건 사회주의건, 발전주의 프로젝트 전체에 대해 문제를 제기한다는 점이다. 일부 토착 작가들이 사회주의와 토착주의의 공통점들을 지적했지만, 이 사회주의는 우리가 아는 국가사회주의와는 전혀 다른 것으로서 공동체에 대한 재확인을 바탕으로 하는 사회주의다.[53] 분명하게도, 토착민들이 토지에 대한 특별한 관계를 새로운 생태적 감수성의 기초로서 재확인하는 것은 전세계적으로 커져가는 생태의식과 공명하는 것이다. 진정한 과거와의 연계에 대한 토착적인 재주장은, 보이는 만큼 그렇게 분열적이지 않을 뿐 아니라 폭넓게 적용되는 교훈을 포함하고 있다. 만약 과거가 구성된다면, 그 사실은 모든 시기에 다 해당된다. 그리고 과거와의 연계는 현재와 과거의 지속적인 대화를 필요로 한다 — 역사를 직선적으로 개념화하는 경우, 즉 과거, 한번 지나간 과거가 추상화된 도덕적 교훈이나 정치적 교훈으로서가 아니면 타당하지 않다고 생각하는 경우는 예외다. 토착 이데올로기는 직선적 시간성을 거부함으로써, 과거는 결코 진정으로 과거적이지 않으며 현재의 문제를 해결하는 데 필요한 '이야기들'을 제공하는데, 그 이야기들조차 현재의 요구에 부응하기 위해 변화한다는 점을 시사한다.[54] 과거와 현재의 대화라는 개념은 토착민들 간의 대화 그리고 비토착민들과의 대화가 현재의 공간을 가로질러 가능하다는 점을 시사한다. 그 대화에는 공동의 역사적 프로젝트의 가능성뿐 아니라 공동의 이해 가능성이 자리잡고 있는 것이다.

토착 이데올로기는 자신의 기반으로 토착적 감수성을 주장하는 한편, 종족적으로 정의된 모든 정체성에 관련된 문제들, 특히 계급적·성적 억압의 문제들을 통해 다른 사람들에게 문호를 개방하기도 한다. 우리 시대의 지역 정치운동들이 계급, 성, 종족성 같은 문제들을 생태적·공동체적 요구라는 견지에서 재고해야만 했듯이, 토착 이데올로기는 그런 문제들의 견지에서 토착주의의 의미를 다시 고려해야만 했다. 확실히 그런 운동들은 다른 정체성을 존중하면서 서로 배우고 서로를 북돋아준다. 토착주의가 패러다임적 중요성을 갖는다면, 그것은 오늘날 다른 운동들과 마찬가지로 공통의 문제에 직면해 있고, 그 문제들을 해결할 공동행동의 필요성도 공유하기 때문이다.

이 논의에 결론을 내리면서, 나는 지금까지 전개해온 내 생각들을 더없이 잘 보여주는 예로 한 지도자의 말을 인용하겠다. 그는 이 음험한 정치적 시기에 많은 이들의 관심을 끌었던 토착적 자기주장운동을 이끌었다. 그의 말을 들어보자.

모든 사람이 절망과 체념의 목소리를 듣는 것은 아니다. 모든 사람이 절망이라는 시류에 영합하는 것은 아니다. 대부분의 사람들은 그런 식으로 계속 살아간다. 그들은 죽음과 비참함이 그들의 귀에다 질러대는 울음과 피에 의해 귀가 멀었기 때문에, 강자와 용기없는 자의 목소리를 가려들을 수 없다. 그러나 잠시 숨을 돌릴 때 그들은 다른 목소리를 듣는데, 그것은 위에서 내려오는 것이 아니라 오히려 산속의 토착민들 마음속에서 태어난 목소리로 바람과 함께 아래로부터 오는 목소리, 정의와 자유를 말하는 목소리며 사회주의를 말하는 목소리, 희망을 말하는 목소리, (…) 이 세상에 유일한 희망을 말하는 목소리다. 그리고 마을의 가장 원로께서 싸빠따(Zapata)라는 이름의 사람에 대해 말하는데, 그는 자신의 인민들을 위해 일어섰고, 소리친다기보다는 노래를 부르는 듯한 목소리로 '토지와 자유'에 대해 말했다는 것이다.[55]

선택은 매우 복잡할 것이다. 하지만 그 선택은 우리가 해야만 하는 선택이다.

414

주(註)

1 Homi Bhabha, "The Postcolonial and the Postmodern: The Question of Agency," in *The Location of Culture* (London: Routledge 1994), 171~97면, 172면.

2 Leslie Marmon Silko, *Ceremony* (New York: Penguin Books 1977), 2면.

3 Haunani-Kay Trask, "From a Narrative Daughter," in *From a Narrative Daughter: Colonialism and Sovereignty in Hawai'i* (Monroe, Maine: Common Courage Press 1993), 147~59면, 149~54면. 내가 알기로는 Roger Moody, ed., *The Indigeous Voice: Visions and Realities* (Utrecht: International Books 1993)가 토착문제와 토착적 시각에 관해 가장 광범위하고 정선된 견해를 제공한다. 또한 Ward Churchill, "A Little Matter of Genocide: Sam Gill's Mother Earth, Colonialism, and the Expropriation of Indigenous Spiritual Tradition in Academia," in *Fantasies of the Master Race: Literature, Cinema, and the Colonization of American Indians*, ed. M. Annette Jaimes (Monroe, Maine: Common Courage Books 1992), 187~213면; Albert Wendt, "Novelists, Historians, and the Art of Remembering," in *Class and Culture in the South Pacific*, ed. Antony Hooper et al. (Auckland: Center for Pacific Studies of the University of Auckland, in collaboration with the Institute of Pacific Studies, University of the South Pacific 1987), 78~91면; Epeli Hau'ofa, "Our Sea of Islands," in *A New Oceania: Rediscovering Our Sea of Islands* (Suva, Fiji: School of Social and Economic Development, University of the South Pacific 1993), 2~16면; Alan Duff, *Once Were Warriors* (Honolulu: University of Hawaii Press 1990) 참조.

4 Ward Churchill, "I am Indigenist: Notes on the Ideology of the Fourth World," in *Struggle for the Land: Indigenous Resistance to Genocide, Ecocide, and Expropriation in Contemporary North America* (Monroe, Maine: Common Courage Press 1993), 403~51면, 410면에서 재인용.

5 Churchill, "I am Indigenist," 411면에서 재인용.

6 M. Annette Jaimes, "Native American Identity and Survival: Indigenism and Environmental Ethics," in *Issues in Native American Cultural Identity*, ed. Michael K. Green and Roberta

Kevelson (New York: Lang 1994).

7 Ward Churchill, "Naming Our Destiny," in *Indians Are Us? Culture and Genocide in Native North America* (Monroe, Maine: Common Courage Press 1994), 291~357면, 300면.

8 Johannes Fabian, *Time and the Other: How Anthropology Makes Its Object* (New York: Columbia University Press 1983).

9 Nicholas Thomas, *Colonialism's Culture: Anthropology, Travel, and Government* (Princeton, N.J.: Princeton University Press 1994), 176면.

10 Gareth Griffiths, "The Myth of Authenticity," in *De-Scribing Empire: Post-Colonialism and Textuality*, ed. Chris Tiffin and Alan Lawson (London: Routledge 1994), 70~85면, 75면, 83면. 그리피스의 부인에도 불구하고, 이 제목이 시사하는 대로, 이 글에서의 견해는 지배적 담론만이 아니라 토착적 주장에도 적용된다. 초기의 저작은 탈식민적 상황하에서 "새로운 또는 완전히 회복된 탈식민적 현실에 대한 요구는 완벽히 이해될 수 있지만, (…) 성취될 수는 없다. 왜냐하면 탈식민적 문화는, 독립적 지역정체성을 창조하거나 재창조하려는 충동을 갖는 '이식된' 유럽의 문화체계와 토착적 존재론이 변증법적 관계와 연관되어 필연적으로 잡종화된 현상"이기 때문이다. Bill Ashcroft, Gareth Griffiths, and Helen Tiffin, eds., *The Empire Writes Back: Theory and Practice in Post-Colonial Literature* (London: Routledge 1989), 195면.

11 Diana Brydon, "The White Inuit Speaks: Contamination as Literary Strategy," in *The Post-Colonial Reader*, 140~41면. 이 글은 처음에 *Past the Last Post: Theorizing Post-Colonialism and Post-Modernism*, ed. Ian Adam and Helen Tiffin (New York: Harvester Wheatsheaf 1991)에 수록되어 출간되었다. 브라이든의 논의 대부분은 '정착민'에 대항하는 토착적 주장에 훨씬 더 동정적인 린더 허치언(Linda Hutcheon)을 겨냥한 것이다. Diana Brydon, "Circling the Downspout of Empire," in *Post-Colonial Studies Reader*, 130~35면 참조. 브라이든은 탈식민주의 비평가들의 토착주의에 대한 견해가 '탈식민적 의식'의 도움 없이도 쉽게 도입될 수 있다는 사실을 그리피스보다 더 설득력 있게 드러낸다. 예를 들어 이전에 스미스쏘니언(Smithsonian)협회에 소속되었던 한 역사가는 다음과 같이 말한다. "인디언 역사에 백인이 존재하는 것을 침범이라고 비난하는 사람들은, 물질적으로 유럽 이민자라는 견지에서나 지적으로 서구의 역사적 또는 인류학적 이론이라는 견지에서나, 인디언 역사가 좋든 싫든 백인이 존재함으로써 형성된다는 사실을 종종 쉽게 인정하려 하지 않는다." Wilcomb E. Washburn, "Distinguishing History from Moral Philosophy and Public Advocacy," in *The American Indian and the Problem of History*, ed. Calvin Martin (New York: Oxford University Press 1987), 91~97면, 인용은 92면.

12 Thomas, *Colonialism's Culture*, 172면. 그런 논의가 존재하지 않는다고 말하려는 것은 아니다. 토머스는 마음속에 진보적 문화비평을 간직하고 있다. 주 11에서 지적했듯이, 비록 '탈식

민성'이라는 지표가 없긴 하지만 토착 이데올로기에 대한 비판은 부족하지 않다. 구미인이 '인디언성'(Indianness)이라는 개념 세계를 설계했고 그 개념이 구미 권력에 기원했다고 주장한 좀더 공감이 가는 비평으로는 Robert F. Berkhofer, "Cultural Pluralism versus Ethnocentrism in the New Indian History," in *The American Indian and the Problem of History*, Martin, 35~45면.

13 Linnekin, "Defining Tradition: Variations on the Hawaiian Identity," *American Ethnologist* 10 (1983), 241~52면. 리네킨과 하우나니-카이 트라스크 사이의 논쟁과 그에 대한 논의로는 Jeffrey Tobin, "Cultural Construction and Native Nationalism: Report from the Hawaiian Front," in *Asia/Pacific as Space of Cultural Production*, ed. Ron Wilson and Arif Dirlik, special issue of *Boundary 2* 21, no. 1 (Spring 1994), 111~33면 참조.

14 이 문제에 대한 논의로는 Thomas, *Colonialism's Culture*, 제1장 참조. 미국 내 신시대(the New Age) 열풍은 광범위한 '종족문화'에 기초한 지식 덕분이다.

15 심도있는 논의를 보려면 Arif Dirlik, "Confucius in the Borderlands: Global Capitalism and the Reinvention of Confucianism," *Boundary 2* 22, no. 3 (November 1995), 229~73면 참조. 유교 부흥에서 국가가 행한 역할은 Allen Chun, "An Oriental Orientalism: The Paradox of Tradition and Modernity in Nationalist Taiwan," *History and Anthropology* 9, no 1 (1994), 1~29면 참조.

16 Huntington, "Clash of Civilizations," 22~49면.

17 Ward Churchill, "Radioactive Colonization: Hidden Holocaust in Native North America," in *Strugg'e for the Land*, 261~328면. 인디언들이 보호구역이 쓰레기하치장 용도로 사용되는 것을 거부하면, 국가는 권력을 사용해 그 보호구역을 '폐지'한다. 가장 최근의 그런 예는 싸우스 다코타(South Dakota)주 양크튼(Yankton) 보호구역이다. *Indian Country Today* 3 (August 1995) 참조. '방사능 식민지화' 역시 남태평양에서 지속적으로 위협이 되어왔다.

18 M. Annette Jaimes, "Some Kind of Indian: On Race, Eugenics, and Mixed Bloods," in *American Mixed Race: The Culture of Microdiversity*, ed. Naomi Zack (Boston: Rowman & Littlefield 1993), 133~53면, 137면.

19 Churchill, "Nobody's Pet Poodle," in *Indians Are Us?*, 89~113면, 인용은 92~93면.

20 이것이 예외적인 경우처럼 보인다면, 아이자즈 아마드(Aijaz Ahmad)의 『이론에서』(*In Theory*)를 비판하기 위해 나온 *Public Culture* 6, no. 1 (1993) 특집호를 주목할 수 있다. 아마드의 책은 포스트모더니즘/탈식민주의 비평에 '도전'했고, 그로 인해 혹독한 공격을 받았다. 그 특집호에 논문을 기고한 대다수는 아마드의 책에서 제기된 쟁점들을 다루기는커녕, 그에 대한 인신공격에 열심이었다. 특히 주목할 만한 것은 페터 반 더 베이어(Peter van der Veer)의 공산주의자를 탄압하는 듯한 논평과 마조리 레빈슨(Marjorie Levinson)이 보여준 종교적 편견

이다.

21 Frank Chin, "Come All Ye Asian American Writers of the Real and the Fake," introduction to *The Big AIIIEEEEE! An Anthology of Chinese American and Japanese American Literature*, ed. Jeffrey Paul Chan, Frank Chin, Lawson Fusao Inada, and Shawn Wong (New York: Meridian 1991), 1~92면. 본문에서 언급된 작가들 모두 이 책에서 제외되었다.

22 이 쟁점들에 대한 논의는 Edward Iwata, "Word Warrior," *Los Angeles Times* (24 June 1990), E 쎅션, 1면, 9면.

23 Buell, *National Culture and the Global System*, 180~81면.

24 Chin, "Come All Ye Asian American Writers" 중 여러 곳 참조.

25 두 작가의 작품을 특징짓는 상이한 억압의 경험을 간과하고 싶지는 않다. 친은 일반적으로는 중국인에 대한 억압, 특수하게는 중국 남성들이 그 과정에서 '여성화되는 것'에 거의 대부분의 관심을 갖고 있다. 킹스턴은 중국인이자 여성으로서 중국 여성들이 갖는 '이중적' 억압에 관심을 갖고 있는데, 여성으로서 받는 억압에는 중국의 문화전통에 의해 신성화된 것을 포함한다. 중국의 전통이 여성에 대한 끝없는 억압이라고 묘사한 킹스턴의 견해가 중국에 대한 구미식 고정관념의 손아귀에 놀아날 수도 있다는 친의 지적은 옳지만, 그럼에도 불구하고 친 자신은 중국역사 내 양성의 관계를 목가적으로 그릴 때에는 극단으로 흐른다. 여기서 이 문제에 대해 내가 말하고 싶은 것은 양성의 관계 역시, 『여전사』 출간 이래 제3세계 내 양성의 관계에 대해 작가들이 주장해왔듯이, 문화적 고정관념으로부터 구출되어 역사적 맥락에 위치시켜야 한다는 것이다.

26 Frank Chin, *Donald Duk* (Minneapolis: Coffee House Press 1991), 34면.

27 이 인터뷰에 대해서는 Victor G. Nee and Brett deBary Nee, *Longtime Californ': A Documentary Study of an American Chinatown* (New York: Pantheon 1973), 359면의 인터뷰 참조. 중국계 미국인과 중국인을 혼동함으로써 '명백한 문화적 차이'를 무시하는 견해로는 Frank Chin and Jeffrey Paul Chan, "Racist Love," in *Seeing Through Shuck*, ed. Richard Kostelanetz (New York: Ballantine Books 1972), 65~79면 참조. 우연하게도 이 논문은 중국계 미국인 작가들에 대한 친의 최근 비평이 그의 시기심에서 비롯되었다는 설을 가라앉게 만들었다. 왜냐하면 그와 챈은 이 글에서 최근 다시 제기된 모든 문제를 제기하기 때문이다. 당시 친은 중국계 미국인 작가 중 유일한 유명인사였다.

28 Chin and Chan, "Racist Love," 76면.

29 Chin, *Donald Duk*, 41면.

30 Calvin Martin, "The Metaphysics of Writing Indian-White History," in *American Indian*, 27~34면, 33면.

31 특히 캐나다와 오스트레일리아에서 통례적인 '제1국가들'(first nations)이란 개념은 이런 의미

에서 타협을 대변한다. 그 개념은 제2, 제3 등에 대해 말하는 것을 가능하게 만들어, 식민화와 억압의 역사 속으로 그리고 근본적으로 화해 불가능한 삶의 방식들이 순차적으로 도래하는 과정으로 숨어버리기 때문이다. 그러나 이런 타협에 대항하여, 우리는 아넷 제임스의 주장 같은 데서 이야기되는 역사화에 주목할 필요가 있다. 제임스는 인디언 부족들이 그들의 혼인 관습에서 갈 나타나듯이 늘 외부인에게 개방적이었다고 주장하는데, 그는 인종적 차이가 차이를 나타내는 가장 중요한 기준이 아니었다며 상당히 타당한 지적을 하지만, 그 지적은 '개방성'의 문제를 회피한다.

32 Silko, *Ceremony*, 126면.

33 Silko. 같은 책 135면. 이렇게 인디언의 역사에 백인을 전유하는 것은 오스트레일리아원주민들 사이에 흥미로운 비교 대상이 있는 것처럼 보인다. 오스트레일리아원주민들은 자신들의 '전통들'에 백인 사회과학자들을 전유했다. 혹자는 이렇게 말했다. "나는 고고학자들과 과학자들을 거쳐 나온 오스트레일리아원주민들에 대한 지식에 감격한다. 내가 생각하기에, 이 지식은 마치 고대인들이 그 원주민뿐 아니라 전인류에게 전하는 메씨지 같다." Robert Ariss, "Writing Back: The Construction of an Aboriginal Discourse," in *Past and Present: The Construction of Aboriginality*, ed. Jeremy R. Beckett (Canberra: Aboriginal Studies Press 1994). 131~46면, 136면.

34 Jean-Paul Sartre, *Search for a Method*, trans. Hazel E. Barnes (New York: Vintage 1968), 99면, 101면.

35 Sartre, *Search for a Method*, 92면.

36 Churchill, "Nobody's Pet Poodle," 107면.

37 Churchill, "I Am Indigenist," 403면.

38 Churchill, 같은 글 418~20면.

39 M. Annette Jaimes, "Native American Identity and Survival," in *Class and Culture*, Hooper et al.. 276면; Haunani-Kay Trask, "Hawai'i: Colonization and Decolonization," in *Class and Culture*, Hooper et al., 154~74면, 169~70면.

40 Epeli Hau'ofa, "The Future of Our Past," in *The Pacific Islands in the Year 2000*, ed. Robert C. Kiste and Richard A Herr (Honolulu: Pacific Islands Studies Program Working Paper Series 1974), 151~70면; Albert Wendt, "Towards a New Oceania," in *Writers in the East-West Encounter: New Cultural Beginnings*, ed. Guy Amirthanayagam (London: Macmillan 1982., 202~15면.

41 나는 여기서 Geoffrey M. White, *Identity through History: Living Stories in a Solomon Islands Society* (Cambridge: Cambridge University Press 1991)를 알기 쉽게 바꾸어 설명하고 있다.

42 Mudrooroo Narogin(Colin Johnson), *Writing from the Fringe: A Study of Modern Aboriginal Writing* (Melbourne: Hayland House 1990), 25면.

43 클라우스 노이만(Klaus Neumann)은 다음과 같이 말한다. "오늘날 파푸아뉴기니인들은 (…) 식민주의의 공포에 대해 듣는 일에 관심이 없는 듯하다. 과거에 희생되었던 사람들이 현재 자손들을 잠재적으로 경시하는 이유가 바로 그것이다." "'In Order to Win Their Friendship': Renegotiating First Contact," *Contemporary Pacific* 6, no. 1 (1994), 11~145면, 122면. 마찬가지로 데어드르 조든(Deirdre Jordan)은 성인이 된 오스트레일리아원주민 학생들이 백인의 탄압을 강조하는 데 대해 불평하고 있다는 사실을 언급하는데, "그런 강조는 그 학생들에게서 적대감과 인종주의라는 대응을 끌어내기 위해 창안된 듯하고, 그 학생들은 그런 강조가 정체성의 위기를 야기한다고 믿는다." "Aboriginal Identity: Uses of the Past, Problems for the Future?" in *Past and Present*, Beckett, 109~30면, 119면. 개인적 이익 때문에 과거를 억압하는 사람들이 있다는 사실은 말할 필요도 없다.

44 Gillian Cowlishaw, "The Materials for Identity Construction," in *Past and Present*, Beckett, 87~107면, 87~88면.

45 Tobin, "Cultural Construction and Native Nationalism," 131면.

46 Thomas, *Colonialism's Cultute*, 187~88면.

47 Thomas, 같은 책 189면.

48 Buell, *National Culture and the Global System*은 잡종성에 대한 물신숭배의 예를 제공한다. 뷰얼은 통합된 정체성의 가능성을 시사하는 그 어떤 주장도 참지 못하는데, 그의 주장은 주로 억압하는 자와 억압받는 자 사이의 구분을 전경화시키는 사람들을 목표로 한다.

49 Terry Eagleton, "Where Do Postmodernists Come From," *Monthly Review* 47, no. 3 (1995), 59~70면, 66면; Aijaz Ahmad, "The Politics of Literary Postcoloniality," *Race and Class* 36, no. 3 (1995), 1~20면, 16면.

50 Arif Dirlik, "Three Worlds or One, or Many? The Reconfiguration of Global Relations under Contemporary Capitalism," *Nature, Society, and Thought* 7, no. 1 (1995), 19~42면.

51 처칠은 자신이 주장한 '무턱대고 자기 힘으로 해보는' 접근방식에 대해 다음과 같이 말한다. "나의 이러한 주장 중 일부는 그것을 실천하는 것과 관계가 있다기보다는, 이를 거부하려는 사람들이 권리를 양보하도록 강제하는 것과 관계가 있다." "I Am Indigenist," 432면.

52 예를 들면 Ward Churchill, "Bringing the Law back Home: Application of the Genocide Convention in the United States," in *Indians Are Us?*, 11~63면 참조. 자료를 통한 방증의 필요성은, 조약상의 권리를 회복하거나 보호하려는 법적 노력과 밀접하게 관계되어 있다. 『아메리카인디언과 역사 문제』(*The American Indian and the Problem of History*) 같은 책에서는 대부분의 비토착민 기고자들이 역사의 상이한 시간성과 개념을 주장하는 반면, 저명한 토착민 학자

바인 델로리아 2세(Vine Deloria Jr.)는 구식의 역사적 방중에 대한 자신의 주장을 고집한다.

53 Churchill, "I Am Indigenist," 409면.

54 여기서 의미하는 역사 다시 쓰기는 그저 토착민의 감수성을 기존의 역사 속으로 도입하는 문제가 아니라, 토착민의 감수성에 맞게 역사를 다시 쓰는 문제다. '원주민에 대한 역사'와 '원주민의 역사' 간의 구별에 대한 매력적인 논의를 제공하는 글로는 Lenore Coltheart, "The Moment of Aboriginal History," in *Past and Present*, Beckett, 179~89면 참조.

55 마르꼬스(Marcos) 부사령관의 말이다. Alexander Cockburn, "Jerry Garcia and El Sup," *Nation* (28 August~4 September 1995), 192면에서 재인용.

제10장

지역과 초공동체성

— 존 브라운 차일즈의 초공동체성 개념에 대한 논평

지역과 초공동체성

존 브라운 차일즈의 초공동체성 개념에 대한 논평

존 브라운 차일즈(John Brown Childs)의 초공동체성(transcommunality) 논의는 희망에 대한 용기를 주기 때문에 더욱 중요하다. 오늘날 더 나은 미래에 대한 희망은 쉽게 찾아오지 않는다. 오늘날 초기 좌파들에게 남은 것이라고는 한때 신봉했던 해결책들이 변화된 세계에서 타당성을 갖지 못한다는 절망뿐이고, 세칭 그들의 급진적 계승자들은 자족적이진 않지만 자학적인 갖가지 정체성의 고뇌에 몸부림치거나 기업이 지원하는 감각적 과부하(철없는 구호를 새로 만든 즈비뉴 브레진스키Zbigniew Brzezinski의 용어에 따르면, '티티테인먼트'tittytainment)에 도취되어 있다. 두 경우 모두 영원한 현재, 그리고 영원히 제어하기 힘든 현재 이외에는 허용하지 않는다. 이상주의와 유토피아주의는 이 시대에 바람직하지 않은 것으로 취급되어 세련된 문화이론가의 냉소적인 조롱의 대상이 되었다. 세계를 바꾸려는 과거의 노력이 지닌 병폐에 대해 이상주의와 유토피아주의는 책임이 없으며, 사실 그 책임은 가장 뚜렷하게는 과거 공산주의정권의 주체들에게 있다. 그런 상황에서 좌파 급진주의의 유산을 주장하는 시각을 채택하는 것은 특히 위험스러운 일이다. 왜냐하면 문화적 다양성을 가장하여 대안적인 문화적 전망의 표현으로 위장한 가장 반동적인 실천을 부활시키려는 시도에는 겉으로 드러나는 목표가 없기 때문이다.

차일즈에 따르면, 초공동체성은 그러한 전망처럼 보인다. 그것은 현재의 도전에 대한 대응으로 급진 좌파의 실천 방향을 재설정하는 한편, 선행조건으로서 오래 지속된 좌파의 전제들을 재평가할 것을 요구한다. 이러한 재평가는 좌파에 의해 관례적으로 무시되었거나 멸시되기까지 했던, 토착적 과거로부터 얻어진 영감에 힘입어 이루어진다는 것이다. 차일즈가 제시하는 것은 과거에서 가져온 미래의 청사진이 아니다. 과거에서 가져온 청사진은, 스스로의 역사성을 인식하기를 거부하고 문화적 자주성이란 미명하에 근대성의 경험과 전망에서 태어난 열망들을 거부하는 전통주의적 우익 복고주의가 제시하는 것이다. 한편 모든 급진적 실천을 고취해야 할 필수불가결한 변혁의 전망과 피할 수 없는 사회적 실천의 역사성에 대한 그의 주장은, 토착주의의 자유주의적 또는 신시대적 전유와 구별된다. 그의 견해를 내가 정확히 읽었다면, 차일즈에게 가장 중요한 것은 초공동체성의 토착적 실천들이 과거와는 다르게 급진적 실천에 이바지하는 영감으로 작용한다는 것이다. 즉 물질적 조건과 필요라는 근본적 문제들을 거부하지 않으면서 정치적 실천을 다시 생각하기 위해, 완고한 경제주의에서 벗어나 물질적·사회적·문화적인 것들의 결합으로 관심의 초점을 재정향해야 한다는 것이다. 그가 제시해야만 하는 것은 해결책이 아니라, 아직은 상상으로 남아 있는 해법의 단초이자 그 길로 우리를 인도할 수 있는 몇몇 생각들이다. 여기에 독단에 빠지지 않는 변혁적 급진주의가 관심을 기울이는 것이다.

그 영감의 원천은 흥미롭고, 또한 우리 시대에 대해 많은 것을 이야기해준다. 사회주의정권들이 몰락하고 그 정권들의 과오가 폭로되었으며 자본의 전지구적 승리에 수반된 사회적·정치적 변혁들 때문에, 초기 좌파의 해결책들은 불신을 사게 되었고 부적절하게 간주되거나 의문시되었다. 한편 사회주의나 그것이 도전하는 자본주의가 세계에 대한 전제의 측면에서 여러모로 동일하기 때문에, 사회주의의 유산에 대해 가혹한 질문을 제기하는 것이 가능해졌다. 차일즈의 글의 부제인 '전향의 정치'는 모든 이에게 똑같은 미래의 길을 제시하고, 그같은 미래를 실현하기 위해 대개는 자본주의하의 노동자들(프롤레타리아트)이라는 패러다임을 중심으로 동질화된 구성원들을 전제하는 사회주의를 가리킨다. 그 사회주의 자체가 자본주의의 계승자였다. 그 사회주의는 자본주의의 발전지상주의적 전제들―인간의 구제를 위해 기술적으로 발전된 경제가 필요하다는 의심할 여지 없는 신념―도 공유했다. 맑스주의자로부터 아나키스트에 이르기까지 모든 종류의 좌파들은 실제로 살아 있는 사람들을 경제와 사회에 관련된 문제의 중심에 자리매김하려는 충동에 이끌렸다는 것은 확실하다. 하지만 실제로는 사회주의가 자본주의보다 발전이라는 신념에 대한 훨씬 더 큰 열망을 갖고 있으며, 프롤레타리아트의 이미지를 통해서 자신들이 반대하는 자본주의보다 살아 있는 인간들을 더욱더 터무니없이 추상화시켜왔다는 사실을 부인하기는 힘들다. 사회주의의 역사를 똑같은 종류 또는 다른 종류의 일탈로서 부정하는 것이 요즘의 유행인데, 이는 전지구적으로 내습해온 자본의 힘을 정당화하는 데 기여한다. 가장 뚜렷한 예가 있다. 사회주의정권들을 그와 같이 부정하는 것은 사회주의혁명들이 충분한 역사적 이유가 있었다는 점을 무시하는 것일 뿐 아니라, 더 중요하게는 먼저 사회주의를 경험해보지 않고는 사회주의의 결과을 예측하는 것이 불가능하다는 사실을 무시하는 것이다. 가장 중요한 것은 그같은 부정이 사회주의의 병폐가 어느 정도는 사회주의가 자본주의와 공유했던 경제적 전제들의 산물이었을 수 있다는 사실을 무시한다. 관료화된 발전 방침이 그런 전제들을 동질화와 억압의 도구로 만들었고, 그 과정에서 사회주의가 열망했던 바로 그 발전을 방해했다. 중국 같은 잔존한 사회주의국가들이 자신들에게 권력을 가져다 준 혁명적 전망을 포기함으로써 스스로를 개조하듯이, 사회주의에 남아 있는 유일한 것은 국가주도의 민족발전이다. 사회주의정권들의 특수한 산물이었던 그 병폐들은 과거의 유산일 수 있지만, 그 정권들이 극복하려고 했던 병폐들은 아직도 남아 있다. 우리가 알던 사회주의의 몰락으로 인해, 자본주의의 병폐들을 극복하는 최선의 길로 인간의 구제에 대한 자본주의의 전제들을 반복한 것은 아닌지를 스스로에게 되묻는 것이 가능해졌다.

역설적으로 자본의 전지구화 단계에서 최근 국면은 동일한 미래 또는 공통의 미래를 향한 행진에서 인간을 통합하는 데 기여하지 않는다. 이와 반대로 사회들을 종교, 민족, 종족에 따라 전세계적으로 더 분열시키는 결과를 초래했다. (이런 분열을 표현하는 구분이기도 한) 유럽, 북미, 동아시아의 발전된 자본주의사회들로부터 도출한 모델의 관점에서 보면, 그 분열은 미래에 대한 개념화에 도전하는 것을 허용한다. 유럽중심주의에 대한 도전은 환영되어야 하지만, 그 도전은 유럽중심주의의 모순적 결과들에 대한 이해 속에서 이루어져야 한다. 한때 과거의 잔재로 생각되었던, 전세계적인 사회적 실천에 대한 문화적 재주장은 순수한 축복은 아니다. 많은 경우, 그것은 문화적 다양성이란 미명하에서 퇴행적이고 억압적인 사회적 실천들의 부활을 초래한다. 그것은 근대성의 전체 프로젝트와 반대의 실천들을 재고하는 데 영감을 줄 수 있다. 그 실천들은 현대의 지적인 삶을 부정함으로써 고취되기보다는 근대성의 근본적 측면이던 인간해방의 전망을 되찾는 데 도움이 되는 실천을 모색함으로써 고취된다.

이를 위해 토착적 실천들은 특히 중요하다.[1] 정체성에 대한 토착적 주장들은 확실히 다른 주장들만큼 물화와 전유의 가능성을 가지고 있다. 한편 변화하는 사회상황과 그 상황이 초래하는 새로운 사회적 도전에 대응할 필요가 있다는 인식을 가지고 역사적으로 고찰해본다면, 토착주의는 경제변혁과 정치변혁에 대한 현재의 급진적 담론에 근본적인 공헌을 할 수도 있다. 여기서 우리는 미국이라는 맥락 내에서 사회주의에 내재하는 발전지상주의에 대한 가장 초기의 몇몇 도전이 1960년대 급진적 열기의 산물이자 그 열기의 사회적 목적에 공감했던 급진적 미국인디언(Amerindian) 학자들로부터 나왔다는 사실을 떠올릴 수 있을 것이다.[2] 사회변화에 대한 모든 관점 중에서, 생태적 관심이 급진적 사고의 중심이 되면서 인간과 자연의 관계가 갖는 근본성에 대한 토착적 주장은 이후의 급진적 사고에서 광범위하게 통용되어왔다. 그러나 이 또한 하나의 문제다. 토착 개념을 널리 퍼진 급진주의로 흡수하는 것은 자연에 대한 막연한 관심에 의해 추동된 비판을 무디게 할 뿐 아니라, 일상에서 인간의 필요와 복지를 먼저 달성하도록 사회를 재정비해야만 환경과의 조화로운 관계가 가능하다는 확신에 의해 추동된 비판도 무디게 만들 수 있기 때문이다. 발전지상주의에 대한 토착적 비판은 급진적 의제에 생태적 관심을 포함해야 한다는 점을 상기시키는 또 하나의 주장만은 아니다. 함축적인 의미에서 그것은 사회적인 한편, 급진적 실천의 영역과 방식들을 재고하도록 해준다.

이것 못지않게 중요한 것이 민족 형태에 기초한 정치적 주권 개념에 대해 토착주의적으로 도전하는 것이다. 민족주권에 관한 논의들은, 더 지역화된 주권을 민족의 주권으로 대체한다는 점에서 그리고 국민국가가 지역적 다양성을 지우는 동질화된 문화정책이라는 점에서 국민국가 자체가 식민주의의 산물이라는 사실을 무시한다. 삶의 방식이 민족주의적 정치·문화의 동질화에 의해 실제로 근절되었다고 할 수는 없다 하더라도, 완전히 주변화되어온 토착민족들의 경우보다 국민국가의 식민적 성격이 더 명백한 경우는 없다. 토착 학자들이 주장하듯, 토착적 주권의 회복은 식민주의의 의미있는 종언을 위한 하나의 전제조건이다. 한편 토착적 형태를 지닌 과거의 조직이 미국의 연방주의와 같은 정치적 형태들에 영감을 주었다면, 민족 형태가 내부와 외부로부터 공격을 받고 그 미래의 지위가 그 어느 때보다 덜 확실할 때에는 토착적 형태가 그 어느 때보다 더욱 적절할 수 있다.[3]

차일즈가 상기시키듯이, 토착주의의 의미는 문화적·정치적 경계들에 의문을 제기하는 정체성의 정치에 대한 또 다른 표현을 넘어선다. 그리고 토착주의는, 저항의 한 형태를 다양성을 목적—그리고 궁극적인 정치적 시야──으로 하는 새로운 정치에 대한 탐색의 형태와 유사하게 보는 자유주의적 다문화주의 내에 포함되지 않을 것이다. 토착적 실천과 토착주의의 바로 그런 의미가 급진적이고 변혁적인 토착주의를 그 수용주의적 형태와 구분해주기는 하지만, 토착주의는 시대의 이데올로기적 압박에 영향을 받으며, 내부적으로 결코 분열의 위협이 없는 것은 아니다. 토착적 자아표현의 가능성이 현재는 초기의 주권 개념에 의문을 제기했던 전지구주의적 이데올로기에 많은 빚을 지고는 있다. 하지만 일상의 삶에 근거를 둔다는 바로 그 주장으로 인해, 토착주의는 궁극적으로 현실과 동떨어진 문화적·제도적 정비를 강화하는 발전지상주의에 급진적으로 도전한다. 그리고 만약 우리가 경제적인 것, 사회적인 것, 문화적인 것, 정치적인 것이 구별할 수 없을 만큼 섞여 있는 삶을 통합적이고 천진난만하게 생각할 수 있는 방식을 되찾지 않는다면, 우리는 기껏해야 상이한 공간의 다양한 필요에 따라 다양한 형태를 띠는 배치 속에서 다양한 영역의 삶을 결합해야 한다고 주장할 수 있을 뿐이다. 궁극적으로, 토착주의의 관심사는 문화적·정치적 공간들을 밑으로부터 급진적으로 재개념화하는 것이다.

권력을 쥐고 있는 사회주의정권들의 이력에서 그것을 추측하기는 힘들지 모르지만, 밑으로부터 민주적 공간을 창조하는 일은 맑스주의를 포함하여 사회주의와 관련된 가장 급진적 프로젝트들의 중요한 부분이었다. 지역의 경제적·정치적 원천들을 지역적으로 통제하는 것이 중요하다는 견해는 소위 말하는 과학적 사회주의의 전통에서는 유토피아적인(즉, 대안으로서 낙후된) 것으로 무시되었지만 결코 사라지지 않았다. 게릴라혁명의 산물인 중국과 같은 사회주의국가들은 그 문제와 실제로 싸워왔지만, 식민적 또는 제국적 억압과 착취로부터 민족해방을 이루고자 하는 충동이 이미 뚜렷했던 사회주의국가들처럼, 국가권력에 대한 고려를 불가피하게 강요한 적대적 환경에서는 그런 투쟁이 실패했다. 이같은 대안적 전통을 다시 한번 부활시키는 것이 중요하다. 국가사회주의는 그것이 대두하게 된 역사적 환경

내에서는 진보적인 역할을 해왔지만, 현재의 특정한 역사적 국면에서 인간 존재의 생태학적 조건에 신경쓰면서 더욱 평등하고 민주적인 삶의 방식들을 성취하기 위해서는 지역의 경제적이고 정치적인 원천에 대한 지역적 통제가 급진적 의제가 되어야 한다.

첫째는 이 진보적인 목적들이 국가라는 동인을 통해서 이루어질 수 있다는 환상을 버려야 한다. 국가의 행동이 부적절하다는 것이 아니라, 국가가 해야 할 역할이 역사적으로 고려되어야 한다는 것이다. 나아가 한 역사적 시기에 진보적이었던 국가중심적 정책들이 다른 역사적 시기에는 진보를 방해할 수 있다. 사회주의 경험에 관한 한, 사회주의국가들은 구성원들을 위한 몇 가지 목적을 이루었지만 그 성취는 평등과 민주주의라는 공인된 이상을 바로 희생시켜왔다. 덜 관료화된 국가들에서조차, 진보적 수단들이 지역적 다양성을 허락하지 않고 지역적으로 내면화되지 않는다면 결국 그 진보적 수단들은 의미가 없다고 증명될지 모른다.

버릴 필요가 있는 두 번째 환상은, 전지구적으로 사회를 개조하기 위해 사회주의라는 이름으로 통용되는 추상화가 자본주의로 통용되는 또 다른 추상화를 다소간 대체할 거라는 환상이다. 자본주의의 핵심을 찾아내는 일이 점차 어려워짐에 비추어, 그런 핵심이 사회주의라는 이름으로 파악될 것이라고 상상하기는 더욱 어렵다. 이는 자본이라는 그런 전체성만큼이나 개별 민족국가에 대해서도 적용될 것이다. 전체성이 설명될 필요가 없다는 것이 아니다. 전체성 그 자체가 다루기 힘들고 모순적이며, 전체성을 통해 '중심들', 말하자면 레닌(V. I. Lenin)이 혁명을 위해 장악해야 한다고 파악한 '중심들'을 인지하기가 힘들다. 현재 자본의 전지구화에서 가장 모순적 결과는 (정치적·군사적으로 지속되는 몇몇 국가의 중심성과 구별되는) 자본이 동시적으로 탈중심화되고 새로운 지역주의들이 생산되는 것이다. 전체성에 대해 이해하려면 반드시 이같은 분열과 새로운 다양성의 세대들을 함께 이해할 필요가 있다. 따라서 급진적 의제는 그런 다양성에 대응해야 하고, 발전적·사회적 목적론을 버려야만 한다.[4] 일반적으로 말하자면, 급진적 집단 내에서 전지구적인 것과 지역적인 것에 대한 최근의 편향은 앞에서 논의된 대안적 사회주의 전통을 좀더 분명하게 하기보다는 무력감을 야기하는 듯하지만, 이런 인식이 이미 꽤 널리 퍼져 있다는 것을 시사한다.

마지막으로, 우리 시대에는 급진적 활동의 존재가 가시화될 정도다. 이른바 새로운 사회운동은 지역기반 내지는 공동체기반의 사회운동이라는 형태를 띠며, (불의에 대항하는 소박한 항의의 전통을 포함해) 다양한 급진적 전통들을 키워냈지만 생존의 공통적 목적들을 공유하고 일상의 삶을 통제한다. 미국에서 라틴아메리카, 유럽, 아프리카, 아시아에 이르기까지, 전지구적 자본에 대항하고 국가와 자본의 연합에 대항하며 지역적 필요성과 환경을 고려하지 않는 세계은행과 국제통화기금 같은 초국가적 기구들의 정책들에 대항하는 그런 지역화된 운동들이 번성해왔다. 이 운동들을 낙후성의 표현이라고 무시하거나 그 운동들의 번성을 사회주의 몰락의 신호로서 애도하는 대신, 급진주의자들은 밑으로부터 이 새로운 운동들을 설명하기 위해 물려받은 사회주의 개념들을 재고할 필요가 있다. 확실히 그런 운동 모두가 필연적으로 진보적이라거나 좋은 징조라고 말할 수 있는 것은 아니다. 공동체 자체가 종종 과거로부터 상속된 불평등과 억압의 장소처럼 보이는데, 이는 국가와 자본의 파괴 행위에 대항한 삶의 투쟁 과정에서 극복될 필요가 있다. 이런 이유로, 나는 이런 정치방식을 묘사하는 데 '공동체'보다 '지역에 기반한'이란 표현을 선호한다. 즉 기반한다는 말은 (그 장소의 구성원들) 내부에 존재하고 외부와의 관계에서도 존재하는 열린 경계에 근거한다는 의미다.[5] 억압적 정치가 아닌 진보적 정치를 위한 거점 역할을 한다면, 지역들은 목적을 공유하는 다른 지역들과의 동맹뿐 아니라 상속된 (계급, 성, 인종, 종족성, 종교 등의) 불평등과 억압의 극복을 고려할 필요가 있다. 단순히 자본과 국가에 대항하는 것만으로는 충분하지 않다. 그 과정에서 새롭고 더욱 민주적이며 평등한 삶의 방식들을 만들어내는 운

432

동 또한 필요하다. 바로 그 지역적 다양성 때문에 서로 다른 지역에서 다양한 해결책들이 필요하다는 사실을 인식해야 한다. 과거 사회주의에 대한 환상을 포기함으로써 우리는 진보적 목적을 위한 사회변화의 복잡성과 어려움을 알 수 있을 뿐이다.

아마도 가장 고질적인 문제, 그리고 틀에 박힌 좌파정치를 더 선호하는 좌파이론가들이 빈번하게 지적하는 문제는 지역이 자본, 국가들, 이산적 종족성들을 통해서도 공간을 통제하는 데 무기력하다는 점이다. 다시 말해, 지역들이 어떤 진보적인 역할을 수행할 수 있다면, 지역들은 자신이 기반한 다양성을 잃지 않으면서 스스로를 권력의 공간 속에서 기획할 필요가 있다. 이것이 오늘날 급진정치에서 가장 중요한 도전일 것이다. (노동에서 성, 그리고 급진적 모임들과 더 진보적이고 정부의 통제를 덜 받는 비정부 조직들에 이르기까지) 초지역적(supraplace) 조직들은, 지역을 지우거나 지역들을 서로 맞서도록 조종하는 전지구화의 권력에 대항할 수 있는 지역 연맹들을 연계시키는 데 필수적이다. 그러나 이 목적을 이루기 위해, 초지역적 조직들은 권력의 중심으로부터 벗어나 권력이 없는 자들의 요구에 맞춰 새롭게 방향을 전환할 수 있어야 하며, 기업의 이런저런 정체성들에 대항하여 지역에 근거한 요구에 더 관심을 기울여야 한다. 많은 논자들이 지적해왔듯이, 자본과 국가들조차 자신의 작동을 위해서 지역을 필요로 하고, 자본과 국가들의 요원들 또한 지역에서 살아가고 있다는 것을 기억할 필요가 있다.

한편 현재 급진주의로 통용되는 것 자체가 지역기반적 상상이 요구하는 정치의 급진적 재개념화에 장애물이 되어왔다. 이는 정체성의 정치에 대한 편향을 지적하는 것이다. 지난 십여 년간 미국 내 '급진적' 지식인 사회에서는 정체성의 정치가 중요한 특징이 되어왔다. 문화적 정체성에 대한 문제가 결코 사소한 것이 아니지만, **어디에서** 정체성들이 서로 대면하여 차이에 대한 해답을 찾는가도 똑같이 중요하다. 전지구주의 이데올로기들에 대한 집착에서 보듯이, 정체성의 정치는 현재의 정체성에 대한 많은 논의처럼 서로 교제하며 살아야 할 지역구성원 간의 분열에 더욱 공헌하는 허공에 뜬 '이산적' 정체성들의 물화에만 정신이 팔려 있다. 정체성의 이산화는 지역의 수준에서 보면 분열적일 뿐 아니라, 이산적 구성원들 간의 불평등한 권력관계를 은폐하며 모든 이기적인 조종 방식에도 노출되어 있다. 일상적 삶의 수준에서 정체성의 근거를 두는 것은 특히 종족적·인종적 정체성에 대한 많은 갈등을 해결할 수 있는 하나의 전제조건일 것이다. 그렇지 않으면 정체성이 극복하려고 추구하는 바로 그 분열과 억압을 영속화하는 데 공헌할 것이다. 더구나 외부로부터 부과되었든지 아니면 스스로 추측한 것이든지, 문화적, 계급적 또는 성적 정체성에 대한 이해는 과거의 유산들인 억압적 관행들에 저항하는 데 필요한 조건일 것이다. 현재의 문화정치가 지닌 문제는 문화정치가 정체성에 대한 인식을 설명해야 한다고 주장하는 데 있는 것이 아니라, 오히려 다양성을 문화정치의 목적으로 삼는다는 데 있다. 이는 또한 현존하는 권력배치를 건드리지 않으려는 자유주의적 목적, 심지어는 경영상의 목적을 위해 문화정치가 전유되도록 한다.[6] 그러나 급진적 시각에서 정체성의 정치가 갖는 궁극적 목적이 정체성에 경계를 긋는 것은 아니다. 이는 이런저런 정체성에 근거한 사람들이 서로 대립하도록 조장한다. 궁극적 목적은 바로 사람들이 모든 차이에도 불구하고 함께 살아가도록 하는 것이다——이는 정체성의 역사성에 대한 일정한 이해를 전제로 한다. 정체성이 역사의 산물이라면, 정체성은 변하는 역사적 환경에 따라 또 변할 수 있다. 따라서 정체성 담론을 약화시키는 것이 중요하다. 정체성은 마치 돌에 새겨져 있는 어떤 것이다. 정작 중요한 것은 인간적 동인에 대한 일정한 인식 아래 자기 규정이나 다른 사람과의 관계 규정 속에서 이루어지는 정체성 확인 과정을 담론화하는 것이다. 이 또한 구체적이고 일상적인 사회관계의 수준에서 가장 잘 이루어질 수 있다.

초공동체 개념은 지역 간 관계뿐 아니라 지역 내 관계들이 제기하는 문제들을 해결하는 데 적절할 수 있다. 내가 이해한 '초공동체적'이라는 말의 의미는 에드워드 싸이드(Edward Said)의 '대위법적'(contrapuntal)이라는 말의 의미와 비슷하게 해체적 의미를 지닌다. 즉 양자의 완전한 상태를 (그리고 경계까지도) 인식하는 반면, 인정된 또는 억압된 타자의 도움을 통해 텍스트, 문화 등을 해독한다는 뜻이다.[7] 그러나 차일즈의 목적도 근본적으로 재구성적이고, 일상생활의 구체적인 문제들을 해결하기 위해 공통의 행위 기반을 발견할 수 있는 텍스트 읽기 또는 문화 읽기를 넘어선다. 그는 초공동체성의 윤리적 토대를 강조한다. 하지만 초공동체성이 공동선을 향한 연합을 장려할 때조차도, 그러한 초공동체성은 다양성을 허용하는 유연한 연합의 한 원칙으로서 상당히 적절하다는 사실을 우리는 기억해야 할 것이다. 이를 제안하는 데 있어서 인식론적 또는 윤리적 영역이 부수적임을 말하려는 것은 아니다. 만약 조직의 한 원리로서 초공동체성이 실행 가능하려면, 그것은 무엇이 진보적 목적이고 무엇이 진보적 목적을 이루는 데 최선의 수단인지에 대해 생각의 근본적인 방향을 재설정해야 할 것이다. 이는 가장 근본적인 수준에서 교육적 작업을 요구하지만, 기업의 요구 내지 기업 정체성의 요구라는 문제가 아니라 인간의 기본적인 요구라는 문제를 제기하는 일이다. 그런 교육적 작업의 효율을 높이려면 그 작업은 추상적 정식화에 만족해서는 안되며, 차일즈의 말처럼 인간들이 서로 다른 방식으로 더불어 살아가는 것을 배울 수 있는 맥락에서 구체적 실천들에 의해 채워져야간 한다.

주(註)

1 여기서 내가 하나의 급진적 방안으로 토착주의를 논의하면서, 토착주의가 토착민 자신에게 가지는 구체적 의미를 논의과정에서 지우거나 토착주의를 또 하나의 급진적 프로그램으로서 간주하여 그것을 급진주의의 일반적 문제들에 일치시키는 것을 의도하지는 않는다. 그럼에도 불구하고 토착민들 그리고 토착적 프로그램들을, '자료'로서가 아니라 토착민들 자신의 운명에 대한 주제로서 사회변화에 대한 대화에 끌어들이는 것이 중요하다고 생각한다.

2 Ward Churchill, ed., *Marxism and Native Americans* (Boston: South End Press 1982).

3 Franke Wilmar, *The Indigenous Voice in World Politics* (Newbury Park, Calif.: Sage Publications 1993).

4 이 문제에 대한 심도있는 논의를 보려면 Arif Dirlik, *After the Revolution: Waking to Global Capitalism* (Hanover, N.H.: University Press of New England for Wesleyan University Press 1994) [아리프 딜릭 『전지구적 자본주의에 눈뜨기』, 설준규·정남영 옮김, 창작과비평사 1998] 참조.

5 자세한 논의를 위해서는 Arif Dirlik, "Place-Based Imagination: Globalism and the Politics of Place," *Review* 23, no. 2 (Spring 1999), 151~87면 참조.

6 이 문제에 대한 논의는 Henry A. Giroux, "Rethinking Cultural Politics: Challenging Political Dogmatism from Right to Left" 참조. 나는 (아직까지는) 미간행된 이 글을 내게 보여준 앙리 지루(Henry Giroux)에게 감사한다.

7 싸이드는 여러 곳에서 '대위법적'이라는 말의 의미에 대해 논의해왔다. 그 예로 Edward Said, *Culture and Imperialism* (New York: Alfred A. Knopf 1994)의 서문 참조.

존 브라운 차일즈의 초공동체성

초공동체적 협력은 '종족성' '인종' '계급' '성별' 같은 것들뿐 아니라 조직적, 철학적, 우주론적으로 다양한 환경들의 '정체성 노선들'을 가로질러 조정된 이질성을 강조한다. 초공동체성은 사유방식의 변화, 패러다임의 이동, 또는 안데스산맥 토착용어인 파추크티크(pachukutiq), 즉 '방향변화'를 수반한다. 그리고 고전적 유럽중심주의의 진보적 입장이 강조하는 '전위당'의 지도력에 근거한 동질화된 '통합'을 넘어서는 한편, '다양성'과 다문화주의라는 포스트모더니즘적 인식의 목적없는 분열적 상대주의를 탈피한다.

초공동체성은 보편적인 존중의 윤리를 강조하는데, 이러한 윤리하에서 당사자들은 다양하고 상이하기까지 한 관점들을 상호 인정하고 용인한다. 초공동체성은 종종 분명하게 그어진 집단들의 경계선들과 공동체적 통합에 관한 잘 개발된 내적 감각들을 통해 특정 집단들의 위치를 본질적인 것으로 인식한다. 이와 같이 분명하게 정의되고 밀착된 위치에서 다양한 공동체들이 서로에게 손을 내밀고, 그렇게 함으로써 긍정적으로 상호작용하는 이질성을 무너뜨리지 않고 오히려 이를 강화하는 연합체를 만들어낼 수 있다.

* John Brown Childs, *Transcommunality: From the Politics of Conversion to the Ethics of Respect* (Philadelphia: Temple University Press 2003), 31~39면에서 인용.

상호작용하는 참여자들이 서로에 대해 더 많이 알게 되면서, 이런 존중의 윤리는 참여자들의 변혁을 이끌어낼 수 있다. 그러나 이 변혁은 하나의 관점으로 일방적으로 전환하는 것이 아니라, 이해를 공유할 수 있는 개방을 포함한다. 내가 전개한 초공동체 개념은 아메리카대륙의 토착적 동맹모델로부터 많은 영향을 받았는데, 나의 개념은 유연한 접근방식을 취하며 협력하는 참여자들의 통일성보다는 자율성이 핵심이다. (…)

초공동체성은 상호작용하는 참여자들이 소속된 공동체와 그들의 관점을 부인하지 않는다. 오히려 참여자들의 상호이해가 강화되고 생각이 수정되는 등의 반응성을 포함하는 것이다. (…) 초공동체성은 참여자들이 상호작용하고 대화를 함에 따라, 참여자들 사이에서 자기변화의 과정을 초래한다. (…) 이런 초공동체적 연계를 접합하는 접착제는, 맞대면하는 개인 간의 상호 신뢰관계다. 이 관계는 이른바 상이한 '병합장치들'(Emplacements of Affiliation)에서 온 사람들이 공동의 과업과 목적을 갖고 함께 일할 수 있는 '공유하는 실천 행위'(Shared Practical Action)를 통해 구축된다. (…) 거기에는 공동체적으로 활동하고자 하는 사람들에게 매우 중요한 관심 영역이 [하나] 있다. 이는 내가 기본적으로 별개의 **병합장치들**이라고 부르는 것을 포함한다. 어떤 장치는 한 집단의 사람들에 의해 공유된 집단적 삶의 장소인데, 이것은 공유된 시각과 협력이라는 뿌리 깊은 그리고 경계가 정해진 느낌을 그들에게 제공한다. 어떤 장치는 지리적으로 위치할 수도 있다(또는 한 공동체의 시각에서 보면, 특별한 지리적 환경에서 정신적으로 위치할 수도 있다). 하지만 그 장치는 그럼에도 불구하고 공유된 믿음들, 가치들, 목적들이라는 일련의 종교적, 이데올로기적, 철학적 관점에서 규정된 '위치들'에 근거하여 확고하게 공동체성을 느끼는 이산된 구성원들을 포함한다. (…) 그런 장치들이 어느 정도는 중요하다. 왜냐하면 각각의 장치는 자신만의 독특한 '게임의 법칙들'을 갖고 있고 그 법칙 속에서 목적, 방법, 전망들이 완전하게 그 구성원들의 것이 되기 때문이다.

이 책은 아리프 딜릭(Arif Dirlik) 교수의 *Postmodernity's Histories: The Past as Legacy and Project* (Lanham, M.D.: Rowman & Littlefield Publishers, Inc. 2000)와 저자의 요청으로 추가한 "Postmodernism and Chinese History", *Boundary 2* 28, no. 3 (Fall 2001)를 우리말로 옮긴 책이다.

아리프 딜릭은 터키에서 태어나 미국에서 활동하는 저명한 중국현대사 학자다. 지난 30여 년간 미국 듀크대 사학과 교수로 재직했으며, 현재는 오리건대 사학과와 인류학과 겸임 석좌교수를 맡고 있다. 그리고 같은 대학에서 '비판적 이론과 초민족학 연구소'(the Center for Critical Theory and Transnational Studies)의 소장을 겸직하며 왕성한 지적활동을 벌이고 있다. 그는 미국 내 중국역사학계에서 이제는 정말 얼마 남지 않은 비판적 급진주의 역사학자로서, 현대 중국의 맑스주의역사학, 중국공산주의의 기원, 중국 아나키즘, 아시아—태평양 개념, 아시아계 미국인 연구, 전지구적 자본주의에 대한 비판적 연구, 탈식민주의 비판과 포스트모더니즘을 통한 역사성의 재강조 등 광범위한 주제에 관심을 가져왔다.

역자가 이 책을 번역하겠다고 마음먹은 데는 여러 이유가 있지만, 가장 큰 것은 물론 개인적인 이유다. 딜릭은 역자가 미국에서 유학할 당시의 지도교수였는데, 역자는 그때 그의 역사철학과 세계관에 크게 감명받았다. 그래서 학위를 취득한 후 국내 독자들에게 그의 학문세계를 꼭 한번 소개하겠다고 다짐한 적이 있었다. 그러나 더 중요한 이유가 있다. (미국에서와 마찬가지로) 국내에서 포스트모더니즘, 탈식민주의, 문화연구 등에 관한 연구는 주로 문학비평을 겨냥해 이루어지고 있다. 이러한 현실이 역사학자로서 안타깝기 그지없었다. 국내 역사학자 대부분은 새로운 사조와 그에 따른 외국(특히 미국) 학계의 변화를 단지 다른 나라의 문제로 보거나 문학영역(또는 비역사영역)에 속하는 것으로 간주하며 거기에 그다지 관심을 갖지 않는 듯했다. 그러나 저명한 역사학자 해리 하루투니언(Harry Harootunian)이 지적했듯이, 탈식민주의나 포스트모더니즘과 관련된 논의는 분명히 역사영역에 속하는 것이다. 역자도 1990년대 초 미국에 유학온 후 줄곧 그런 사조의 흐름을 이해하기 위해 부단히 노력해왔다. 탈식민주의나 포스트모더니즘의 기원, 내용, 방향을 이해함으로써, 전지구화, 역사에서 문화의 역할, 정체성 문제, 통일성과 분열성을 동시에 갖는 현 세계의 전지구적 구조와 그런 구조 속에서 사회주의 몰락 이후 사라져간 대안적 전망, 변화하는 세계 속에서 역사가의 역할, 역사가(또는 학문)와 권력의 관계 등 동시대의 (따라서 역사의) 근본적인 문제를 해결하는 데 실마리를 찾을 수 있지 않을까 하는 생각 때문이었다. 물론 중국현대사를 전공한 역사학자로서, 국내외 학계의 '정설'에 도전하고 중국현대사를 재구성하기 위해 이론적으로 무장하고자 하는 의도도 있었다.

아리프 딜릭이 이 책에서 시사하듯이, 서구에서 시작된 포스트모더니즘이란 창을 통해 우리의 문제(의식)와 세계의 문제, 그리고 그 변증법적 관계를 우리는 새롭게 인식할 수 있다. 그렇기 때문에 포스트모더니즘은 그 문제들을 비춰주는 매우 유효한 도구인 것이다. 물론 그 가능성을 끌어내는 것은 역사가들의 임무다. 따라서 이 책을 번역하며 역자가 갖는 작은 바람은, 현 세계와 우리 사회 속에 공존하는 여러 문제들을 고심하거나 그에 대한 해답을 찾기 위해 노력하는 국내 독자들에게 작은 도움이나 주었으면 하는 것이다.

딜릭은 현재에 대한 대답과 미래에 대한 희망의 가능성, 특히 대안적 희망의 가능성을 소외되어온 (또는 망각되어가는) 과거(즉 역사)에서 찾을 수 있다고 주장했다. 이에 대한 판단은 물론 독자들의 몫이다. 그러나 그의 주장은 우리의 가시권 밖에만 존재하던 문제들을 비판적으로 지적해내기 때문에, 흥미로우면서도 설득력을 지닌다. 세계가 전지구화되고 과거에 관한 많은 것들이 잊혀지며 선택된 과거만이 재구성되어 기억되는 오늘날의 상황에서, 우리는 왜 저항해야 하는가? 그리고 그 저항 속에서 역사는 어떤 효용이 있는가? 딜릭은 이 문제들을 명쾌하게 설명해준다. 다시 말하면, 전지구화의 세계적 추세 속에서 잊혀지거나 선택되지 않은 과거를 우리가 여전히 기억해야 할 충분한 이유가 있다고 주장한다. 그러나 기억과 망각은 문제의 시작일 뿐이다. 잊혀지는 것을 기억해야 한다면, 왜 그리고 어떻게 우리는 그것을 기억해야 하는가? 망각이 역사의 가해자뿐 아니라 역사의 피해자들에 의해서도 자행되는 것은 아닌가? 과거의 문제들이 여전히 우리 주위에 남아 있거늘 어떻게 그 문제들을 다루었던 과거가 지금 쉽게 잊혀질 수 있는가? 기억이 어차피 과거회귀적이라면, 그 기억을 과거로의 단순한 회귀나 과거의 부정이 아닌 미래지향적인 프로젝트로 만들 수는 없을까? 그 미래는 대안적일 수 있을까? 그 대안적 미래는 어떤 역사(과거)를 통해, 어떤 역사적 인식을 통해 이루어질 수 있을까? 그 대안적 미래의 실현이 가능하기는 한 것인가? 그 대안적 미래가 실현된다면, 자기파괴적이지 않은 해방적인 역사를 쓸 수 있을 것인가? 물론 이에 대한 딜릭의 대답은 긍정적이다.

한편 딜릭은 그런 대안을 현재에 대한 비판에서 찾아낸다. 그는 한창 유행한 탈식민주의 비평 속에 미래에 대한 대안의 논의를 차단하고 기존의 전지구적 질서를 공고화하는 '반혁명'의 혐의가 있다고 지적하며 자신의 논의를 시작한다. 이어서 전지구화가 초래한 역사 지우기, 특히 혁명(또는 혁명의 역할)에 대한 기억 지우기의 문제로 논의를 발전시킨다. 여기서 딜릭은 중국의 문화대혁명을 예로 들어, 혁명의 이중성과 이중적 유산을 제시한다. 또한 그런 역사 지우기와 기억 지우기가 왜 문제가 되는지, 왜 혁명을 역사적으로 다시 이해해야 하는지, 그리고 혁명이 왜 지금도 우리에게 의미가 있는지를 보여준다. 특히 '우리'의 망각도 문제지만 역사가의 망각이 더욱 문제며 그것이 과거 지우기에 더 중요한 역할을 한다는 지적은 역사가들에게 준엄한 경고가 될 것이다. 그리고 오늘날 역사가들은 단순히 역사의 방법론을 시대적 변화에 따라 논의하고만 있다며 역사가들이 자신의 인식론을 곱씹어야 한다고 지적한다. 1990년대 이후 역사의 역할에 대해 부정적이었고 유·무형으로 과거 지우기에 앞장서거나 참여해온 자들에게는 일침이 될 만한 지적이다.

이런 비판을 통해 딜릭은 매우 까다롭고도 껄끄러운 문제인 학문과 권력의 관계에 관련된 문제를 제기한다. 탈식민주의와 전지구주의 뒤에 숨어 있는 유럽중심주의의 재확인에 대한 비판이 그것이다. 딜릭은 전지구주의와 탈식민주의가 발전지상주의를 전제로 하는 유럽중심주의적 인식을 재확인하고 확산시켰다고 지적한다. 또한 유럽중심주의가 (이른바 근대성의 전제로 알려진) 자본주의와 별개의 것으로 이해될 수 없다고 주장한다. 특히 딜릭은 유럽중심주의를 비판하는 과정에서 '잡종성' 개념과 '경계영역인'의 역할을 신랄하게 비판한다. 경계영역인들은 불평등을 지속시키고 대안의 근원을 차단함으로써 구미의 기존 권력구조(그리고 지배구조)를 유지시키는 '교량' 역할을 해왔다. 하지만 딜릭은 이제 그 '교량'을 '불태워버릴' 수 있는 역사가(크게 보아 지식인)의 역할이 필요하다고 강조한다. 왜냐하면 그 '교량'이 불평등과 억압을 공고화한 인식과 실천들을 암묵적으로 인정했기 때문이다. 더 나아가 딜릭은 유럽의 두 가지 이론(맑스주의와 사회

442

학)이 시간적·공간적으로 유럽과 다른 상황하에서 '중국화'된 과정을 살피고, 그 과정에서 제기된 정체성과 관련된 문제들을 검토한다. 그럼으로써 유럽중심주의를 벗어난 대안적 이론의 가능성을 타진하고, 이론의 보편성이 지역적 상황에 의해 변형될 때 그 변형(이론의 특수성)이 극단적으로 다른 정치적 결과를 초래한다는 것을 보여준다.

한편 딜릭은 대안적 역사의 가능성을 논의하기 위한 하나의 인식론적 접근으로, 인도 학자 아시스 난디(Ashis Nandy)의 논의를 소개한다. 그러면서 딜릭은 탈혁명·탈식민을 위해 근대성을 부정하지는 않는다. 그는 근대성의 부정이 역사성을 가진다면, 그런 부정이 우리를 대안적 미래로 인도해주는 유산이자 하나의 프로젝트가 될 수 있다고 주장한다. 이어 마오주의가 갖는 토착적 성격과 제3세계적 의미를 다시 강조하면서, 토착주의에 깊은 관심을 드러낸다. 그가 오래전부터 주장해온 '지역기반' 정치와 지역에 기반한 역사쓰기가 그것이다. 그리고 마지막으로 '초공동체성'을 주장함으로써 이같은 학문적 노력이 정치적으로 어떤 현재적·미래적 의미를 가지는지 분명하게 보여준다.

역자가 잘못 이해하지 않았다면, 이 책에서 딜릭이 말하는 '포스트모더니티의 역사들'이란 다음과 같이 정리될 수 있을 것이다. 유럽중심주의의 인식론적 전제들에 저항하고, 그런 전제들을 강화하는 탈식민주의 비평을 비판하며, 자본주의와 현존 사회주의가 갖는 발전지상주의적 근대성의 목적론을 제거함으로써, 인간해방의 가능성을 지속시키면서 현실적으로는 공고화된 전지구적 지배구조와 이데올로기에 대항해서 과거를 현재의 유산이자 미래의 프로젝트로 바라보는 역사들, 특히 그 과정에서 지역의 서로 다른 다양한 경험들을 강조하고 소중히 여기는 그런 역사들이 바로 포스트모더니티의 역사들일 것이다.

우리말로 옮기면서 역자는 이 책이 아주 작지만 중요한 파문을 일으키기를 기대한다. 딜릭의 논문 몇 편과 저서 한 권이 이미 국내 독자들에게 소개된 데서 알 수 있듯이, 국내에서 딜릭에 관한 학문적 관심은 상당하다. 하지만 그런 관심만큼이나 딜릭의 학문에 대한 오독도 있었던 게 사실이다. 예를 들면, 딜릭을 포스트모더니즘 경향의 역사학자로 소개하면서 딜릭과 프라쎈지트 두아라(Prasenjit Duara), 딜릭과 뚜 웨이밍(杜維明) 간의 학문적 관계를 이론적으로 보완적이면서 협조적인 관계로 표현한 경우도 있었는데, 독자들이 이 책에 실린 딜릭의 두 학자들에 대한 통렬한 학문적 비판을 읽는다면 그러한 소개가 얼마나 잘못된 것이었는지 알 수 있을 것이다. 이 책이 딜릭에 대한 국내의 점증하는 관심에 얼마나 화답할 수 있을지 두렵긴 하지만, 국내 일각에서 잘못 소개된 딜릭의 학문적 입장을 바로잡을 수 있는 계기가 될 거라 생각하며 그런 두려움을 조금이나마 다스리려 한다.

번역은 길고도 힘든 작업이었다. 역자가 애초 생각했던 것보다 번역 자체가 매우 어려운 지적 작업이었고, 시간과 몸도 항상 여유가 있었던 것은 아니었다. 역자의 능력이 생각보다 너무 일찍 한계를 드러냈다는 것이 더 정확한 표현일지도 모른다. 그래서 많은 분들의 도움을 받을 수밖에 없었다. 제이 헤프런(Jay Heffron) 교수는 인명 표기에 많은 도움을 주었다. 하버드대학 페어뱅크쎈터에 방문학자로 와 있는 동학 김정현 박사는 중국 인명과 논문의 한자들을 확인하는 데 도움을 주었다. 물론 저자인 딜릭 교수는 번역과 관련된 역자의 여러 질문에 항상 친절하게 답해주었고, 한국어판 서문을 써달라는 요청에도 즉각 응해주었다. 인내심을 갖고 번역의 완성을 기다려준 창비 인문사회출판부의 편집진 모두에게 깊은 감사의 말씀을 드린다. 마지막 단계에서 교정과 교열을 훌륭히 해주신 정소영, 김재오 두 분의 도움이 없었다면, 이 책은 아마 여전히 역자와 씨름하고 있었을지 모른다. 이 책의 번역을 적극 후원해주고 늘 격려해주신 연세대 백영서 교수께도 감사드린다. 사랑하는 나의 아내는 번역의 진척 정도를 늘 확인하

444

며 역자가 더 나태해지지 않도록 힘써주었다. 모두에게 진심으로 감사드린다. 역자가 갖는 능력의 한계로 인해 번역한 내용에 여러 오류가 있을 수밖에 없다. 당연히 그 모든 오류는 역자가 전적으로 책임져야 할 것이다. 그저 독자들의 질정을 기다릴 뿐이다.

2005년 여름

알리쏘 비에호(Aliso Viejo) 캠퍼스의 연구실에서

황동연

포스트모더니티의 역사들
유산과 프로젝트로서의 과거

초판 1쇄 발행 • 2005년 10월 15일
초판 3쇄 발행 • 2015년 11월 29일

지은이 • 아리프 딜릭
옮긴이 • 황동연
펴낸이 • 강일우
편집 • 신채용 김경태 황혜숙 권나명
미술·조판 • 윤종윤 한충현
펴낸곳 • (주)창비
등록 • 1986년 8월 5일 제85호
주소 • 10881 경기도 파주시 회동길 184
전화 • 031-955-3333
팩시밀리 • 영업 031-955-3399 편집 031-955-3400
홈페이지 • www.changbi.com
전자우편 • human@changbi.com

한국어판 ⓒ (주)창비 2005
ISBN 978-89-364-8229-9 03900